阅 读 史

〔加拿大〕阿尔维托·曼古埃尔 著

吴昌杰 译

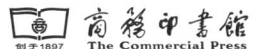

Alberto Manguel

A HISTORY OF READING

Flamingo,1997.

本书根据弗拉明哥出版社 1997 年版译出

致 读 者

阅读有其历史。

      罗伯特·达恩顿:《拉穆雷特之吻》,1990 年

阅读的欲望,就像其他所有排解心灵不悦的欲望一样,是能够解析的。

      维吉妮亚·伍尔夫:《托马斯·布朗爵士》,1923 年

但谁将成为主人?是作者还是读者?

      狄德罗:《宿命论者雅克和他的主人》,1796 年

目　录

最后一页 ……………………………………… (1)
　第一章　最后一页 ……………………………… (3)

阅读活动 ……………………………………… (27)
　第二章　阅读黑影 ……………………………… (29)
　第三章　沉默的读者 …………………………… (45)
　第四章　记忆之书 ……………………………… (61)
　第五章　学习阅读 ……………………………… (73)
　第六章　遗漏的首页 …………………………… (91)
　第七章　图像阅读 ……………………………… (101)
　第八章　聆听朗读 ……………………………… (115)
　第九章　书的外形 ……………………………… (133)
　第十章　私人阅读 ……………………………… (157)
　第十一章　阅读的隐喻 ………………………… (173)

读者的力量 …………………………………… (185)
　第十二章　开始 ………………………………… (187)
　第十三章　宇宙的制定者 ……………………… (197)
　第十四章　阅读未来 …………………………… (213)
　第十五章　象征性读者 ………………………… (227)
　第十六章　在墙内阅读 ………………………… (241)
　第十七章　偷书 ………………………………… (253)

第十八章　作家即读者……………………………………（263）
第十九章　译者即读者……………………………………（277）
第二十章　禁止阅读………………………………………（297）
第二十一章　书呆子………………………………………（309）

补页……………………………………………………（325）
第二十二章　补页…………………………………………（327）

注释…………………………………………………………（339）
索引…………………………………………………………（393）

最后一页

阅读是为了活着

福楼拜:《致尚特皮小姐》,1857 年 6 月年幼之亚里士多德,查尔斯·德乔治的雕塑;维吉尔像,卢德格尔·汤姆·林之作;圣多米尼克,弗拉·安杰利科之作;保罗与弗兰契斯卡,安瑟姆·费尔巴哈之作;佚名插画家所绘之两名伊斯兰教学生;幼年耶稣在神庙中讲课,画者是马丁·绍恩豪尔的几名弟子;瓦伦蒂娜·巴尔比安尼之墓,杰曼·皮隆之作品;圣杰罗姆,画者是文艺复兴时期的意大利画家乔凡尼·贝利尼之一名弟子;伊拉斯谟在其书房,佚名雕刻家之作(由左而右,由上而下)

第一章　最后一页

年轻的亚里士多德坐在一张垫椅上,双脚舒服地交叉,一只手垂靠在侧身,另一只手抵到眉边,疲倦地读着一卷摊开在他膝盖上的书。戴着头巾、蓄着胡子的维吉尔瘦削的鼻梁上架着一副眼镜,正在翻阅一本红字印刷的书,这是诗人过世之后15世纪后人所画的一幅肖像画中的情景。圣多米尼克①坐在一处宽绰的台阶上,右手温和地托着下巴,专注于摊放在膝盖上的书本,听不到周遭的声音。两相好,保罗和法兰西丝卡相拥在一棵树下,读着将导致其宿命的一行诗:就像圣多明尼克一样,保罗手托着下巴;弗兰契斯卡打开书,两根手指插到另一页中(再也没有机会翻到那里)。两名12世纪的伊斯兰教学生在前往医学校的途中,暂停脚步查阅随身所携带的一本书。童年的耶稣指着一本摊开在他膝盖上的书的右页,向庙中长老解释他的阅读,而他们在惊讶与不信服之余,各自转向手中所握之书寻找反驳之言,结果是白忙一场,找不到。

米兰贵族妇女瓦伦蒂娜·巴尔比安尼就如她生前一般美丽,由一只殷勤的哈巴狗在旁看顾,正翻阅着一本书,这是她墓盖上的大理石浅浮雕的情景,浮雕中的她身形消瘦。远离热闹的城市,在沙地与干硬的岩石环境中,圣杰罗姆②,就像等候火车的年长通勤者一样,读着一份小报般大小的手抄本,而一只狮子躺在角落倾听。伟大的人文主义者、学者伊拉斯谟与他的朋友吉尔贝尔·库桑分享他正在阅读的书上的一则笑话，书本就摊开摆在他面前的诵经台上。一名17世纪的印度诗人跪在夹竹桃花丛间，左手紧握一本珍贵装订书。他方才大声朗读书中诗句，以充分领受个中韵味，现在则正细索反嚼那些诗句，右手一边捻弄胡须。一名韩国僧侣站在一长列简陋的书架旁，抽出一片由八万片木制刻写板组成、已有7个世纪历史的《大藏经》，捧到眼前，专注地默读。"读书以学习沉默之道"是一位不知其名的彩绘玻璃艺术家所写的劝勉之语；他描绘渔夫兼随笔作家以撒克·沃尔顿③，在接近温彻斯特大教堂(Winchester Cathedral)的易沁河(River Itchen)岸边读着一本小书的画面。

一个名叫玛丽·马格德林的女孩，头发梳理整洁，全身赤裸，似乎毫无羞耻感地躺于铺在原野岩石的一块布上，读着一大本附有插图的书。查尔斯·狄更斯手握自己所写的一本小说，正打算利用他的表演天分，对一群仰慕者朗读。一名年轻人靠在俯瞰塞纳河(Seine)的一处石栏杆上，沉迷于摊在眼前的书中(那是什么书？)。一名不耐烦或只是感到厌烦的母亲为她的红发儿子握着一本书，而他努力以右手指着书上文字专注地读着。瞎眼的豪尔赫·路易士·博尔赫斯将眼睛眯得更紧，以便聆听一名他看不见的朗读者的话语。在一处色彩斑驳的森林里，一个男孩坐在一根长苔的树干上，双手捧着一本小书，在柔软的静谧中阅读，仿佛时空的主人。

所有这些人都是读者，而他们的手势，他们的技巧，他们从阅读所获得的乐趣、责任与力量，和我所获得的没有两样。

我并不孤独。

我在4岁时初次发觉自己会阅读。我一再地看那些图画下的字母，我知道(因为有人告诉过我)这些字母是它们上方的图画的名字。图中有个用粗黑线条画成的男孩，穿着红色短裤及绿色衬衫(书中其他的图案也同样是红、绿色，狗和猫和树木和瘦高的母亲都是)；不知何故，男孩下方的黑色字形，就像是男孩的身体已被肢解，成为三个明白切割的形体:一只手臂和躯干 b,分割开来成为完美圆形的头 o,悬着腿的 y。我给圆脸画上眼睛和微笑,把躯干的圆圈部分填满。但是不只这样:我知道,不只这些字形反映上方这个男孩,而且它们也可以准确地告诉我这个男孩正在做何事:张开双臂,伸展双腿。这些字形说,这

穆罕默德·阿里所绘之蒙兀儿诗人;韩国海印寺的图书馆;以撒克·沃尔顿画像,19 世纪英国佚名画家之作;玛丽·马格德林画像,埃曼努尔·本纳作;朗读中的狄更斯;巴黎塞纳河堤岸上的一名青年;母亲教子阅读图杰拉尔·特·鲍赫之作;博尔赫斯像,爱德华多·科姆萨纳摄;汉斯·托玛所画之林中阅读图(由左而右,由上而下)

个男孩是在跑步,不是我原本以为的在跳,或假装凝滞不动,或玩一种我不知其规则和目的的游戏。**男孩是在跑步。**

但是这些领悟是普通的召唤动作,比较没趣,因为已另有他人为我执行它们。另一位读者——或许是我的保姆——已经给这些字形加上了说明,然后,每一次打开书本翻到这个活力充沛的男孩的图像时,我就知道他下面的这些字形所指何意。这其中有乐趣,但这种乐趣也渐渐变淡。没有惊奇。

然后,有一天,从一辆汽车的窗子(那趟旅行的目的地现已忘记),我看见路旁的一块广告招牌。招牌只在眼里逗留了片刻,或许这辆汽车只停了一下,或许它只是片刻开慢到让我可以看得清楚类似于我在书中所见到的形状,一大块赫然逼近,可是却是我之前从不曾看过的形状。但是,突然间,我知道它们为何物;我在头脑中听到它们,它们从黑行白间变成了一种具体、铿锵、有意义的现实。我已独自做了这一切。没有人为我表演这种魔术。我与这些形状独自在一起,在一种默默地充满敬意的对话中互相示意。既然我可以把光秃秃的文字变成活生生的现实,我是全能的。我可以阅读。

因为年代太久远,广告招牌上的那个字我已不复记得(似乎微微记得是一个有好几个 A 的字),但是这种突然能够理解原本只能凝视的东西的印象,到了今天仍然如同当时一般栩栩如生。这就像是获得一种全新的感官一般,尔后,某些东西已不再只是由我的眼睛所见、我的耳朵所听、我的舌头所尝、我的鼻子所闻、我的手指所感而构成,而是我整个身体可以辨读、转译、加上声音、阅读的东西。

书本的读者——我正不知不觉地加入其家庭(我们总是认为,领悟是孤独的事件,且每一道经验,从死亡到出生,都是极端独特)——将一个我们普遍具有的功能加以扩充或集中。阅读书页上的字母只是它的诸多面相之一。天文学家阅读一张不复存在的星星图;日本的建筑师阅读准备盖房子的土地,以保护它免受邪恶势力侵袭;动物学家阅读森林中动物的臭迹;玩纸牌者阅读伙伴的手势,以打出获胜之牌;舞者阅读编舞者的记号法,而观众则阅读舞者在舞台上的动作;织者阅读一张待编织的地毯的错综复杂的设计图;弹奏管风琴的乐手阅读谱上编成管弦乐的各种同时性的串串音符;双亲阅读婴孩的表情,以察觉喜悦或惊骇或好奇的讯息;中国的算命者阅读古代龟壳上的标记;情人在晚上盲目地在被窝底下阅读爱人的身体;精神科医生帮助病人阅读他们自己饱受困扰的梦;夏威夷渔夫将手插入海中以阅读海流;农民阅读天空的天气;这一切阅读都和书本的读者共享辨读与翻译符号的技巧。有些阅读因了解到所读之物是其他人为了特定的目的而创造的,因而沾染上了色彩——比方说,音乐记号法或路标——或是神明为了特定目的而创造的——比方说,玳瑁,夜晚的天空。其他则属于机会。

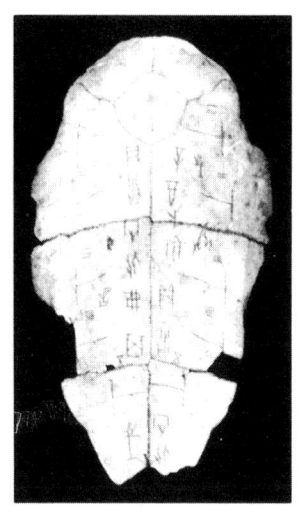

刻在龟壳上之甲骨文。约公元前 1300 —前 1100 年

但是,不管是哪种情况,阅读其意义的都是读者;允诺或承认事物、地方或事件具有某种可能的可读性的是读者;觉得必须把意义归诸一套符号系统,然后辨读它的是读者。我们每个人都阅读自身及周遭的世界,俾以稍得了解自身与所处。我们阅读以求了解或是开窍。我们不得不阅读。阅读,几乎就如同呼吸一般,是我们的基本功能。

我一直到 7 岁才学会写字。我的生活中或许可以没有书写,但是不可以没有阅读。我发现,阅读乃先于书写。一个社会可以没有书写而存在——很多社会的确就是如此,④但是没有社会可以缺乏阅读而存在。根据民族学者菲利浦·德斯寇拉⑤所述,缺乏书写的社会对时间有一种线性感,而在所谓的文字社会中,其时间感则呈现累积的现象;两种社会各自在不同但同样复杂的时间轨道里,借着阅读这个世界所必须提供的各式各样符号而移动。甚至在那些对自身的发展变迁有所记录的社会中,阅读仍是先于书写;即将成为书写者的人必须能够先识别和辨读符号的社会系统,然后才可能将其记载于书页上。对大部分文字社会而言——对回教、对犹太教与吾人的基督教社会、对古代的玛雅人(Mayas)、对博大的佛教文化而言——阅读是在社会契约的初始。学会阅读便是我的通关仪式。

一旦我学会了阅读字母,我什么都读:书本,还有便条、广告、电车车票背面的小字、被丢到垃圾桶的信件、在公园的长椅底下找到的经过风吹雨淋的旧报纸、涂鸦、公车上其他读者手持的杂志封底。当我发现塞万提斯由于酷好阅读,"甚至街道上的碎纸片"都捡来读时,⑥我清楚地知道驱策他捡破烂的动力是什么。这种对书籍(不管是卷轴、纸张或荧幕上的书)的崇拜是文字社会的信念之一。伊斯兰教将这种观念更往前进一步。《可兰经》不只是上帝的创作之一,也是他属性的一部分,就像他的无所不在或他的怜悯之心。

我首先是从书本中得悉人生的经验。后来,每当我在生活中偶然碰到类似读过的书中的事件、状况或人物时,通常会有稍稍吃惊但又失望的**似曾相识之感**,因为我想象,现在正在发生之事已经在文字中发生于我身上,已经有了名称。现存时代最早,具有系统性、思辨性思想内容的希伯来文书籍是《创世之书》(*Sefer Yezirah*)⑦,写于3世纪,其内容陈述上帝借着32道智慧的秘密路径——10个Sefirot(数字)和22个字母——而创造了这个世界。⑧从数字中创造出所有抽象事物;而从22个字母中则创造出宇宙的三个层域——世界、时间与人体——中的一切实体。在犹太教与基督教的传统观念中,宇宙如同一部由数字与字母写成的"书";了解宇宙的关键在于适切阅读这些数字与字母,并精于组合它们,由此学会赋予那部异常巨大的文本其部分生命,模仿我们的造物主的作为。(根据一则中世纪的传奇,《塔木德》(*The Talmud*)的学者哈那尼和何西阿每周研究《创世之书》一次,并且,借由将字母作精确的组合,创造出一只三岁大的小牛,然后拿它来当晚餐。)

对我来说,我所阅读的书就是那另一本异常巨大的"书"(Book)的抄写誊本或注释本。乌纳穆诺⑨⑩在一首十四行诗中谈到了"时间"

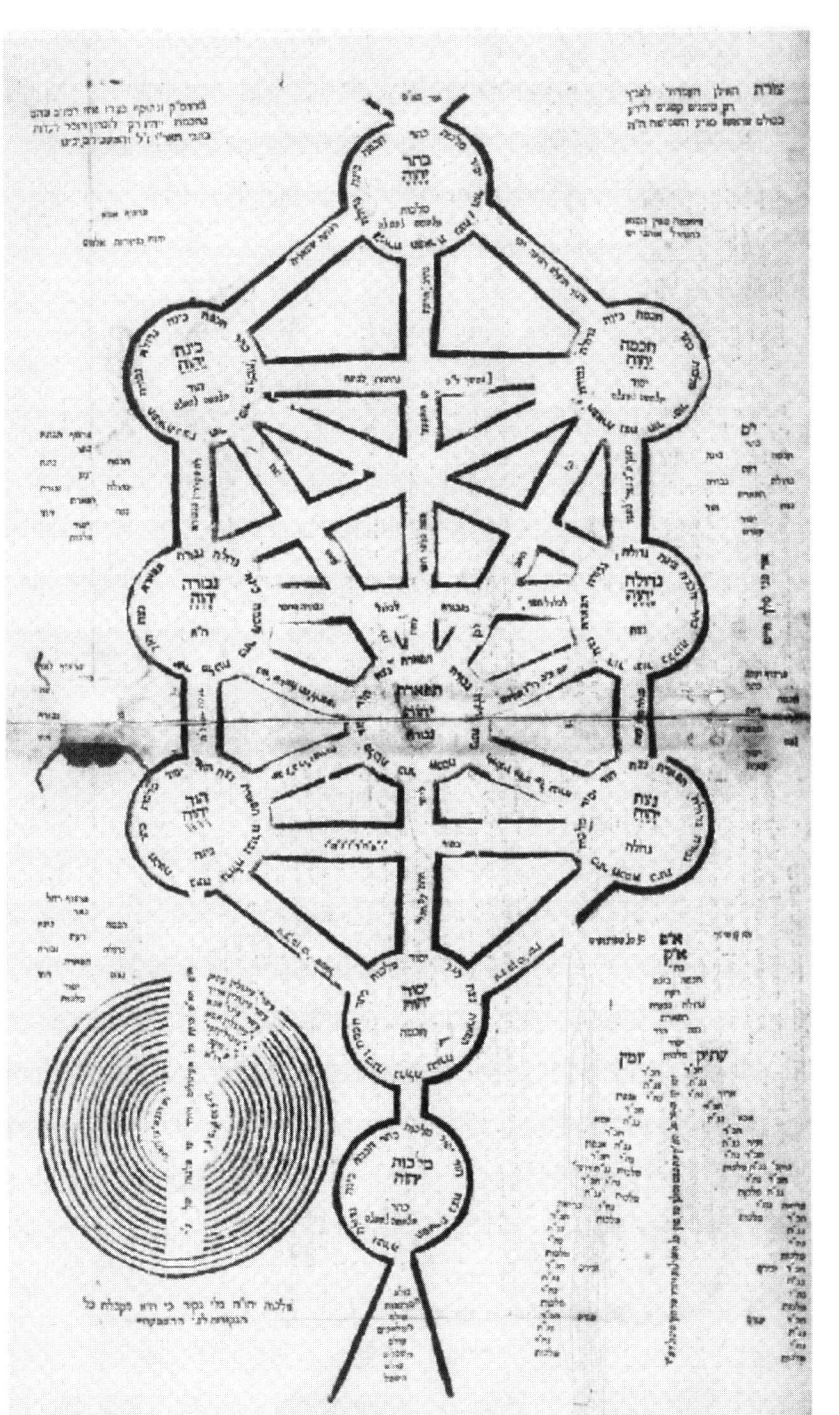

犹太教神秘哲学书《帕阿蒙·维—里蒙》,1708年印于阿姆斯特丹,其中的一页,显示出10个"数字"

(Time),其来源是在未来;我的阅读生活给我相同的逆流而行的体验,我先阅读了一些东西,然而才在生活中经验到它们。屋外这条街道充满了坏人,准备干一些龌龊的勾当。而离我们在特拉维夫(Tel Aviv)的住宅(我在那里一直住到六岁)不远处的沙漠非常诡谲,因为我知道沙地底下埋藏着一座黄铜城市(City of Brass),就在这道柏油路对面处。果冻是一种神秘的物质,我不曾看过,但是我从艾尼德·布莱顿⑪的几本书中认识了它,而在我终于得以一尝其滋味时,却觉得怎么都比不上原先文学中所描写的那种神仙美食。小说中的孤儿找到失散多年的至亲,得以从原来的生活桎梏中解脱;我写信给远地的祖母,诉说一些委屈,心里也巴望着借她之力解脱桎梏;可是,她非但没有将我从悲哀中救出,还把这封信转寄给我的爸妈,而爸妈则觉得我的牢骚不失有趣。我对魔法笃信不疑,深信有一天会获允拥有三个愿望——有数不尽的故事已经教我如何不浪费这三个愿望。我随时准备面对鬼魂、死亡、会说话的动物或战争;我拟出到危险岛屿探索的复杂计划,想象在那里遇见辛巴达,并结成心腹之交。只有在好几年后第一次接触到情人的身体时,我才体认到文学亦有对实际事件力有未逮之处。

加拿大的随笔作家斯坦·珀斯基有一次告诉我,"对读者而言,必须要有一百万部自传,"因为我们似乎在一本接一本的书中发现了自身生命的种种痕迹。"每年重读《哈姆雷特》(Hamlet)时都将观感写下,"维吉尼亚·伍尔夫写道:"这实际上便是在记录自己的传记,因为一旦我们对生命所知更多时,莎士比亚就会进一步评论我们对世界的理解。"⑫对我来说,情况有点不同。假如书本是自传,它们在事件前就是如此,而我从较先前阅读 H.G.威尔斯、《艾丽丝梦游仙境记》(*Alice in Wonderland*)、爱德蒙多·德·亚米契斯⑬赚人热泪的《心》(*Cuore*)、在丛林男孩(Jungle Boy)波恩巴(Bomba)的冒险记中认出后来所发生之事。萨特⑭在回忆录中坦承有大致相同的经验。在将《拉鲁斯百科全书》(*Encyclopédie Larousse*)内页的植物和动物与在卢森堡花园(Luxembourg Garden)所见者互相比较时,萨特发现"动物园中的猿猴比较不像猿猴,卢森堡花园中的人比较不像人。就像柏拉图,我透过知识来认识知识的主体。我在理念中比在事物中发现更多的现实,因为我是先获得理念,并且因为我是当它是事物来认识它。我是在书中与这个宇宙邂逅:消化、分类、标示、沉思,仍然可怕的"。当然,对书中的幻想失望之后,并非每一个读者都会发现生活与虚构的冲突。17世纪初,葡萄牙编年史家弗兰西斯科·罗德里戈斯·拉沃说过:在围困一个印度小镇的战斗中,士兵们怎样在行囊中携带一本骑士小说以供打发时间。有一个士兵对文学的了解远逊于其他人,他对听到和读到的事情都信以为真(因为坦荡正直的人认为白纸黑字不打诳语)。他的同伴们拿他的轻信开涮,不停地告诉他这类事是千真万确的。等到进攻的时刻到来时,这个好小伙子为他听到和读到的事迹而振奋,急于效法书中的英雄,涌动起一股要展现他英雄气概的激情,急于演出一幕令人难忘的骑士壮举。故此,他跃入敌阵,开始在敌人中勇猛地挥舞长剑,左冲右突,只是因为他的战友加上众多士兵的努力和拼命,才使他得以完好无伤地载誉归来。当他的朋友斥责他的鲁莽时,他答道:"哦,别管我。我所做的还不及你每晚读给我听的书中勇士的一半。"从那时至今,他变得非常勇敢。⑮

阅读给我一个独处的借口,也许可以说是赋予了强加于我的独处一种意义,因为在整个童年期间,从我们1955年返回阿根廷之后,我都没有和其他的家人住在一起,而是由保姆在住家的一个独立角落来照顾我。那时候,我最喜爱的阅读场所是我房间的地板,趴在地上,双脚钩在一张椅子之下。之后,半夜三更时,在半梦半醒的朦胧状态中,我的床变成最安全、最幽静的阅读场所。我不记得曾经感觉孤独;事实上,在寥寥几次和其他小孩碰面的场合中,我发觉他们的游戏及谈话远不及我所读之书中的冒险和对白有趣。心理学家詹姆斯·希尔曼辩说,那些在童年时代读了许多故事书或听说过许多故事的人"比起那些没有接触过故事的人来,会有较好的外表及前景……及早接触故事,它们就会对生活产生观照。"对希尔曼来说,这些最初的阅读变成"你要生活其中并克服的东西,一个灵魂得以安身立命的道途"。⑯为了那个理由,我至今仍频频地回顾这些读物。

由于父亲在外交单位服务,我们经常旅行;书本给我一个永久的家,也是我随时可以安居的家,不管必须睡在多么奇怪的房间,或是房间门外的声音多么难懂。有许多个夜晚,我会打开床头灯,而保姆在她的电动编织机前勤奋地工作,或是在我旁边另一张床上呼呼打鼾。我一边想把正在读的书看完,一边又想尽可能延搁结束的到来,所以就不断翻回前面几页,寻找最喜爱的段落,检查有无遗漏掉精彩细节。

我从来不把阅读的事告诉任何人;感觉有和别人分享的需要是后来才出现的。在这段时间,我极端自私,而且我完全认同斯蒂文生的诗行:

> 这就是世界,而我就是国王;
> 蜜蜂来我旁边歌颂,
> 燕子为我飞翔。⑰

每本书都自成一个世界,可以让我逃到里面避难。虽然自知无法像喜爱的作家一样编造故事,我常常感到和他们心有灵犀一点通,而且(借用蒙田的话)"我逐渐习惯于远远跟在他们后面,喃喃说着:'听呀,听呀'"。⑱后来,我终于可以将自己从他们的小说中分离开来;可是在我童年与大部分的青年期中,书本的内容不管如何诡奇,在我阅读的时候,总是将其当真,而且就像书本的材质一样确切可触及。瓦尔特·本雅明描写过相同的经验。"我最早念到的几本书对我有什么意义?——要记起这一点,我首先必须忘记所有其他书籍的知识。当然,我现今对书本的所有认识都是来自当时能够敞开心胸,随时迎接书中的东西;不过,现今内容、主题与题材是在书本之外,早先时它们只在书本里面,而且完全在里面,就像现今的页码或其纸张一样,并非外在或独立于书本之外。不管如何,世界的内容就显露在书本中,所以世界与书本是绝对分不开的。所以,每本书的内容,它的世界,就在它里面,伸手可及。但是,同样地,这些内容和这个世界使书中的每一部分变形。它们在里面燃烧,从里面发出火焰;它们不只位于它的封皮或它的图片中,还被珍藏在章节标题和篇头字母、段落与栏列中。你不是读完书本;你居于其中,在它们的字里行间,在一段间隔之后重新打开它们,在你驻足的地方让你自己惊奇。"⑲

过后,青春期的我,在父亲布宜诺斯艾利斯未使用的图书室中(他指示秘书充实这座图书室,而她论码买书,并将它们装订裁切成符合书架的高度,结果,页顶的标题很多都被不小心裁掉了,有时候,甚至连最上面的几行内文也不见了),我有了另外的发现。我开始在大部头的《艾斯巴莎—卡尔帕西班牙文百科全书》(Espasa-Calpe Spanish Encyclopedia)上查阅那些让我联想到性的条目:"手淫"、"阴茎"、"阴户"、"梅毒"、"卖淫"。我总是单独在这间图书室里,因为父亲很少使用它——只当他必须在家而非办公室接见访客时,才会用到它。在我12或13岁时,我蜷缩在一张大扶椅里,专心阅读一篇讨论淋病的危害的文章,我父亲这时候进来,坐到他自己的书桌边。我大惊失色,害怕他会注意到我正在读的东西,可是,接下来,我就体认到,没有人——甚至连我的父亲也不,就算他只坐在离我几步远的地方——可以进入我的阅读空间,可以知道我手中的书本正在告诉我的淫荡的内容,而且,除了我自己的意愿之外,别人真的休想知道。这个小小的奇迹是个沉默的奇迹,只有我自己知道。我念完这篇淋病的文章时,心中的神气劲胜过惊骇。尔后,在同一处图书室,我完成了自己的性教育,我读莫拉维亚⑳的《墙头草》(*The Conformist*)、盖·德·卡尔斯的《污秽者》(*The Impure*)、葛蕾丝·莫泰里欧司的《培顿地方》(*Peyton Place*)、辛克莱·刘易斯的《大街》(*Main Street*)与纳博科夫的《洛丽塔》(*Lolita*)。

我不只有阅读的隐私,而且也有决定阅读对象的隐私,在特拉维夫、在塞浦路斯、在加米施—帕滕基兴(Garmisch-Partenkirchen)㉑、在巴黎、在布宜诺斯艾利斯那些消失已久的书店选我所要的书。有许多次，我是依书的封面来作选择的。有些情景我至今还能记得：譬如说，看见"彩虹经典系列"(Rainbow Classics)的非光面书衣（俄亥俄州克利夫兰市的世界出版公司[World Publishing Company]所提供），因其下边盖印的封皮而高兴不已，并且带走《汉斯·布林克》(Hans Brinker)或《银溜冰鞋》(The Silver Skates)、《小妇人》(Little Women)与《哈克贝里·芬》(Huckleberry Finn)。这一切都有梅·兰柏顿·贝克的导读，称为《这一本书该如何读》(How This Book Came to Be Written)，而他们的闲聊对我而言，似乎仍然是谈论书籍最刺激的方式之一。"所以1880年9月一个寒冷的早晨，窗户有苏格兰的雨拍打着，斯蒂文生坐近炉火，开始写作，"贝克女士在《金银岛》(Treasure Island)的导读上如是说。那场雨和那盆火一路伴随我念完这本书。

我记得，在塞浦路斯——我们的船在这里停靠了几天——的一家书店中，一整个橱窗都摆满了诺迪②的故事书，抢眼的彩色封面，与想象用一盒纸页上所描绘的建筑砖块与诺迪一道建造他的房屋的乐趣（稍后，一点也不知羞耻地，我喜爱上了艾尼德·布莱顿的《愿望椅子》[Wishing Chair]系列，那时我尚不知英国的图书馆员已经将其烙印为性别歧视者与势利鬼）。在布宜诺斯艾利斯，我发现了厚纸版的"罗宾汉系列"(Robin Hood)，每位英雄都画上黑色的肖像，而其背景则为淡黄色。我在那里还念了沙尔迦里的海盗冒险故事《马来西亚老虎》(The Tigers of Malaysia)、凡尔纳③的小说和狄更斯的《爱德温·得鲁德的秘密》(The Mystery of Edwin Drood)。我不记得曾经阅读广告或护封上的内容提要，来知道书的大概内容；我不知道我童年时代的书是否有这样的东西。

我认为自己至少是用两种方式来阅读。首先，屏息紧盯事件情节与人物，不要停歇下来注意细节之处，阅读的加速步调有时候会将故事掷出最后的一页；譬如当我读亨利·莱得·哈迦德爵士、《奥德赛》(Odyssey)④、柯南·道尔及德国作家卡尔·迈⑤的"蛮荒西部"故事时。其次，经由小心探究，细察文本以了解它的纠结意义，只在文字的声音中或在文字不希望泄露的线索中发觉乐趣,或者在我怀疑是深藏在故事本身,某种太可怕或太不可思议而无法正视的东西中。第二种阅读稍为具有阅读侦探小说的特质。我在刘易斯·卡罗尔、在但丁、在吉卜林、在博尔赫斯的作品中摸索出这种阅读方式。我也根据自己所知的书本类型(由作家、由出版商、由另外读者所标示的)来阅读它。12岁时,我读了契诃夫的《打猎》(*The Hunt*),被编纳在一系列的侦探小说之中,所以就认为契诃夫是一名俄国恐怖小说作家,然后,我读了《牵着哈巴狗的女士》(Lady with a Lapdog),仿佛它是由柯南·道尔的对手所作一般,也很喜爱它,即令认为其中的神秘色彩相当薄弱。塞缪尔·巴特勒则以相当类同的方式述说了某位威廉·塞福顿·莫尔豪斯的故事,此人"想象他正在因阅读伯顿㉖的《忧郁的解剖》(*Anatomy of Melancholy*),受其影响而改皈基督教,朋友向他推荐巴特勒的《自然宗教与启示宗教之类比》(*Analogy*),他却把《忧郁的解剖》误当作《类比》而买来读,结果读得满头雾水"。㉗在一则发表于40年代的故事中,博尔赫斯表示说,将坎普滕的托马斯㉘的《效法基督》(*Imitation of Christ*)当成詹姆斯·乔伊斯的作品来阅读,"这将可让那些空洞贫乏的心灵运动获得充分的更新"。㉙

斯宾诺莎在他1650年版的《神学政治论》(*Tractatus Theologico-Polliticus*),此书遭到罗马天主教教会强烈谴责,视其为"由一名叛教的犹太人和魔鬼在地狱编造而成"即已观察到:"常常,在不同的书本中我们阅读到内容很类似的历史,但是,我们却根据自己对这些作家的既有见解来作出极为殊异的判断。我想起在某一本书中读过一个名叫奥兰多·弗里欧梭的人,常常乘坐一头长有翅膀的怪物飞越天空,遨游各国,独力杀死无数常人和巨人,还有其他这类从理性的观点显然属荒谬的幻想故事。我在奥维德所写的珀修斯(Perseus)㉚故事中读过很类似的场景,《士师记》中参孙(Samson)的故事也很类似:他未带武器就独力杀死数千男子。还有《列王纪》中以利亚(Elijah)的故事也是:他搭乘一辆由数匹骠悍骏马所拉驰的火战车凌越天空,最后到达天堂。这一切故事显然很相似,但我们对它们的判断却颇为悬殊。第一个是寻找消遣,第二个有一个政治目标,第三个则有宗教目的。"㉛我有很长的时间,也一直企盼从所读的书中找出其目的,譬如说,期待班扬的《天路历程》(*Pilgrim's Progress*)会对我讲道,因为据说它是一部宗教寓意小说——仿佛我是能够听到作者在创作当下时刻心中所发生之事,并获得证明说,作者所言确实。经验与一定程度的常识至今尚未完全治愈我这种迷信的恶习。

有时候书籍本身就是护身符:一套两卷的《特里斯特拉姆·项狄》(*Tristram Shandy*)、一个企鹅版的尼古拉斯·布雷克的《野兽必死》(*The Beast Must Die*)、一本破旧的马丁·加德纳的《艾丽丝注释本》(*Annotated Alice*),我在一家阴暗的书店负责装订这些书(代价是可以到里面免费看书一整个月)。这些书我都特别仔细阅读,而且随时备在旁边。坎普滕的托马斯教导他的学生"一本书在握,正如义人西面将童年的耶稣抱在手臂中行路,并给他亲吻。而当你阅读完毕时,闭上书本,并感谢出自于上帝之口的每一个字;因为在主的领域中,你已经发现了一个隐藏的宝藏。"㉜在圣本笃㉝的时代,书籍相对仍然很稀有并昂贵,他记载曾命令他的僧侣"尽可能"将他们正在阅读的书籍握"在左手,包裹在他们的袍袖中,并搁在他们的膝盖上;他们应将右手的袖子卷起,以此紧握并翻转书页。"㉞我青春期的阅读并未负担如此深的敬意或如此小心翼翼的仪式,但它亦具有某一种秘密的庄严与重要性,这是我如今都不愿意否认的。

我要活在书堆之中。1964年,我16岁,在皮格马利翁书店(Pygmalion)找到一份课后工作,这是布宜诺斯艾利斯三家英文及德文书店之一。老板叫莉莉·列巴赫,原是德国犹太人,30年代后期为逃避纳粹迫害而移居到布宜诺斯艾利斯。她安排给我的日常工作是清理店中存书的灰尘——她认为(其判断颇正确)借这个方法可以让我迅速搞清楚库存书与它们在书架上的位置。不幸的是,许多书本对我的诱惑让我根本顾不了清尘的工作;我只想将它们握持在手,打开细读,有时候甚至这还不够。有几次，我偷了一本诱人的书，把它藏在外套口袋带回家，因为我不只是必须读它，还必须拥有它，宣称它归我所有。小说家牙买加·金凯德⑥坦承童年时在安提瓜岛（Antigua）的图书馆也有类似的偷书罪行，她解释自己不是为了偷窃，"只是一旦我念过了一本书，我就无法承受与它分离之苦。"我也很快就领悟到，我们不单只是读了《罪与罚》(*Crime and Punishment*)或《在布鲁克林长大的一棵树》(*A Tree Grown in Brooklyn*)。我们所读的是某一个版本、特定的一本，可借由其纸张的粗糙或平滑、其气味、第 72 页上的一小滴眼泪与封底右角落的咖啡渍痕辨认出来。公元 2 世纪所建立的阅读认识论规则，主张用最近的文本取代先前的文本，因为后出者理应包含前者，这种论调对我而言几乎无法成立。在中世纪早期，一般认为抄写员会将正在缮写的文本中发现的错误予以"更正"，以制作出"更好的"文本；然而，对我来说，我最先读到的一本书的那个版本就变成了初版（editio princeps），其他版本都必须以此作为比较。印刷术已经让我们产生错觉，以为所有堂吉诃德的读者所读的是同一本书。对我而言，甚至到了今天，就宛若印刷术还不曾发明过一般，任何书的每一复本依然如同凤凰一般独一无二。

但是，事实的真相是，特别的书籍会赋予特别的读者某些特性。拥有一本书所隐含的意义是，这本书先前的阅读史——也就是说，每一个新读者都受到他/她所想象的这本书于前人手中的情形所影响。我的吉卜林自传《生平纪要》(*Something of Myself*)是一本二手书，是在布宜诺斯艾利斯买的，其扉页上有一首手写的诗，日期是吉卜林的逝世之日。拥有这本书的这位即兴诗人，难道他是个狂热的帝国主义者？一个吉卜林散文的爱好者，透过这位侵略主义者的神态来了解这位艺术家？我所想象的这位前人影响了我的阅读，因为我发觉自己正在和他对话，争辩这点或那点。一本书将它自身的历史带给了读者。

列巴赫小姐当时一定知道她的职员偷窃书籍，但我猜测，只要她感觉我们不逾越某些未明说的界限，她就会心照不宣。有一两次，她见到我沉迷于一本新到之书,告诉我继续把工作做好,这本书就留着带回家利用自己的时间看。我在她的店里接触到一本本奇妙的书:托马斯·曼的《约瑟夫兄弟》(*Joseph and His Brothers*)、索尔·贝娄的《赫索格》(*Herzog*)、拉哲克维斯特的《侏儒》(*The Dwarf*)、塞林格的《九故事》(*Nine Stories*)、布洛赫的《维吉尔之死》(*The Death of Virgil*)、赫伯特·里德的《天真的孩子》(*The Green Child*)、伊大罗·司维渥的《芝诺的自白》(*Confessions of Zeno*)、里尔克和狄伦·托马斯和艾米莉·迪更生和霍普金斯的诗、埃兹拉·庞德所翻译的埃及爱情抒情诗,及《吉尔迦美什》(*Gilgamesh*)史诗。

一天下午,博尔赫斯在他 88 岁的母亲陪同下来到这家书店。他名气响亮,但我只读过他的一些诗及小说,尚未被他的文学所慑服。他几乎全盲了,可是却拒绝携带拐杖;他会把一只手伸到书架上头,仿佛他的手指可以看见书本。博尔赫斯最近热衷研究盎格鲁-撒克逊人(Anglo-Saxon),到处搜集相关的书籍;我们已经帮他订购了斯基特(Skeat)的辞典及《莫尔顿战役》(*Battle of Maldon*)的注解本。博尔赫斯的母亲变得不耐烦了。"豪尔赫,"她说:"我不明白为什么你要把时间浪费在盎格鲁-撒克逊人上,还不如念些有用的东西,像是拉丁文或希腊文吧!"最后,他转身请我帮他拿一些书。我找到了一些,也把未找到的记下来。然后,离去时,他问我晚上时间忙不忙,他需要(他的语气充满了歉意)有个人来朗读给他听,因为他母亲现在很容易累。我欣然答应。

接下来两年,我有幸朗读给博尔赫斯听,就如多位其他的幸运的熟人不定时所做的工作一样。时间通常是在晚上,或者,假如学校允许的话,就在清晨。整个仪式大致一成不变。我通常不搭电梯,而直接爬楼梯到他的公寓(有一次博尔赫斯在爬类似这种楼梯把新到手的《天方夜谭》拎到住处时,因为没有留意到一扇打开的窗子,结果受到严重割伤,伤口化脓,搞得他精神恍惚,以为自己就要发疯);我按电铃,女仆会带我穿过一道帘幕的入口,进入小小的客厅,博尔赫斯会在那里和我碰面,伸出他柔软的手。没有多余的客套;他会抱着期待般的神情坐在躺椅里,而我则在一张扶椅上就位;然后,他会用稍带气喘的声音提示当晚的读物。"我们选择吉卜林好吗?"当然,他不是真的期待一个回答。

在那间客厅,在一尊皮拉内西(Piranesi)的圆形罗马废墟雕刻下面,我朗读吉卜林、斯蒂文生、亨利·詹姆斯、布罗克豪斯德文百科全书的一些条目、马里诺和邦契斯及海涅的诗(但这些诗人的作品其实他早已熟记,所以,常常我一开始朗读,他犹豫不决的声音就会扬起,开始背诵起来;他的迟疑只是在于韵律,不是在于字句本身,后者他可是记得一丝不漏)。之前,这些作家的作品我所读不多,所以这道仪式显得特别古怪。我靠着朗读来发掘一部作品,而如同其他读者利用眼睛一样,博尔赫斯使用他的耳朵来扫描书页上的每个字、每个句子、每个段落,以确定他的记忆无误。当我朗读时,他会打断,评论那段文句,这是为了(我推想)将其铭记于心。

在念到斯蒂文生的《新天方夜谭》(*New Arabian Nights*)时,念到一处令他捧腹大笑的地方("打扮涂抹脂粉,装成一个落魄潦倒的新闻界人物"),他要我暂停:"噫,人怎么会打扮成那副模样?你认为斯蒂文生心里在打什么主意?好像用字精确,可是却不太可能有这一回事?噫?"他开始分析这种风格设计——借着一个意象或者范畴来界定某个人或某件事,这种意象或范畴表面上显得准确,却迫使读者必须作出自己的界定。他与他的朋友卡萨雷斯在一篇18个字的短篇小说中玩味过这个主意:"这个陌生人在黑暗中爬楼梯:滴答,滴答,滴答。"

聆听我朗读吉卜林的短篇小说《越过爱尔兰东部》(Beyond the Pale)时,博尔赫斯在我念完其中一幕之后打断了我。在那一幕中,一名印度寡妇发送一则讯息给她的情人,这个讯息是由不同的物品集于一束而组成的。他评论了这一幕的诗意适当性(poetic appropriateness),大声惊问是否吉卜林已经发明了这种具体又具有象征性的语言。⑧然后,宛若在搜寻一座心灵的图书馆一般,他将它比喻成约翰·威尔金斯的"哲学的语言",在这种语言中,每个字词都是它自身的定义。譬如说，博尔赫斯注意到"鲑鱼"这个词并未告诉我们任何关于它所代表的物体之内容；zana，这个在威尔金斯的语言里相当于"鲑鱼"的字，是建立在预先设定的范畴上，意指"肉色鲜红的有鳞片河鱼"：[9] z 为"鱼"，za 为"河鱼"，zan 为"有鳞片的河鱼"，而 zana 为"肉色鲜红的有鳞片河鱼"。朗读给博尔赫斯听，其结果总是对自己所读之书造成一种心智上的重新混合；那个晚上，吉卜林和威尔金斯并肩地站立在同一座想象的书架上。

另一次（我不记得这次他要我念什么），他突然兴致一来，开始汇集名作家的糟糕诗句，包括济慈的"这只猫头鹰，虽则长有羽毛，却感觉很冷"，莎士比亚的"喔，我的预言者的灵魂！我的叔叔！"（博尔赫斯发觉哈姆雷特说出"叔叔"这个字显得缺乏诗意、不适当——他宁可使用"我的父亲的兄弟！"或者"家母的亲戚！"这种表达），韦伯斯特的"我们只是这些星星的网球"，这是他的《马尔菲公爵夫人》(*The Duchess of Malfi*)里的一个句子，还有密尔顿的《复乐园》(*Paradise Regained*)里的最后数行——"他偷偷摸摸／回家到他母亲的房子"——这些话让基督看起来好比是（博尔赫斯认为）一个戴着保龄球选手帽的英国绅士，回家去喝老妈泡的茶。

有时候他会把阅读运用在他自己的写作上。我们在圣诞节前不久读了吉卜林的《舰首与舰尾的大炮》(*The Guns of 'Fore and 'Aft*)，他在其中发现了一只鬼老虎，引导他写了最后期的短篇小说之一：《蓝色老虎》(*Blue Tigers*)；乔凡尼·巴比尼的《池塘里的两个影像》(*Two Images in a Pond*)带给他写出《1982 年 8 月 24 日》(*August 24 1982*)的灵感，在那个时候，这个日期尚属未来；他对洛夫克拉夫特的愤懑（有好几次，他要我朗读这个人的小说，然后都是中途叫停）使他创作出洛夫克拉夫特的一篇小说的"更正"版，并把它刊登在《布罗迪医生的报告》(*Dr. Brodie's Report*)中。他常常会要我把一些话记在我们所读的书的补页上————则章节参考或一则想法。我不知道他怎么运用这些东西，但是尔后我也养成了在书背加评语的习惯。

伊夫林·沃⑩写过这样一则故事：有一个人，在亚马逊河丛林中被救起，之后被救他的人强迫大声朗读狄更斯的作品，直至过世为止。⑪在朗读给博尔赫斯听的时候，我从来没有只是在尽责任的感觉；相反地，这个经验感觉起来像是一种自甘束缚。与其说我是被他驱策着去发现的这些作品（其中有许多后来也成为我的偏爱）所迷，不如说是受他的评论所惑。他见解博大精深，但不会自我吹捧；趣味横溢，可是有时候很残酷。评论几乎是不可或缺。我感觉自己是一册细心加上注解、专程为我编纂的版本的独有者。当然，我并不是；我（就像其他许多人一样）只是他的笔记本，一个盲人必需的**备忘录**，以方便他组合心中种种想法。我非常乐意被他利用。

在和博尔赫斯碰面之前，我若不是静静地独自阅读，就是有人大声朗读我所选择的书给我听。大声朗读给这位瞎眼老人聆听是一个奇妙的经验，因为，即使我感觉，以一些努力，以控制阅读的音调与步调，然而，仍然是博尔赫斯，这位听众，变成文本的主人。我是驾驶者，但是沿途的风景、展开的空间，则是属于我所载的人，对他而言，除了理解窗外的乡野之外就没有其他的责任。博尔赫斯选择书本，博尔赫斯阻止我或要我继续，博尔赫斯打断我的朗读，然后加以评论，博尔赫斯允许文字直接进入其脑海中。我是无形的。

我很快得知，阅读是累积式的，以几何式的进展来增加：每种新阅读都是建立在先前所读的基础之上。一开始时，我替博尔赫斯为我选择的故事擅作了臆断——吉卜林的散文矫揉浮夸、斯蒂文生的作品幼稚、乔伊斯的小说晦涩难懂——但是偏见很快就向经验认输，而且，读过一则故事会令我盼望阅读另一则故事，而故事又因我记住了博尔赫斯与我自己的反应而变得更加丰富多彩。我的阅读进展从不依循传统的时间顺序。譬如说，大声向他朗读自己读过的作品，这会修正先前那些孤单的阅读所得，增添并加深我的记忆，使我感受到当时还没感受到、而现在却似乎因受他的反应所激发而回想起来的东西。"有些人在阅读一本书时，会从先前读过的东西追忆、比较、唤回情感，"阿根廷作家艾斯特拉达说："这是一种最精致的通奸方式。"㊷博尔赫斯不相信系统性的阅读书目，他鼓励此类通奸式的阅读。

除了博尔赫斯外，一些朋友、一些老师与偶尔读到的评论也会提供我一些阅读的建议，但是我与书籍的邂逅大多是出于机会，就像在但丁《地狱》的十五章，那些路过的陌生人一般"彼此注视，当白昼逐渐消退，而一轮上弦月爬上天空"，在闪现中、在匆匆一瞥中、在一字半语中，突然发现其身上具有无法抗拒的吸引力。

起初，我按照作者的字母顺序来收存藏书。尔后，我开始以文类（genre）来区分：小说、散文、剧本、诗。之后，我又尝试依不同语言来分类，而在游历各地的岁月中，因只能随身携带其中一些，所以就将它们分成三类：很少碰的书、一读再读欲罢不能的书，与想读的书。有时候，我的藏书室会以秘密的规则来分类，这些规则源自特质的联想。西班牙小说家豪尔赫·桑普伦将托马斯·曼的《绿蒂在魏玛》(Lotte in Weimar)归并在与布亨瓦尔德(Buchenwald)㊸集中营（他曾遭囚禁于此）有关的书籍中，因为这部小说是以威玛的大象旅馆(Elephant Hotel)作为其开场之景，山普伦在获得释放后曾被带到那座旅馆。㊹我曾一度认为如此一伙作者来建构一套文学史将会很有意思，譬如说，我们可以探究亚里士多德、奥登、简·奥斯汀和马塞尔·埃梅之间（依照字母排列顺序）的关系，或是探讨切斯特顿㊺、西尔薇雅·汤森·华纳、博尔赫斯、圣十字约翰及刘易斯·卡罗尔（我最喜爱的一些作家）之间的关系。我似乎觉得，学校里所教的文学选材——他们硬将塞万提斯和洛佩·德·维加㊻扯上关系，只因为这两人属同一世纪，而且他们还把希门尼斯㊼的《普拉特罗与我》(Platero y yo)（其内容是一名诗人对一头驴子的迷恋，词藻华丽）当成一部精心杰作——就跟我以沿着自己弯曲的阅读之路所发现的一切与自己的书架尺寸为基础而替自己建构的文学选集一样独断、随便。学校教科书与官方图书馆所尊崇的文学史，对我而言似乎只不过是某些读物的历史——纵令比我自己的文学史历史更悠久、讯息更丰富，但仍旧一样要依靠机会与外在状况。

1966年翁加尼亚将军(General Onganía)的军政府取得政权,那时距中学毕业还有一年,我发现了读者的藏书还可以用另外一套系统来分类。有些书本和作家因遭当局怀疑为共产党员或涉及淫亵而被列入查禁的黑名单中。警察到咖啡店、酒吧与火车站,或就大咧咧地在街道上临检,次数越来越频繁,这时千万不要让人家看到身上带有可疑的书本,就像千万要随身携带身份证明一样。遭查禁的作家——聂鲁达㊽、塞林格、高尔基、品特㊾——形成了另类、不同的文学史,其彼此的传承既不明显,亦非永久不变,而其共同点只能从检查官员一丝不苟的眼神中看出。

但是,不只极权政府恐惧阅读。读者在校园和更衣室所受到的欺凌就如同在官府和监狱一样严重。几乎不管在何处,读者社群都因其所获得的权威和被感受到的权力而博得暧昧的名声。读者与书本之间有某种关系被认为既明智又有建设性,但其排他性也遭人不屑,或许是因为个人蜷缩在角落,似乎对外界的动荡无动于衷的形象,使人联想到难以一窥其究的隐私与一只自私的眼睛和单独的鬼祟行动。("出去生活!"家母看到我在阅读时会这样说,好似我的沉默活动与她所知的"活生生的"意义互相矛盾。)阿尔封索在艾萨·德·凯罗斯的《玛雅语》中,赞同这种观点,斥责那些认为小孩应该阅读和学习经典的牧师。"什么经典?"阿尔封索轻蔑地问。"人的第一要务就是活着,为了活着,他必须健康而强壮,合理的教育应该是:使人健康、强壮以及拥有相应的习惯,要集中全力发展人的体格,让人们在身体上处于优越地位,就好像他没有灵魂一样,但灵魂会随后而来……"㊿一般人对读者在字里行间的可能作为常有恐惧,就像是男人对女人可能在其身体的某个秘密处所做的事永远充满恐惧,及对女巫和炼金术士在锁上门之后所可能摸黑而为的事永远充满恐惧一般。根据维吉尔,象牙是制造"假梦门"(Gate of False Dreams)的材料;而根据圣伯夫㊱,它也是读者之塔的制造材料。

博尔赫斯告诉过我,在1950年,皮隆㊲政府曾发起对抗反对派知识分子的民粹主义示威活动,示威者唱道:"要鞋子,不要书。"反驳的口号则是:"要鞋子,也要书。"没有半个人对此口号服气。民众看到现实——严厉、必要的现实——和书籍的逃避的梦想世界之间有无可弥补的冲突。那些当权者就以此作为借口,积极大胆地倡导生活与阅读的人为二分,也逐渐获得成效。大众化的政权要求我们遗忘,因此他们将书籍贴上多余的奢侈品之标签;极权的政权要求我们不要思考,因此他们又禁止又恐吓又检查;两者都全面要求我们变成愚笨,并乖乖屈服,因此他们鼓励消遣之作的消费。在这种情况中,读者除了颠覆之外,别无他法。

因此,我雄心勃勃地从我作为一名读者的历史跨步到阅读活动的历史。也许应该说是跨步到一种阅读的历史,因为任何由个别直觉和私人环境所构成之此类历史,不管多么努力想达到客观性,一定只是诸多阅读史中之其一。或许,最终,阅读的历史便是每位读者的历史。阅读史甚至连其起始点也必须是偶然的。博尔赫斯在评论一部出版于30年代中期的数学史时说,这本书具有"致命的缺陷:它所描述的事件年代顺序与它的逻辑和自然顺序不相符合。它对要点的定义经常到最后才出现,实践先于理论,对不敬的读者而言,它的先驱者的直觉劳动比现代数学家的直觉劳动更难令人理解。"㊳阅读的历史大致上亦可作如是观。它的年代学不可能是政治史的年代学。阅读对苏美尔人(Sumerian)的抄写员来说是一种极珍贵的特权,他们比起现今纽约或圣地亚哥的读者具有更敏锐的责任感,因为法律文件或账目处理都有赖其独门解释。中世纪晚期的阅读方法在定义何时与如何阅读时,将朗诵之著作与默诵之著作予以区分,比起**世纪末**的维也纳或爱德华时期的英国来,其规定更为清楚明确。阅读的历史也不可能依循文学批评史中前后一致的传承;19世纪的神秘家安娜·卡塔琳娜·埃梅里希(她所写下之著作,绝比不过她的亲身经验精彩)所表达的疑惧,㊴在更早两千年前苏格拉底即作过更强烈的表达(他发觉书籍是学习的障碍)㉟,还有,在我们的时代,德国的批评家恩岑斯伯格(他赞扬文盲,并建议回归口语文学的原创性)也有类似的看法。㊱美国散文作家艾伦·布鲁姆㊲和许多人一样不苟同这种见解;而布鲁姆的意见却在他之前老早就被查尔斯·兰姆㊳加以修正(这真正一种奇妙的时代倒错):兰姆在1833年坦承他喜爱沉迷于"他人的心智中。当我不在散步的时候,"他说:"我就在读书;我不能坐下来思考。书本替我思考。"㊴阅读的历史亦不符合各文学史的年代学,因为对某一位特别作家的阅读历史常常不是以那位作家的处女作开始,而是以作者的一名未来读者开始:藏书癖者莫里斯·海涅和法国超现实主义者将德·萨德侯爵㊵从受谴的色情文学书架中拯救出来,在此之前,萨德的著作在那里尘封了150多年;威廉·布莱克㊶在遭受两个多世纪的漠视后,到了我们的时代,因凯恩斯爵士和弗莱的热忱,使他的作品成为每一个学院的必修课程。

  既然我们活在灭种的威胁之下,作为今日读者的我们尚必须学习阅读为何物。圣奥古斯丁探究了我们的未来——我们的阅读历史的未来:他设法将我们心中所见的文本和大声念出的文本予以区分;但丁也对此作过探索,他质疑了读者诠释能力的限制;紫式部女士也是,她曾为某些阅读的特异性辩护;普林尼也是,他分析阅读的行为,与阅读的作家和书写的读者之间的关系;还有苏美尔抄写员,他们让阅读活动充满了与政治力量的瓜葛;还有最初制造书籍的人,他们发觉卷轴阅读的方法限制太多,令人烦不胜烦,所以就设计出可以翻阅的书,并留了边白,好让我们可以做些眉批。那段历史活现在我们面前,雷·布拉德伯里㊷在《华氏451度》(*Fahrenheit 451*)书末所描写的具有警世意义的未来世界中,书籍不是用纸张来传递,而是由脑子的记忆。

  就像阅读活动本身一样,一部阅读史朝向我们的时代跳跃而来——朝向我,朝向我作为一名读者的经验——然后,回到一个遥远年代的遥远国度的早先一页去。它跳过章节、浏览、选择、重读,拒绝遵守既有的秩序。吊诡的是,对阅读会影响积极生活的恐惧——这种恐惧催促家母把我从案前拉起,推到户外去——其实是体认到一个严肃的真相:"人生犹如单趟车旅,一旦结束,你就不能重新再来一次了,"这是土耳其小说家欧汉·帕慕克在《白色城堡》(*The White Castle*)里的话,"但是假如你有一卷在握,不管那本书是多么复杂或艰涩,假如你愿意的话,当你读完它时,你可以回到开头处,再读一遍,如此一来就可以对艰涩处有进一步了解,也会对生命有进一步的领悟。"㉟

阅 读 活 动

阅读意味着接近一些将会存在的东西。

卡尔维诺:《寒冬夜行人》,1979 年

第二章 阅读黑影

1984年,叙利亚的特尔布拉克(Tell Brak)发现了两小块稍带长方形的泥刻写板,其制造年代应可推至公元前4000年。我在波斯湾战争的前一年见到了它们,地点是巴格达考古学博物馆(Archeological Museum of Baghdad)里一处朴素的陈列橱。这两块泥刻写板状似简单,不太起眼,每一块上面都有一些不太明显的标志:靠近顶部有一道小小的凹洞,中央部位则是某种条状的动物。其中一只动

左图:古叙利亚特尔布拉克所发掘之两块象形文字刻写板

物或许是山羊,如果没错,另外一只或许就是绵羊。考古学家说,凹洞代表"10"这个数字。我们的一切历史皆以这两片不起眼的刻写板为肇端。①它们是——假如它们侥幸能逃过这场战争的浩劫——现今所知人类最古老的书写例证之一。②

这些刻写板具有某种极度令人动容的东西。或许,当我们凝视这些由一条不复存在的河流所发掘出来的泥片,观看着这些好几千年前的细致的动物刻绘遗骸,会有一道声音魔术般地响了起来。这是一道思想、一则讯息,告诉我们说:"这里有10头山羊,""这里有10头绵羊,"说话者是当这些沙漠仍然绿意盎然时代的一名细心农民。单凭注

对页图:16世纪一所伊斯兰学校教授光学与感知律则之情景

视着这些刻写板,我们就可以从我们的时代的肇端将记忆延长,在那位思想家停止思考之后许久仍能保存其思想,并让我们自己参与一种创造活动;只要这些刻绘的意象为人所看见、辨识、阅读,这种创造活动就不会终止。③

就像我的模糊不清的苏美尔人祖先在那个不可思议的遥远下午阅读着这两小片刻写板一样,我此刻也同样正在阅读,就在我房间里,其间跨越过漫漫世纪和大海。我坐在书桌前,手肘压在书页上,手掌托着下巴,外面闪烁的灯光及街上传来的吵闹声让我分心片刻,我正在看、聆听、专注于(但是这些字并无法充分形容我的心境)一个故事、一段描写、一场争辩。除了我的眼睛之外,一切静悄悄,而我的手偶尔翻动一页,但是,在我阅读时,某种无法用文本(text)这个词来准确定义的东西在我心中展开、往前推进、成长并生根。但是这个过程究竟怎么发生的?

阅读活动由眼睛开始。"我们的感官最敏锐的部位是视觉,"西塞罗写道。他说,用眼睛看文章会比只用耳朵听更能记住其内容。④圣奥古斯丁称赞(然后又谴责)眼睛为吾人经验世界的窗口,⑤而圣托马斯·阿奎那则称视觉为"最伟大的感官,我们借着它来取得知识"。⑥字母是透过视觉来理解的,这对任何读者而言都是再明显不过的事实。然而,这些字母又是借着什么样的神妙法术而变成可理解的文字呢?我们面对文本时,脑子里到底发生了什么变化呢?那些被看见的东西、那些透过眼睛到达我们内在实验室的"实体"(substances)、那些物体和字母的颜色与形状,它们是如何变成可以阅读的呢?事实上,我们所谓的"阅读"的活动究竟是什么?

公元前5世纪,恩培多克勒⑦形容说,眼睛乃由爱神阿芙洛狄特所创造。她"将一道火控制在数片薄膜与细布里;薄膜与细布阻止身体深处的水源到处流淌,却让内部的火焰穿透到外边"。⑧百多年后,伊壁鸠鲁想象这些火焰是原子的薄膜,像一道绵绵上升的雨,从物体的表面流入我们的眼睛与心灵,让我们浸淫在这些物体的种种特性(qualities)之中。⑨不过,与伊壁鸠鲁同时代的欧几里得又提出了一套相反的理论:光束是由观察者的眼睛发射而出,去理解受观察的对象。⑩这两套理论似乎都有难以自圆之处。比方说,在前者所谓的"传入"(intromission)理论中,原子的薄膜如何能由一个硕大的物体——一只大象或奥林帕斯山(Mount Olympus)——放射出来,而进入一处像人类眼睛一般窄小的空间中?至于后者的所谓"传出"(extromission)理论,有什么样的光束可能从眼睛射出,并在瞬息之间到达我们夜晚所见的遥渺星球之上?

早在几十年前,亚里士多德就已提出另一套理论。这套理论虽早于伊壁鸠鲁,却修正了伊壁鸠鲁的说法。亚里士多德辩说,受观察之物的特性——而非原子的薄膜——行经空气(或是某种另类的传媒),而进入观察者的双眼;因此,人所理解的山并不是实际大小的山,而是山的相对尺寸与形状。根据亚里士多德,人类的眼睛就像变色龙一般,摄入所观察对象的形式与色彩,而透过眼睛的液状体,将这些资讯传达给全功能的内脏(splanchna)⑪一个包括心脏、肝脏、肺脏、胆囊与血管等掌控动作和感官知觉的器官的混合体。⑫

6个世纪之后,希腊的内科医生盖伦提出了第四种解答,这道解答遵循欧几里得之见而与伊壁鸠鲁有所抵触。盖伦表示,人的大脑长有一种"视觉精灵"(visual spirit),会透过视觉神经穿过眼睛,流出到空气之中。随后空气本身变成具有知觉能力,不管观看对象距离多遥远,都能够领会其特质。这些特质透过眼睛传送回到大脑,然后再往下经由脊髓到达感觉与运动神经。对亚里士多德来说,观察者是一个被动的实体,透过空气而接收到所观看的物体,然后这个物体被传送到心脏——所有感官(包括视觉)的所在处。对盖伦而言,观察者使空气变成有感知能力,所以扮演着一个主动的角色,而视觉的根源则深置于大

15世纪的亚里士多德《论灵魂》上的头脑功能插图

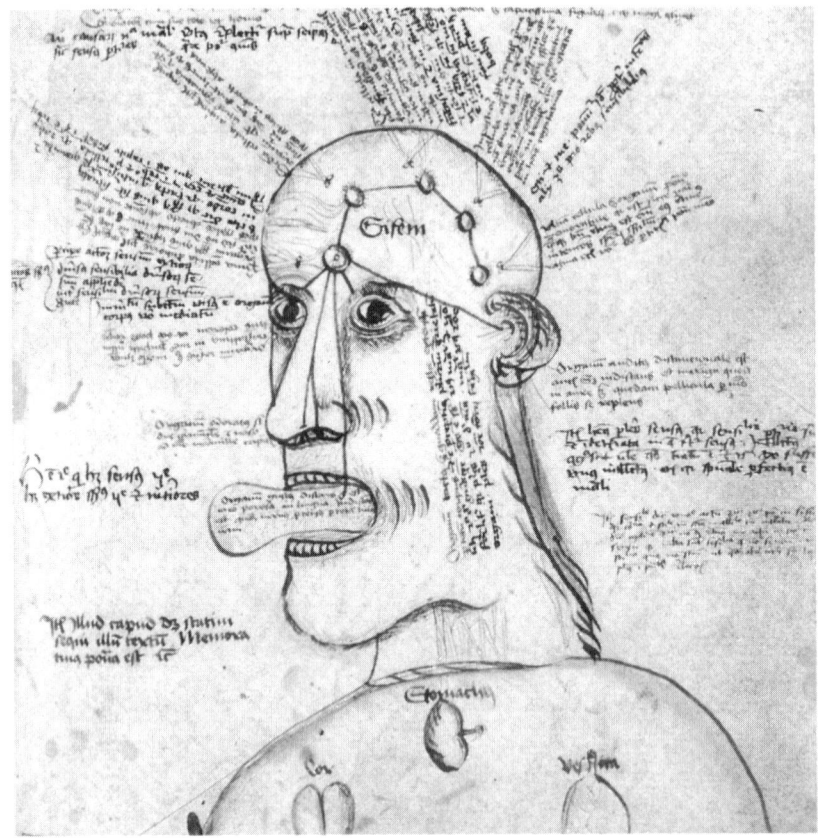

脑之中。

中世纪的学者将盖伦和亚里士多德视为科学知识的源头。他们普遍皆认为可以在这两种理论之间找到一种从属关系,其关键并不在于要一种理论凌越另一种之上,而是可以从两者之中撷取所需,以了解身体各个不同部位与对外感知的关联——及这些部位的彼此关联情形。14世纪的意大利医生真蒂莱·达·福利尼奥认定这样的一种理解是"习医的第一步,就如同学习字母是阅读的第一步般。"[13] 他还提起,如同其他早期基督教著作家一样,圣奥古斯丁也曾细心思考过这个问题。对圣奥古斯丁而言,大脑和心脏皆扮演着感官储存在我们记忆中的事物之牧守角色,而且他还使用 colligere(有"收集"和"总结"双层意义)

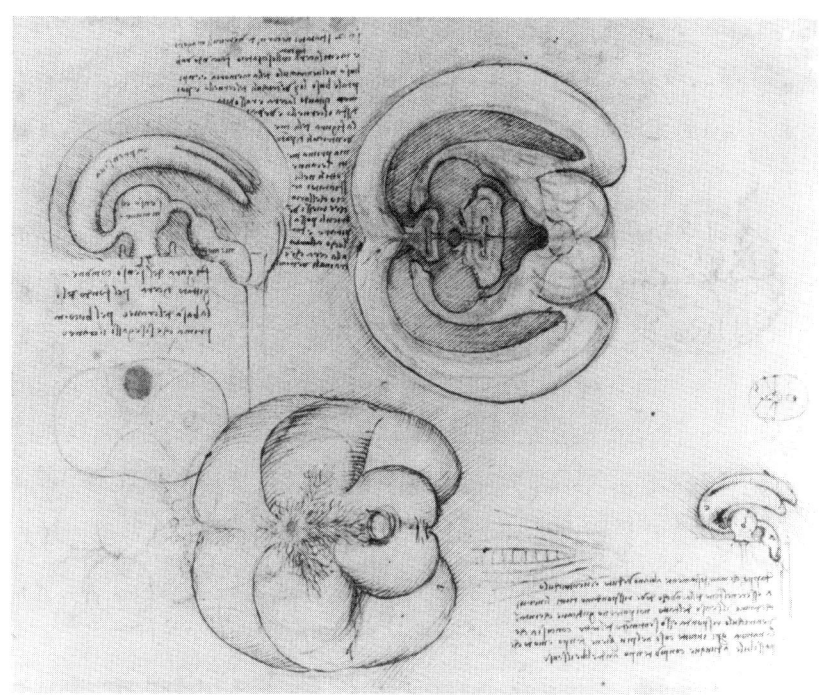

利奥纳多·达芬奇的头脑构造图,标示出"神奇之网"

这个动词来描写这些感观印象从记忆的各个区域被聚集起来并"护送离开它们的老窝"的情景,"因为它们没有他处可去。"⑭

记忆只是从这种妥善使用感官中获益的诸功能之一。中世纪的学者普遍接受这种看法:景物、声音、气体、味道与触感被输入到一处位于大脑的感官资料总储藏所中,此区域有时称之为"共同感官"(common sense)。这个位所不只是记忆,同时也是知识、幻想与梦的源处。它直通亚里士多德所称的全功能内脏,不过中世纪的诠释者将它缩减到只剩心脏——一切感觉之中心。如此一来,感官被认为与大脑有直接的关联,而心脏则被断定为身体的终极统治者。⑮一份15世纪晚期的德文手抄本,其内容是亚里士多德有关逻辑与自然哲学的论述,里面附有一幅插图,画了一个人的头部,其眼睛和嘴巴张开、鼻孔胀大、一只耳朵更是描绘得仔细。大脑里面有五个互相连接的小圆圈,从左至右代表

"共同感官"的主要位置,然后是想象力、幻想、思考力与记忆的位置。根据图旁的解说,"共同感官"的循环也与心脏有关联(图中也画了心脏)。这幅图大致代表了中世纪晚期对认知过程的想象;不过,当时对认知过程的想象还有一个小器官,并未出现在这幅插图中。那时候的人认定(可以回溯到盖伦)大脑的基底有一张由细小的血管组成的"神奇之网"(rete mirabile)。到达大脑的事物在接受筛选时,就由它担任传输管道。这张"神奇之网"出现于莱奥纳多·达芬奇1508年左右所绘的一幅头脑图上;图中清楚地标示出各个脑室,并说明其各自所司的心智功能。根据莱奥纳多的说法,"senso comune(共同感官)负责判断由其他感官所传送过来的感官印象……它的位置是在头部中央,在 impresiva(印象中心)与 memoria(记忆中心)之间。我们周遭的物体将其影像传送到各个感官之中,而各个感官将它们传送到印象中心。印象中心再将它们传送给共同感官。在这里,它们便被烙印在记忆之中,至于是否会一劳永逸固植于此,则要视那个物体的重要性与力量而定。"⑯在莱奥纳多的时代,人类的心智被视为是一个小小的实验室,由眼睛、耳朵与其他感觉器官所搜集的材料在大脑中变成"印象",接着便被输送经过"共同感官"中心,然后,在心脏的监督之下,转变成一种或数种的能力——譬如记忆力。透过这个过程,眼睛所见到的黑色字母(借用一下炼金术的意象)就变成了知识的黄金。

但是仍有一个基本的问题有待厘清:到底是我们读者自己伸展出去,然后捕获书页上的字母,就像欧几里得和盖伦的理论所说的那般?或者是字母自己伸展到我们的感官来,就像伊壁鸠鲁和亚里士多德所主张的一样?对达芬奇和他同时代的人来说,答案(或答案之暗示)或许可以在13世纪的一本译著上找到。这本书的原作写于两百年前的埃及(有时候学术界的犹疑时间也真够长久),作者是巴士拉(Bastra)⑰的学者伊本·海什木,西方人习惯称他海桑(Alhazen)。

公元11世纪时,埃及在法蒂玛⑱统治之下国势兴隆,从尼罗河谷

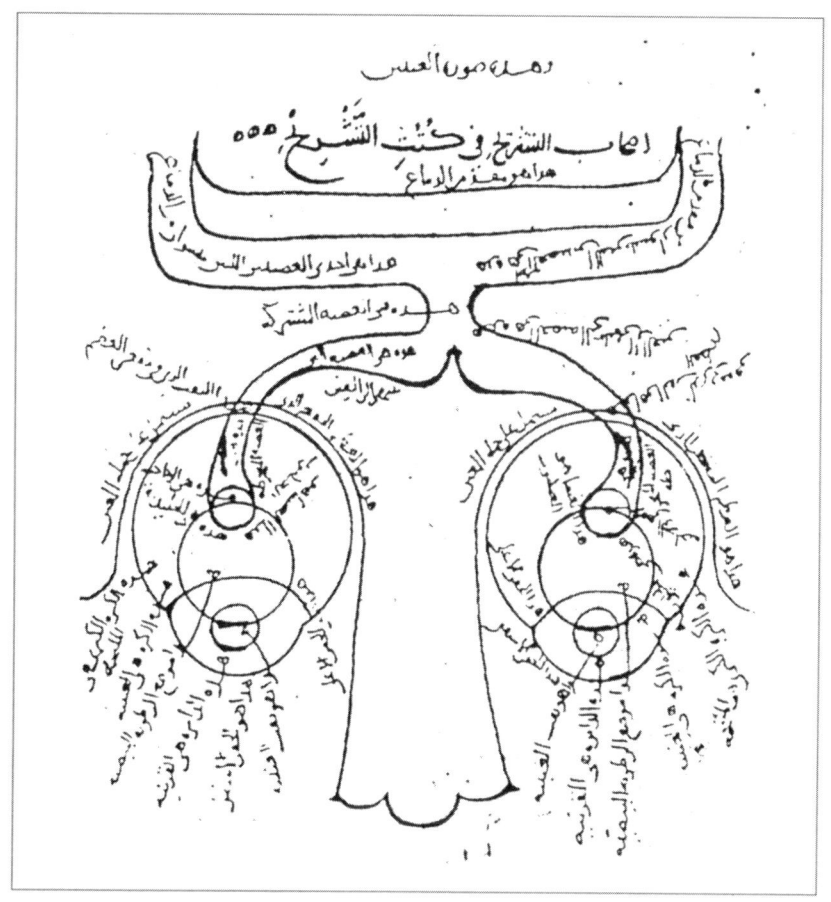

11世纪的《光学》中描绘海什木的视觉系统图,绘者是作者的女婿艾哈迈德·伊本·贾法尔

和与地中海邻邦的贸易中获得不少财富,而它的沙漠边境则靠一支外籍兵团来保护,这支外籍兵团包括有北非柏柏尔人(Berbers)、苏丹人及土耳其人。这种国际贸易及雇佣作战的异质性部署带给法蒂玛埃及许多优势条件,让它得以向真正的世界性之邦的目标迈进。[19]公元1004年,哈里发(政教领袖)哈基姆(他在11岁时成为统治者,25年之后,在一次单独的散步中神秘失踪)模仿前伊斯兰教的机构,在开罗设立一所大型的研究院——Dar al-Ilm(科学院),将自己收藏的重要手抄本献给他的子民当礼物,并下令说:"所有的人都可以到这里来阅读、抄写及

受教。"⑳哈基姆的怪诞政策——他禁止下棋及贩卖无鳞片的鱼——与他声名狼藉的凶残都因他在行政上的成功而在民间给淡化掉了。㉑他的目标是要让法蒂玛开罗不单单成为政治权力的象征性中心，同时还要成为艺术追求与科学研究的重镇。由于这个野心，他广邀各地著名天文学家与数学家到他宫廷，其中之一便是海什木。海什木的正式任务是研究出调节尼罗河水流的方法。他并未达成这项职责，因为他同时还把白天的时间花费在准备对托勒密的天文学说提出反驳上（他的敌人辩称："与其说那是反驳，还不如说是一套新的怀疑"），晚上则进行庞大的光学研究写作。他的名声就是靠后面这两项研究建立起来的。

　　根据海什木的说法，一切对外在世界的认知皆与源自人类判断力的某一种缜密推论过程有关。为了发展这套理论，海什木依循亚里士多德的传入理论的基本说法，认为物体的种种特性乃是借由空气而进入眼睛。他以精准的物理学、数学及生理学解释来支持自己所选择的理论。㉒但是更彻底的是，海什木在"纯粹感知能力"（pure sensation）和"认知"（perception）之间作了区分：前者不是出于自觉或刻意，譬如说，看到我窗外的阳光及下午的光影变化；而后者则需要有刻意的认知动作，譬如说，专注地看着书本上的一段文句。㉓海什木的主张之所以重要，乃在于它首先在感知活动中辨识出从"看见"到"辨读"（deciphering）或"阅读"的不同意识活动层级。

　　海什木于公元1038年在开罗过世。两个世纪之后，英国学者罗杰·培根企图向教宗克雷芒四世辩护光学研究的正当性，时值天主教会的一些派系正在激烈辩论科学研究是否违逆了基督教义；培根就把海什木的理论整理出一份修订摘要，献给了教宗。㉔培根依循海什木的见解（同时一边贬低伊斯兰学术的重要性），向教宗陛下解释了传入理论的机制细节。根据培根的说法，当我们注视着一个物体

（一棵树或 SUN 的几个字母）时，一个视觉的角锥体就形成了，其基点是在这个物体自身，而它的顶点则是在角膜曲率的中心。当这个角锥体进入我们的眼睛时，它的光束被布置在我们的眼球表面，然后以一种不互相交叉的方式折射，这时我们就"看到"了它。对培根来说，"看到"乃是物体的影像进入眼睛，然后被眼睛的"视觉力量"所掌握领会的主动过程。

但是，这种认知是如何变成阅读的呢？理解字母的动作不只涉及视觉与认知过程，也关系到推论、判断、记忆、认知、知识、经验、练习过程，这到底是怎么形成的呢？海什木知道（而培根无疑也同意），这一切执行阅读动作的要素让阅读增添了惊人的复杂性，若要成功执行，则非有上百种不同技巧的配合不可。而且不只是这些技巧，还有时间、场所和执行这个动作所使用的刻写板、卷轴、纸页或荧幕，都可能会对阅读造成影响：对不知名的苏美尔农民来说，影响他阅读的是他所住的村舍（他在邻近地区照顾其羊群）和所使用的圆形刻写板；对海什木来说，则是开罗学院的崭新白色房间和受人轻忽的托勒密著作手抄本；对培根而言，则是他所住的囚室（他因教人非正统的宗教思想而遭关入监狱）和他珍贵的科学书籍；对达芬奇来说，则是弗朗索瓦一世国王的宫廷（他在那里度过人生的最后岁月），还有他用密码写就、只有对着镜子才可以阅读的一些笔记本。所有这一切令人眼花缭乱的要素都在那一个动作中聚合在一起；海什木的推测到此为止。至于它究竟是怎么发生的？这些要素彼此间到底建立了什么样错综复杂与令人惊叹的关系，对这个问题，海什木及他的读者则一直未得其解。

现代神经语言学（neurolinguistics）所研究的是大脑与语言之间的关系。现代的神经语言学几乎是在海什木之后八个半世纪的 1865 年才开始。那一年，两名法国科学家——米歇尔·达克斯与保罗·布罗卡[⑤]——同时间在各自的研究上表示：导因于一个在怀孕时开始的遗

38　阅读活动

传过程,绝大多数人在出生后,其大脑左半球最后将变成大脑编纂和译解语言的主要部位;而另外有少数人——大多数是左撇子或是两手俱利的人——会在其大脑右半球发展此项功能。在一些个案(发生在遗传上偏向由左半球扮演支配角色的人身上)中,脑部左半球早年受损会造成大脑的"功能重调"(reprogramming),导致在右半球发展语言功能。但是不管左右半球,都一直要到这个人真正接触到语言的时候,才会担负起编纂与译解语言的功能。

到了第一位抄写员刻下和说出最初的字母之时,人类的身体已经能够作出仍然属于未来的书写和阅读活动;也就是说,身体已经能够储存、回想和辨读各类的感官材料,包括尚未发明的书写语言的武断符

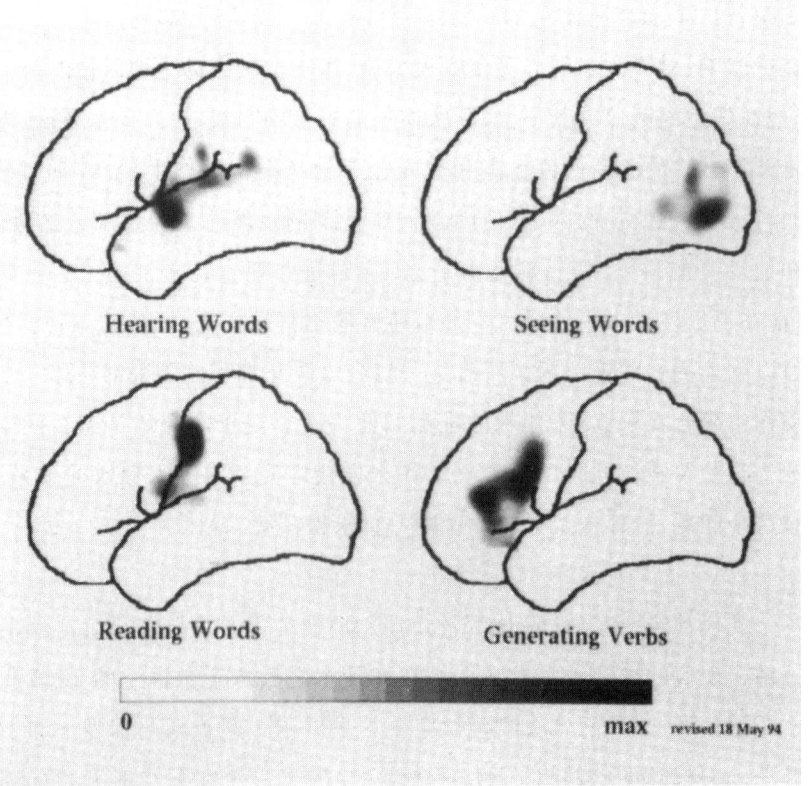

脑部语言感官功能画分图,这是根据华盛顿大学医学院所拍摄之人脑照片而画出之图

号。㉖这种在我们实际上能够阅读之前——事实上,甚至在我们看到摊开在我们眼前的书页之前——就具有阅读能力的概念,可以回溯到柏拉图的知识理念,他认为在我们感受外在事物之前,知识的理念原本就存在于吾人内心。言说本身明显地沿着同一种模式演化。我们之所以会"发现"一个字,乃是因为它所代表的物体或理念本已存在于我们心中,"随时待命准备与这个字相连结。"㉗这就好比是(我们的长辈、那些初次对我们说话的人)由外面的世界提供给予我们一份礼物,但是去掌握理解这份礼物的能力乃是属于我们自己。照此意思,我们所说的话(还有,日后我们所阅读的文字)既非属于我们,亦非属于我们的父母、我们拜读过其大作的诸多作者;话语其实占据了一个分享意义的空间——一个共有的门槛,设置在我们与对话和阅读的艺术建立关系的初始之门槛。

根据蒙特利尔雪滨医院(Côte-des-Neiges Hospital)的安德烈·罗克·勒古尔教授(Professor André Roch Lecours)的研究,若只使用口头语言,可能无法让任何一边的脑半球充分发展其语言功能;很可能是为了让头脑获得这种发挥,所以我们才必须接受教导,以辨识一套大家共享的视觉符号系统。换句话说,我们必须学会阅读。㉘

1980年代在巴西做调查研究时,勒古尔教授得出了这样的结论:因遗传编码指令而导致左大脑较占优势的情形,在尚未学会阅读的人身上出现的几率比已学会阅读者少。这个事实令他想到,阅读的过程可以借由阅读能力受损的个案来加以探究。几年之后,由于有机会在蒙特利尔研究言说或阅读障碍的病人,勒古尔教授得以作出一系列对阅读机制(mechanisms of reading)的观察。譬如说,他发现在失语症(aphasia)——病人失去部分或全部的口语能力或理解力——的案例中,头脑的特定损害会引起特别的言说障碍,而这些言说障碍有很奇异的范围限制:有些病人变成只是无法阅读或写出拼法不规则的字（譬如英文中的 rough 或 though）；另有人是无法阅读新造的文字（tooflow 或 boojum）；而另外有些人则是可以阅读某些搭配奇怪的字或排列不平整的字，但却无法发出其语音。有时候，这些病人能够阅读所有文字，但却无法读出其音节；有时候，他们阅读时会将一些字以其他的字来取代。格列佛在描写拉普他岛（飞岛，Laputa）的斯特勒尔布勒格（Struldbruggs）㉜时说，在 90 岁时，这些年迈的要人不再能以阅读自娱，"因为他们的'记忆'再也无法帮助他们把一个'句子'从'头'念到'尾'；而由于这个'缺陷'，他们被剥夺掉唯一可以做的'娱乐活动'"。㉝有数位勒古尔教授的病人只罹患这一种语言失调。而在中国与日本所做的类似研究中，研究者观察到，习惯于阅读与语音字母相反的表意文字（ideogram）的病人对调查的反应有所不同，仿佛这些特定的语言功能在大脑的不同区域各掌优势。这项研究使整个情况显得更为复杂。

勒古尔教授同意海什木的看法。他下结论说，阅读的过程至少需要有两个阶段："看到"文字，并根据所得知的资讯来"考量"它。就像数千年前的苏美尔抄写员一样，我面对着文字。我注视着文字，我看到了文字，而我所见到的这些文字是根据一套符码或系统组构而成的，并且我已学会了这套符码或系统，并和与我同一时空的其他读者一道共用它。这套符码已安置在我大脑中的一些特定区域。"情况仿佛是，"勒古尔教授辩道："眼睛从书页上所接收的资讯，透过一系列高度分化的神经细胞聚合体而行经大脑，每个聚合体占据大脑的一个区域，并执行一种特定的功能。我们尚无法精确了解所有这些功能，但是，在某些大脑受损的案例中，这些聚合体会有一个或数个——可以这么说吧——与整个链列断离开来，结果病人就无法阅读某些字或某种类型的语言，或无法大声朗读，要不然就是以一组字来取代另一组。断离的可能情

况似乎多得数不完。"㉛

而我们用眼睛扫描书页的主要动作也不是一个不间断、有系统的过程。我们常常以为,阅读时,我们的眼睛沿着字里行间平顺前移,没有间断,而且,譬如说,在阅读西方著作时,我们的眼睛是由左至右移动。可是实况并非如此。一个世纪之前,法国的眼科医师埃米尔·雅瓦尔就发现,我们的眼睛实际上是在书页上四处跳动;这种跳跃或称飞快跳阅(saccades),每秒发生三或四次,其速度大约是每秒两百度。眼睛越过页面的动作的速度——但并非这种动作本身——会干扰到认知,所以,只有在运动之间的短暂停歇时刻,才是我们真正在"阅读"的时候。可是,为什么与我们的阅读感有关联的是页面上文句的连续性或是荧幕上文句的卷动(令我们得以充分掌握所有句子或思想),而不是眼睛的实际飞快跳阅运动,这是一个科学家迄今尚未能够解答的问题。㉜

奥立佛·萨克斯医师曾对两名临床病人进行个案分析。其中一个是失语症患者,可以用一种急促不清楚的语言滔滔大论;另一个是辨识能力受损者(agnosic),可以使用平常的语言,但是无法将语气或情感融入其中。他辩说:"话语——自然的话语——其内容并非只是字词……它还包括说出(utterance)——以整个人的存在境况将整个人的意义表达出来——欲了解其意涵,所涉及的工夫远远超过单纯的字词辨识。"㉝阅读在许多方面与此雷同:读者在循字句推进时,一边透过一个极复杂纠缠的方法,以所学得的意义、社会成规、先前的阅读、个人经验与私人品味来说出其意义。海什木在开罗学院读书时,其实并不孤独;当他埋首书堆时,可以说一边正与一些人物进行着对话:在星期五清真寺(Friday Mosque)教他《可兰经》的神圣书法的巴士拉(Basra)学者、亚里士多德与将他著作转译成浅白文字的评注者、海什木会与之谈论亚里士多德的偶然认识者、多年后终于变成让哈基姆邀为宫廷上客科学家的多种面貌的海什木。

所有这一切似乎都暗示,就像之前的海什木一样,当我坐在案牍之前时,我不只感知到构成文本内容的文字之字母与空格。为了从那套黑白符号系统撷取一则讯息,我首先必须用一种表面上不规则的方法来理解这套系统,透过飘忽莫测的眼睛,然后,透过头脑中的一连串接续的神经细胞来重建符号的符码(这个连接链根据我正在阅读的文本性质而有所不同),并将文本与某种东西——情感、身体感知能力、直觉、知识、灵魂——浸染在一起(这要视我的身份和我如何变成今日之我而定)。"为了理解一篇文本,"莫林·威特洛克医生在 1980 年代写道:"我们不只'阅读'(依此字的名目上意义来说)它,还为它建构出一道意义。"在这个复杂的过程中,"读者处理了这篇文本。他们创造出影像和言辞的转换来呈现它的意义。最令人印象深刻的是,阅读时,他们靠着在知识、对经验的记忆,与书写的句子、段落之间建立起关联来产生意义。"㉞所以,阅读不是一种捕获文本的自动过程,像是感光纸捕获光线那般,而是一种令人眼花缭乱、迷宫般、平常,但又是具有个人色彩的重新建构过程。阅读是否独立于——比方——聆听之外,它是否为一套单一独特的心理过程,或是包括了许许多多的心理过程,研究者尚不了解,但很多人相信阅读的复杂度比起思考本身绝对不逊色。㉟根据威特洛克医生,阅读"并不是一种特异的、无政府的现象。然而,它也不是一个只有单一种意义为正确的一统、一致的过程。反之,它是一个生成的过程,这个过程反映了读者欲以所受之训练在语言的规则之内建造一个或更多的意义之企图。"㊱

"彻底分析出吾人在阅读时的整个心智运作,"本世纪初时,美国研究者 E. B. 休伊承认:"几乎就是心理学家的巅峰成就,因为这需要能够对人类心智中许多最错综复杂的运转机制作出描述。"㊲我们距离解开此谜仍十分遥远。说来很神秘,即使一直对我们所读的东西无法作出令人满意的定义，我们还是继续读下去。我们知道阅读过程无法透过机械模式来解释；我们知道它是发生于头脑的某些特定区域，但是我们也知道这些区域并非唯一的参与者；我们知道，就像思考的过程一样，阅读的过程有赖我们辨读与运用语言的能力，也就是辨读与运用构成文本与思想之文字材料的能力。研究人员所害怕的似乎是，他们的结论将会反过来质疑他们用来陈述结论的语言本身；语言本身可能就是一种独断的荒诞事物，除了结结巴巴的一串字外，语言可能根本传达不了什么东西；语言的存在所主要仰赖的并非是其发言者，而是其诠释者；读者的角色是让——借用海什木的话来说——"书写用暗示与阴影来表示的东西"变成具体可见。

第三章　沉默的读者

公元383年，时值基督教世界第一位皇帝君士坦丁大帝（他在驾崩时受洗）之后约莫半世纪，一名29岁的拉丁文修辞学教授从罗马帝国在北非的一处前哨点来到了罗马。此人即被后世尊称为圣奥古斯丁的青年。他租了一间房子，开设起学校，吸引许多慕名前来的学生，他们久仰这位外省知识分子的学问。但是不久之后，他即明了无法靠教学在帝国首都谋生。他在迦太基老家的学生是喜爱聚众闹事的不良少年，但至少他们还愿意付费上课；而在罗马，他的学生默不吭声地聆听他的亚里士多德和西塞罗专题讲授，等到付束脩的时间即将到来，就**全体**移转到另一位老师那里听课，落得奥古斯丁两袖清风。所以，一年后，罗马行政长官提供他到米兰教文学与辩论术的机会，还允诺连带盘缠并付，奥古斯丁便心怀感激欣然接受。①

或许因为他初来这座城市的陌生感及对结交知性朋友的渴望，或许是因为顺应母亲的要求，在米兰时，奥古斯丁去拜访了城市主教，即著名的安布罗斯②，此人也是奥古斯丁母亲摩尼卡的友人与顾问。安布罗斯（和奥古斯丁一样，后来他也被册封为圣者）当时年近50岁，严守其正统信仰，无惧于世俗最高权力；奥古斯丁到达米兰之后数年，罗马行政首长萨罗尼加遭暴徒杀害，皇帝狄奥多西一世下令将这些暴徒全部处死，之后安布罗斯强迫皇帝对此屠杀事件公开表示忏悔。③而当

对页图：圣奥古斯丁坐于诵经台前，绘于11世纪

皇后查士丁娜要求安布罗斯交出其城内一座教堂，供她遵照阿里乌教义（Arianism）的仪式来作礼拜时，这位主教发动了静坐抗议，日以继夜占据那座教堂，直到她放弃此念为止。

根据一幅5世纪的马赛克画像，安布罗斯个子不大、长相聪明，有一对大耳朵，并蓄着整齐的黑胡须，这并没有让他瘦削的脸庞看起来饱满些，反倒是更形瘦小。他是极受欢迎的演说家；他在尔后的基督教圣像艺术（iconography）中的象征是蜂窝，这是雄辩的标记。④奥古斯丁认为安布罗斯能受到那么多人的尊崇，实属幸运，当时他正受信仰问题所困扰，却发觉自己根本找不到机会向这位老者请益，因为，安布罗斯若不是正吃着便饭或接待其络绎不绝的仰慕者，就是独自在他的斗室中读书。

米兰圣安布罗斯教堂之圣安布罗斯画像

安布罗斯是一位不凡的读者。"当他阅读时，"奥古斯丁道："他的眼睛扫描着书页，而他的心则忙着找出意义，但他不发出声音，他的舌头静止不动。任何人都可以自由接近他，访客通常不须通报，所以，我们来拜访他时，常常发现他就这般默默地阅读着，因为他从来不出声朗读。"⑤

眼睛扫描书页，舌头静止不动：如果我描写一名现代读者，坐在米兰的圣安布罗斯教堂对面的一家咖啡店阅读一本书（或许是圣奥古斯丁的《忏悔录》），其情景大约就是如此。就像安布罗斯，这名现代读者对外在的世界既聋又瞎,对路过的人群、对这些建筑物白垩肉色的外观亦无动于衷。而似乎也没有人会注意到一名专心的读者:沉默寡言、专注,如今,这般的读者变得平凡无奇。

然而,对奥古斯丁而言,这般的阅读方式显得十分奇怪,让他在《忏悔录》中禁不住要特书一番。此举显示,这种阅读方法,这种沉默专注地盯着书页看的方式,在他的时代仍属不寻常之举,因为当时的正常阅读方式是大声朗读。即令默读的例证在更早前即有迹可寻,一直要到10世纪时,这种阅读方式才在西方普及。⑥

奥古斯丁所描写的安布罗斯默读情景(还特别提到他从来不出声朗读)是西方文学中有关默读的第一则明确例证。在此之前的事例则很难加以考据。公元前5世纪,有两出戏中曾出现人物在舞台上阅读的场景。一是在欧里庇得斯的《希波里托斯》(*Hippolytus*)中,提修斯默念着他死去的妻子手中所握的一封信;另一是在阿里斯托芬的《骑士》(*The Knights*)中,狄摩西尼看着一块刻写板上的神谕,没有大声说出其内容,脸上却似乎充满惊骇之情。⑦根据普鲁塔克⑧所记载,公元前4世纪时,亚历山大大帝闷不吭声地读着母亲捎来的一封信,让他手下的将兵十分惶惑。公元2世纪时,希腊天文学家托勒密在《论标准》(*On the Criterion*)一书中(奥古斯丁或许知道此书的存在)说,有时候,人们要努力专注时,会以默念的方式阅读,因为发出声音会造成分心。⑨公元前63年,在元老院中,恺撒大帝站在他的对手加图(Cato)⑩旁边,静静地读着加图的妹妹寄给他的一封情书。⑪而在接近4个世纪之后,耶路撒冷的圣西里尔,在一场可能是在公元349年大斋节(Lent)⑫期间所作的教义问答演讲中,恳求教会姊妹在典礼的等候期间"安静地"阅读,"免得当她们的嘴唇说着话时,其他人的耳朵会听到其声音。"⑬——这或许可称为耳语式阅读,嘴唇带着捂住的声音抖动着。

若说高声朗读是从书写文字发轫时就出现的规范,在伟大的古代图书馆里,阅读会是何种情景呢?不管是公元前7世纪时到亚述巴尼拔国王的图书馆去找资料的亚述(Assyria)学者、到亚历山大与珀迦马(Pergamum)⑭的图书馆去翻阅卷轴的人,或是到迦太基与罗马的图书馆去寻找所要典籍的奥古斯丁,这些人肯定都是在隆隆嘈杂声中阅读。不过,甚至到了今天,也并非所有图书馆都按照规矩保持安静。70年代时,米兰美丽的安布罗斯图书馆(Biblioteca Ambrosiana)并没有我在伦敦的大英图书馆(British Library)或巴黎的国家图书馆(Bibliotheque Nationale)所见到的静肃。安布罗斯图书馆的读者彼此隔桌交谈;时而会有人大声说出一道问题或一个名字,一本厚重的书会砰然一声盖上,载着书籍的推车会嘎嘎从旁经过。而现今,不管是大英图书馆或是巴黎的国家图书馆都不再是鸦雀无声;默读不时会被手提文字处理器的按触和轻敲声打断,好像有成群的啄木鸟栖息在排排书架的大厅里面。这与雅典或珀迦马的时代,旁边另有几十个读者各摊开刻写板或卷轴,喃喃自念着各类的故事,其间的干扰又有什么不同呢?或许当时的读者没有听到嘈杂声;或许他们尚不知道有其他的阅读方式,不管怎么说,我们找不到有抱怨希腊或罗马图书馆的噪音的记载——公元一世纪时,塞涅卡就曾留下这类记录,不过他所抱怨的却是必须在吵闹的私人寄宿处念书的无奈。⑮

奥古斯丁本身在《忏悔录》的一处重要段落中描述了两种阅读——朗读与默读——几乎同时发生的一段时刻。奥古斯丁原本和朋友阿里皮乌斯在自己的夏季花园中一道朗读,由于受优柔寡断的折磨,对自己过去的罪孽极为懊恼,也很恐惧报应终将到来,便离开阿里皮乌斯,独自瘫倒在一棵无花果树下啜泣。从一间附近的房屋中,他听到一名小孩——他辨别不出是男声或女声——正在唱一首歌,其重复的歌词是 tolle lege,"拿起来阅读。"⑯他相信这声音是在和他说话,就跑回到阿里皮乌斯仍然端坐在的地方,然后拾起他尚未读完的书——保罗的《使徒书》(*Epistles*)。奥古斯丁说:"我拿起它打开来,然后默默地读了第一节,我的眼睛专注在文字上。"他所**默念**的这个段落见《罗马书》第 13 章——这是一段告诫之词,劝人"不要为肉体欲望作准备"而应"将主耶稣基督穿在[亦即,'像一套盔甲般']身上。"他念完这个句子时,心中犹如五雷轰顶一般。"信任之光"弥漫心中,而"怀疑之幽暗"则一扫而空。

阿里皮乌斯吓了一跳,问奥古斯丁是什么东西造成他那么大的震撼。奥古斯丁(手指着他正在阅读的段落——其手势在十几世纪之后仍让我们觉得很熟悉——然后合上这本书)将文章指给朋友看。"我把那段文字指给他看,而他则一路读下去[可想而知,是大声地朗诵]。我并不知道接下去的文字是什么,结果是这样的:**信仰上脆弱的人接受了您**。"奥古斯丁告诉我们,这段告诫已可满足阿里皮乌斯所渴望的精神力量。公元 386 年 8 月在米兰那座花园中,奥古斯丁与他的朋友阅读了保罗的《使徒书》,其用心程度就如同我们现今阅读这本书一样:其中一个静静地阅读,为了个人的学问;另外一个大声朗读,以和他同伴共享一部著作的启示。奇怪的是,虽则安布罗斯的长时间默读对奥古斯丁来说似乎无法理解,他却不认为自己的默读有何惊人之处,或许因为他只盯着一些重要的字眼。

奥古斯丁是修辞学教授,精通诗学与散文韵律;他痛恨希腊文,但是热爱拉丁文;与大部分读者有相同的习惯,喜欢阅读纯粹为音感之乐趣而写就的东西。⑰奥古斯丁遵照亚里士多德的教诲,认为字母"之发明,使我们甚至得以和不在现场的人对话。"字母是"声音之符号"而声音又是"我们所思考的事物之符号"。⑱书写的文本是一种纸上对话,让不在现场的友伴可以借它说出欲传递给他的话。对奥古斯丁来说,口语属于文本本身的错综复杂的一部分——他心中想到的是马提雅尔⑲在 3 个世纪前所提出的警告:

> 这首诗歌是我的;但是朋友,当你朗诵它时,它似乎变成属于你一般,你如此悲伤地伤害了它。⑳

从苏美尔人最初的刻写板开始,书写文字的目的就是用来大声念出,因为这些符号隐含有一种特殊的声音,这种声音仿佛就是它们的灵魂。古代的名言 scripta manent, verba volant——在我们的时代,其意思变成"书写之字得以留存,口说之语消失无踪"——表达出一种截然的对比。此名言之用意是为颂赞大声念出的话语,谓其带有翅膀,可以遨翔;相比之下,书页上的沉默文字只是静悄悄不动,一片死寂。面对书写的文本,读者有责任把声音添加到这些沉默的字母(scripta)上面,好让它们变成——依《圣经》的细致区分来说——口语(verba),也就是精神(spirit)。《圣经》的原始语言——阿拉姆语(Aramaic)㉑和希伯来文——并未将阅读活动与言说活动加以区分;两者都用同一个名称来表示。㉒

在圣典中,每个字母与字母的数目和其排列顺序都是由神所口述,欲达到完整的理解,不只需要用眼睛,也需要整个身体的配合:随着句子的韵律摆荡,并将圣言喃喃念出,免得有任何神意在阅读中不慎流失。我的祖母用这种方法阅读《旧约》,嘴上念出其文字,并随着祈祷文的韵律来回移动身体。我可以看见她在布宜诺斯艾利斯犹太人聚居的巴里奥德尔央斯(Barrio del Once)的昏暗公寓中,看着她的《圣经》,吟诵其中的古文。《圣经》是她屋内唯一的书本,其黑色封面的质感很类似她因年老而松垂的苍白皮肤。伊斯兰教徒也是以整个身体来参与圣典的阅读。在伊斯兰教里,圣典该以朗诵或默念的方式进行,具有基本的重要性。9世纪的学者罕百里(Ahmad ibn Muhammad ibn Hanbal)如此说:由于原始的《可兰经》——书之母,由阿拉透显给穆罕默德的上帝之道(Word of God)——既是自存,也是永恒的,它到底是只有在念出祈祷文时才显现,或是在给眼睛仔细浏览的书本上世世代代流传?我们不知道他是否曾获得答案,因为,公元833年,他的问题使他遭到mihnah的非难,mihnah这是由阿拔斯王朝(Abbassids)㉓的哈里发所设立的伊斯兰教宗教法庭。㉔3个世纪过后,法律学者与神学家安萨里替《可兰经》研究制订了一套规则,阅读和聆听他人朗读经文变成同属一个神圣的活动的部分。第五条规则规定说,读者必须慢慢地、清楚地阅读经文,以期能仔细思考所读之内容。第六条规则说"为哭泣……假如你无法自然地放声而哭,那么就强迫你自己哭泣,"因为理解圣言势必悲泣。第九条规则要求读《可兰经》时要"大声到让读者自己可以听得到,因为阅读意指对声音作出区别"借此可免受外界干扰所引起之分心。㉕

美国心理学家朱利安・杰恩斯,在一份颇具争议的意识起源研究报告中辩说,二室心智(bicameral)——其中一个大脑半球演变成专司默读的功能——在人类的进化中属于晚近才发展出来的现象,而这个功能借之以发展的过程现今仍在演变之中。他表示,阅读最早期的实例或许是一种听觉而非视觉的感知过程。"因此,在公元前3000年时,阅读可能指的是一种**聆听**楔形文字的情景,也就是说,靠着凝视言说的图画象征而在幻觉中经历到那些言说,而非以我们所认为的对音节的视觉阅读来进行。"㉖

这种"听觉的幻觉"在奥古斯丁的时代也可能是实际的阅读情况。当时,书页上的文字在眼睛感知它们的时刻并非单单"变成"声音;它们**本身就是**声音。在奥古斯丁隔壁家花园唱启示歌曲的小孩,正如同在他之先的奥古斯丁一样,无疑也学到了这种观念:不管是理念、描写、真实与虚构的故事、心灵所能处理的任何事物,都以声音的形式拥有一种具体的真实性,而这些呈显在刻写板或卷轴或手抄本上的声音,唯有靠眼睛辨识并用舌头说出,才合乎逻辑。阅读是思考与言说的一种形式。西塞罗在他的一篇道德文章中安慰聋人道:"假如他们碰巧喜爱朗诵，他们首先应该记住，在诗发明之前，很多才智之士过着幸福快乐的生活；其次，阅读诗作比聆听它们要有趣得多。"②但这只是一个本身可以享受书写文字的声音的哲学家给那些不幸者的安慰话。对奥古斯丁而言，正如对西塞罗一样，阅读是一个口头的技巧：对西塞罗而言，阅读属雄辩术的范畴，而在奥古斯丁的情况中则属讲道之范畴。

直到进入中世纪一段时间，写作者一直都假定其读者会"听到"而非单单"看到"其作品，就像他们在写作时也是将文字大声念出一样。因为有阅读能力的人相对上仍居少数，当众朗读蔚为风气，而中世纪的著作在文本中也一再地出现呼吁听众聆听故事的字眼。先人的那些阅读活动或许犹回响于我们的一些习惯用语中，举例来说，我们会说："我已经从某某人听得其信息"（意指"我已接到一封信"）或"某某人说"（意指"某某人写道"），或"这篇文章听起来不对劲"（意指"它写得不好"）。

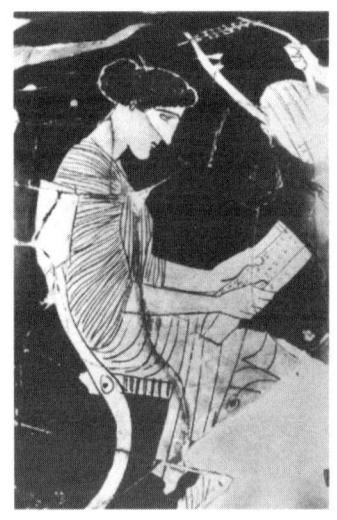

公元前5世纪的一读者阅读时会大声念出，一只手摊开卷轴，另一只手收卷卷轴，以让文章一段段接续出现眼前

因为书本主要是用来大声朗读，书上的字母就不需要予以分成一个个的语音单元，而是被串接成连续不断的句子。至于眼睛该以什么方向盯随这些一串串的字母，则在世界各地、各个年代都有所差异；现今我们西方人阅读文章的方向——从左至右与自上而下——绝对算不上普遍。有些文字体系是从右读到左（希伯来文和阿拉伯文），另外还有自上而下，成为纵行（汉文和日文）；有些是成双的垂直纵行（玛雅文）；有些则是由右至左，再由左至右，互错成行——此种方法称为牛耕式转行书写法（boustrophedon），"就像一头牛来回转向耕田一样，"这是古希腊文的行文方式。还有蜿蜒曲折前行的文字，就像蛇梯棋（Snakes and Ladders）③一般，而其方向则是由线条或点来指示（阿兹特克文［Aztec］）。㉔

古时写在卷轴上的文章，既未将各个文字予以分开，也没有区分大、小写，更未使用标点符号。这颇适合习惯于大声朗读者之用，因为他的耳朵会将那些对眼睛而言似乎只是一连串符号的东西解出条理。这种连续性非常重要，据说雅典人还因此替一位名叫菲拉提乌斯(Phillatius)的人竖立了一尊雕像，因为此人发明了一种黏胶，可以把羊皮纸或莎草纸的纸页紧紧黏在一起。㉚但是即令这种连贯不断的卷轴让阅读的工作更易进行，它对厘清各字串的意义其实助益不大。标点传统上被认为是拜占庭的阿里斯托芬（公元前两百年前后）所发明，并由亚历山大图书馆(Library of Alexandria)的学者加以改良，但一直并未有确切之规则。奥古斯丁，就像他之前的西塞罗一样，在高声朗读一篇文章之前必先练习一番，因为在当时，见文即读(sight-reading)是一种高难度的技巧，而且常常导致解释的错误。公元 4 世纪的文法学家瑟维鄂斯批评他的同僚多纳图斯㉛在阅读维吉尔的《埃涅阿斯纪》(Aeneid)时，将 *collectam exilio pubem*（"被纠集准备放逐的民族"）读成 *collectam ex Ilio pubem*（"从特洛伊城召集来的民族"）。㉜这类错误在阅读一篇连贯不断的文本时经常发生。

　　奥古斯丁所阅读的保罗的《使徒书》并不是卷轴，而是古籍抄本(codex)——一种连续书写、装订成册的莎草纸手抄本——以第三世纪末期出现于罗马官方文件的新安色尔字体(new uncial)或半安色尔字体(semi-uncial)㉝手书而成。古籍抄本是由异教徒所发明；根据苏埃托尼乌斯㉞所载，㉟恺撒大帝是第一位将卷轴折叠成页的人，用在部队调遣之公文上。早期的基督徒之所以采纳古籍抄本，是因为它非常方便于随身携带，可以将遭罗马官方查禁的书籍藏在衣服中带走。这些书页可以编上号码，好让读者更易于翻阅，而各别的著作——像是保罗的《使徒书》——就可以很容易地装订成方便携带的书册。㊱

将字母分离成文字和句子是慢慢才发展出来的。大部分早期的手写文字——埃及的象形文字（hieroglyphs）、苏美尔人的楔形文字（cuneiform）、梵文——都未有这种区分。古代的抄写员非常熟稔其技艺的成规，到了宛若不需要任何视觉辅助的地步，而且早期的基督教僧侣还常常将所抄写的著作默背在心。㊲为了帮助那些阅读技巧不佳的人，这些在缮写房（scriptorium）工作的僧侣运用一种称为从句和短语分行（per cola et commata）的书写方法，将文章内容以意义分行——这是一种原始的标点形式，帮助不熟练的朗读者在一段思想的结尾处降低或提高声音。（这种格式也让学者在找寻文中某一段落时更为轻松。）㊳公元4世纪末时，圣杰罗姆（Saint Jerome）在狄摩西尼㊴和西塞罗的抄本中发现了这种方法。他在所译的《以西结书》（Book of Ezekiel）的导言中首度描述了这种方法，解释说：“以从句和短语分行法来写成的文章，可以将意义更清楚地传递给读者。"㊵

标点依旧不可靠，但是早期的这些设计无疑有助于默读的推行。到了6世纪末，叙利亚的圣以撒就已体会出这种方法的益处：“练习默读时，所读的作品与祈祷文的韵行居然让我充满了欢欣。而读懂的乐趣使我哑口无言，然后，如同在梦中，我陷入一种感官与思想集中的状态。然后，随着沉默的延长，记忆的骚荡也在我心中平静下来，一波波的喜悦出乎意料地突然自内心涌现，欢喜我心。"㊶而在7世纪中期，西班牙塞维利亚（Seville）的神学家伊西多尔（Isidore）㊷对默读极为熟悉，称赞它为一种"极轻松的阅读"方法，可以一边"思考所读的东西，令它们更难从记忆中逃离。"㊸就像早他之前的奥古斯丁，伊西多尔相信阅读使超越时空的对话成为可能，但是两者之间有一个重要的差异。"字母具有将不在现场的人的话语默默传达给我们的力量，"㊹他在所著的《语源学》（Etymologies）一书中写道。伊西多尔的字母不需要声音。

标点的具体化渐成气候。在公元 7 世纪之后,点与破折号并用表示一个句点,一个上扬或高起的点等同于我们的逗点,而分号与我们现今所使用的方式相同。㊺到了 9 世纪,默读在修道院的缮写房大约已相当普遍,抄写员开始将每个字与其彼此几乎交错的邻字分开,好让文本更易于细读——不过,这其中或许也有美感上的考量。约略同时,在基督教世界中以技艺闻名的爱尔兰抄写员不只开始将言说的各构成部分予以分离,还把句子中的文法单元给分离出来,同时也引介了许多我们现今使用的标点符号。㊻到了 10 世纪,为了让默读者更加轻松,文本(譬如说《圣经》的各书)主要章节的开头几行常常用红墨水写成,就跟文本以外的红色解释文字 rubrics(源自拉丁文的"红色")一样。古代以一道表示分隔的笔画(希腊文中称为 paragraphos)或楔形(diple)来开始新段落的作法仍然继续受到沿用;后来,新段落的第一个字母开始写得稍大或写成大写。

9 世纪时,开始有了对在修道院缮写房工作的抄写员要默读的规定。㊼在这之前,他们在抄写文本时,通常是以口述或是对自己朗读的方式来进行。有时候,会由作者自己或一位"发表者"来口述这本书。8 世纪时,有位不知名的抄写员在对抄写工作作结论时写道:"没有人可以了解其中的辛苦。三根手指抄写,两只眼睛看。一片舌头朗读,浑身都在劳动。"㊽抄写员工作时,**其舌头就一边说着话**,清晰念出正在缮写的文字。

一旦默读成为修道院缮写房的规范,抄写员之间的沟通就改以符号进行:假如一名抄写员需要一本新书来抄写,他会作出假装翻转想象之书页的动作;假如他特别需要一份《圣经·诗篇》,他会将手放在头上,作出一顶王冠的形状(代表大卫王);一部圣句集(lectionary)是以从蜡烛擦掉想象的蜡来表示;一本弥撒书(missal)是用十字架的记号来表示;另外,异教徒的作品则是以像狗一般搔抓自己的身体来表示。㊾

不管有意无意,与他人在房间大声朗读意谓着分享阅读。而安布罗斯的阅读则是一项单独的行动。"他或许是害怕,"奥古斯丁沉思道:"假如他大声朗读,书中的困难段落会让专注的听众心中产生疑问,然后他就必须解释其意义,或甚至就其中一些更深奥的要点做出辩解。"[30]但是,借着默读,读者终于能够与书本及文字建立一种不受拘束的关系。文字不再需要占用发出声音的时间。它们可以存在于内心的空间,汹涌而出或欲言又止,完整解读或有所保留,而读者可以用其思想从容地检视它们,从中汲取新观念,也可以从记忆或从其他摊在一旁准备同时细读的书来作比较。读者有时间来反复细嚼那些金言玉语,它们的声音——如今他已了解——在内心所获得的回响跟出声朗读时一样丰富。而作品本身,由于靠着封面的保护得以免受外来者随意拿取,变成了读者自己的所有物、读者的私人知识,不管是在热闹的缮写房、市场或家中。

一些教条主义者对这种新风潮开始警惕起来;在他们的想法里,默读让人可以做白日梦,导致怠惰(懒散之罪、"午间灭人的毒病")之危害。[31]但是默读还引来另一种天主教神父们尚未预见的危害。一本可以私下阅读的书,一本只用眼睛便能阐述文字意义的书,不必再受到聆听者当场阐明或指导、非难或审查。默读让书本与读者之间建立起一种未有他人在场的沟通,并让读者单独得到"心灵的振作"——套用奥古斯丁的快乐说辞。[32]

到默读变成基督教世界的规范为止,异端活动一直只局限在个人或少数的异议会众。早期的基督徒专注在谴责不信教者(异教徒、犹太人、摩尼教徒[Manicheans],[33]及公元7世纪之后的伊斯兰教徒)与建立共同的信条上。逾越正统信仰的言论要不是受到断然拒斥,就是由教会权威人士谨慎地加以整合,但是,因为这些异端信众不多,它们受到相当宽容的对待。这些异教的声音含有相当引人注目的一些想象力:在公元2世纪时,孟他努教派(Montanists)[34]就宣称回归到原始教会的实践及信仰,并谓已见证到耶稣基督以女人的形体二度降世;在那个世纪的后半期,唯一神论者(Monarchianist)从三位一体的定义中下结论说,在十字架上受难的是上帝吾父;与圣奥古斯丁及圣安布罗斯同时代的贝拉基教派信徒(Pelagian)㊾则拒绝"原罪"的观念;公元4世纪末时,阿波里拿利教派信徒(Apollinarians)㊿宣称,在"道成肉身"(Incarnation)中与耶稣的肉体相结合的是"道"(Word),而不是人类的灵魂;公元4世纪时,阿里乌教派信徒(Arians)㊿反对用 homoousios(相同实体)这个字来描写圣子的构成要素,并(引用一句当时的双关语)"用一个双母音来震撼教会";在5世纪,聂斯脱利教派信徒(Nestorians)㊿反对古代的阿波里拿利教派信徒,坚持耶稣基督既是神也是人;[52] 而与聂斯脱利教派同时代的优迪克教派信徒(Eutychians)㊿则否认耶稣基督曾同所有人类一般受苦。㊿

即使教会早在公元382年就对异教徒设立了死刑,第一个将异教者处以火刑的案例一直要到公元1022年才在奥尔良(Orléans)发生。在这个案子中,教会谴责一群大教堂教士会成员(canons)及世俗贵族——这些人相信真实的教诲只可能直接来自圣灵之显露,因而拒绝《圣经》,视其为"人类写在兽皮上的捏造之言。"㊿这些特立独行的读者显然具有危害。虽则一直要到公元1231年时,才由神圣罗马帝国皇帝腓特烈二世在《梅尔菲宪章》(Constitution of Melfi)中颁布,将异端解释成可以判处死刑的民事罪行,在12世纪时,教会已对一些大型且积极的异教运动严加挞伐。这些运动者并不是那些辩称要从俗世作禁欲隐退(早期的异议者所提议的)的人,相反,他们扬言要挑战教会当局的腐败与教士之滥权,并且倡言个人与上帝直接面对算惩报之账。这些运动历

马丁·路德画像,与路德同时代的画家老卢卡斯·克拉纳赫作

经种种曲折之后，终于在16世纪成为气候。

1571年10月31日上午，一名叫马丁·路德的僧侣，经过个人对《圣经》的研究，相信上帝的神恩已取代已取得的信心的功绩，在威登堡（Wittenberg）的万圣会教堂（All Saints Church）大门上张贴了反对教会贩卖赎罪券（罪犯可以用钱买得罪行的赦免）与其他教会的滥权的九十五条论纲。由于此举，马丁·路德在帝国的眼中变成违法者，而在教宗的眼中则变成一名叛教者。1529年，神圣罗马帝国皇帝查理五世撤销原承诺给路德信众的权利，结果有14座德国的自由城邦，连同6位信奉路德教派的王子，共同发起一份抗议书，对抗帝国的决策。"在涉及上帝的荣耀与拯救，及我们灵魂永生的问题上，大家必须直接面对上帝，替自己解释，"这些抗议者如此声明。这些人后来即被称为"抗议教徒"（Protestant）。早在10年前，罗马的神学家西尔维斯特（Silvester Prierias）就主张说，教会的建立所根据的书本需要维持神秘，只有透过教宗的权威与权力才可加以诠释。⑭而另一方面，异教徒则宣称人有权利来替自己解读上帝的话，无需见证人或中介者。⑮

几世纪过后，在对奥古斯丁而言是地球边缘的海洋彼岸，爱默生从那些古代的抗议者传承了他们的信仰，充分利用这种令圣奥古斯丁感到非常惊讶的技艺。在教会中，在他出于社会责任感而不得不参加的冗长沉闷的布道会中，他静静地阅读帕斯卡尔⑯的《沉思录》（Pensées）。而在夜晚，在他孔科尔（Concord）寒冷刺骨的房间中，"毛毯裹到下巴"独自阅读着柏拉图的《对话集》（Dialogues）。一名历史学家写道："自此之后，他老是把柏拉图""与羊毛的味道联想在一起。"⑰即令爱默生认为有太多的书要读，并认为读者应该借着彼此报告所读要点来分享心得，他还是相信，阅读乃属个人、孤独的行为。他拟了一份包括《奥义书》（Upanishads）与⑱《沉思录》"神圣的"著作的名单，并写道："所有这些书籍都是普遍良心的庄严表达，而且它们对我们的日常作为而言，比年鉴或日报更为重要。但是它们是用来私下阅读的，是要放在曲拢的膝盖上阅读的。我们不能用嘴唇与舌尖来与其沟通，而必须发自双颊的热情与悸动的心。"⑰也就是说,在沉默中阅读。

在公元384年那个下午观察圣安布罗斯的阅读情景时,奥古斯丁对眼前所见其实并不了解。他以为他正看见一个设法躲避强行闯入的访客的读者,为了不想替访客多作解释而不发出声音。事实上,他所见到的是一大群人——无数沉默的读者,尔后许多世纪下来还会包括路德,包括加尔文,包括爱默生,也包括现今阅读着他的我们。

第四章　记忆之书

我站立在突尼西亚境内的迦太基(Carthage)废墟上。这些城墙的石头遗骸是罗马人留下的,公元前146年小西庇阿征服此城,迦太基变成罗马帝国的一个行省,改名非洲,并重新建城。圣奥古斯丁年轻时在这里教修辞学,之后才旅居米兰。近40岁时,他再次横越地中海,定居于现今阿尔及利亚境内的希波(Hippo),而于公元430年死于当地,时值入侵的蛮族汪达尔人(Vandals)正在围攻这座城镇之际。

我随身带着学生版的《忏悔录》,属于"罗马经典系列"(Classiques Roma),薄薄的书,封面是橘色。我的拉丁文老师偏爱这个系列。手握此书站立于此,我感受到与伟大的复兴诗人弗兰契斯柯·彼特拉克(Francesco Petraca)——盎格鲁-撒克逊的读者叫他 Petrarch ——的某一种惺惺相惜之情,因为他总是随身携带着袖珍版本的奥古斯丁著作。在阅读《忏悔录》时,彼特拉克感觉到奥古斯丁的声音非常亲密地对他说话,所以临终前,他写了三篇与这位圣者的想象性对话,在他过世之后以《我的秘密》(*Secretum meum*)的书名出版。我在我的"罗马经典系列"版本的边白中,用铅笔对彼特拉克的评注再作评注,仿佛是要把那些想象性对话接续下去。

奥古斯丁的语调里真的含有舒服的亲密感,很适合于分享秘密。打开这本书时,页边留白处的潦草笔迹让我回想起布宜诺斯艾利斯国立大学(Colegio Nacional de Buenos Aires)的宽敞教室,墙壁上涂着的

对页图:公元2世纪一幅大理石棺侧面的苏格拉底对话图

迦太基沙颜色。我也回忆起老师背诵奥古斯丁的声音，还想起和同学争辩政治责任与形上真实等议题的情景，以当时的年纪（应是 14 岁、15 岁或 16 岁）来说，当然也只能争说一些浮夸之词。这本书让我记起我遥远的青春期、我的老师（现已过世），还有彼特拉克对奥古斯丁的阅读（老师朗读给我们听时语气总是带着赞赏），而且还让我记起奥古斯丁及他的教室，记起迦太基被毁掉又重建，结果只落得再次被摧毁的命运。这些废墟的遗迹很悠远，比这本书更古老，但这本书的内容有它。奥古斯丁把回想起的事情审视一番，然后写下。握于我手中，这本书等于有了双重的记忆。

或许圣奥古斯丁就是因纵欲（他费尽心力欲将其压抑）才会变成这么敏锐的观察者。他似乎是在一种领悟与精神烦乱的吊诡状态中度过其余生，既对感官所教导的东西充满惊奇，一方面又恳求上帝能让他免受肉体欢愉所诱。安布罗斯的默读习惯之所以会被奥古斯丁观察到，这是因为他任凭自己双眼的好奇心所摆布；而花园里的话语之所以会被他听到，则是因为他沉溺在绿草的芬芳与只能耳闻的鸟鸣中。

不只默读的可能性令奥古斯丁惊讶不已。在描写一名早年的同校同学时，他提到这个人拥有不凡记忆力，能够随时将念过记住的文章写

57 12世纪佛罗伦萨的一所学校。3名学生共用一套教本

出或随意重组其文句。奥古斯丁说,这个人可以随口说出维吉尔每部作品的倒数第二节诗行,"迅速、有条理,用背诵的方式……假如我们接着要求他背出每部作品的倒数第三节,他照办无误。我们相信他可以把维吉尔的所有作品倒背如流……假如我们要他随便朗读出已背过的西塞罗演说,他也办得到。"①不管是默读或大声朗读,这个人都能够将文本(借用西塞罗的话,奥古斯丁喜欢引用此语)"印在记忆的蜡制刻写板上"②——可以任意顺背、倒背,宛若快速翻动书页一般。靠着这种记忆的工夫,这种读者可以流利背出读过的书——他自身可以变成这本书,让他和其他人共同阅读。

1658年,18岁的让·拉辛③在罗亚尔港修道院(Port-Royal des Champs)求学,受修士监管。有一次,他无意中发现一本早期的希腊小说《泰奥哥尼斯和夏里克莉丝之爱》(The Loves of Theogonis and Charicles)。(数年后他所写的《安德罗马克》[Andromaque]和《贝蕾妮丝》[Bérénice]很可能即是受到这本希腊小说中的悲剧爱情观念所影响。)他把这本书带到修道院周边的森林中,开始如饥似渴地读起来。教堂司事出其不意地逮到他,没收了这本书,把它掷入火堆中。过后不久,拉辛想办法弄到另一本,结果也被发现,又遭丢入火堆中。他干脆一不做二不休,去买了第三本,并将整本小说默记在心。然后,他把它交给气咻咻的教堂司事,说:"现在你也可以把这本烧掉,就跟烧掉前两本一样。"④

这种特殊的阅读能力使得读者不仅是靠着细嚼文字来掌握文本内容,而且更真正地将它们融成自我的一部分。不过,这种能力未必一定受到称许。23个世纪之前,就在雅典的城墙外面,在河边一棵高耸的悬铃木树荫下,有个年轻人——我们仅知其名为菲德鲁斯——把某位名叫利西亚斯的人的一篇演讲稿朗读给苏格拉底听。菲德鲁斯热烈崇拜利西亚斯。这名年轻人已经听过这篇演说数次(出于热爱者的责任),而且最后终于拿到一份文字抄本。他对这篇演讲稿研究再三,直到倒背如流。然后,因为巴望与他人分享新发现(正如一般读者会有的心理),他找了苏格拉底当听众。苏格拉底猜想菲德鲁斯把这篇演讲稿藏在斗篷里,便要他掏出原作来朗读,而不是背诵给他听。"当利西亚斯本人就在这里的时候,"他告诉这位年轻的狂热分子:"我不想让你对着我练习你的演讲术。"⑤

这篇古代对话的原本重点是爱的本质,但是谈话却任凭兴致转移焦点,到了近结束时,主题碰巧是文字的技艺。苏格拉底告诉菲德鲁斯说,有一次,埃及的透特⑥——骰子、棋盘、数字、几何学、天文学与书写的发明者——去拜访埃及国王,提供他这些发明,以传授其子民。国王和这位神祇逐项讨论其所赐礼物的优缺点,直到谈起写作的技艺。透特说:"这是学习的一环,可以改善百姓的记忆;我所发明的方法可以提供他们记忆和智慧的秘诀。"但是国王无动于衷。"假如百姓学会这种技艺",他告诉神道:"就会把健忘植入灵魂中;他们不会再练习记忆,因为只想依赖写下的东西,不再从心底将事物唤回记忆中,而只想靠着心外那些标记。你所发现的不是记忆的秘诀,而是提醒的秘诀。你提供给你的信众的不是真正的智慧,而是智慧的假象,因为,当你把一大堆东西灌输给他们,却没有教导他们半点东西,你会使他们看起来似乎所知甚多,而其实对大部分事情一无所知。当人们不是充满智慧,而是装满着智慧的自负时,他们就会变成同胞的负担。"苏格拉底告诫菲德鲁斯说,"书写文字只能够使人想起他原本就知道的事物,"若读者不相信这一点,这"一定是因为他的头脑出奇简单所致"。

菲德鲁斯被这位老人的推论所折服,同意他的见解。苏格拉底继续说:"你知道吧,菲德鲁斯,书写真是奇异,真的像是绘画一般。画家的作品立在我们眼前,栩栩如生,但假如你询问它们,它们却静肃不答。书写的文字也是一样;它们似乎在对你说话,仿佛它们具有智慧和聪明,但假如你为了更进一步求知而询问它们所言何物,它们只会一再地告诉你相同的东西。"对苏格拉底而言,文本充其量就是文字,里面的符号与意义交叠之精确令人眩惑。诠释、评注、注释、评论、联想、驳斥、象征性与寓意性的意义,所有这些都非起自文本自身,而是来自读者所附添。文本,就像一幅绘画,只说出"雅典的月亮",而读者则给它添加了完整的象牙色面貌、一片黑邃的天空、一处苏格拉底曾漫步其中的古代废墟景致。

将近公元 1250 年时,亚眠大教堂(Cathedral of Amiens)⑦的教士里夏尔·德·富尼瓦尔出版了《爱的动物寓言集》(*Bestiaire d'amour*)一书;在序言中,他对苏格拉底的说法提出了反驳。他认为,既然所有人类都渴望知识,可是人生终究短暂,所以必须仰赖他人所累积的知识来增加人类的知识财富。为了达到这个效果,上帝将记忆的天资赋予人类灵魂,我们透过视觉和听觉而得以应用此天赐礼物。接着,德·富尼瓦尔将苏格拉底的观念予以进一步阐述。他说,通往视觉的道路包括了 *peintures*(图画);而通往听觉的道路则包括了 *paroles*(话语)。⑧这些东西的特质单单靠陈述影像或文本而不加以改进或变化是找不出来的,所以,对于在另一个时空下被构思和呈现成图画或文字的东西,读者必须根据自己的时空背景予以重新创造。"当我们观赏一幅图画上面所描绘的故事时,不论是特洛伊战争或其他故事,"德·富尼瓦尔辩说:"过去那些高贵的行迹就宛若历历在目一般。而聆听一篇文本也有同样的效果,因为当我们聆听朗读故事时,就仿佛是看到其中的事件情节活生生呈显在眼前一般……而在你阅读的时候,这种具有图画与话语特质的写作将会让我呈显于你的记忆之中,即令我本人并未在你眼前。"⑨根据德·富尼瓦尔,阅读令现状更加丰富,并将过去化为现实;而记忆将这些特质延长到未来。对德·富尼瓦尔来说,使记忆得以世代保存的并非读者,而是书本。

在苏格拉底的时代,书写的文本并非是普遍的工具。虽则公元前5世纪时,雅典的书籍数量已相当可观,而且书籍的交易也已开始发展,私人阅读的风气一直要到一个世纪后亚里士多德的时代才成熟。亚里士多德算是最早搜集重要手抄本以供自己使用的读者之一。⑩交谈在当时仍是学习和传递学问的凭借。苏格拉底属于一脉口语大师之一,其中还包括摩西、佛陀与耶稣基督——据《圣经》记载,耶稣只有一次用指头在沙堆上写了几个字,而且随即抹掉它们。⑪对苏格拉底来说,书籍对记忆与知识有所助益,但真正的学者并不需要它们。过后几年,他的门徒柏拉图和色诺芬⑫将他对书籍的轻蔑见解记载于一本书中,因此,他们对他的记忆的记忆得以保存下来供我们——他的未来读者——阅读。

在德·富尼瓦尔的时代,学生一般将书本作为记忆辅助工具,上课时摊开书本,通常是几名学生共用一本。⑬在学校里,我也是用相同的方法念书,老师讲课时,我握着摊开在眼前的书本,画出重点段落,准备过后诵记(不过,有些老师——我想他们可算是苏格拉底的信徒吧——不喜欢我们上课时打开书本)。然而,我在布宜诺斯艾利斯中学的同学与德·富尼瓦尔时代的插图所描绘的当时学生之间是有一种奇怪的差异。我们用钢笔(假如我们很大胆的话)或铅笔(假如我们小心翼翼的话)在书本上画重点,在边白作笔记,以提醒自己老师所说的意见。而古插画中的13世纪学生却大都没有书写的材料;⑭他们在打开的古籍抄本前或站或坐,记忆住某个段落的位置、字母的排列,把串串的重点背住,而不是将它们交托给笔记。不像我自己及与我同时代的人,我们会攻读画重点、作笔记的段落来应付考试(考试之后,我们会放心地将内容忘得几乎精光,因为一旦需要,又可随时拿起书本来抱佛脚),德·富尼瓦尔的学生依赖储存于脑海中的图书馆,幸亏幼年所费力学习的记忆术,他们可以随时从中挑取文章诗行,一如我可以很轻易地在一座微晶片与纸张的参考图书馆中找出所要的主题一般。他们甚至相信,记诵文章有益身体健康,还把 2 世纪的罗马医生安提勒斯的话当权威来加以引用。安提勒斯曾写道:那些从来不背诵诗歌而必须仰赖书本来阅读的人需要辛苦地流许多的汗水,才能排除体内的有害流质,而那些靠着敏锐记忆背住经籍的人,只消借着呼吸,就可以轻松将那些流质排除。⑮

单张的磁碟片,里面收录了各种版本和改写本的莎士比亚全集,而其包装盒形状类似古籍抄本

而我则是很有把握,靠着电脑化的能力,我可以轻松寻游比亚历山大图书馆更巨大的各个图书馆,随时猎取一则遥远的讯息,而且我的电脑可以"存取"各类的书籍。像是美国的"谷登堡计划"(Project Gutenberg)之类庞大复杂的计划,也打算把从莎士比亚的全集到《中央情报局世界大事情报》(*CIA World Factbook*)与《罗杰类属辞典》(*Roget's Thesaurus*)都存档到磁碟片中,而英国的牛津典籍档案馆(Oxford Text Archive)也将重要的希腊及拉丁作家作品及一些其他种语文的经典之作制作成电子书。中世纪学者把读过的书都记忆在脑子里,其内容他们可以随时唤出,就像活生生的鬼魂一样。

圣托马斯·阿奎那与德·富尼瓦尔同时代。他依循西塞罗所创的改进修辞学者记忆能力之法,竭力为读者设定一套记忆规则:将欲记住的东西安排成某一种秩序,培养一种对它们的"感情",将它们转变成"不寻常的类似物,"使它们很容易具象化,并时常予以反复练习。最后,文艺复兴时代的学者将阿奎那的方法又加以改良,提出与建筑模型——宫殿、剧院、城市、天堂与地狱——类比的心智结构,以将希望记住的事物安置其中。⑯这些模型属高度精心设计的构造物,需要耗费时日在心中打造,而在经过使用之后会逐渐稳固;经历无数年代的考验,证实其极具效率。

14世纪《名人》手抄本上的彼特拉克画像

现今,我的阅读笔记是储存在电脑的替代性记忆装置中。就像文艺复兴的学者可以任意遨游于他的记忆宫殿的各个宫室来取回一段引言或一个名字,我盲目地进入在我荧幕后面嗡嗡叫的电子迷宫中。借助它的记忆,我可以比那些优秀的祖先记得更精确(如果精确是很重要的话)、更多量(如数量算得上宝贵的话),不过,要把这些笔记理出顺序,作出结论,这还是得靠自己来。同时,我工作时会很害怕突然失去一篇"已存入记忆"的文章——这种恐惧对先民来说,只有在经年荒废后才可能发生,但是对我来说却一直存在:害怕电流突波、按错键、系统小故障、病毒、磁碟缺陷,害怕任何可能从我的记忆装置中将所有一切永远抹除掉的危险。

在德·富尼瓦尔完成他的《爱的动物寓言集》之后大约一个世纪,彼特拉克很显然曾借助阿奎那的记忆术来面对浩瀚的书海。在《我的秘密》一书中,他想象着和他心爱的奥古斯丁对谈阅读和记忆的问题。就像奥古斯丁一样,彼特拉克年轻时过着动荡不安的生活。他的父亲是但丁的朋友,就像但丁一样,也遭到从出生地佛罗伦萨放逐的命运。彼特拉克生下不久,他父亲就举家迁往教宗克雷芒五世⑰在亚维侬

(Avignon)的宫廷。彼特拉克到蒙彼利埃(Montpellier)和博洛尼亚(Bologna)念大学,到了22岁,在他父亲死后,他又回亚维侬定居,是个多金的青年。但是财富和青春都没有维持很久。在几年的放浪生活中,他把父亲的遗产倾荡一空,只得进入教会担任教士。西塞罗和圣奥古斯丁的著作唤醒了这位充满求知欲的青年对文学的热爱。尔后一生,他狼吞虎咽地读起书来。在35岁左右,他开始认真写作,写了两部作品——《名人》(De viris illustribus)与长诗《非洲》(Africa)。在《非洲》中他自承深受古希腊与拉丁作家的影响,他因此诗作而被元老院及罗马人民加冕为桂冠诗人——后来他把桂冠放置在圣彼得大教堂的主祭台上。他这时期的几幅画像都显示出瘦削憔悴、烦躁的容貌,鼻子挺大,眼神带着神经质。我们可以想象,岁月并未有助缓息他的不安。

在《我的秘密》一书中,彼特拉克(使用他的教名"弗兰契斯柯")与奥古斯丁在一座花园中对坐相谈,而"真理女士"(Lady Truth)在一旁定睛观看。弗兰契斯柯吐露他对城市之虚华喧嚣感到厌倦;奥古斯丁答说,弗兰契斯柯的生命就是一本书,就像诗人的藏书室里的书本一般,不过,这是一本弗兰契斯柯尚不知道如何阅读的书,然后,奥古斯丁向他提起与"疯狂群众"这个主题相关的数本著作,其中包括奥古斯丁自己的作品。"这些书难道不能让你有所获益吗?"他问道。可以呀,弗兰契斯柯答说,在阅读的时刻,它们真的很有助益,但是"一旦书本离开我的手,对它的所有感觉也就随之烟消云散"。

奥古斯丁:如今有读写能力之辈到处可见,这种阅读方法已属稀松平常……但假如你在适当之处随手记下一些笔记,你会很容易就得以享受阅读之果实。

弗兰契斯柯:您指的是哪一种笔记?

奥古斯丁:你在念书时,只要一发现让你感觉刺激或令你的灵魂欣喜的绝妙字句,不要只想凭恃你的智慧力量,一定要强迫自己用背诵的方法记住它们,并以思考来熟悉其内容,以便苦恼之事紧急发生时,你随时都有疗药可治,好像它已铭刻在你的心灵之中一般。只要看到似乎对你有用的段落,便画下醒目的标记,这大大有助于你的记忆,不然的话,它们可能飞得无影无踪。⑱

奥古斯丁(在彼特拉克的想象中)所提议的是一种崭新的阅读方法:既不利用书本当作思想的支柱,也不像相信贤人的权威般相信它,而是从它攫取一个观念、一句警语、一个意象,将它与从保存于记忆中的遥远文本撷采而来的观念、警语、意象互相连结,再把这一切与自己的反思扣联起来——如此便产生了一篇由读者作出的新文本。在《名人》的导言中,彼特拉克说,这本书乃是为了提供给读者作为对"零散的"和"稀有的"文本的"一种人工记忆"使用,⑲而他不只是搜集了这些文本,更重要的是,还赋予它们秩序和方法。对他 14 世纪的读者来说,彼特拉克的主张是颇令人惊讶的,因为当时的人一般皆认为文本的权威属于自明之理;而读者的任务只是个外在的观察者;两个世纪之后,彼特拉克的个人式、有再创能力、诠释性、核对式的阅读方式会变成整个欧洲学术界的普遍方法。彼特拉克是在他所谓的"神性真理"(divine truth)的启蒙之下偶然发掘这个方法。读者必须拥有、必须有幸具有这种"神性真理",才能在面对书页的种种诱惑时作出他的挑取、选择和诠释。即令是作者的意图,如果只凭揣测,则对判断文本也无任何特别价值。彼特拉克表示,若想知道作者的意图,则必须借着自己对其他读物的追忆,进一步探究那些作者曾加以记忆并转化成其作品的东西。在这种给与受、拉开与缝合的动态过程中,读者不可以逾越真理的伦理界限,不管其良知(我们会说"常识")所规定的界限为何。彼特拉克的诸多信件中有一封写道:"阅读鲜能避免危险,除非神性真理之光映照读者,教导他何者该找、何者该避。"⑳这道光芒(依照彼特拉克的意象)以不同的方式照耀在我们每一个人身上,也以不同的方式照耀在我们人生的各个阶段。我们从来不曾回到同一本书或甚至同一页,因为在这道变化的光芒中,我们改变了,书本也起了变化,我们的记忆也是明亮、暗淡、又明亮,一路变化,而我们永远无法精确知道自己所学何物、所忘何物、所记得的又是什么。我们所能确定的只是,阅读活动拯救了那么多过去的声音,有时候还可以好好地将它们保存到未来,届时我们或许还会以大胆与出乎意料的方式来运用它们。

当我 10 岁或 11 岁的时候,在布宜诺斯艾利斯有一位家庭教师在晚上教我德文与欧洲历史。为了改善我的德文发音,他鼓励我背诵海涅、歌德和席勒的诗。他还教我背施瓦布(Gustav Schwab)的民谣《骑士与康斯坦茨湖》(Der Ritter und der Bodensee),内容是一名骑士疾驰横越冰冻的康斯坦茨湖(Lake of Constance),然后了解自己做了一件不可思议的事,却因惊骇而死于彼岸。我喜欢读这些诗,但我不知道它们有什么用处。"在你没有书可读的日子,它们会陪伴你,"我的老师说。然后,他告诉我说,他在萨克森豪森(Sachsenhausen)遭到杀害的父亲生前是位著名的学者,靠背诵牢记许多经典之作。在被关于集中营期间,他就把自己当成一座图书馆,供同囚者阅读。我想象这位老者于那个脏暗、残酷、绝望的地方,应同囚者的请求,背诵维吉尔或者欧里庇得斯,把自己当作书,翻到指定的页面,将这些古文朗读给他无书的读者听。几年之后,我知道他已经被化为不朽,成了在布雷德伯里的《华氏 451 度》中一群漫游的救书人之一。马里作家阿马杜·哈佩特·巴写道:"在非洲,当老人过世的时候,所有藏书要付之一炬。"㉑

在那种救赎式的重读中,一篇被阅读和记住的文本变成就像我很久以前背过的一首诗中的冰冻湖泊一般,如土地一般坚固,能够挺撑得住读者的横越,但是,同时,它的唯一存在处所是心里,其不稳定与短暂,就好像其中的字母是写于水上一样。

第五章　学习阅读

大声朗读，静默阅读，能够将储存着所记之文字的亲密图书馆携于心中，这是我们借着不确定的方法所取得的惊人能力。但是，在得以取得这些能力之前，读者需要学习识别社会所选用来沟通的共同符号的基本技巧：换句话说，读者必须学会阅读。列维-斯特劳斯告诉我们，他在巴西的南比夸拉（Nambikwara）印第安人部落旅行时，几位主人看见他在写字，就拿了他的铅笔与纸，并模仿他所写的字母画了弯曲的线，然后要求他"读"他们所写的东西。南比夸拉人期待他们的涂鸦立刻对列维-斯特劳斯有意义，就如他自己所画的字一样。① 对在欧洲学校接受教育学会阅读的列维-斯特劳斯而言，这种沟通系统应当让其他人马上可以理解的想法，似乎显得很荒谬。我们借之以学会阅读的方法不只具体化了我们个别社会有关读写能力的成规——资讯传递与知识和权力的阶层——也决定和限制了我们的阅读能力之使用方式。

我在法国斯特拉斯堡以南20英里的小镇塞莱斯塔（Sélestat）住过一年，这里位处莱茵河与孚日山脉（Vosges Mountains）之间的阿尔萨斯平原中央地带。塞莱斯塔小小的市立图书馆内有两本厚大的手写笔记本。一本300页，另一本480页；两本的纸张在历经数世纪后皆已泛黄，但是其使用不同颜色墨水的字迹仍然清晰得惊人。这两本笔记本原先在课堂使用时，只是一札札的折叠页（大概是在当地市场的一处书

对页图：杰出的读者比亚图斯·雷纳努斯，也是藏书家和编者

摊购得),许久以后,笔记本的主人才将它们装订成册,以便妥善保存。给图书馆访客参观的打字说明卡片上写说,这是 15 世纪末——从 1477 年到 1501 年——塞莱斯塔拉丁文学校两名学生的笔记本:一位叫纪尧姆·吉森埃姆,其生平除了这本学校笔记本中所载之外,我们一无所知,另一位叫比亚图斯·雷纳努斯[②],他日后成为人文主义运动的领导人物,也是伊拉斯谟多部作品的编者。

　　住在布宜诺斯艾利斯时,在刚开始的几个年级,我们也同样在"阅读"笔记本,费力书写,绞尽脑汁用彩色蜡笔画上图解。我们的课桌和长椅由铸铁支架固定住,彼此相连成两长排,直通到(这种权力象征,我们亦未能幸免)高高立在木制讲台上的讲桌,而讲桌背后就是黑鸦鸦的黑板。每张课桌都凿了一个洞,以放置白瓷墨水瓶,我们就把自来水笔的金属笔尖插入瓶中;我们到三年级才获准使用自来水笔。数世纪后,假如有某个认真的图书馆员将那些笔记本当作珍物放在玻璃橱窗中展示,参观者会在里面发现什么? 从一段段抄得整整齐齐的爱国文句中,参观者可以推论:在我们的教育里,政治的修辞取代了文学的优雅;从我们所画的插图中他们可以推论:我们学会了将这些文句变成口号("马尔维纳斯岛属于阿根廷"变成两只手环握一对曲折的岛屿;"我们的国旗是我们祖国的象征"变成三条颜色在风中飘扬)。从相同的课堂解说笔记中,参观者可以得知:我们之学习阅读,并不是为了乐趣或知识,而纯是为了受教。在一个通货膨胀高达每月 200% 的国家中,这是阅读蚱蜢与蚂蚁寓言的唯一方式。

　　塞莱斯塔有数所性质不同的学校。一所拉丁文学校,从 14 世纪即已存在,原借用教会的房舍,而由市长和地方教会负责管理。拉丁文学校的原址——也就是吉森埃姆和雷纳努斯上课的地方——是在绿色市场(Marche-Vert)的一栋房子,就在 11 世纪所建的圣斐德斯教堂前面。1530 年,这所学校声誉日隆,便搬迁到 13 世纪建造的圣乔治教堂对面一栋较大的建筑物中。那是一栋两层楼的房子,外墙上有一幅颇吸引人的壁画，描绘九名缪斯女神在赫利孔山（Mount Helicon）③上的灵泉 ⁶⁹（Hippocrene）中嬉戏。④学校迁移后，新校址的街道名字也从 Lottengasse 改成 Babilgasse，意指学生的牙牙学语声（在阿尔萨斯方言中，bablen 为"牙牙学语"之意）。我的住处离这所学校只隔几个街区。

从 14 世纪初，塞莱斯塔即有两所德文学校，其校史完整留存至今；1686 年，第一所法文学校成立，这是在路易十四夺占这座城镇之后 13 年的事。这些学校各自用德、法文教导阅读、书写、唱歌与一些算术，任何人都可申请入学。一所德文学校大约在 1500 年左右的一份入学约定书上记载说：老师会教导"12 岁以上的基尔特成员与其他人，和那些不能上拉丁文学校的儿童，男女孩皆接受。"⑤和上德文学校的学生不同，拉丁文学校的学生 6 岁就入学，一直待到十三四岁预备好进入大学时为止。有些学生变成老师的助教，一直留到 20 岁才离开。

一直到 17 世纪，在欧洲大部分地方，拉丁文仍是官僚体制、教会事务与学术界的正式语文；不过，从 16 世纪早期开始，地方语文已逐渐获得接受。1521 年，马丁·路德开始出版德文《圣经》；1526 年，威廉·廷戴尔在科隆（Cologne）和沃尔姆斯（Worms）⑥出版他的英文《圣经》译本，他是在死亡的威胁之下被迫离开英国的；1530 年，在瑞典和丹麦，政府法令规定教会应使用本国语文的《圣经》。然而，在雷纳努斯的时代，天主教会继续维护拉丁文的威望，视它为正式语言，规定神父在主持礼拜仪式时必须使用拉丁文；连大学也是如此，譬如雷纳努斯巴望进入的索邦大学（Sorbonne）就是这种情形。拉丁文学校因此仍然有很大的需求。

在教育制度混乱的中世纪晚期，不管是拉丁文学校或其他学校都提供了一定程度的规制。因为学术研究被视为是教会与国家之间的"第三势力"，从 12 世纪以降，学生便被允许拥有许多官定特权。1158 年，德意志的神圣罗马帝国皇帝腓特烈一世颁法，规定学生除了触犯严重刑事案件之外，可以免受世俗政府的审判，而且学生旅行时还可获发安全通行证。1200年,法国国王菲利浦·奥古斯特赐与学生特权,禁止巴黎市长以任何借口拘禁他们。而在英国,从亨利三世以降,每位君主都保证牛津学生免受世俗权威的管辖。⑦

上学时,学生必须缴付费用,依据食宿来收取,按周计费。假如无能缴付,他们必须发誓自己"缺乏金钱奥援",结果就会有机会获得奖学金,以津贴方式给付。在15世纪,穷学生占了巴黎全体学生的18%、维也纳全体学生的25%、莱比锡全体学生的19%。⑧享有特权,但一贫如洗,渴望保有自己的权利,但不确定该如何维持生计,数以千计的学生因而四处漫游,靠施舍和窃盗过活。有些学生则冒充算命术士或魔术师,叫卖一些神奇的小饰品、宣称有日月蚀或大灾难、用魔法召唤鬼灵、预言未来、教导祈祷者拯救灵魂免受炼狱之苦、传授防范农作物受冰雹侵袭及牛只罹患疾病之秘诀,借此苟活。有些学生自称是德鲁伊教团(Druids)⑨的后裔,并夸称到过维纳斯山(Mountain of Venus)练就秘技;他们在双肩上披戴黄色的网状斗篷,当作入此门道的标志。很多学生随侍一位年纪较长的预备修士,从一个城镇飘流到另一个城镇,接受其教导;这种老师人称为bacchante(不是源于"酒神"[Bacchus],而是源自动词bacchari,"漫游"之意),其门徒在德文中称为Schützen(保护者),而在法文中则称为bejaunes(劣等生)。只有那些决定成为预备修士或是打算任职公家机构的学生才会找法子不再飘漫,并进入一间像塞塔斯塔的拉丁文学校这类的学习机构。⑩

塞莱斯塔上拉丁学校的学生家住阿尔萨斯(Alsace)和洛林(Lorraine)的不同地区,甚至还有远从瑞士来者。属于富有中产阶级或贵族家庭(如雷纳努斯即是)的学生可能会选择寄宿在校长及其妻子所经营的宿舍,或是寄宿在家庭老师的房子里,或甚至当地的旅舍。⑪但是那些发过誓说穷得付不起费用的学生要找到膳宿之处便有很大困难。瑞士的托马斯·普拉特斯在1495年来到这里上学,时年18岁,"什么都不知道,甚至读不懂多纳图斯(的中世纪最有名的文法入门书《文法的艺术》[*Ars de octo partibus orationis*])",他感觉到,在年幼的学生之中,自己"就像一只母鸡在这些小鸡之中"。他在自传中描述一个朋友负笈此地求学的情景。"到达斯特拉斯堡时,我们发现那里有很多穷学生,他们告诉我们当地的学校不好,又说在塞莱斯塔有一所很棒的学校。于是我们启程前往塞莱斯塔。途中,我们遇见一个贵族;他问我们:'你们要去哪里?'听到我们打算前往塞莱斯塔时,他建议我们不要去,说那个小镇有很多穷学生,而当地居民也绝非富有。听完这话,我的同伴眼睛涌出酸泪,哭号着道:'我们还有什么地方好去呢?'我安慰他说:'放心吧,假如别人在塞莱斯塔可以求得一饱,我当然也会想办法让我们两个人饿不死。'"他们勉强在塞莱斯塔停留了几个月,但是在圣灵降临节之后,"新学生从各方涌到,眼看两个人就快没饭吃了,只好改往小镇索洛尔(Soleure)去"。⑫

在文字社会中,学习阅读算是一道入会仪式,一个告别依赖与不成熟沟通的通关仪式。学习阅读的小孩借由书本之途径得以参与集体的记忆,熟稔此一社会的共同过去——每一次阅读,他/她或多或少都会对此共同过去获得新知。例如,在中世纪的犹太社会中,学习阅读是以公开的仪式来加以庆祝。在五旬节(Feast of Shavuot)——这是摩西从上帝之手接受《托拉》(*Torah*)⑬的日子——正准备开始受教的男孩戴上了有穗饰的长方形披巾,并由父亲带着走向老师。老师引领男孩坐在他的大腿上,并展示一块石板给他看,上面写着希伯来文的字母、《圣经》上的一段引文,及"但愿《托拉》成为你的终身职志"。老师宣读每一个字,小孩跟着念。然后,石板上沾满蜂蜜,小孩去舔它,代表身体将圣言同化。同时,《圣经》的诗歌也被写在煮熟剥壳的蛋上和蜂蜜蛋糕上,小孩在向老师大声朗读这些诗歌之后将其吃下。⑭

虽然要对好几个世纪、跨越许多个国家的全部情况作一总括描述颇为困难,不过,大致上,在中世纪晚期与文艺复兴早期的基督教社会中,撇开教会不说,学习读写几乎是贵族及(在 13 世纪之后)布尔乔亚的专有特权。纵使有些贵族阶级与**上流布尔乔亚**将读写视作只适合贫穷教士的卑贱工作,⑮生于这两个阶级的大部分男孩和相当多女孩在很年幼时就开始学习识字。小孩的保姆若有阅读能力,就由她担负初始的教学之责。为了这个缘故,保姆必须精心挑选,因为她不只负责哺

两尊15世纪的母亲教子阅读雕像:左边是圣母玛利亚和耶稣;右边是圣安妮和年幼的玛利亚

乳,还得确保孩童能学到正确的话语和发音。⑯伟大的意大利人文主义学者列翁·巴提斯塔·阿尔贝蒂⑰在1435年与1444年之间记载说"照顾年幼孩童是女人的工作,由保姆或母亲负责",⑱而且学习识字要尽早。儿童学习发音的方法是由保姆或母亲指着角帖书(hornbook)⑲或写着字母的纸片上的字母,不断地重复练习。(我自己就是依这种方式来学习的,我的保姆朗读一本旧英语图画书上的黑体字母给我听,并要我一再复诵其发音。)圣母教子之意象在基督教的圣像艺术(iconography)中很常见,可是在与教室有关的绘画中,女性学生的图像却又极为稀罕。有许多图画的内容是玛利亚握着一本书在其儿耶稣面前或是安妮(Anne)教导玛利亚,但是我们未曾见过有耶稣基督或是玛利亚学习写字或正在写字的画面;耶稣基督**阅读**《旧约》的画面颇为重要,

因为它被认为是《圣经》具有连续性的明证。

老家在西班牙北部的昆体良㉑是公元1世纪时的罗马律师，曾担任图密善皇帝㉑几位侄孙的家庭教师，写了一部十二卷的教学手册《雄辩术原理》(Institutio oratoria)，此书在文艺复兴时期影响深广。在这部书中，作者建议道："有些人认为男孩应到7岁才开始学习阅读，因为这是他们可以从教学中获益及忍受学习紧张的最幼年纪。然而，那些认为儿童的心灵不应该有片刻闲置的人其实更为明智。譬如，克里西波斯㉒虽然认为儿童生下后可以让保姆全权负责照料3年，仍然认为以最好的准则来形塑儿童的心灵是她们的部分职责。那么，既然儿童能够施予道德教化，何以他们无法接受文学教育呢？"㉓

在学会了字母之后，家长会延聘男老师来当男孩的家庭教师（假如家庭请得起的话），而母亲则负起女孩的教育责任。到了15世纪时，大部分富有人家都已拥有安静的空间及相关设备，可以在家里进行教学，不过，大部分学者还是建议男孩子应该离家受教，与其他男孩为伴；在另一方面，中世纪的道德家也热烈辩论教育对女孩的益处——不管公私方面。"女孩子除非是想当修女，否则实不宜学习读写，若学会了读写，一到成年，她们就可能会和男人情书往返，"㉔贵族菲利浦·德·诺瓦尔曾如此警告；但是他的一些同代人并不赞同这种看法。"女孩子应该学会阅读，以学习真正的信仰，并保护她们免受威胁其灵魂之诸多危险所害，"拉·图尔·兰德瑞爵士辩道。㉕富有人家的女孩常常被送到学校学习读写，通常是为进入女修道院作准备。欧洲的贵族家庭很可能出现极富文化素养的女人。

在15世纪中叶之前，塞莱斯塔拉丁文学校尚属草创期，其教学谈不上有什么特色，只一味依循经院哲学（scholasticism）传统的既有训令。经院哲学主要发展于12及13世纪，此派哲学家认为"思维是一种具有一丝不苟的固定法则之技巧。"㉖经院哲学证明为调和宗教信仰诫律与人类理性论辩的一道有效方法，其结果可以达致了一种concordia discordantium（异中求同），可以用作下一步论辩的依据。然而，很快地，经院哲学变成只能因循守旧，无法激发新观念。在伊斯兰教中，它担负起建立制式教条的任务；由于没有伊斯兰大会或宗教会议来担任这项工作，concordia discordantium（历经种种异议而取得的共识）就变成了正统思想。㉗在基督教世界中，虽然各大学间的变化极大，经院哲学在早期的基督教哲学家——像是公元5世纪的波爱修斯㉘——坚持之下，一直固守亚里士多德的教训。波爱修斯的《哲学的慰藉》（De consolatione philosophiae）（阿尔弗雷德大王曾将此书译成英文）一书在中世纪时代一直普受喜爱。本质上，经院哲学的方法无非是训练学生根据某些预先设立、正式被承认的标准——他们费尽千辛万苦才练习成功——来解释文本。就教导阅读而言，这种方法能否成功靠的不是学生的智慧，而是他们的毅力。13世纪中叶时，博学的西班牙国王阿方索十世㉙曾猛烈抨击这种方法。他写道："教师必须将所学好好地、真正地灌输给学生，将书本朗读给他们听，尽量让他们了解自我的才能；而一旦他们开始阅读，他们必须继续教学，直到将所有排定之书教完；只要身体健康，他们不可以请其他人来代读，除非是为了表达对所邀之人的敬意，而不是为了规避阅读的工作。"㉚

15世纪初的两幅学校景象图，显示出师生间的阶层关系：左图是亚里士多德与其弟子；右图无法确知其所指之人物和地点

到了 16 世纪，经院哲学的方法在全欧各地的大学和教区、修道院、主教座堂学校都受到普遍采纳。这些学校可说是塞莱斯塔拉丁文学校的先驱，它们在公元四、五世纪罗马的学制衰微之后开始发展，到了 9 世纪时已十分蓬勃，查理大帝命令所有的大教堂和普通教堂都得设立学校，以训练预备修士阅读、书写、吟唱赞美诗与演算的技能。10 世纪时，由于城镇恢复蓬勃，对基本学习的需求愈加殷切，这时的学校常以一位名师作为号召，而学校的名声就靠此名师来维系。

学校的形貌从查理大帝时代以来变化不多。学生在大教室里上课。老师通常坐在一张普通的板凳上（椅子要到 15 世纪才普及），前面是一张架高的颂经台，或是一张桌几。一座从博洛尼亚坟墓挖掘出来的 14 世纪中期的大理石雕像，显示一名老师坐在一张板凳上，双眼盯着学生，一本书则摊开在他面前的书桌上。他左手翻书，而右手似乎正在作重点强调，或许是正在解释方才朗读的段落。大多数的图画都显示，学生是坐在板凳上，手持画着行线的纸张或蜡制刻写板来作笔记，或打开书本围绕教师而站立。一幅 1516 年的学校宣传布告牌描绘两名少年学生坐在一张板凳上用功，弓着背，双眼盯着书本，而在右侧，一名坐在颂经台前的女人正用手指指着书页，来指导一个年幼许多的小孩；在左边，一名也许 10 岁出头的学生，站在一座颂经台前，打开书本朗读，而在他身后的教师手持一捆桦树枝，贴靠在屁股上。桦树，就如书本一样，几百年来一直是教师的标记。

在塞莱斯塔的拉丁文学校，学生首先学习读写，接着学习三学科（trivium）：语法（grammar）最优先，然后是修辞（rhetoric）与论理（dialectics）。因为并非所有学生入学时都已学会字母，阅读首先是以教导字母或入门书开始，加上简单的祈祷文，譬如《主祈祷文》（*Lord's Prayer*）、《福哉玛利亚》（*Hail Mary*）与《使徒的信条》（*Apostles' Creed*）的选文。在初期学习之后，学生接着学习中世纪学校普遍采用的阅读手册:多纳图斯的《文法的艺术》、方济各会(Franciscans)修士亚历山大・德・维尔迪厄的《学童教育》(*Doctrinale puerorum*)及西班牙人彼得的《逻辑手册》(*Handbook of Logic*)。很少学生有钱可以买书,㉛通常只有教师拥有这些昂贵的书籍。老师会把文法的复杂规则抄写在黑板上——通常并没有加以解释,因为,根据经院哲学的教育

16世纪早期法国的学校情景

法,理解并非知识的必要条件。然后,学生被强制背诵这些规则。正如预期,结果常常令人失望。㉜一名在1450年代初期就读于塞莱斯塔拉丁文学校的学生雅各布・温非林(就像雷纳努斯一样,此人变成他那年代最负盛名的人文主义者之一)在多年过后评论说,那些在旧制度下受教的人"可能既不会说拉丁语,也不会写信或写诗,甚至解释弥撒用的祈祷文也不行。"㉝数种因素造成新生阅读上的困难。正如我们前面所提,标点在15世纪仍然未制式化,而大写字母也使用得颇不一致。许多字都使用缩写,有时候是学生为了快速作笔记,但是也常被视作正常的书写方式——或许是为了节省纸张——结果阅读者不只必须按照发音来念,也必须能够分辨缩写所代表的意思。最后,拼法不一致;同一个字可能会出现数个不同的拼法。㉞

依照经院哲学的方法,老师对学生讲授正统的注解,相当于我们的简略的课堂笔记。文本——不论是天主教著作家或是分量少很多的古代异教徒作者的著作——不是让学生直接理解,而是透过一系列预先规定的步骤来阅读。首先是 *lectio*,指的是一种文法分析,分辨出每个句子的句法要素;然后才进展到 *littera*,即文本的字面意义。经过 Littera,学生取得 *sensus*,指的是文本既有的各种诠释的意义。整个过程以一种释义(exegesis)——*sententia*,即是对已被认可的诠释者的意见加以讨论——作为结束。㉟这种阅读的优点不在于从文本中找到个人的心得,而在于能够背诵与比较权威人士的诠释,并由此成为"更好的人"。15世纪的修辞学教授圭代蒂即根据这些概念来总括教导适当阅读的目的:"因为,当一名良师着手详尽解释任何段落时,其目标是训练学生雄辩之能力,并过着有德行的生活。假如偶然出现了一些字句,虽无益于上述目的,却很容易讲解,那么,我赞成他当场作解释。假如其意义不是立即能说清楚,那么,即令他没有好好加以解释,我也不认为他失职。但是假如他坚持钻牛角尖,把时间耗费在解说这些字句上,我会认为他只是卖弄学问之辈。"㊱

公元1441年,塞莱斯塔的教区神父兼地方行政首长让·德·韦斯蒂决定任用海德堡大学的毕业生路易·德林根贝格担任这所学校的校长。当时意大利和荷兰的人文主义学者正对传统教学方式提出强烈质

博洛尼亚一座坟墓上纪念死者术业之雕像

一所学校的宣传看板,安布罗修斯·霍尔拜因作于1516年

疑,这股风潮逐渐波及法国与德国。德林根贝格也受到这股新精神的启迪,将其引介到学校中,带来了根本的变化。他保留多纳图斯和亚历山大的旧式阅读手册,但只利用其书中的某些章节,并在课堂上开放讨论;他解释文法规则,而不是单单强迫学生记忆;他扬弃传统的评注和注释,认为那些东西"无益于学生学会优雅的语言。"㊳取而代之的是天主教著作家的经典著作本身。德林根贝格大力摒弃经院哲学注解者的成规,并允许课堂上讨论文本(一方面仍严格主导讨论的方向),如此,学生获得空前未有的阅读自由。他对圭代蒂斥为"琐事"的东西毫不畏惧。1477年他过世时,一种新式儿童教学已经在塞莱斯塔植下稳固之根基。㊳

德林根贝格的继任者是克拉托·霍夫曼,也是海德堡大学的毕业生,继任时27岁,他的学生记得他是"严格中带着愉悦,愉悦中带着严格,"㊴随时准备对不够用功的学生策以教鞭。德林根贝格全心让学生熟悉天主教著作家的著作,而霍夫曼则较偏爱希腊和罗马的经典作品。㊵他的一名学生记载说,就像德林根贝格,"霍夫曼厌恶旧式的评注与注解。"㊶他不会让学生陷在那些文法规则的泥淖中,而是很迅速地就进行文本的阅读,一边还给它们添加上丰富的考古学、地理学与历史上的趣闻轶事。另一名学生回忆说,在霍夫曼教导他们阅读奥维德、西塞罗、苏埃托尼乌斯、瓦勒里乌斯·马克西姆斯㊷、萨贝利库斯和其他人的作品之后,他们进大学时已经"拉丁文完美流畅,而且文法功力深厚。"㊸虽然书法——"书写漂亮的艺术"——并未受到疏忽,流利、正

确、聪颖与熟练的阅读能力,"从文本中挤压出每一滴意义"才是霍夫曼最强调的学习成果。

但是,甚至在霍夫曼的课堂上,文本也绝不可能任凭学生自己作解释。相反地,老师会严格把关,对文本做系统化的剖析;从抄写的字句中随处可引申出一则道德的教诲,或礼貌、谦恭、信仰之训诫,或远离恶习之警语——

一名教师正准备惩罚其学生,这是15世纪晚期一本亚里士多德《政治学》法文译本上的装饰画

事实上是涵括了所有的社会规戒,从餐桌礼仪到七大罪的潜在危害。一名霍夫曼的同代人写道:"老师不可以只教读写,也必须教导基督徒的美德与伦理观念;他必须努力将美德播种于孩童的灵魂之中;这一点很重要,因为,正如亚里士多德所言,人所受之教育对其日后之行为举止影响甚巨;所有的习惯,尤其是好习惯,都是在年幼时即已养成,尔后根性就再也难改。"⑭

雷纳努斯和吉森埃姆在塞莱斯塔求学的笔记本,开头是周日祈祷文及《诗篇》的摘选——学生在上课的第一天便得从黑板上抄下它们。这些东西他们或许早已背过;在机械式地抄下之时——尚不知道怎么阅读——他们会将这串串的文字和已背过的文章的声音串连起来。两世纪之后,尼古拉斯·亚当在他的《学习任何语言的可信赖方法》(*A Trustworthy Method of Learning Any Language Whatsoever*)一书中所揭橥的教导阅读的"完整的"方法同此类

海伦·凯勒坐在窗边阅读,她的手在用布莱叶点字法印制的书本上轻轻滑动

似:"当你拿个东西——譬如一件衣服——给小孩看时,你会分成几部分拿给他看吗?先看褶边,然后袖子,之后胸前部分、口袋、钮扣,等等?当然不会;你把整件衣服展示给他看,并告诉他:这是一件衣服那就是孩童从保姆处学会说话的方式;教导他们阅读的时候,何不采用相同的方法呢?把所有那些字母读本与所有法文和拉丁文。手册置之一旁;拿他们看得懂的完整文字来给他们念,他们记这些东西会比记那些印刷字母和音节更加轻松与愉快。"㊺

在我们的时代,盲者用一个类似的方法来学会阅读,借着"感觉"整个字——他们已经知道的字——而不是逐个字母辨读它。海伦·凯勒在回忆她的教育过程时说,一等她学会了拼字,老师就给她硬纸板,上面所有的字都是以凸起的字母印成。"我很快得知,每个印刷文字代表一个物品、一个动作或一项特质。我有一个排字台,可以在里面将这些字排列成小小的句子;但是在还没在排字台中排出句子之前,我常常将它们当成物品。譬如说,我找出代表"洋娃娃"、"是"、"在……之上"、"床"的纸片,并在其物品上加上每个名字;然后,我把洋娃娃放置在床上,并将"是"、"在……之上"、"床"放在洋娃娃旁边,接着便以这些字来造一个句子,结果就由句子和事物本身结合一起来表现出整个句子的意义。"㊻对盲童来说,因为文字是可以实际触摸到的具体对象,作为语言符号,它们可以被其所欲代表的物体对象来取代。当然,这并非是塞莱斯塔的学生的状况,对他们来说,书页上的文字依然是抽象的符号。

同样的笔记本使用了好些年,也许是为了节省纸张费用,但是更可能是因为霍夫曼要他的学生记录下课业的进展情况。雷纳努斯的笔迹历经数年抄写笔记并未改变。内容写在每页的中央部位,边白甚大,行距也很宽,以备尔后加上注释和评论之用。他的书法模仿德国15世纪手抄本的哥特体手迹,这种字体极为优雅,谷登堡在为其所印之《圣经》铸字时,也是以它当作模本。雷纳努斯使用鲜明的紫色墨水,其笔迹强劲清晰,让他温习时越发得心应手,其中有几页还看得到装饰性的首字

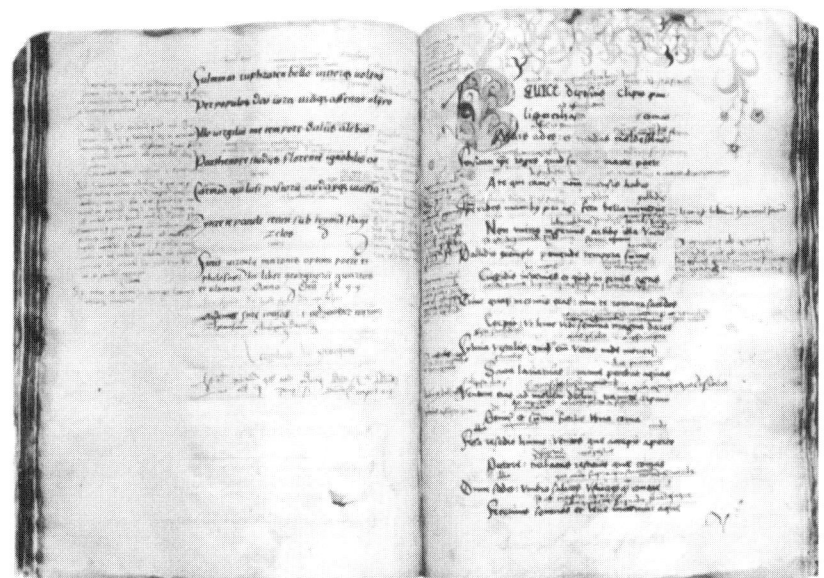

少年雷纳努斯的学校笔记本，收藏于塞莱斯塔的人文主义图书馆

母（这使我想起小时常费心将家庭作业上的字母写得漂亮，以求获得高分）。从笔记本我们可以看出，在教会著作家的祈祷文和简短引文之后——全都用黑色墨水在边白和行间加上文法或词源的注解，有时候还有大概是学生在日后添加上的批判性意见——课程转到了一些古典作家的著作。

霍夫曼强调这些古典作品的文法极为完美，但偶尔，他自己也真情流露，提醒学生，阅读时不只要努力解析，同时也要发自肺腑。因为他自己在那些古代典籍里领悟到了美丽与智慧，他也鼓励学生从这些年代悠久的古代巨灵的文字中，寻找某种——在他们所处的时空中——会对他们私语的东西。譬如，1498年，他们研读了奥维德的《岁时记》（*Fasti*）的四、五、六册，接下一年，他们抄写了维吉尔的《牧歌》（*Bucolics*）的开头几节和整部的《农事诗》（*Georgics*）；笔记本上不时出现些许赞美之词，边白处也添加了热切的注解。我们可以想象，就在读抄到那一行的诗歌时，霍夫曼要他学生停下笔来，以分享他的赞叹和乐趣。

从吉森埃姆以拉丁文和德文添加在文本旁边的笔记，我们可以看出霍夫曼的课堂上所采用的分析式阅读。许多吉森埃姆写在他的拉丁文抄本边白的字是同义字或译词；有时候，其笔记也会是一段特别的解释。譬如，对 *prognatos* 这个字，这名学生写下 *progenitos* 这个同义字，然后，用德文解释其意："那些生自你自身的人。"其他的笔记是文字的词源，及此字与德文同义字的关系。塞莱斯塔偏爱的一位作者是塞维利亚的伊西多尔，这位 7 世纪的神学家写了一部总共 20 册的巨著《语源学》(*Etymologies*)，解释和讨论文字的意义与使用。霍夫曼似乎特别注重教导其学生正确使用文字，尊重文字的意义与言外之义，好让学生的解释或翻译可以具有权威性。在笔记本的最末处，他要求学生汇编一篇 *Index rerum et verborum*（事物与文字索引），将已读过的各主题列出并加以定义，这个步骤无疑让他们心里产生一种进步感，也等于给了他们自修其他书籍的工具。有些段落还有霍夫曼对文本的评论。笔记本上看不到任何音译字，因此我们或可假设，在抄下一篇文本之前，吉森埃姆、雷纳努斯和其他学生已经将它大声朗读过许多次，以记住其发音。笔记本中的句子也没有标上重音，因此，我们不知道霍夫曼是否要求朗读时需有抑扬顿挫，或是听其自然。不过，阅读诗作时，霍夫曼会教导他们标准韵律，而且我们可以想象霍夫曼用低沉宏亮的声音朗读出这些引人共鸣的古诗行的情景。

　　这些笔记本显示，在 15 世纪中叶，至少在人文主义学校，阅读渐渐地成为个别读者的责任。先前的权威人士——翻译者、注释者、注解者、评注者、编目者、文集选编者、检查官员、规范制造者——已经替著作建立起正式的价值层级，并将它们贴上不同的目的标签。如今，读者被要求为自己而读，偶尔靠那些权威解释来判定自己所摸索出的价值与意义。当然，这种变化并非突然，也不限于单一的地点和时间。早在 13 世纪时，一位不知名的抄写员便在一本修道院编年史的边白处写道："阅读书籍时，你应该养成注意意义胜过文字的习惯，专注在果实而非叶饰上。"⑩这种情绪在霍夫曼的教学中得到呼应。在牛津、在博洛尼亚、在巴格达,甚至在巴黎,经院哲学的教法都受到质疑,然后逐渐产生了变化。这种现象之所以发生,部分是因为印刷机发明导致书本普及,另外也是因为先前欧洲数世纪较简单的社会结构——查理大帝的欧洲与后来的中世纪世界——已在经济、政治与智识等层面四分五裂。对雷纳努斯等新派学者来说,这个世界似乎已失去其稳定性,复杂得令人惶惑。好像情况还不够糟糕,在1543年,哥白尼发表了倍受争议的论著《论天体运动》(*De revolutionibus orbium coelestium*),将太阳放置在宇宙的中心,取代了托勒密的《天文学大成》(*Almagest*)——《天文学大成》的说法原本还颇令人安心,因为托勒密认为地球和人类是处于宇宙的中心。⑱

从经院哲学的方法转变成更具解放性的思想体系带来了另一种发展。一直到那时候,学者的工作一直是——就像教师的工作一样——追寻知识,铭刻在某些规则与典范及受到认可的学习制度之内的知识;老师的责任向来被认为是一种公众的责任,让文本和其所含不同层次的意义能尽可能多让读众所知,矢志维护一种政治、哲学和信仰的共同社会史。在德林根贝格、霍夫曼和其他人之后,那些学校的产物——即新的人文主义者——摒弃了教室和公共论坛,而且就像雷纳努斯一样,退回研究室或图书馆的封闭空间里,私下阅读及思考。塞莱斯塔的拉丁文教师传授含有既定的"正确"和共有的阅读的正统训诫,但是也提供学生更大量、更个人式的人文主义观点;结果学生将阅读的行动限制在自己的亲密世界与经验里,并以个别读者的权威来对各种文本发表见解。

第六章　遗漏的首页

我在国立布宜诺斯艾利斯学院最后一年,一个我已记不得名字的老师站在台前,对着全班同学念出以下这段话:

所有寓言(allegories)所说的我们不懂的地方还是不懂,要不就是说些我们早就知道的东西。这和我们每天生活面对的种种问题截然不同。有人曾经针对此点问道:"干嘛要这么顽固?只要照着寓言做,你自己就会变成'寓言',这样子就能解决每天碰到的问题。"

另一人说:"我打赌这也是个寓言。"

第一个人说:"你赢了。"

第二个人回答说:"是啊!从寓言上来说,我是对的。"

第一个人答道:"不对,从现实生活上来说就是你赢,但是从寓言上来看,你输了。"①

我们老师念完了这段话后,并没有解释它的含意,让我们百思不解,而后大家在位于学校转角,香烟弥漫的"波多黎各"(La Puerto Rico)咖啡店还激烈地讨论。1922年,卡夫卡在布拉格写了这个故事,两年后他即与世长辞。45年后的今天,卡夫卡仍然让我们这一群好问的青少年困惑,你无法对卡夫卡或卡夫卡寓言,做单一的阐释,结论,或自认"了解"他们。卡夫卡预言寥寥数行所传达的意含,不只是说每篇文

对页图:中学时代的卡夫卡,摄于1898年前后

章可当作寓言（在这里所谓的"寓言"和较不独断的"象征"很难区分），②它每篇寓言还意在言外，也就是说阅读本身就是种寓言，其他作品的内容。那个时候我们还没有读到评论家保罗·德·曼对寓言的解释——他认为所谓的"寓言的叙述说的是我们**还没有**读到的故事"，③——我们同意他所说的，任何一次的阅读绝对不会是最后一次的阅读。不过保罗·德·曼所说的无秩序的阅读行为，我们却认为是读者的阅读自由。如果说，我们阅读的东西没有所谓"最后的话"，那么，就没有统治阶层可以强迫人民阅读所谓"正确的"东西。我们逐渐了解到有些我们阅读的东西虽然不若其他的资讯丰富、明白易懂、挑战性高、令人愉悦或令人不安，但是却更好。这种新得到的自由会一直跟着我们，到了今天，有些别人唾之、鄙之的东西，我们却读得欣然有味；也有些备受好评的东西我们却弃而不顾，这种反叛的快感，我至今难忘。

苏格拉底早就说过，只有写出读者熟悉的东西才能对他们激发冲击，知识无法从死文字中取得。中世纪早期学者企图从阅读中寻找多样的声音，其实这些到最后都只呼应一种声音——那就是上帝的**话**（logos）。中世纪晚期的人道主义者老师则认为，文本（text）（包括柏拉图对苏格拉底的辩论的看法），以及尔后不同世代读者的批评，意味着无限的阅读是可能的，彼此相加下去。我们在课堂上研读利西亚斯的言论，我们从后代几世纪的评论得知利西亚斯从不怀疑——正如他可能没有怀疑过菲德鲁斯的热忱或苏格拉底的狡猾见解。我书架上的书籍要到我打开它们后才会认识我，但我确信它们一直在呼唤着我——我以及每个读者——的名字；它们在等着我们的批评与意见。柏拉图这样想，其他的书这样想，甚至我还没有读过的书籍也都如是想。

公元1316年左右，但丁在一封写给坎格兰德一世（Can Grande della Scala）著名的信中指出，所有文章至少都有两种解读方式，"一种是文字表面的意义；另一种是文字外的含意；前者称为**字面的**（literal），后者称作**寓意**（allegorical）**或神秘的**（mythical）"。但丁接着说，寓意包含三种其他的解读。但丁举《圣经》经文为例，《圣经》有段经文写道：

"当以色列从埃及以及雅各家(House of Jacob)从奇怪的民族走出时,犹大成为他的庇护处,以色列成为他的领土。"但丁解释道:"从其表面字义研读,这段经文说的是摩西时代以色列子民出走埃及;而其衍生的寓意讲的是基督的救赎;进一步类推,我们看到因罪哀伤、悲惨的灵魂获得神恩的转变;就其隐含的神秘的意义,我们看到神圣的灵魂从奴隶的腐败净化为永恒荣耀的自由。这些神秘的意义有不同的名称,我们可以通称为'寓意',它们不同于字义与历史。"④这些都是可能的阅读方式。有些读者可能会发现其中一种或多种阅读方式不正确:如果读者没有文章的背景知识,他们可能会不相信"历史上"解读;读者也可能反对"寓意的"解读,认为谈论基督根本是时代错误的(anachronistic)做法;他们可能会发觉"类推"与"神秘的解释"太过虚幻或太牵强。甚至从"字义上"去解读也受到质疑。"走出"到底是什么意思?"房屋"或"领土"又是什么意思?即使要了解文章的表层意义,读者也知道这篇文章的创作资料、其历史背景、专门的字汇,甚至背后最神秘的东西——即圣托马斯·阿奎那称之为 quem auctor intendit(作者的用意)的东西。但是,假使读者和文章有共通的语言,读者从任何文章都可以找出**某些**意义:达达(dada)、星占、深涩的诗、电脑使用手册,甚至政治宣传单。

但丁一手翻开《神曲》,佛罗伦萨大教堂壁画,多梅尼科·迪米凯利诺作于 15 世纪中期

1782 年,在但丁过世 4 个半世纪之后,神圣罗马帝国皇帝约瑟夫二世颁布了"信仰自由敕令"(Toleranzpatent),取消犹太人与非犹太之间的差别待遇,以便将他们同化于基督教。"信仰自由敕令"迫使犹太人采用德国人的姓名、在所有的公文中使用德文、服义务兵役(之前

他们一直被排除在兵役之外),上德语学校。一个世纪之后,1889年9月15日,在捷克国家主义盛行的布拉格,6岁的弗兰茨·卡夫卡由家里的厨师带到位于市场一间犹太人所设立德语学校(Deutsche Volks- und Burgerschule)就读⑤,遵照死去已久的哈布斯堡(Habsburg)皇帝的旨意,开始他的学校教育。

卡夫卡痛恨这所小学以及后来他所就读的中学(Altstädter Gymnasium)。虽然他成绩不错(他轻轻松松地升级),他只是在欺骗师长,"偷偷地从一年级跳到二年级,到三年级,继续上去。但是,"他补充道:"至少我现在引起他们的注意了,我当然会马上遭逐出,让所有正直人士从噩梦中获得解救。"⑥

在中学,每一学年10个月的课程中,有三分之一的时间是古典语言课,其余的课包括德文、地理与历史。算术是不重要的课目,捷克文、法文和体育课是选修。学生必须将课文倒背如流,随时准备应付抽考。与卡夫卡同时代的语言学家弗里茨·莫特纳写道:"我们班上40人中,有三四人拼了命用功,到头来也只能逐字翻译一部分古文……他们当然无法真正领会到古人的精神,以及那些时代无可比拟的独特之处。班上其余90%的人虽然希腊文和拉丁文课读得索然无味,但总算期末考过关,但是一毕业马上就忘个精光。"⑦老师责备学生不懂得欣赏古典语文,大体上态度上很是轻蔑。卡夫卡多年后写给未婚妻的信中说:"有位老师上《伊利亚特》课时常告诉我们:'真不幸必须跟你们这些学生念这巨著,你们是不可能了解它的。就算你们自认了解时,其实是什么都不懂。人必须有相当的生活经历才能窥其堂奥。"终其一生,卡夫卡在阅读任何著作时,每每觉得单凭自己的经验和知识甚至连了解其皮毛都有困难。

根据卡夫卡的朋友兼传记作者马克斯·布洛德,在中学,宗教教育非常贫乏。由于犹太学生的人数多过新教徒与天主教徒学生,他们会被留在教室中上德文讲解的犹太历史,以希伯来文背诵祈祷文,大部分学生对希伯来文一无所知。卡夫卡是到后来才认同"塔木德"学者

(Talmudists),这些研究古代犹太经典的学者认为《圣经》隐含多重的意义,他们持续探索的其实就是人生旅途的目的。"我们阅读是为了要能提出问题,"卡夫卡有一次这么告诉朋友。⑧

根据解经文献集《米德拉西》(Midrash),⑨上帝在西奈山上启示给摩西的犹太教旧约《托拉》(Torah)既是文字写就的文本,也有口述的注释。摩西在荒野中独自过了40天才回到他族人聚集地,在那40天,摩西白天研读文本,晚上研究口述注释。双重经文的概念——书写文字和口述注释并存——意含着《圣经》容许推陈出新的解释,这些新解须以经文为本,但不必然受限于经文。《塔木德》(Talmud)包含《密西拿》(Mishna),一部所谓的口述律法的文字选集,用以补充《旧约》前五卷——即摩西五书[Pentateuch]——之不足)和《葛玛拉》(Gemara,内容以辩论的形式对《密西拿》作更进一步阐述)。《塔木德》法典是以辩论的方式呈现,其内容保存了数百年种种对《圣经》经文的不同解读,从第5、第6世纪(分别在巴勒斯坦和巴比伦帝国),直到19世纪末标准学术版《塔木德》在维尔纳(Vilna)勘定完成时为止。

16世纪,犹太学者发展出两种不同的解读《圣经》方法。第一种,以西班牙和北非的西班牙系犹太学派(Sephardic schools)为主,倾向概述《圣经》经文,很少讨论其细节,而专注在字面和文法意义。另一种以德系犹太学派(Ashkenazi schools)为主,分布在法国、波兰和日耳曼国家,主张逐行逐字分析经文,穷究其所蕴含之意义,卡夫卡属于后派传统。

研究《塔木德》的德系犹太学者主张从各种层面探究经文,再加以阐明;还要研读历代各家对《圣经》经文的注解以及论述,所以随着时间推演,《塔木德》内容逐日俱增。德系犹太学者读经时同时应用四种层面的解释,不过与但丁所提出的不同。这四层意义分别以其首字母缩略词(acronym)*PaRDeS*代表:*Pshat*指字面上的意义、*Remez*指有限的意义、*Drash*指理性的分析,而*Sod*指玄妙、秘密、神秘的意义。在这种情况下,解经是一项永无止境的活动。曾有人询问18世纪犹太神秘教大师之一的列维·伊兹乔克拉比,为什么巴比伦帝国时代的《塔木德》每篇论述的第一页都缺漏,因此读者必须从第2页读起。"因为不管用功的人读了多少页,"这位犹太大师说:"他绝不可以忘记,他尚未到达第1页。"⑩

《塔木德》学者认为解经有许多方法。看看以下这个小例子。有一套称之为 gematria 的系统,用来将圣典的字母转译成等值的数字。史上《塔木德》法典最著名的注释者之一,11世纪的拉什(Rashi),即什罗摩·伊撒克拉比,以此法解读《创世记》第17章经文,在这一章中,上帝告诉亚伯拉罕说,他的年老妻子撒拉将生下一子,名叫以撒。在希伯来文里,"以撒"被写成 Y.tz.h.q。拉西将每个字母与一个数字搭配,得出以下结果:

    Y:10 亚伯拉罕和撒拉试了十次要生小孩都没成功。
    TZ:90 撒拉在生下以撒时的年纪。
    H:8 第八天,小孩将接受割礼。
    Q:100 亚伯拉罕在以撒出生时的年纪。

译码,一个被阅读的文本透显亚伯拉罕对上帝的回答的层次之一:

    "我们要再等待了10年之后生下小孩吗?什么!她90岁了!一个必须在8天之后接受割礼的小孩?我,已经100岁了?"⑪

拉西之后数百年,在犹太教哈西德教派(Hasidism)⑫一度盛行的德国、捷克与犹太文化交会处,在爆发企图彻底消灭犹太人智慧的大屠杀前夕,卡夫卡发展了一种读书方法,一方面可以据此理解文义,同时又能检视自己的解读能力;这套方法让他得以持恒探索书中意义,同时不致把自身与书中背景混淆。这一套读书方法可以说是对当年嘲笑他的老师的回应——当年老师嘲笑他们缺乏经验,无法了解所读作品——另一方面,这也是卡夫卡对力陈经文必须不断激发读者新发现的犹太法学博士祖先的回应。

卡夫卡都读些什么书呢?据我们了解,[13]卡夫卡小时候爱看童话故事、福尔摩斯侦探小说、异国游记;及长,他广泛涉猎歌德、托马斯·曼、狄更斯、福楼拜、克尔凯郭尔、陀思妥耶夫斯基等人的作品。他在自己房间时,即使家里嘈杂不堪;或是在"工人意外保险机构"二楼的办公室,他经常忙里偷闲,手不释卷,找寻书中的意义,他认为每个意义对他都大有受用;努力罗列出所有的文本,让每本书都像摊开在他面前的卷轴;他像《塔木德》学者般埋首研究一个又一个经典的注释,时而抛开,时而钻进原文研读。

有一天,卡夫卡和同事的儿子到布拉格,来到一家书店前,两人停了下来在窗外观看。他的年轻同伴为了看清店中陈列书籍的书名,倾身向前左摇右晃的,让卡夫卡莞尔不已。"看来你也是个书痴,摇头晃脑的,书读多了吧?"他朋友点头称是,说道:"没有书我是活不下去的。书是我的一切。"卡夫卡闻后正色对他说:"这样不对,书本不能替代真正的世界。不可能的。生活中,万事万物都有其存在的价值跟目的,无从取而代之。也就是说,透过他人的媒介物,你是不可能丰富自己的经历。世界和书本的关系正是这般。人把生命自限在书中就如关在笼中之鸟,这并不好。"[14]

在卡夫卡的理念中,即使世界具有一贯性,它仍然是一个我们永远无法完全了解的世界;他同时也认为如果这个世界给与人们希望,这希望(他曾如此回答马克斯·布洛德)"也不是给我们的。"基于这样的理念,卡夫卡正是在这种形上之谜中充分感受到世界的丰富本质。[15]瓦尔特·本雅明在一篇佳评如潮的文章中特别指出,"了解卡夫卡的读书方法,才能充分理解他的世界观。"[16]本雅明以陀思妥耶夫斯基的名著《卡拉马佐夫兄弟》中"大宗教裁判官"(Grand Inquisitor)进一步阐释:"我们现在正面对,"询问者向复活的耶稣基督问道:"一个令人无法理解的谜题。因为谜题的存在,我们才得以传播教义,告诉信众说,重要的不是自由,也不是爱,而是谜题,秘密,不用思考,甚至知觉,人人在面对这谜题自自然然俯首称臣。"⑰ 有位朋友说他看见卡夫卡在桌前看书的样子,他不由得想到捷克表现主义画家艾米尔·费拉题为"陀思妥耶夫斯基的读者"(A Reader of Dostoevsky)画作中那位形容痛苦的人,画中人物苍白的手握着书,但似乎落入梦幻恍惚之境。⑱

艾米尔·费拉的"陀思妥耶夫斯基的一名读者"

众所皆知,卡夫卡曾经要求朋友马克斯·布洛德在他死后烧掉他的所有的作品;大家也都知道,后来布洛德并没有这么做。卡夫卡之所以要烧毁自己的作品是一种自我贬抑的动作,作家口中自称"一文不值",而内心企盼的是"名声"告诉他:"不,不,你身价非凡。"这或许有其它原因。卡夫卡早就体认到,就读者来说,每篇著作都必须是未完成的(或如保尔·瓦雷里所说的未写完就放弃),易言之,人们读作品唯一的原因就是它们尚未完成,这让他们有发挥想象的空间。正因为有这样的看法,卡夫卡希望他的作品也能享有永恒不朽的声誉,一如亚历山大图书馆(Library of Alexandria)被火烧毁的藏书、埃斯库罗斯83卷失传的剧本、李维⑲遗失的著作、卡莱尔的《法国大革命》(The French Revolution)的第一份手稿,这稿子被他朋友的女仆不小心地丢到火炉里、果戈理的《死魂灵》(Dead Souls)的第二卷(遭一名狂热的教士焚毁)。可能就是这个原因,卡夫卡的不少作品没有完成:像《城堡》最后一页没有写完,因为主人翁K绝对不可以抵达目的地,这样,读者才可以源源不断地自己增添故事。反之,像朱迪丝·克兰茨或艾莉诺·格林的小说都写死了,缺少包容力,把读者压得密不透气无所遁逃,除非读者违反常识思考。(几乎没有人会把《黛西公主》[Princess Daisy]看成灵魂之旅的寓言故事,或将《三星期》(Three Weeks)当作19世纪的《天路历程》。)我们回想在布宜诺斯艾利斯,早期的自由感:读者的权威绝非无限。翁贝托·艾科有句话值得警戒:"诠释的极限和文本的权利一致。"[20]

1984年,帕威尔出版了一本明晰易读的卡夫卡传记,在全书终尾时,他写道:"研究卡夫卡与其作品的文献,以世界主要语言来说,据估计迄今约有15000种左右。"[21]卡夫卡受到了从字面上、寓意上、政治上、心理学上各种角度的读法。阅读所产生的著作总是在数量上胜过孕育它们的文本,这是老话,但是,下面这一事实还是透露了一些阅读活动的创造性本质:同样的一页可能会令一些读者大失所望,而另外的读者可能会开怀大笑。我的女儿蕾雀儿在13岁时就读《变形记》(Metamorphosis),认为它是一则幽默故事;卡夫卡的朋友雅努赫将此部小说读成一篇宗教和伦理寓言;[22]布莱希特将它解读成"唯一正牌的布尔什维克主义作家"之作;[23]匈牙利评论家卢卡奇将它封为颓废布尔乔亚的代表作;[24]博尔赫斯将它诠释成对芝诺的吊诡(paradoxes of Zeno)的重新铺述;[25]法国评论家马尔泰·罗贝尔说它是最清晰纯净的德文著作之一;[26]纳博科夫则将它(部分地)读成一则青春期忧惧(adolescent Angst)的寓意故事。[27]事实则是,卡夫卡的故事是从他自己的阅读经验所滋养出来的。这些故事一边提供了理解的幻觉,一边又让这种幻觉消失无踪;换句话说,它们暗中破坏作者卡夫卡的技艺,以满足读者卡夫卡的需要。在卡夫卡死于维也纳左近的疗养院后7年,葡萄牙诗人费尔南多·佩索阿在其《尸检描记》一书中写道:"诗人是作伪者。"他补充道:"那些读他作品的人他们阅读时,并未感受到他首鼠两难的痛苦,而他们的痛苦全然是虚构。"[28]

"总而言之,"卡夫卡在1904年寄给朋友奥斯卡·波拉克的信中写道:"我们只该读会咬痛、螫刺心灵的书。书如果不能让人有如棒喝般震撼,何必浪费时间去读。好像你说过吧?人们会去读书因为书让人快乐。天呀,没有书,我们也同样快乐;让人愉悦的书,有急需时我们自己都能写。人们真正需要的书是读后令人有如遭遇晴天霹雳的打击,像失去至亲至爱;或让人有被放逐到荒郊森林,面对不见人烟的孤寂,就像自杀身亡。好书必须像把冰斧,一击敲开我们结冻的心海。我对此深信无疑。"[29]

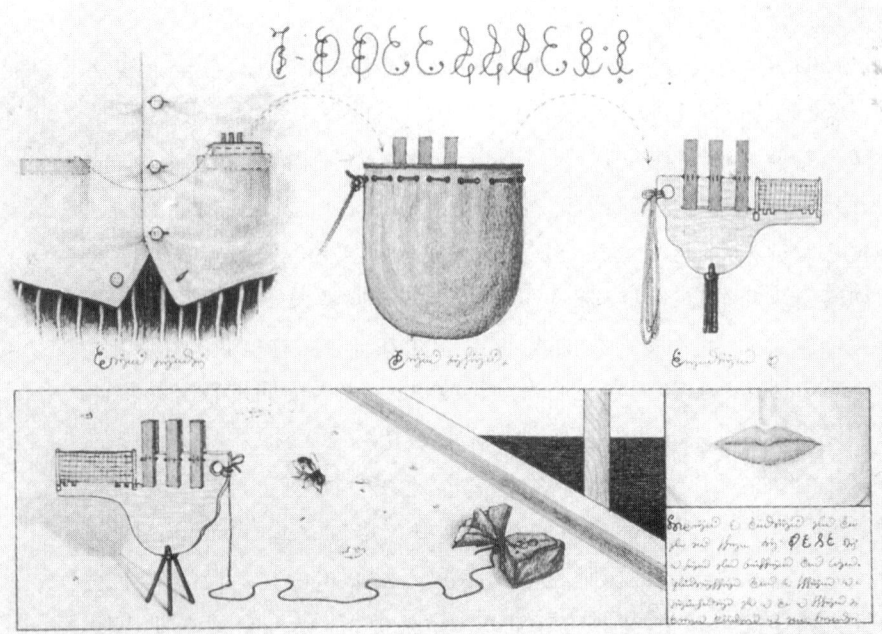

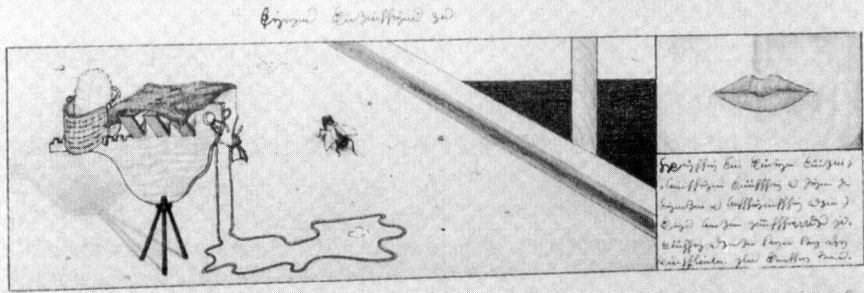

第七章　图像阅读

1978年某个夏日午后,米兰出版商弗兰科·玛利亚·里奇的办公室收到了一个巨大的包裹,我当时在那里担任外文书编辑。我们打开包裹,结果里面没有手稿,而是一大叠图页,画着奇奇怪怪的东西,很详尽但怪异的操作说明,每页图画都加上标题,但在座的编辑没人认得出那是什么文字。包裹中有封信说明,这本画册的作者鲁易吉·塞拉菲尼根据中世纪科学大要,创造出这本想象世界的百科全书:每一页详细地描绘特定事项,以及注解——作者用他在罗马的小公寓埋首两年所发明的毫无意义的文字来说明这些复杂的插图。里奇还是决定将这些作品制作成两大巨册出版,还请意大洛·卡尔维诺写了精彩的引言;这是我见过最怪异的插画书。这本《塞拉菲尼抄本》(*Codex Seraphinianus*)①的文字和图画全是作者自创的,世上已知的语言都派不上用场,除了对它有兴趣、想象力丰富的读者之外,书中符号完全没有任何意义。

对页图:《塞拉菲尼抄本》的其中一页

当然,这只是一个美好的例外。大部分,书籍都是由一连串符号跟随着一个既有的符码所成,如果我不认识书中的符码,我自然看不懂内容。虽然如此,我还是去参观了在苏黎世的黎特堡博物馆(Rietberg Museum)的印度签细画,我看得出画的是神话故事,但我对此并不熟悉,为了重建他们的传奇故事,我坐在史前画作前,看着画中阿尔及利亚撒哈拉的台沙利高原(Tessali Plateau)岩石景色,一面想象着长得很像长颈鹿的动物是遭受什么威胁才飞奔而逃;我在成田机场翻阅日文漫画书,因为看不懂日文,自己便替漫画人物编起对话来。如果我读的是不曾学过的文字,比如希腊文、俄文、克里语(Cree)②、梵文,自然看不懂书中内容;但是如果这本书中有插图,虽然读不懂文字,我通常还是可以找出意义,当然我的解读未必是文中说明的意思。塞拉菲尼所依恃的就是读者的创造力。

塞拉菲尼有一个不是志愿的前辈。公元 4 世纪的最后几年,安锡拉(Ancyra,现今的安卡拉,土耳其的首都)的圣尼卢斯(Saint Nilus)在他故乡附近建立了一座修道院。我们对尼卢斯所知不多,仅知他生于 11 月 12 日,死于公元 430 年,为他的修士写了不少苦修文章,还写了一千多封信给他的长官、朋友和会众,他年轻时曾受业于君士坦丁堡著名的圣约翰·克里梭斯顿。③圣尼卢斯曾经是传奇故事的英雄人物达数世纪之久,④直到后来学者查证出他的生平。根据 *Septem narrationes de caede monarchorum et de Theodulo filio*(六世纪编纂,曾经被当作圣徒传记编年史,如今被归类在罗曼史和冒险小说)一书记载,尼卢斯生于君士坦丁堡的贵族家庭,曾在皇帝狄奥多西大帝的宫廷任职,后来还曾出任地方行政首长。尼卢斯娶妻,并育有二子后,为了心灵的追求,毅然抛弃妻女,在公元 390 或 404 年(关于他的故事有不同版本)⑤进入西奈山苦修。他和儿子狄奥达勒斯在这里过着虔诚的隐居生活。根据《叙述》所言,圣尼卢斯与他的儿子德行崇高,令"魔鬼为之憎恨,天使为之羡妒。"就因为他让天使与魔鬼双双对他不悦,公元 410 年,一群撒拉森人(Saracen)⑥盗贼攻击了他们的修道院,杀害不少僧侣,并掳走好几人当奴隶,包括年轻的狄奥达勒斯。由于神恩照顾,尼卢斯逃过一劫,立即下山寻找他的儿子。他在巴勒斯坦与阿拉伯佩特拉(Arabia Petrea)之间的小镇找到了儿子。当地的主教为这位圣人的决心所感动,遂提供父子担任教士之职。后来圣尼卢斯返回西奈山,由于天使已知羞愧,魔鬼也感懊悔,他终于得享平静的日子,最后以高龄安详离世。⑦

我们并不知道圣尼卢斯的修道院外观及其正确地点,但从他诸多书信中一封⑧对理想的教会装饰的描绘，我们或可假设他说的是自己的修道院。奥林匹多罗斯主教（Bishop Olympidorus）曾找他商议新教堂的建造事宜，主教希望在教堂饰以圣徒、狩猎场景、鸟类与动物等。圣尼卢斯赞成圣像的设计，但大力反对加上狩猎图与动物的装饰，他认为这些是"世俗基督教徒的琐碎、不值之物"，并建议聘请"才华洋溢的艺术家"以《旧约》及《新约》的故事为教堂作画。他解释说，将《圣经》故事画在教堂神圣十字架的两旁，"就像是给没受过教育的信徒念的书，教导他们《圣经》经文的历史，让他们明白上帝的慈悲。"⑨

14世纪德文版《哈加达》（Haggadah，《塔木德》经中的传说和轶事）中的一幅插图，犹太教堂中的领唱人，其头以鸟头来取代

圣尼卢斯想象着不识字的信徒来到他的教堂，欣赏教堂上的绘画，阅读它们，就像是书本中的文字。他想象着信徒仰观的不是"琐碎的装饰"；他想象着信徒将壁上的珍贵图像一个个连结，自己编成故事，或者认出其中与讲道有关的情节；念过些书的信徒或可从中找出经文上有关的景象。两个世纪之后，教宗格里高利（Pope Gregory the Great）赞同圣尼卢斯的看法。欣赏绘画是一回事，经由绘画来学习神圣庄严的故事是不同的。图画对于不识字者的效用，就像书本对于读者一样。不识字者可以从图画中看到可以学习的故事，如此一来，不识字者也可以阅读。因此，特别是对普通老百姓来说，图画等于是阅读。⑩在1025年，阿哈宗教会议（Synod of Arras）指出："普通民众虽然不能透过阅读了解《圣经》，但是他们观看图画来学习。"⑪

虽则上帝给摩西的第二条戒律特别禁止信徒塑造偶像——不管是"仿佛上天、下地，和地底下，水中的百物"的偶像⑫——犹太艺术家为宗教场所和物品大肆装饰的传统可以远溯到耶路撒冷的所罗门圣殿。⑬即使在教会谨守戒律的时代,犹太艺术家还是有办法以创意规避禁令,譬如,在遭禁止的人身像上画上鸟头。到了第8、第9世纪,在基督教的拜占庭又发生类似的争论,皇帝列奥三世,以及后来提倡打破偶像崇拜的君士坦丁五世和狄奥菲勒斯大帝都下令在整个帝国禁止塑造神像。

耶稣作为涤净世人之罪恶的羔羊,在著名的根特祭坛画中,凡·爱克兄弟作

在古罗马,神的象征(譬如说,老鹰是朱庇特的象征),乃是神的替代品。在极少数的例子中,朱庇特与他的老鹰一同出现,这时老鹰不再是神的化身,而是它的附属物,一如雷电如影随形。对早期的基督徒,象征具有双重意义,它不仅代表主体(例如,羔羊代表基督,鸽子代表圣灵),也呈现出主体的特性(羔羊代表牺牲的基督,鸽子代表圣灵的拯救诺言)。⑭象征并非用来当作概念的同义字,或是众神的单纯复制品。相反,象征具体地扩大了中心意象的特质、并对这些特质加以评论、凸显,让它们也成为主体。

后来,早期基督教的基本象征渐失原有的象征作用,变成和表意文字(ideogram)相差无几:荆棘王冠代表基督的受难、鸽子代表圣灵。这些基本的意象渐渐地由更巨大、更复杂的意象所取代,所以《圣经》中的所有故事(episodes)都变成耶稣基督和圣灵的各式样貌的象征,或是圣母生平的象征,也成为了其他神迹的例证。也许圣尼卢斯提议在圣十字架两旁对照画上《旧约》和《新约》的故事时,他想到的就是《圣经》所蕴涵的丰富意义。

其实福音传道者早就提议,借由《旧约》和《新约》互补传承彼此的叙述,来教导没受过教育的信徒"上帝的福音"。马太在他的福音中至少有8次明确地将《旧约》与《新约》连结在一起:"这一切的事成就,是要应验主借先知所说的话。"⑮而基督自己说:"摩西的律法、先知的书,和《诗篇》上所记的,凡指着我的话,都必须应验"。⑯《新约》中有 275 处《旧约》引文,另外还有 235 个特别提及《旧约》之处。⑰这种精神承续的概念甚至在当时也已不算新鲜;一名与耶稣基督同时代的人——犹太哲学家亚历山大的斐洛——就已发展出一个永恒显现在普及神灵的理念。耶稣提到这个单一与全知的神灵,将它描写成一阵风,这阵风"向着想吹的方向吹",并连结了过去、现在与未来。奥利金⑱、德尔图良⑲、尼撒的圣格里高利⑳与圣安布罗斯全都以想象之笔写下《新约》及《旧约》中的共同图像、并精心发展出复杂与诗意的解说,《圣经》中没有任何细节逃得过他们的注意或说明。圣奥古斯丁在一则常常被引述的对句中写道:"《新约》潜伏于《旧约》之中,而《旧约》则在《新约》中被揭露了出来。"㉑该撒利亚的优西比乌斯(死于 340 年)㉒曾正式宣布说:"每一位先知、每一位古代作家、国家的每次革命、每一则法律、'旧约'(Old Covenant)的每一个典礼都只指向耶稣基督、只宣布他,只代表他,我们在父亲亚当——众圣的祖先——身上看得到他;他天真无邪,他是个像亚伯一般的烈士,像诺亚一般的世界重建者,像亚伯拉罕一般受到庇祐、像麦基洗德㉓一般的高阶教士,像以撒一般乐于自我牺牲,像雅各一般的选民领袖,像被兄弟出卖的约瑟夫,在埃及工作时壮大,像摩西一般的制法者,像约伯一般受苦和受弃,像大多数先知一般遭受仇恨和迫害。"㉔

到了圣尼卢斯作出建议的时候,基督教会的圣像艺术已经发展出圣灵无所不在的象征性图像。最早的例子之一可见于 4 世纪在罗马雕刻的装有两片镶板的门,安装在圣撒比纳教堂(St. Sabina)。这些镶板描述取材于《旧约》和《新约》的对应场景,可以同时阅读。其工艺有点粗糙,而细节处则已遭几世代以来的朝圣者的手指触摸给弄得模糊了,但是场景还是可以容易辨识出来。其中一边描绘摩西的三个奇迹:玛拉(Marah)的苦水变甜、逃离埃及时供应的吗哪(manna)(描绘在两个段落),与击磐出水。在另外一边则是耶稣基督的三个奇迹:让盲人复明、烤肉饼与鱼的增加,和为了在迦拿(Cana)㉕的婚礼而将水转变成酒。

一名公元 5 世纪时的基督徒在看着圣撒比纳教堂的大门时读到了什么?这棵摩西用来将玛拉的苦水变甜的树会被认为是十字架——耶稣基督本身的象征。泉水,就像基督,是赋予基督徒众生命的活水之源泉。摩西击磐出水的沙漠之岩也会被解读成基督的影像,从其侧身流动着血和水的救星。㉖吗哪预示迦拿及最后晚餐的食物。㉗然而,对一名未受基督教信仰教诲的非教徒而言,其阅读圣撒比纳教堂门上的图像的方式,很可能就像塞拉菲尼意图让他的读者了解他的奇想百科全书一般:从各个描绘要素中,替自己编造一则故事与一套字汇。

当然,这并非圣尼卢斯心中所思。在公元 787 年,在尼西亚(Ni-

罗马圣撒比纳教堂两扇门上的镶板,左边是耶稣基督的三个奇迹,右边是摩西的三个奇迹,互相对照

caea)㉘举行的第七次教会大会清楚表示,不只是信众不能自由解释教堂上的图像,画家也不可以随意赋予其作品任何个人的意义或解答。"图画的绘制不能任凭画家所为,"大会宣布道:"而必须经过整个教会的律法与传统的认可公布。古代的神父们安排将那些图像绘于教堂墙

壁上：我们所看到的是他们的思想与传统，而不是画家的构思。艺术归属画家所有，但是构思则归属于教会神父们。"㉖

哥特式艺术从13世纪开始盛行，教堂壁画从此遭到舍弃，取而代之的是彩绘窗户与雕刻石柱，《圣经》的圣像艺术从灰泥转移到彩釉玻璃、木雕和石雕。《圣经》的教训如今闪耀着光芒，以各种圆形造型，对信众讲述一些故事，在这些故事中，《新约》与《旧约》微妙地互相呼应。

然后，在14世纪早期，圣尼卢斯打算给信众在墙壁上阅读的图像变小了，并被收集到书本中。在下莱茵河（Lower Rhine）的各个地区，图案花饰绘制师傅与木雕师傅开始在羊皮纸与纸上描绘相应的图像。他们所创作的书本几乎完全是从并列的场景中而来，配上片言只字，有时候是当作书页边白处的文字说明，有时候是以旗子般的涡卷框从人物的嘴中说出，就像现今的连环漫画中用来填写人物对白的气球状圆圈。

到了14世纪末，这些图像书已十分盛行，而且一直风行到中世纪结束，其款式可说形形色色：全页绘本、惟妙惟肖的微型图本、手染木刻印版，到了15世纪，更出现了印刷版本。现今所存的最早此类书籍制作于1462年。㉘这些不平常的书籍后来就以 Bibliae Pauperum（《穷人圣经》）之名著称。

本质上，这些"圣经"是大本的图画书，每一页都有两幅以上的场景。譬如说，绘制于15世纪的所谓海德堡《穷人圣经》（Biblia Pauperum of Heidelberg）㉛中，每一页都分成上下两半。开头几页中有一页的下半是"天使报喜图"，在那个礼拜日时会展示给信众看。环绕"天使报喜图"四周的是《旧约》中预言基督来临的四位先知：大卫、耶利米、以赛亚与以西结。而上半页则是《旧约》中的两个场景：上帝在伊甸园中诅咒蛇，亚当与夏娃腼腆立于一旁（《创世记》，第3章）；以及天使传上帝之话要基甸采取行动，而基甸将羊毛铺于地上，欲找出上帝是否将拯救以色列之答案（《士师记》，第6章）。

海德堡《穷人圣经》其中一页的连环图

《穷人圣经》以链子链在颂经台上,以连续的方式每日一页日复一日、月复一月地将其图像展示给信众看。许多人无法阅读图绘人物周遭的哥特式手迹;可以依历史、道德和寓意的意义来掌握每个图像的诸

多意义的信众更属少数。但是,大多数人都认得出大部分的人物和场景,而且可以在那些图像中读出《旧约》与《新约》故事的关联,因为它们就并列在同一页上。传道士与教士无疑会给这些图像加上诠释,以带有教训意味的方式将所绘的事件连接起来,将神圣的故事加以润饰渲染一番。而这些圣典本身会日复一日、整年地被阅读;所以,民众在一生中很可能会对《圣经》的大部分内容耳熟能详。有人还认为《穷人圣经》的主要目的不是给目不识丁的民众看,而是让教士拥有一种更快捷或主题式的指南,一个布道或演说的起点,帮助他显示《圣经》的一致性。㉜假如实情如此(其目的无文字资料可供查考),那么,就像大部分书籍一样,《穷人圣经》其实具有多重的用途。

几乎可以确定的是,《穷人圣经》并非这些书籍最初的书名。这种误称到了18世纪晚期才由德国作家莱辛发现。莱辛本身也是个热爱念书的人,笃认"书本可以解释人生。"1770年,贫病交迫的莱辛接受沃尔芬布特尔(Wolfenbüttel)当地古板的不伦瑞克公爵之聘,担任薪资微薄的图书馆员一职,在那里度过8年的贫困岁月,写就其最有名的剧本《艾蜜莉亚·加洛蒂》(*Emilia Galotti*),也写了一系列的批评文章,讨论不同的艺术表现形式之间的关系。㉝公爵的图书室中有一本《穷人圣经》。莱辛发现边白上有后人的潦草手迹,写着 *Hic incipitur bibelia [sic] pauperum*。他由此推论,这本书是为了编目的需要才有了书名,古时的图书馆员,从很多插图与文字稀疏,推论它本是准备给不识字者——也就是穷人——看的,所以就给它加上了"穷人"的标题,后世也将其当真。㉞然而,正如莱辛所说,数种此类的"圣经"显得太过装饰与昂贵,很难说是给穷人看的。重要的或许不在所有权——属于教会的东西可以被视为属于所有人——而是能不能读得到;随着其书页在适当的时日开放给所有人来阅览,这偶然命名的《穷人圣经》逃离专属有学问的人的藩篱,而流行于信徒之间,因为信徒渴想听故事。

莱辛也注意到这本书的并行圣图与在希尔绍(Hirschau)修道院窗上彩釉玻璃的圣图颇为类似。他表示说,书上的插图是模仿自窗玻璃上的图案;依他判断,窗上图案的绘制年代始于爱伯·约翰·冯·卡尔乌(1503年至1524年),几乎是在沃尔芬布特尔版的《穷人圣经》制作完成之前半个世纪。现代研究显示这本书并非复本,⑭但是,是否它和这些窗玻璃上的图案都只是依循几世纪以来逐渐建立的流行款式而绘成,这点几乎已无从查考。不过,莱辛说得对,"阅读"《穷人圣经》的图案与彩釉玻璃窗的图案,本质上是相同的活动,而两者都与阅读书本上的文字描写迥然有别。

莱辛画像

对14世纪的识字基督徒来说,一本平常的"圣典"中的任何一页都具有多样的意义,读者可以根据作者的随文注解或读者自己的知识来摸索,以逐步获得更深入的领会。读者可以用任意方式来阅读,读个一小时或一年,中断或延迟,跳过一些段落或囫囵吞枣。但是,阅读《穷人圣经》书中的插图页几乎是一种瞬间性的动作,因为"文本"是以图像的方式整体呈现,没有语意上的逐渐变化,而且图案中的叙事时间必然与读者自己的阅读时间一致。"我们可以这样说,"马歇尔·麦克卢汉写道:"古老的版画与木刻画,就像现代报刊上的连环漫画与漫画书一样,对其人事物的时空背景资料甚少明说。结果,观众或读者就被迫靠其中跳跃的字句所提供的少数暗示来完成和解释其意义。电视上的影像和木刻画及漫画的性质也颇为类似,由于所提供的影像背景资料很少,结果就必须有观众的高度参与,才能领会马赛克网点所暗示的意义之全貌。"⑮

就我而言,隔了几个世纪,这两种阅读在我读晨报时汇合在一起:一方面有缓慢的浏览新闻过程,有时候一跳就是好几页,连接到隐藏在不同段落的其他消息,其书写风格从表面上不带个人情绪到露骨的讥讽都有;另一方面,有几乎无意间对广告的匆匆一瞥,每个故事都以准确的手法在有限的框架内叙说,借由熟悉的人物与象征——不是受到折磨的圣凯瑟琳或艾莫斯的晚餐,而是最近"标致"(Peugeot)汽车的起落盛衰或绝对伏特加酒的突然出现。

那么,在这些遥远以前的图像读者中,谁是我的祖先呢?绝大多数读者,就像他们所阅读的这些图像的作者一样,都是沉默、无名、未受到应有赞扬的,但从那些移动的群众中,有一些个人可以得救。

1994 年的一张绝对伏特加酒的广告单

1461 年 10 月,诗人维庸由于国王路易十一碰巧从卢瓦尔河上的默恩(Meung-sur-Loire)经过的机会,而得以从监狱释放,之后他写了一首很长的诗句杂集,他称为他的《信仰宣言》(*Testament*)。㊲ 其中有一篇是对处女玛利亚的祈祷文,是应他母亲的要求(他是这么说的)而作,文中由他母亲口中说出这些话:

> 我是个贫困老迈的妇人,我一无所知;我从不读信;
> 在我的教区修道院我看到一幅有竖琴与诗琴的天堂图,
> 也看到了地狱图,受诅咒者在其中煎熬:
> 一幅给我惊骇;另一幅给我喜乐。㊳

维庸的母亲看过恬静和仙乐飘飘的天堂与烈焰、沸水的炼狱图像,她知道,在她过世之后,她的灵魂注定要进入其中一处。显然,在看到这些图像——无论其描绘如何灵巧,不管她的眼睛紧盯在这许多令人苦恼的细节上多久——她不可能在其中看出过去 15 个世纪以来教会著作家们艰辛的神学争辩。她或许知道流行的拉丁语格言 *Salvandorum paucitas, damnandorum multitudo*(**少数人受拯救,多数人受诅**

宗教礼拜的每件用品都描绘一则故事。当教士转身祈祷（如 113 页图这件 15 世纪的十字裥所示）时，或当他们走过圣坛背壁装饰画（右图，比伯拉赫的约尔格·坎德尔所绘之镶板，1525 年左右），信众就能随即得知"最后审判"之恐怖情景

咒）的法文说法；她或许不知道圣托马斯·阿奎那认定说，受拯救的人之比率是等同于诺亚和其家人与其余人类之比率。教会布道会对部分图像加上解释，而她的想象力就发挥在其余的部分。

　　就像维庸的母亲，数千个人抬头望向装饰在教堂墙壁、窗户、圆柱、讲道坛上的图像，甚至教士主持弥撒所穿的十字裥背面，或他们告解时所坐的祭坛后面的镶板，并在那些图像中看到无数的故事或单一、永无

终止的故事。没有理由认为《穷人圣经》不具这种用途。但有些现代学者并不同意。例如,根据德国评论家贝福,《穷人圣经》"对不识字者来说绝对无法理解。"相反,贝福表示说,"它们很可能是画来给无力购买一本完整的《圣经》或'精神贫弱'(arme in Geiste)、缺乏进一步的求知欲而自满于这些图像的学者或教士看的。"㊴依此,《穷人圣经》就不是意指"穷人的圣经",而是代表 *Biblia Pauperum Praedicatorum*(贫乏传道士的圣经)。㊵

不论这些图像是准备给穷人或给他们的传道士看的,我们所确定的是,一年到头它们天天在颂经台上摊开,在信众面前。对目不识丁者来说,由于无法阅读文字的东西,看见圣籍呈现在一本以他们可以辨认或"阅读"的图像书上,一定能够诱发出一种归属感,一种与智者、掌权者分享上帝的话具体呈现的感觉。看见这些景象呈显在一本书上——在那个独属时下有学问的教士与学者的近乎神妙的物体中——与平常在教堂的流行装饰物上看见它们迥然有别。这就好像一直到那时候都属少数人财产的圣言——随便他们愿不愿与民众共享——已经被转译成一种任何人,甚至像维庸的母亲这样"又穷又老"、未受教育的女人,都可以了解的语言。

第八章　聆听朗读

中世纪的欧洲绘画作品所呈现的是一种没有文字的语法，让读者默默地给它添加上一则故事。而在我们的时代，于辨读广告、影像艺术、卡通的图案时，我们也给其故事添加上声音，还有字汇。在开始阅读当初，在熟悉字母及其声音之前，我一定也是那般读法。我一定从水彩画的彼得兔（Peter Rabbits）①、《勤快的旅者》（*La Hormiguita Viajera*）里巨大、聪明的生物等作品中建构出可以解释和说明不同场景的故事，将它们与可以说明每一处绘画细节的可能叙事连结起来。我当时还不了解其实我那时正在行使我的阅读自由，几乎到其极限的地步：我不只能说出我的故事，而且没有什么东西强迫我替这些相同的插图一再地重复同一则故事。在一个版本中，这位无名英雄是一个英雄，在另一个版本中他是一个坏人，在第三个版本中，他成为我的化身。

在其他时候我放弃所有这些权利，把自己交给文字和声音，放弃书本的所有权——有时候甚至选择权——除了有些零星的疑问之外，变成只是聆听。我会安坐下来（在夜间，但也常常在白天，因为喘哮不时就会发作，使我困在床上数周），上半身整个靠在枕头上，听保姆朗读格林的恐怖童话。有时候她的声音会催我入眠；有时候则相反，它令我兴奋发狂。我会催促她越过作者安排的进度，跳到后面的

对页图：在18世纪的法国，当众朗读具有一种社会功能，当时的版画家马里耶的此幅作品生动描绘出此种情景

情节关键处。不过,大部分时候我只是享受着这种被文字带着走的奢侈感受,并在肉体上感觉到似乎身历惊人遥远之处,到一个我几乎不敢想望会在这本书的神秘末页瞥见的地方。后来,当我 9 岁或 10 岁的时候,学校校长告诉我,聆听朗读只适合幼小孩童。我相信了他的话,便放弃了这项嗜好——部分是因为聆听朗读给我莫大的乐趣,而在那年纪我几乎已认定,一切带给人快感的东西皆有碍身心健康。一直要到许久之后,当我的情人和我决定在一个夏天彼此朗读《金色传奇》(The Golden Legend) 时,才重拾这份失去许久的乐趣。那时,我尚不知道朗读的艺术已行之久远,且生生不息,而且在一个多世纪之前,在西班牙统治的古巴,它已经在古巴的经济束缚中,建立起其制式运作。

自从 17 世纪以降,雪茄制造一直是古巴的主要工业之一,但是在 1850 年代,经济气候不变。美国的市场饱和、渐次增多的失业与 1855 年的霍乱流行令许多工人相信,为改善生活状况,创建一个工会实有必要。1857 年,"诚实工人与白日劳工互助会"(Mutual Aid Society of Honesty Workers and Day Labourers)成立,其目的是为白人雪茄劳工争取福利;另一个由自由黑人劳工组成的类似互助会也在 1858 年建立。这些是古巴最早的工会,也是日后发生于世纪转换之际的古巴工人运动的先驱。②

1865 年,一位名叫萨图尼诺·马丁内斯的雪茄制造商兼诗人想出一个点子,打算替雪茄业工人办一份报纸,内容不只有政治报导,也将有科学、文学之类的文章,还加上诗与短篇小说。由于受到几位古巴知识分子的支持,马丁内斯的《奥罗拉》(La Aurora)③便在当年 10 月 22 日发行了创刊号。"本报之目的,"他在第一篇社论中开宗明义宣布,"是为鞠躬尽瘁,对所欲奉献的社会阶级担负起启迪之责。我们将竭尽所能使自己为大众所接受。假如我们不幸失败,该归咎的应是资金不足,而不是缺乏意志。"几年下来,《奥罗拉》除了译介诸如席勒和夏多布里昂④等欧洲作家的作品外,也刊载了不少当时古巴重要作家的作品以及书评、剧评,此外也揭露多名工厂老板的暴行和工人的苦难。"你知道吗?"1866 年 6 月 27 日,它问其读者道:"在拉彰哈(La Zanja)的边界,据说有一名工厂老板将脚镣铐在厂里当见习生的童工身上。"⑤

不过,马丁内斯很快就了解到,文盲是《奥罗拉》无法真正普及的明显绊脚石;19 世纪中叶时,古巴工人阶级中只有勉强接近 15% 的阅读人口。为了让所有工人都能够分享这份报纸的内容,他想到了当众朗读的主意,便找瓜纳巴寇(Guanabacoa)中学的校长商量,敦请学校伸出援手,在工作场所举办朗读活动。校长抱着满腔热忱会见了费加洛(El Fígaro)工厂的工人,在获得老板允许之后,说服工人相信这项活动的益处。他们挑选一名工人担任朗读员,亦即正式的讲师(lector),

现今所存最早的一幅朗读讲师素描,刊于 1873 年纽约出版的《实用杂志》

而其他工人则自掏腰包付费听讲。1866年1月7日,《奥罗拉》报导:"工厂朗读活动已初步在我们之中展开,带头者是光荣的费加洛工人。这是工人迈向进步与取得全面进展的一大步,因为照着这方式走下去,他们将逐渐熟悉书本,与它建立永久的友谊,从中获取莫大的乐趣。"⑥他们所聆听的书籍中包括有历史大纲《世纪战争》(*Battles of the Century*)、说教性小说,譬如长久以来遭到遗忘的作家冈萨雷斯所写的《世界之王》(*The King of the World*)与艾斯特拉达的政治经济学手册。⑦

最后,其他的工厂群起仿效费加洛。公开朗读活动成效非凡,结果在很短的时间之内,便被冠上"具有颠覆性"的恶名。1866年5月14日,古巴总督颁布了以下的敕令:

> 一、严禁以朗读书籍和报纸的方式,或以和其所从事的工作无关的讨论,从事让烟草店、工厂与店面员工分心的活动。二、警方应贯彻执行这项法令,并将违反这项法令的店家、管理人员或经理依法处置,根据案情轻重判以刑罚。⑧

尽管有这道禁令,秘密朗读仍然以种种方式流传了一段时间;不

马里欧·桑切斯的《讲师》图

过,到了1870年,它们实际上已消失。在1868年10月,随着十年战争(Ten Years War)爆发,《奥罗拉》跟着停刊。但是朗读活动并未遭到遗忘。早在1869年,它们就在美国的土壤上重新滋生,而且是由工人自己发起的运动。

十年独立战争在1868年10月10日爆发:古巴地主卡洛斯·曼努埃尔·德·塞斯佩德斯与两百名武器装备简陋的平民占领了圣地亚哥市,宣布脱离西班牙独立。到了当月底,在塞斯佩德斯发布让所有加入这场革命的奴隶恢复自由之身的命令之后,他的军队征募到了12000名自愿军;隔年4月,塞斯佩德斯当选新革命政府的总统。但是西班牙势力仍然强大。4年后,塞斯佩德斯被一处古巴法庭以缺席审判方式废黜,接着在1874年3月遭西班牙士兵诱捕后枪毙。⑨在此同时,美国政府为了打破西班牙的贸易限制措施,对这些革命分子力表支持,纽约、新奥尔良与基韦斯特岛(Key West)⑩均开放其港埠接纳数千名的古巴难民。这使得基韦斯特在几年内从一个小小的渔村转变成重要的雪茄生产地,堪称哈瓦那雪茄的世界新首都。⑪

这些移民到美国的工人把讲师制度也带了过去。美国1873年的《实用杂志》(*Practical Magazine*)上面有一幅这种讲师的插图,他戴着眼镜与宽边帽,双腿交叉坐着,手中一书在握,而一排穿着背心与衬衫的工人(全都是男性)正在进行卷雪茄的工作,神情非常专注。

朗读的材料是由工人事先商定(如同在费加洛的时代,讲师的束脩是由工人自掏腰包),其内容从政治短论与历史到小说与现代及古典诗选集都有。⑫有些作品尤其受其喜爱。举例来说,大仲马的《基度山恩仇记》(*The Count of Monte Cristo*)极受欢迎。1870年,这位作家过世之前不久,一群工人写信给他,恳求他把书中主角的名字借给他们的一种雪茄当作品牌之名。大仲马慨然答应。

1991年,基韦斯特的一名画家马里奥·桑切斯仍能鲜活记得20

年代末期讲师对着卷雪茄工人朗读的情景。根据他的忆述,朗读进行时,全体工人安静专注,要等当次朗读结束时才准发表意见或提出问题。"从1900年代到1920年代,"桑切斯追忆道:"我的父亲一直是加托雪茄工厂的朗读员。早晨,他朗读从地方报纸翻译过来的新闻。他也每日朗读直接从哈瓦那开来的船上买来的古巴报纸上的国际新闻。从中午到下午三点,他朗读小说,还得模拟书中人物的声音来诠释他们,就像演员一样。"在工厂度过数个年头的工人多能够背诵长篇的诗歌,甚至散文。桑切斯提到有一名工人居然可以背诵奥勒利乌斯⑬的整部《沉思录》(Meditations)。⑭

卷焦黑刺鼻的烟叶是很机械式、麻木心灵的工作。雪茄工人发现,聆听朗读可以让他们压抑环境的辛苦,沉浸于冒险故事中,暂时脱离现况,也可以让他们思考问题、增长智慧。我们不知道,在这样漫长的工作时间中,他们是否懊悔只有听觉参与这个阅读仪式;我们不知道那些识字的人的手指是否渴望自己翻动书页,渴望自己从字里行间摸索;我们也不知道那些文盲是否也渴望如此做。

17世纪一本手抄本上面的装饰画,显示圣本笃正将其"规章"呈献给一位修道院院长

在公元547年左右,于过世之前几个月的一个夜晚——大约在古巴讲师出现之前的13个世纪——努尔西亚(Nursia)的圣本笃曾看到一个景象。他在打开的窗户旁边祷告时,望向窗外的黑暗中,"此时整个世界似乎被聚集到一道阳光中,呈现在他的双眼之前目睹。"⑮在这个景象中,这位老人一定是看到了"那个人类抓得住名字、但是没有人曾经亲眼目睹的秘密的、只能推测的物体:即不可思议的宇宙"⑯

而老泪纵横。

圣本笃在14岁时就出家,舍弃了他罗马家庭的财富与地位。公元529年左右,他在卡西诺山（Monte Cassino）创立了一座修道院——卡西诺山是个崎岖多岩的小山丘,昂然1500英尺高,位于罗马与那不勒斯半途的一处古代异教徒神庙上方——他并为修道士[17]制订了一系列的规章,以法典的权威来取代修道院长的绝对意志。或许是因为他在《圣经》中汲汲寻找那在多年之后将让他见到的无所不包的景象,或许也是因为他相信——就像托马斯·布朗爵士[18]一样——上帝以两种方式应允了我们这个世界,其一是自然,另一是书本。[19]圣本笃因而规定,朗读是修道院日常生活的基本功课。"本笃会规章"第38条对这个程序作了详细的规定：

> 在兄弟的用餐时间中,总会有人朗读；没有人敢随意拿起书来朗读；但是负责整个星期朗读的人会在星期日开始他的职责。而且,他在弥撒和圣餐仪式之后工作,他必须要求所有人为他祈祷,请求上帝不要让他得意洋洋。而全体的人会以口头将这篇诗歌重复三次,不过,他开始时是这样说的："哦！主啊,请您打开我的嘴唇,然后,让我的嘴说出对您的赞美。"而在受到祝福之后,他会开始朗读者的职责。餐桌间一片静肃,除了朗读者外听不到任何耳语或声音。而兄弟们要轮流传递食物,所以没有人会开口要任何东西。[20]

就跟在古巴的工厂一样,他们对挑书颇为慎重；但不像工厂的书是由大家共同挑选,修道院的选书大权是掌控在上级手里。对古巴工人来说,这些书可能变成（许多次真的就是如此）每个听众亲密的所有物；但是对圣本笃的门徒来说,得意洋洋、个人的乐趣和骄傲都受到刻意的压制,因为文本的喜悦应是共同分享,而不是属于个人。对上帝的祈祷,请求他打开朗读者的嘴唇,这是将朗读的活动置于全能的神手中。对圣本笃来说,文本——即圣言——如果不说是超出理解的范围,至少也是超出个人品味。文本永远不变,而作者(或造物者[Author])则具有绝对的权威。而餐席上的静默、聆听者不可有所反应,实属必要,这不仅能使他们专心,也可防止私人对圣书提出任何类似批评的言论。㉑

尔后,从12世纪早期便开始在欧洲各地遍设的西斯妥修道院(Cistercian monasteries),也采用"圣本笃规章"来确保修道院生活的规律,个人的烦恼与欲求在此受制于集体的需要。违犯规章者会遭到鞭打,而且还会受到与其他僧众隔离的命运。孤独和隐私被视为是惩罚;这里没有一般人所谓的秘密;任何种类的个人追求,不管是智性上或其他方面都受到强烈的压制;在这宗教团体里适应良好的人便能养成纪律。于日常生活中,西斯特修道会的僧侣绝对不会独处。用膳时,他们沉浸在圣本笃规定朗读的圣典中,忘却了食物所带来的感官之愉。㉒

在中世纪的世俗世界中,聚在一起聆听朗读也变成必要的日常活动。印刷术发明之前,读写能力并不普及,书本仍属于富有者的财产,为一小撮读者的特权。虽说这些幸运的主人公偶尔也会把藏书借给他人,但却只是借给同阶层或家族的少数人。㉓一心巴望熟悉某一本书或某个作家的一般民众,其聆听背诵或朗读的机会可能远大于将珍贵书籍一卷在握。

聆听朗读的方式颇多。从11世纪开始,欧洲的各王国都有吟游诗人(*joglar*)背诵或吟唱自己的诗歌或知名行吟诗人(*troubadour*)的作品;他们脑中储存了大量的作品。这些吟游诗人是公共演艺人员,除了在宫廷表演外,在展览会场和市集中也可见到他们的踪迹。他们大多出生寒微,通常未受到法律的保护,也不得在教会领受圣礼。㉔另一方面,行吟诗人,像是艾莉诺王后的祖父阿基坦的纪尧姆,及奥泰福尔爵爷贝尔特兰·德·波恩,都是出身贵族,写下了正式的诗歌,颂扬得不到的爱情。从 12 世纪早期到 13 世纪,吟咏风气盛行期间的百位左右叫得出名号的行吟诗人中,有 20 名左右是女性。大致而言,吟游诗人似乎是比行吟诗人更受欢迎,所以,像彼得·皮克特这类的炫学艺术家就曾抱怨说:"部分的高位神职人员宁愿听吟游诗人的愚蠢诗歌,而不愿听严肃的拉丁文诗人所写的章法端正的诗节。"㉕——后者意指他自己。

聆听朗读是一种不太相同的经验。吟唱诗人的吟诵具有表演的所有明显特性,而因为故事主题听众已相当熟悉,所以其成败大致便视表演者各式表达的技巧高低而定。虽则当众朗读也有赖于朗读者的"演出"才能,但它强调的是文本而非读者。吟诵会的听众看着吟唱诗人演出特定行吟诗人的歌曲,譬如著名的索戴罗;公开朗读会的听众可能听到佚名作者的《列那狐的故事》(History of Reynard the Fox),而朗读者便是来自任何有文化教养的家庭之成员。

在宫廷,有时候在贵族家中也一样,大声朗诵书籍给家人与朋友听,其目的既是娱乐,也是寓教于乐。用膳时间的朗读不是用来分散味觉的喜悦;相反地,其目的是借想象性的娱乐来增强它们,这是从罗马帝国时代就有的习尚。小普林尼在他的一封信中提及,在和他的妻子或一些朋友吃饭时,他喜欢一边听别人大声朗读有趣的书。㉖在 14 世纪早期,阿图瓦的马奥伯爵夫人带着她装在大皮袋里的图书一起旅行。在夜间,她命令一名女仆朗读哲学作品或异地趣闻,像是马可波罗的《游记》(Travels)。㉗有读写能力的父母则朗读给自己的孩子听。1399 年,意大利托斯卡尼的公证人马泽伊写信给他的商人朋友弗兰契斯科·迪·马可·达第尼,要求他出借《圣方济各的小花》(The Little

《纺纱杆福音》中所描绘的一幅早期读书会图

Flowers of Saint Francis），好让他朗诵给儿子们听。"孩子们在冬夜会以此为乐，"他解释说："因为正如你所知，那本书很容易读。"㉘14 世纪早期，在蒙泰洛（Montaillou），乡村教士皮埃尔·克列格曾在不同场合中大声朗读一本所谓的《异教者的信仰书》（Book of the Faith of the Heretics）给那些在民众家中围炉而坐的人听；在大约同一时代，在艾克斯列泰美村（Aix-les-Thermes），有位名叫纪尧姆·昂多杭的农民因朗读一本异教者福音给他的母亲听遭人发现，结果受到宗教法庭的审判。㉙

15 世纪的《纺纱杆福音》（Les Évangiles des quenouilles）显示出这些非正式的朗读是何等的流畅。"时值圣诞节与圣烛节（Candlemas）㉚之间的漫漫冬夜"，叙事者是一名年老的学者，"每晚在用餐之后"去拜访一名年长女士的住所，那里常常有一些附近的女人聚集在一起"纺纱织布，并谈论许多快乐的琐事"。她们评论同时代的男人说，这些男人"呶呶不休地写下破坏女性名誉的讽刺文章与病态的书籍"，她们邀请叙事者出席她们的会议——一种读书会（avant la lettre）——并担任记录员。这些女人宣读某些讨论两性、恋爱、婚姻关系、迷信与风土人情的段落，并从女性的观点来加以评论，他则在一旁记录。"我们之中有一个人将开始她的朗读，并对所有其他出席的人朗读一些章节，"一名纺纱女人热心地说明："这样我们才能将它们铭记在心。"㉛一连 6 天，这些女人朗读、打断对方的话、批评、反对和解释，而且似乎非常乐在其中，到了让叙事者觉得她们已不检点到极度无聊的地步，而且，虽然忠实记录了她们的话语，叙事者仍判断她们的意见"既缺乏韵律，亦毫无理性。"无疑地，叙事者是习惯于男性那种较正式的经院哲学论文形式。

17 世纪时，非正式聚会中当众朗读的风气盛行。一位到处寻找堂吉诃德下落的教士下榻在一家旅舍。这位殷勤焚烧骑士小说的教士向同伴解释阅读骑士小说如何混淆了堂吉诃德的心灵。旅舍主人反对这种说法，他坦承非常喜欢聆听那些勇敢地与巨人搏斗、勒死怪物似的毒蛇，并单枪匹马地击败大军的英雄故事。"在收获期间，"他说，"在庆祝节庆中，许多劳工聚集到这里，而其中总是有几个识字的人。其中一个人会拿起一本书来，而我们30来个人就围拢过去，愉快地聆听他说故事，仿佛重拾年轻的欢乐"。他的女儿也是听众之一，可是她不喜欢暴力场景，宁愿"听到骑士在爱侣不在时所发出的悲叹，有时候真的还会因怜悯他们而啜泣。"一名旅伴碰巧随身携带着许多骑士小说（教士立刻就想烧掉它们），他的袋子中同时还带着一部小说的手稿。在心不甘情不愿的情况下，教士同意大声地将这部小说朗读给所有在场的人听。小说的标题恰好就是《好奇的莽夫》(The Curious Impertinent)，㉒而朗读这部小说的部分占了后面的三个章节，大伙并随时打断，任意发表评论。㉓

　　这些聚会很轻松，没有制度化阅读的束缚，听众（或读者）可以在心理上将文本移转到他们自己的时空中。塞万提斯之后两个世纪，苏格兰出版家威廉·钱伯斯替他的兄弟罗伯特作传。他们两人在1832年在爱丁堡共创了以名字命名的著名公司。威廉回忆他们童年在皮伯斯镇（Peebles）一些聆听朗读的往事。他写道："有位和蔼的女性老亲戚，丈夫是个老迈的零售商。她吟唱古老歌谣，还告诉我们许多传奇故事，我们因而获得许多愉悦，更不用说谆谆教诲了。这位零售商住在一处古老的密室里。在她简朴的火炉边，在一个巨大烟囱的天篷之下，她那半瞎、行将就木的丈夫坐在一张椅子上打瞌睡。西班牙科伦纳（Corunna）的战役和其他的大消息奇异地与犹太人的战争研究混合在一起。这种有趣的对谈的来源是一本L'Estrange出版社的约瑟夫斯（Josephus）作品的破旧译本，是1720年出版的一本小小的对开本。拥有这本书真令人羡妒，而其物主叫谭·弗列克，人称"聪明小子"。由于没有稳定的工作，他在夜晚带着他的约瑟夫斯出门，把它当成当天的新闻来朗读,聊算是他的职业;朗读时唯有的灯光通常是闪烁的一块鹦鹉煤的火焰所发出的光亮。他通常一口气顶多读个两三页,然后便作解释,并加入自己的机智见解,以这种方式来维持故事的高度趣味性。谭在不同的家庭中都会念到相同的段落,让大家拥有共同的资讯,且引颈盼望的那股焦虑简直相对应于希伯来年鉴中的一些动人的大事件。虽然他每年都以这种方式朗读完一遍约瑟夫斯,但其新奇性似乎从未减损。"㉞

"谭,有什么消息?"当谭腋下夹着他的约瑟夫斯进到屋子内时,老莫瑞就问道。谭过去一道坐在炉边。

"坏消息,坏消息,"谭回答道:"罗马皇帝提图斯已经开始围攻耶路撒冷;事情演变到很可怕的地步。"㉟

在阅读(解释、背诵)的行动中间,拥有一本书有时候就像是取得了一道护身符。甚至现今,在法国北部,乡村的说故事者仍将书籍充当道具,他们早对内容倒背如流,却以佯装阅读来显示权威,纵使是把书本拿颠倒了。㊱一书在握——一个可以包含无限的寓言、智慧妙语、过去时代的编年史、幽默的轶事和天启——能赋予读者创造故事的力量,也给予听众一种在创作当刻就在现场的临场感。在这些朗诵中重要的是,朗读时刻被充分地再度呈现——也就是说,有读者、听众与书的互动——没有这些的话,这项表演就不算完整。

在圣本笃的时代,聆听他人朗读被视为是一种心灵上的活动;之后数个世纪,这种言高于义的目的可能被用来遮掩其他较不得体的功能。比方说,在 19 世纪早期,在英国,女性若想追求博学,仍然会被嗤之以鼻,而聆听朗读则变成社会上可接受的一种读书方式。小说家哈丽特·马蒂诺㊲在她的《自传回忆》(Autobiographical Memoir)——于她1876年过世后才出版——中悲叹道:"当她年轻时,年轻女孩公然念书被认为有失体统;大家都认为女孩子应该坐在起居室中缝衣、聆听他人朗诵书本,并随时准备好招待到访的客人。当访客来到时,对谈常不凿痕迹地转到刚放下的书本上,书本必须经过仔细挑选,以免让访客大吃一惊,将在下个拜访的家中,大肆渲染这家庭在管教孩子方面不够检点的可悲故事。"㊳

另一方面,平常倒是可以大声朗读,尽管此举制造了这种极度令人惋惜的有失体统之行为。1781年,狄德罗以诙谐的笔调提到了有关"治疗"他的冥顽的妻子南妮特的事。她说除非书中包含有某种精神上崇高的东西,否则她不愿接触书本。他连续几个星期朗读粗野、猥亵(挑逗)的文学作品给她听。"我成为她的朗读者,天天念三段《吉尔·布拉斯》(*Gil Blas*)给她听:晨间、晚餐之后与夜间各一次。等念完《吉尔·布拉斯》之后,我们将接着念《两支棒子上的恶魔》(*The Devil on Two Sticks*)及《萨拉曼卡的学士》(*The Bachelor of Salamanca*)及其他同样精彩活泼的作品。花下几年工夫,进行几百次这样的阅读,就可完成这项治疗。假如我确定会成功,我就不该抱怨花这些工夫。令我觉得好玩的是,她对所有的访客都将我刚才读给她听的东西重述一遍,以此娱乐他们,如此一来,这种对谈更让治疗效果事半功倍。我总认为小说是不登大雅之堂的作品,但我终于发觉它们能抒解郁闷。下次我去看特龙桑医师时,我会把这处方送给他。**我的处方是**:8到10页的斯卡龙㊴的《罗马喜剧》(*La Roman comique*);《堂吉诃德》的四个章节;从拉伯雷作品中精挑的一个段落;注入合理数量的《宿命论者雅克》(*Jacques the Fatalist*)或《玛侬·莱斯科》(*Monan Lescaut*),并且要像更换药草一般常常更换作品,必要时,以其他品质约略相同的作品替代之。"㊵

聆听朗读使听读者拥有一个可默默反应的亲密和秘密对象,如同西班牙小说家加尔多斯在他的《国家插曲》(*Episodios Nacionales*) 里的一篇中所描写的一般。曼纽拉夫人是一个19世纪的中产阶级读者，她借口不想盛装打扮，坐在大客厅的座灯下读书而在炙热的马德里炎夏夜中弄得满身大汗，跑去窝在床上。她的情郎奥多涅尔将军建议对她大声朗读一直到她入睡，并选了一个这位女士喜欢的作家，"那些小说情节峰回路转，从法文翻译过来，但译笔拙劣"。奥多涅尔用他的食指引导他的眼睛，读给她听一段决斗的描写，叙述一名金发青年刺伤了某一位马瑟诺先生：

"多么好！"曼纽拉夫人狂喜地惊叫。"你记得吗？那个金发的人，就是那个布列塔尼出身的炮兵。他先前假扮成小贩，从他的长相就可看出，他一定是公爵夫人的亲生儿子……继续念……但根据你刚刚念的，"曼纽拉夫人观察指出，"你说他割掉了马瑟诺的鼻子？"

"似乎是如此……书上是这么说的：'马瑟诺的脸淌着涌出的鲜血，如两道溪流越过他的斑白胡子。'"

"我很高兴。他真活该，他还该受更多的罪。现在，看看作者还说了些什么。"㊶

因为朗读不是私人行为，朗读材料一定要选择朗读者与听者都能接受的东西。在汉普郡（Hampshire）斯蒂文顿牧师的公馆中，简·奥斯汀的家人镇日朗读，而且不时互相讨论。"我的父亲在早上朗读柯珀㊷，我只要有空就会跟着听，"简·奥斯汀在1808年时写道。"我们已经拿到了［骚塞㊸的］《艾斯普里拉书信集》(*Espriella's Letters*) 的第二卷，我在烛光下朗诵。""虽然我嗜读如命，可是并不喜欢［沃尔特·司各特爵士㊹的］《玛密恩》(*Marmion*)。［大哥］詹姆斯每晚都要大声朗读《玛密恩》,十点左右开始,读到宵夜时间为止。"聆听让利斯夫人⑮的《阿尔封辛》(*Alphonsine*)时,奥斯汀火冒三丈:"才念了20页,我们就深感厌恶。不谈译文太差,内容本身也是粗俗不堪入目,糟蹋了作者原本的纯洁美名。我们换上了[夏洛特·列诺克斯⑯的]《女吉诃德》(*The Female Quixote*),现在,我们晚上都非常快乐。此书如我记忆中一般地娱乐性颇高。"⑰(尔后,在奥斯汀的作品中,俯拾皆是这些聆听朗读书籍的踪迹。角色在界定他们喜欢或厌恶的书时,常提到这些书名。在《山迪顿》[*Sanditon*]中,爱德华·丹汉爵士驳斥司各特"单调乏味",而在《诺桑觉修道院》[*Northanger Abbey*]中,约翰·索普说道:"我从不读小说,"不过他马上坦承,他认为菲尔丁的《汤姆·琼斯》[*Tom Jones*]与路易斯⑱的《僧人》[*The Monk*]"还算过得去"。)

聆听阅读是为了涤净肉身、为了欢娱、为了教诲,或赋予声音高过感官的优势,虽然两者同时增强和减弱阅读的行为。允许别人将书页上的文字念给我们听,这是一个不像一卷在手且用我们自己的眼睛阅读那般的个人经验。除了当听众的个性过于强势时,听者任凭朗读者的声音左右,我们决定书的步调、语气和独特的抑扬顿挫。这行为使耳朵对别人的声音俯首称是,于是建立起一种阶级制度(有时候,读者坐在另一张椅子上或立于讲台上的特权的位置,使这制度分外明显),使听众位于读者的掌控中。甚至在肉体语言上,听众将常听随读者的暗示。狄德罗在1759年描写一个朋友之间的朗读会。"朗读者和听者两方都在思索,作出最合适的姿态……加入第三个角色,到这场景时,他会立即屈服于合于三方利益的体系。"⑲

同时,大声对注意力集中的听众朗读的动作常常会令读者更注意细节,不会跳着读或翻回先前的段落,而以一种正式的仪式来固定文句。不管是在圣本笃修道会或中世纪后期的冬日房间,在文艺复兴的旅舍与厨房或 19 世纪的会客室与雪茄工厂中——甚至是在今天，路上开车时听录音带上一名演员念书——朗读仪式无疑地剥夺了听众的阅读活动里所固有的一些自由——选择一种语调、强调一处重点、回到一处最爱的段落——但它同时也给予这多变的文本一个值得尊敬的身份、一种时间上的一致感和一种空间上的存在感，而这在孤独的读者那善变的双手中是鲜少出现的。

第九章　书的外形

我的手,在选择一本书到床上或是书桌上阅读、搭乘火车时阅读或当作一份礼物时,不只会考虑书的内容,也还得考虑其样式。我偏爱小而轻松、丰富而实在的东西,这要视我所选择的阅读时机、场所而定。书本透过其标题、作者、在书目中或书架上的位置、书衣上的插图来展示它自己;也透过其尺寸大小。在不同的时空场合中,我会期待某些书籍看起来像某种样子,如同在所有的流行事物中一样,这种种不同的外在特色将一种精确的品质固定于一本书的定义中。我以书的封面来判断它,也以书的外形来判断它。

打从一开始,读者就要求书籍的格式能够适应他们的用途。早期美索不达米亚的刻字板通常是方形的,但有时候是长方形的泥板,接近三英寸宽,可以舒服地握在手中。一本书由数片此种刻字板组成,存放在皮革袋子或盒子里,好让阅读者可以依预先决定的顺序一片片拿出来看。美索不达米亚人装订书籍的方式很可能和我们很相似;新赫梯人(neo-Hittite)葬礼的石碑描述了一些类似古籍抄本的东西——或许是一系列刻字板束绑在一起,加上封面,可是这种类型的书籍并未见有留存至今者。

并非所有美索不达米亚的书籍都是以手握为设计考量。有些书是写在较大的版面上的,诸如:在亚述(Ashur)发现的《中亚述法典》(Middle Assyrian Code of Laws),其时代约莫是公元前12世纪,量

对页图:伟大的印刷家阿尔杜斯·马努提乌斯

起来有67平方英尺,内文写在两侧的栏位内。① 显然,这本"书"不是让人用手拿的,而是要竖立起来,当作参考书籍查阅。在这种情形下,尺寸大小一定也含有阶层等级的重大意义;小片刻写板可能代表这是私人交易;而在美索不达米亚的读者眼中,如此巨大规格的法典的确增添了法律本身的权威性。

当然,不管读者盼望什么,书的格式总是有限。泥土是制造刻写板的方便材料,而莎草纸(一种形似芦苇的植物其晒干切分好的梗)可以制成方便取用的纸卷;两者在相当程度上都可以携带。但是两者都不适合取代刻写板和卷轴的书籍形式:古籍抄本,或数页装订成的书札。泥板古籍抄本又重又麻烦,虽然也有用莎草纸页制成的古籍抄本,可是莎草纸易脆,无法折叠成册。另一方面,羊皮纸(parchment)或精制犊皮纸(vellum)(两者都由动物皮制成,不过制造程序不同)可以分割或折叠成各种不同尺寸。根据老普林尼所述,埃及的托勒密国王希望将莎草纸的制造方法列为国家机密,以利于自己的亚历山大图书馆。他禁止莎草纸输出,因而迫使竞争对手优米尼斯——珀迦马(Pergamum)的统治者——去找出一种新的书写材料来充实其图书馆。② 假如普里尼所言属实,托勒密国王的敕令是造成公元前2世纪时珀迦马发明羊皮纸的主因,不过,我们现今所知最早的羊皮纸制小册却可追溯更早一个世纪。③ 这些书写材料并非专用在一种书籍上:有羊皮制成的卷轴,与——如我们前面已提过的——莎草纸制成的古籍抄本;但是这些东西既属稀有,也不合实际。从公元4世纪到800年后纸出现于意大利时为止,羊皮纸一直是欧洲普受喜好的书籍材料。不只是因为它比莎草纸更坚固和平滑,而且也比较便宜,因为需要莎草纸书籍的读者,(尽管有托勒密国王的敕令)必须花费可观的代价从埃及进口这种材料。

羊皮纸古籍抄本很快普受官员、教士、旅客及学生使用——事实上,对所有那些需要将阅读材料方便地从甲地运输到乙地的人,与那些想轻易地查询文本任何部分的人都是如此。此外,纸的两面都可以写上文字,而一页古籍抄本的四个边白使得加注解与评论更为容易,让读者在阅读故事时亦得以一显身手——在阅读卷轴时,这种参与要困难许多。文本本身的组织,以前是依据卷轴的容量来划分(譬如,在荷马的《伊利亚特》中,之所以将这部诗分成 24 册或许是由于它在正常的情况下占有 24 份卷轴的缘故),此后改变了。文本可能是根据它的内容来组成册或章节,或者它自己可能变成一个成分,而若干篇幅较短的作品被方便地收集在合手的书表内。这种卷轴颇不方便,它的表面积有限——今天我们可以很轻易地发觉其不利之处——我们的电脑荧幕已经返回到这种古代的书籍格式,只能靠着往上或往下卷动卷轴来显示部分的文本。而另一方面,古籍抄本让读者几乎可以立即地轻易翻拨到其他各页,因此保留一种整体感——一个在阅读过程中读者通常将整个文本握于手中的事实所构成的感觉。古籍抄本还有其他的不凡特质:它原本是为了方便携带,因而有必要缩小样式,但它在尺寸和页数两方面都成长,变成——假如谈不上无限——至少也比任何先前的书籍巨大得多。公元 1 世纪的诗人马提雅尔对一个小到可以适合于手、但却包含无穷大的奇迹般物体感到不可思议:

> 荷马在羊皮纸页里!
> 《伊利亚特》与所有尤利西斯的
> 冒险故事,普莱姆(Priam)④ 的王国的敌人!
> 所有一切都锁在一张皮革之内
> 折叠成数张小纸片!⑤

古籍抄本的优势扩张:到了公元 400 年,古典的卷轴几乎已被扬弃,大部分书籍都以集合页片于一个长方形的开本制成。折叠一次,羊皮纸变成对开的纸页;两次折叠,四开本;再一次折叠,八开纸。到了 16 世纪,折叠纸片的格式已变成正式:在法国,1527 年弗朗索瓦一世颁布法令,规定他的王国内的标准纸张尺寸;任何违犯此规定者皆要身系囹圄。⑥

对所有书籍在历经多世纪后所造就的外形,最流行的就是那些可以让书本舒服地握持在读者的手中的外形。甚至在希腊与罗马,那里卷轴正常地被用于种种的文本,私人的书信通常是写在小小的、手拿的、可重复使用的蜡刻字板,由高起来的边缘与装饰的封面加以保护。这些蜡刻字板及时让步于一些集合成册的羊皮纸叶子,有时候是不同的颜色,以便速记一些事或做摘要。在罗马,接近公元3世纪时,这些小册子失去其实用价值,反而因为封面好看而变成当奖品用。它们被装订于装饰精美的象牙封面里,在高官被提名上任时,当作礼物赠送;最后它们也变成私人的礼物,富有的公民开始互赠小册子,他们会在里面刻上一首诗或献词。很快地,有生意头脑的书商开始以这种方式来制作诗的小选集——小小的礼物书,其长处不在内容,而是在精心的装饰。⑦

仿自一幅浅浮雕之版画,显示古罗马储存卷轴之方法,注意卷轴一端所挂之书名标签

书本的尺寸,不论是卷轴或古籍抄本(codex),决定了保存它的地点的外貌。卷轴要不是收拾在木制的卷轴盒内(类似某种帽盒),上面附有标签,这种标签在埃及是由泥土制成,在罗马则是用羊皮纸制成,或就放在书架上标以签条(索引 [*titulus*]),好让书籍容易被辨识。古籍抄本是以平放来储存,书架为此而特制。奥弗涅(Auvergne)的主教

西都尼乌斯描写在公元470年左右到高卢一处乡舍拜访,他提到屋里有许多书架,根据所存放的古籍抄本的大小而有不同:"这里也有丰富的书籍;你可以想象你正在注视着文法家高度及胸的书架(*plantei*),或阿腾瑙(Atheneum)的楔形箱(*cunei*),或书商装满书的橱柜(*armaria*)。"⑧根据西都尼乌斯,他在那里所看到的书籍有两种:给男人阅读的拉丁文经典和给女人阅读的祈祷书。

由于中世纪时欧洲人的大部分生活都是耗在宗教仪式上,那时代最流行的书籍是个人的"祈祷书"(Book of Hours)也就不足为奇了。"天使报喜图"(Annunciation)上常画有这种小书,通常是手写或印刷的小开本,附有精美丰富的装饰字画,多出于艺术大师之手。它包含短篇祷文选集,称为"圣母玛利亚小日课"(the Little Office of the Blessed Virgin Mary),在日夜各个时段念诵。⑨"小日课"是以"祷告"(Divine Office)——每日由神职人员所做的完整礼拜式——为范本,内容包含《圣经》中的《诗篇》(Psalms)和其他段落,加上赞美诗、"死者日课"(the Office of the Dead)、对圣人的特别祈祷以及一份日历。这些小书对于祈祷是显著方便的工具,虔诚的信众可以在公共教堂礼拜时或是在个人祈祷时使用。它们的规格很适合给儿童阅读;公元1493年左右,米兰的公爵斯福尔扎特别请人设计一本"祈祷书",给他三岁的儿子弗兰契斯科阅读,页中描绘这位"小公爵"被一个守护天使引导,通过夜间的荒野。"祈祷书"的装饰丰富,式样繁多,要视顾客的身份及其所能负担的价钱而定。很多是描述家族战袍的授与,或该书读者的肖像。"祈祷书"变成贵族婚姻的传统礼物,尔后,又变成富有的布尔乔亚阶级的婚礼礼物。到了15世纪结束时,弗兰德斯的书绘师支配了整个欧洲市场,商业委托遍及全欧,建立了类似我们今天的婚礼礼物单。⑩1490年为布列塔尼的安

"祈祷书"中的装饰画,画中弗兰契斯科由其守护天使带路前行

娜的婚礼所委托的一本美丽的"祈祷书",被制作成同她的手一般的大小。⑪它的设计是让单一的读者去专注于日日月月重复的祈祷文中的文字,以及每每令人惊喜的插图,图中细节繁复难辨,而且将《旧约》与《新约》中的场面改置在现代的都市,将神圣的语言放入一个与读者背景相当的环境中。

15世纪时一群唱诗班男孩阅读圣歌诗集上的斗大音符的情景

就如同小书册用在特定的目的一般,大册书也符合另外读者的需求。大约公元5世纪时,天主教教会开始制作巨大的礼拜书籍——弥撒书（missal）、合唱集（chorales）、应答歌唱集（Antiphonaries）——这些书籍展示在唱诗班中间的一个颂经台上,让读者得以轻易地跟随这些文字或音符,宛若是在读纪念碑的碑文一般。圣高尔修道院图书馆（Abbey Library of St. Gall）有一本美丽的应答歌唱集,包含礼拜式文本的选辑,其字母大到多达20名歌手的唱诗班站在相当远的距离之处仍然可以根据赞美诗的韵律来阅读。⑫站在距离它数英尺之处,我仍可以一清二楚地辨认出这些音符,而且我也巴望可以从远处如此轻松地查阅自己的参考书籍。其中一些礼拜书籍大到必须铺写在滚筒上,以利于搬动。但是它们难得会被搬动。这些大书装饰有黄铜或象牙,以金属边来保护,由巨大的扣子封上,用来给大家隔着一段距离共同阅读,而不是让人细读,或产生个人的拥有感。

为了能够舒服地念书,读者对颂经台与书桌作了巧妙的改进。伦敦的维多利亚与艾伯特博物馆（Victoria and Albert Museum）里收藏了一座圣格里高利的雕像,是14世纪某个时候在维罗纳（Verona）用天然色素石制成的。圣者坐在一种接合起来的书桌边,这张书桌使他能够自不同的角度靠着颂经台,或升高它以离开座位。14世纪的一幅版画显示一个学者在一座排列众多书籍的图书馆里,坐在一张高起的、八边形的书桌兼读经台边写作，这种桌上让他可以一边工作，然后旋转这张桌子，阅读铺摆在其他七个角边的书本。1588年，一位意大利工程师拉梅里，为法国国王服务，出版了一本书，内容描写一系列实用的机器。其中之一是一张"旋转书桌"，拉梅里将它描写为"一部美丽和巧妙的机器，对任何享受阅读之乐人都很有用，又很方便，特别是那些身体不适或受痛风之苦的人：因为，具备了这种机器的人不用移动位置就可以看得见和阅读大量的书籍，此外，它所占的空间很小，这是它非常便利之处，任何有概念的人都能够从这幅图画中欣赏到。"⑬（这个令人惊奇的旋转书桌在理查德·莱斯特1974年拍摄的电影《三个火枪手》中以同样大小的模型出现）座位与书桌可以结合成单一件组合家具。18世纪早期时英国有设计巧妙的阅读专用椅，是特别为图书馆而设计的。读者跨骑它，靠在椅背面对书桌，手可以支撑在宽适的扶手上稍事休息。

14世纪一位雕刻家所想象的圣格里高利的机械式阅读桌

有时候，阅读装置会因一种不同的需要而被发明。本杰明·富兰克林叙述道，在玛丽女王统治期间，他的新教祖先会藏匿他们的英文《圣经》，"将书页打开着，在一个接合凳的盖子下面及内面以带子紧系。"每当富兰克林的曾曾祖父读《圣经》给家人听时，"他就将这接合凳放在他的膝盖，然后翻动在带子下面的书页。一个孩童站在门口把风，看到执行官来的时候要马上知会大家，这些执行官是宗教法院的官员。若是这种情况，凳子就要收起来立放在地上，这本《圣经》也就像以前隐藏在凳子下面。"⑭

不论是扣链到颂经台那大象般笨重的书，或是为小孩的手而制作的小册子，生产一本书是一个既耗时又费力的过程。15世纪中期时，欧洲发生了一项变化，不只减少了制作书籍的工时，也戏剧地增加了书籍的输出，永远地改变了读者与一个不再是专有的与独特的、由抄写员的手雕琢而成的物体的关系。这个变化指的当然就是印刷术的发明。

加上皮垫的桃花心木阅读专用椅，公元1720年左右的制品

1440年代的某个时期，美因兹主教管辖区（Archbishopric of Mainz）有一名年轻雕刻师兼宝石切割师，全名是约翰·根斯弗莱希·促·拉登·纯·谷登堡，商业界的实用主义将此名简化为约翰·谷登堡，他了解到，假如字母被切割成可重复使用的类型，而不是当时偶尔使用在印刷插图的木刻板的话，就可以提升速度，增加效率。谷登堡历经数载的实验，借了大笔的钱来支持他的计划。他成功设计出了现今仍为我们所使用的所有印刷的要件：模铸字母表面的金属类型、结合了使用于制酒与装订的机器特色的压印机，以及一种油墨——这些都是以前不曾有过的东西。⑮终于，在1450年与1455年间，谷登堡制作出一本《圣经》，每页42行；第一本由铅字制成的书；⑯他带着他的这本印刷书到法兰克福的商展去。由于运气特佳，我们保有一封由一个名叫皮科罗米尼的人写给卡伐亚尔（Carvajal）红衣主教的信件，日期是1455年3月12日于维也纳的新城（Neustadt）。他告诉主教，他已经在展览会上看到谷登堡的《圣经》：

我没有看到任何完整的《圣经》，可是确实看过一些选了《圣经》中几个篇章的6页小册子（signatures），字体非常清晰得宜，而且没有任何讹误，主教大人不用戴眼镜就可轻松阅读。多位见过者告许我，有158本已完成，而其他人则说有180本。对印量我

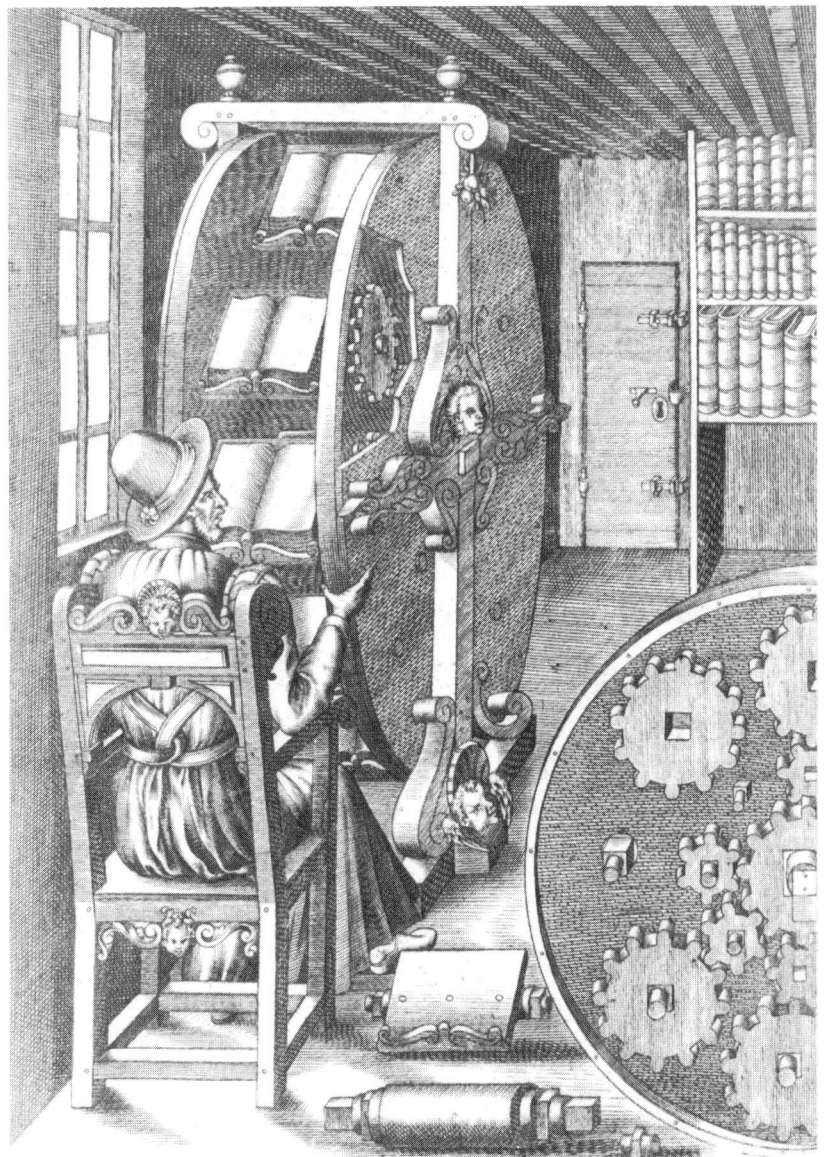

1588年出版的《形形色色的人造机器》中一部聪明的阅读机器

不是很确定,但是关于这本书的完成,假如民众的说法可靠,我是毫不怀疑。倘若我知道您的愿望,当然早就会买一本。这些五页小册其中有一些被呈献给皇帝。可能的话,我将尽力弄到一本发售的《圣经》,也会替您购买一本。但是恐怕无法如愿,一个原因是距离遥远,另一个原因是,正如他们所说的,在这些书籍制作完成之前,就已有顾客准备好要购买了。[17]

谷登堡发明的影响既直接又深远,因为很多读者几乎立刻就了解到它的伟大优势:速度、文本的统一性、价格相对便宜。[18]第一本《圣经》印制之后几年间,全欧洲各地都安装了印刷机:意大利是在1465年、法国是在1470年、西班牙是1472年、荷兰和英国在1475年、丹麦在1489年。(印刷术隔了一段时日才远播到新世界:第一部印刷机1533年引进墨西哥城[Mexico City],1638年在马萨诸塞州的坎布里奇设置。)有人计算过有超过三万本摇篮本(incunabula,17世纪的一个拉丁字,其意义是"与摇篮有关",用来描述1500年之前所印制的书籍)是在这些印刷机上制作出来的。[19]只要想想,15世纪的印量一次通常不到250本,很少达到1000本,谷登堡的成就就必须予以刮目相看。[20]突然间,自从书写发明以来的第一次,迅速而大量地生产阅读材料成为可能。

尽管有明显的"世界末日的"预言,印刷并未解消人们对手写文本的喜好,若听到这种说法,心中大概会十分受用:谷登堡与他的追随者便是企图比美抄写员的技艺,大部分的古版本书都有手抄本的外形。15世纪末,即令印刷术在此时已相当盛行,对优雅的手的重视并未消失,而一些最值得纪念的书法范本未来仍将陆续出现。在书籍更容易取得,并有更多人学会阅读时,也有更多的人学习书写,经常颇具风格且表现突出,16世纪不只变成印刷文字的时代,也是伟大的

谷登堡想象画像

135

阿尔杜斯的印制品之精美实例：西塞罗的《致友人书简》

手写书作品的世纪。[21]一种科技的发展——譬如谷登堡的——是提升而非消除了它应该取代的东西，这真是一种颇值玩味的现象，令我们发觉到自己很可能会忽视掉或认为不重要而置之不理的旧式美德。在我们的时代，电脑技术与电子书籍 CD-ROM 的增生，就目前的统计显示，并没有影响到旧式书籍形式的产销。那些视电脑发展为混世魔王[22]的人，让怀旧支配了经验。譬如，1995 年，就有 359437 本的新书（小册子、杂志与期刊不计）被添加到收藏量已经十分庞大的国会图书馆。

谷登堡之后书籍的生产剧增，强调了书本内容和外观之间的关系。譬如说，谷登堡的《圣经》形式是意图模仿当代昂贵的手工书籍，因此它是以成叠的书页卖出，并由其买主装订成巨大、堂皇的书册——通常是四开本，大约长 16 英尺宽 12 英尺，[23]用在颂经台上展示。一本这种尺寸用精制羊皮纸制成的《圣经》需要两百多只绵羊的皮（"一帖治疗失眠症的良方，"古籍书商艾伦·托马斯如此评道）。[24]但是低廉与快速的生产让更多人口买得起书,作私下阅读,而这些人并不需要大字母、大版型的书籍,所以古登堡的继承者后来便开始生产较小本的口袋书。

公元1453年,君士坦丁堡落到了奥斯曼土耳其人(Ottoman Turks)手中。许多在博斯普鲁斯海岸设立学校的希腊学者迁往意大利。威尼斯变成古典学术的新中心。大约40年后,意大利的人文主义者阿尔杜斯·马努提乌斯——他教过米兰多拉等优异学生拉丁文及希腊文——发现没有实用版型的经典之作供学者使用,对教学是一大妨碍,便决定学习谷登堡的技术,建立属于自己的印刷房,以制作教课所需的书籍。阿尔杜斯选择在威尼斯设立印刷厂,以充分利用从东方涌来的学者,而且,很可能还雇用先前担任过抄写员的放逐者、克里特的流亡者来做校对与排字的工作。㉕公元1494年,阿尔杜斯开始雄心勃勃的出版计划,制作了一些印刷史上最美丽的书籍:最初是希腊文版本——索福克勒斯、亚里士多德、柏拉图、修昔底德——然后是拉丁文版本——维吉尔、贺拉斯、奥维德。依阿尔杜斯的观点,这些名家的作品应该是用原文"直接"阅读,尽量不要有注解或说明,而且,为了让读者能够"自由地和这些光荣的逝者对话",除了经典作品外,他还出版了文法书籍与辞典。㉖他不只找来当地专家协助,还从全欧各地礼邀著名的人文主义者——包括住在鹿特丹声望崇高的伊拉斯谟——和他一道在威尼斯共事。这些学者每天在阿尔杜斯的住宅会一次面,讨论要印哪些书及哪些手抄本可以作为可靠的根据,过滤先前数世纪来的经典之作选集。历史学家安东尼·格拉夫顿记载道:"中世纪的人文主义者所累积者,文艺复兴的人文主义者鉴别之。"㉗阿尔杜斯却是用准确无误的眼睛去鉴别。他还把伟大的意大利诗人的作品,特别是但丁和彼特拉克的作品,添加到古典作家的名单

在阿尔丁版的圣凯瑟琳书信集的插画中,格里弗的斜体字首次出现于凯瑟琳双手所持的打开的书本及心状物中

之中。

　　随着私人藏书的成长,读者开始发现大本书不只整理、携带不方便,而且也不便于储存。1501年,阿尔杜斯因其初版成功而获得信心,便应读者的要求,出版了一系列八开本的——四开本的一半——袖珍型书籍,无论编排或印刷都刻意求精求美。为了压低制作成本,他决定一次印1000本,并节约使用页面,所以他就使用新设计的字体——"斜体"(italic)——是由博洛尼亚的字冲师弗兰契斯科·格里弗所创造。他也是第一位字冲罗马字体的人,把大写字母改变成比小写字体中的全高字母更短,以确保行间的平衡。其结果是书籍显得比中世纪通行的装饰手抄版本更加平实,成为一种优雅而庄重的书卷。更重要的是,对阿尔杜斯式口袋书的读者来说,正文部分印得很清楚,而且内容丰富——不是珍贵装饰的物品。它们流行的标志可以从《1563名威尼斯妓女价目表》,一部威尼斯善恶两极的职业女子的名录中见出。书中旅行者受到警告,说一个叫卢克丽霞·斯夸尔西娅的人"假装爱诗"和带给她的客人一本袖珍本彼特拉克,一本维吉尔,有时甚至是荷马。[28]格里弗的斜体字(初次使用于一幅木刻画,作为锡耶纳的圣凯瑟琳的书信集的插图,印于1500年)字形优雅,吸引读者注意到字母间的细致关系;根据现代英国评论家弗兰西斯·梅内尔爵士,斜体字让读者阅读速度缓慢下来,"增加他吸收文本之美的能力"。[29]

　　这些书比手抄书——特别是经特别装饰的手抄书——便宜,而且如果遗失或毁损,可以再购买一本来代替,因此在新读者的眼中,它们与其说是财富的象征,还不如说是智识贵族的象征,也是基本的研究工具。在古罗马和中世纪早期,书商和文具商已制作书籍作为商品来销售,不过其制造成本与程序会让读者有拥有某种独特东西的特权感。在谷登堡之后,这是历史上第一遭,数百个读者拥有相同的一本书,而且(直到读者在一本书上填上私有标记和个人历史)在马德里的人所读的书和在蒙彼利埃的人所读的是一样的书。阿尔杜斯的计划非常成功,他的版本很快就被全欧洲所仿效:在法国有里昂的格里菲乌斯和巴黎的柯林斯与罗贝尔·埃蒂安,在荷兰有安特卫普(Antwerp)的普朗汀及莱登、海牙、乌德勒支(Utrecht)与阿姆斯特丹的爱思唯尔(Elzevir)。⑱当阿尔杜斯于1515年去世时,这些人文主义者参加他的葬礼,在他的灵柩四周竖起他精挑印制的书籍,就像一队博学的哨兵。

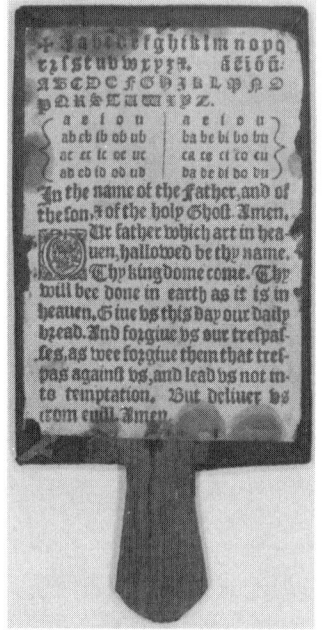

左:一份伊丽莎白女王时代的角帖书,历经4个世纪儿童之手而留存下来。右:19世纪尼日利亚的角帖书

阿尔杜斯和另外几个人替欧洲建立了至少百年的印刷标准。但是在接下来的几个世纪中,读者的需求再度有了改变。每一种书籍的众多版本提供了太大的选择空间;出版社之间的竞争一直只是鼓励较好的版本及更大的公共兴趣,现在则开始制作品质极差的书籍。到了16世纪中期,读者已经能够从超过800万种印刷的书籍中作选择,"比从君士坦丁大帝在公元330年建立他的城市之后全欧的抄写员所制作的书籍本数还多"。⑲显然,这些变化既非突然发生,也不是全面性的,但大致而言,从16世纪末开始,"出版商─书商不再关切赞助学界之事,而只是在找寻能保证好卖的书籍。最富有的人靠有市场保证的书籍、旧畅销书的再版、传统的宗教著作来致富,尤其是教会神父"。⑳其他人

则以学术演讲、文法手册与角帖书（hornbook）册来争取学校市场。

角帖书使用于16到19世纪，通常就是学生所接到的第一本书。现今仍留存的角帖书寥寥可数。角帖书包括一片薄木，通常是橡木，大约9英寸长与5或6英寸宽，容纳一个纸片，上面印着字母，有时候则是9个数字及"主祷文"（Lord's Prayer）。它有一个把手，前面由一层透明的角帖盖住，以防变脏；然后，以铜薄框将木板和角帖的纸片结合。英国的造景家兼地位未决的诗人威廉·申斯通在《学校女教师》（Schoolmistress）中如下描写了这个原则：

> 小小的书籍他们取在手，以透明的角帖储存着，保护不让手指弄湿这字母的庆会。㉝

类似的书籍人称"祷文板"（prayer boards），18及19世纪时使用于尼日利亚，用来教读《可兰经》。这种书由磨光的木头制成，顶端有一个把柄；诗歌是写在一张纸上，然后直接粘贴于这块木板。㉞

可以塞入口袋的书；外形亲切的书籍；让读者感觉不管在什么地方都可以阅读的书；在图书馆或修道院之外不会被判定为拙劣的书；这些书籍以种种的面貌出现。整个17世纪，小贩销售小书册与民谣（《冬天的故事》[The Winter's Tale]将其描述为适合"各种身高的男人或女人"）㉟，这些书在下一个世纪被称为小本书（chap-book）。㊱较受欢迎的流行书籍尺寸是八开本，因为一大张纸可以制造出一本16页的小册书。在18世纪，或许是因为读者要求故事与民谣中所叙述的事件能够获得更充分的阐述，纸张被折叠成12部分，而小册书被加厚到24平装页。㊲由荷兰出版商爱思唯尔家族以此规格所制作的经典系列，普受经济能力较差的读者欢迎，甚至还招来势利的切斯特菲尔德伯爵的议论："假如你口袋里碰巧有一本爱思唯尔的经典系列，不要拿给人家看，也别提起它。"㊳

沿街叫卖小书册的小贩，16世纪的活动书店

我们现今所见的口袋平装书要过许久之后才出现。维多利亚时代，英国陆续成立了出版家协会（Publishers' Association）、书商协会（Booksellers' Association）、最早的商业代理机构、作家协会（Society of Authors）、版税制度与一本六先令的新小说，同时口袋书系列也诞生了。㉝然而，大开本的书籍继续压倒书架。19世纪，大开本的书籍出版多到甚至出现在一则古斯塔夫·多雷的漫画中，描绘了巴黎国家图书馆一名可怜的职员正想办法移动一本巨大的册（书）。装订布取代了昂贵的皮革，英国出版家皮克林是第一位使用它的人，在他1822年的"钻石经典系列"（Diamond Classics），而且，因为布上面可以印字，它很快就被用来做广告。如今读者手中所持的东西——一本蓝色布面装

多雷的讽刺画，嘲笑欧洲人对大部头书籍的疯狂着迷

订得很合适的八开本小说或科学手册,有时候可能加上纸面护套,用以印广告——这与前一世纪的摩洛哥皮卷（moroccobound）差别极大。至此,书本已比较不属贵族才能拥有的物品,不再那么可怕、那么巨大。它与读者分享某一种中产阶级的优雅,既经济又适意——这种风格被设计家威廉·莫里斯改变成一种流行工业,但是——在莫里斯的情形中——到头来又变成一种新的奢华:一种以日常事物的传统美好为根据的风格。在19世纪中叶的读者所期待的新书中,衡量杰出的标准不是珍奇稀有,而是一种乐趣与清醒的实用性之结合。私人图书馆现在出现于卧床旁与半隔离的家,而他们的书籍则配合其家具所代表的社会地位。

W.H.史密斯在伦敦黑潭北车站的书报摊,摄于1896年

在17和18世纪的欧洲,一般认为书本是供室内阅读之用,在私人或公共图书馆与外隔离的墙壁之内。现在,出版商则制作了供出外阅读的书籍,特别是供旅途中阅读的书本。在19世纪的英国,刚刚成为有闲者的布尔乔亚和铁路的扩展,共同创造了一股长途旅行的风潮,而有阅读能力的旅客发现,他们需要特定内容和规格的阅读材料。（一个世纪之后,我的父亲仍然在他的图书馆中区分出绿色皮革封面书——

企鹅丛书的首批十本

他不许任何人将这些书从那个圣坛上取走——与"普通的平装书"——他任其在天井中柳条编成的桌几上泛黄与凋谢——有时候我会拯救他们,把书带到我的房间,好像他们是迷途的猫。)

1792年,亨利·沃尔顿·史密斯偕同妻子安娜在伦敦的小格罗斯文诺街(Little Grosvenor Street)开了一间小小的书报摊。56年之后,史密斯父子在伦敦的优斯顿车站开了第一家铁路书摊。它很快地就累积了"Routledge铁路图书馆"、"旅客图书馆"、"易读图书馆"、"插图小说"以及"名著"系列。这些书籍的格式稍稍有不同,主要是八开本,但是其中有一些(譬如狄更斯的《圣诞歌声》[A Christmas Carol])是较小的半八开本,其封面是硬纸板。这些书摊(由史密斯在Blackpool North车站的书摊照片来判断)不只销售书籍,还兼卖杂志及报纸,因此,旅客有丰富的阅读材料可以选择。

1841年,莱比锡的陶赫尼茨发行了最雄心勃勃的平装书系列之一;在平均一个星期一本的速度下,它在其第一个百年中就出版了5000多种书,总共印制了五、六千万册之谱。虽然所选的书本很优异,其印制却配不上内容。这些书籍近似方形,字体很小,以相同的印刷排字为封面,既不利手,也不入眼。⑩

17年之后,莱比锡的雷克兰出版社(Reclam Publishers)出版了12册版的莎士比亚作品译本,立即获得成功,雷克兰接着又把版本细分为粉红色平装封面的25小册剧本,以每本一芬尼⑪的耸动价格销售。1867年时,德国作家过世30年之后其作品皆成为公共财产,这点让雷克兰得以用"万有文库"(Universal Bibliothek)的名称来继续其系列。这家公司首先出版歌德的《浮士德》(Faust),接着是果戈理、普希金、比昂松、易卜生、柏拉图与康德。在英国,模仿的再版系列"经典之作"——奈尔逊的"新世纪图书馆"、格兰特·理查兹的"世界经典"、柯林斯的"口袋经典"、邓特的"人人丛书"——能与之比美,但却无法掩盖"万有文库"的成功,⑫它多年来依然是标准的平装书系列。

直到1935年。先前一年,英国出版商艾伦·兰恩在与阿加莎·克里斯蒂和她的第二任丈夫在他们位于德文郡(Devon)的住宅共度周末之后,等候火车回到伦敦,在火车站的书摊上找书读。他在那些流行杂志、昂贵的精装书与廉价小说中都找不到吸引他的东西,他心里想到,这里欠缺的是一本价低而质佳的袖珍型的书本。回到他和两个兄弟共同经营的 The Bodley Head 之后,他提出了他的计划。他们计划出版一系列最优秀作家的作品,以亮丽彩色平装再版。他们不只要诉诸普通的读者;他们要诱惑所有具阅读能力的人,不管是高等知识分子或程度低的人。他们不只要在书店与书摊卖书,也要打入茶店、文具店与香烟店。

15世纪的抒情诗心形书

这项计划受到兰恩在 The Bodley Head 里的资深同仁的轻蔑,也受到出版同行的不屑,他们没有兴趣将他们出版成功的精装书籍的再版版权卖给他。书商也一样不热心,因为他们的利益会缩减,而书籍本身会被"口袋化",此字眼带有谴责的意思。但是兰恩坚持要做,最后终于获得许可再版一些书籍:两本已由 Bodley Head 出版——安德烈·莫洛阿⑭的《雪莱传》(Ariel ou la Vie de Shelley)与阿加莎·克里斯蒂的《风格上的神秘情事》(The Mysterious Affairs at Styles)——及其他像海明威和多萝西·塞耶斯⑮等畅销作家的作品,加上一些如今已不太为人所知的作家,像是苏珊·鄂茨和 E.H.扬。

兰恩现在需要的是为他的系列取名,"不像'世界经典'那么令人敬畏,也不像'人人丛书'之名让人感觉像是在施舍般。"⑯第一选择与动物有关:海豚、鼠海豚(已经为 Faber & Faber 所使用),而最后,是企鹅。就称为"企鹅"。

152　阅读活动

一名17世纪的荷兰女士,右手握着一本袖珍小书,这是赫尔斯特的作品

　　1935年7月30日,企鹅的最初10种书以每本6便士的价格开始发售。兰恩已经计算出,即使在每种书卖出17000本后,他还是会破产,但是初次销售只各卖到大约7000本。他去见大型伍尔沃斯(Woolworth)百货连锁店的买主,一位克里福德·普雷斯科特先生,他表示反对;把书本像其他商品一样贩卖,像卖短袜与锡制茶罐般,他

书本作为图像的双关用法:一本 1950 年版的《格列佛游记》

觉得有点荒谬。意外地,就在那个时刻,普雷斯科特太太进入她先生的办公室。问她的意见,她反应热烈,"有何不可?"她问。为什么书籍不可以当成日常物品来销售,就像短袜与茶一般是必需品,到处有卖。多亏普雷斯科特太太,这笔生意才做成。

上：欧督彭的《美国鸟类》巨书中的一页

下左：世界最小的书，17世纪的《与世隔绝的花园》

下右：达克列绿洲发现的木材制古书

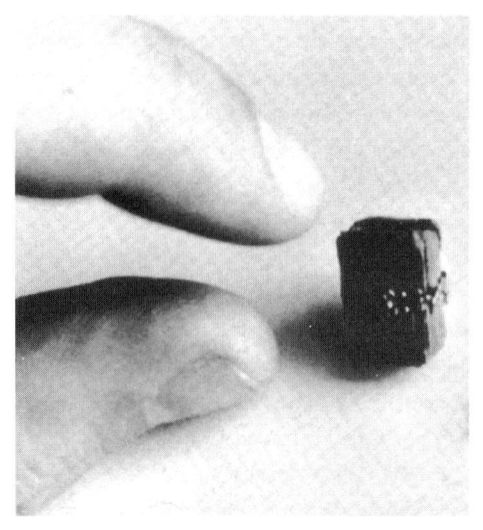

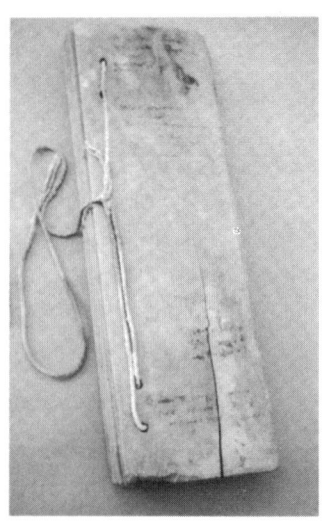

乔治·奥威尔以读者和作者的身份，对这些新事物总结其反应："作为读者，"他写道："我为企鹅书系喝彩；作为作者，我宣告它们该受诅咒……结果或许是大量的低廉再版书，这将削弱图书馆（小说家的孕育者）的功能，并减缓新小说的产量。这对文学会是一件好事，但是对商贸会是很糟糕的事。"⑯他错了。企鹅的伟大成就并不只是它的特定品质（庞大的铺售通路、低价、书种的优秀与题材的广泛），而更在于其象征性的意义：书种繁多的文学作品，几乎全世界有售，从突尼斯到图库曼（Tucumán）⑰，从库克群岛（Cook Islands）⑱到雷克雅未克（Reykjavik)（我在所有这些地方都购阅了一本企鹅，大英帝国扩张主义的成果由此可见），这让读者形成一种自己无所不在的象征。

书本新外形的发明或许不会有止境，但是极少奇怪的外形留存下来。1475年由一名贵族牧师，让·德·蒙舍尼所制作的心形书，包含有插图绘饰的情诗；巴特洛莫思·凡·德·赫尔斯特所绘之图中，一名17世纪中叶的荷兰女子右手所持的一本极小的小册子；世界最小本的书，《与世隔绝的花园》（*Bloemhofjë*），1673年写于荷兰，三分之一英寸一英寸宽，二分之一英寸长，比一帧平常的邮票较小；约翰·詹姆斯·欧督彭巨型对开的《美国鸟类》，出版于1827年与1838年之间，让其作者贫困潦倒，孑然一身，发疯而死；由布鲁斯·罗杰斯在1950年为纽约限量版俱乐部所设计的姊妹作，大人国的与小人国尺寸的《格列佛游记》；这些书之所以持续存在，只因为稀奇。但是书的基本外形——那些可以让读者感觉到知识的具体重量、巨幅插图的壮观，或能够携带一本书去散步或上床的乐趣——依然存在。

在1980年代中期，一群北美洲考古学家组成的国际团体在撒哈拉沙漠巨大的达克列绿洲（Dakhleh Oasis）进行挖掘工作，结果在一栋4世纪房舍的加盖楼层角落中发现了两本完整的书籍。一本是雅典哲学家伊索克拉底㉙的三篇政治论文的早期手稿；另外一本是当地不动产财务管理员四年的财务交易记录。这本账簿是现存古籍抄本或装订书最早的完整实例，而且它很像是我们现今的平装书，只是其材料不是纸张，而是木材。每个木片，长13英寸、宽5英寸、厚1/16英寸，其左侧挖了四个洞，以一条线绑住，书帖为八开。这本账簿记载了四年的交易，因此它必须是"坚固、可携带、容易使用，且耐久"。㉚这位不知名的读者的需求至今犹在，在令人晕眩的16个世纪之后，虽然情况稍有变化，却仍与我的要求相符。

第十章　私人阅读

时间是夏季。在圣索沃尔昂皮赛（Saint-Sauveur-en-Puisaye）的灰色乡村的救济院路（Rue de l'Hospice），一名 8 岁女孩沉沉躺在柔软的床上一堆羽毛枕头之中，静静地读着雨果的《悲惨世界》（*Les Misérables*）。窗外马车行驶在鹅卵石路上，毂毂辘辘的声音不断传来。她没有读很多书，而是一再地读相同的几本书。她对《悲惨世界》爱不释手，依她自己后来的解释，这其中有一种"推理的热情"；她感觉自己可以"像一只狗舒坦地躺于它的狗屋"般徜徉于其字里行间。①每天晚上，她渴望跟随让·阿让在他的痛苦的游历，又遇见科塞特，遇见马里于斯，即使是那可怕的雅维尔。

在外面的后花园，在盆栽的花木之中，她必须和她的父亲抢东西读。她父亲是个军人，在意大利的战役中失去左腿。②前往图书馆（他的私人领地）的路途中，他拿出他的报纸《时代》（*Le Temps*）和杂志《自然》（*La Nature*），他"哥萨克人的眼睛在灰色绳索般的眉毛之下闪烁着，扫视过茶几上所有的印刷品后，一路带往他的图书馆，从此不见天日"。③从经验中得到教训，女孩学会了把她的书本放在他拿不到的地方。

她的母亲不相信小说："这些小说中有那么多的纠葛情节，那么多的热烈爱情，"她告诉女儿："在实际生活中，人心中想的是别的事。你

对页图：18 岁的科莱特在花园中阅读

自己做个判断吧：你听过我像那些书中人物一样对爱情嘀咕或哀怨吗？但是我自己就要用一个章节来描写，我会这样说！我曾经有过两位丈夫与四个小孩！"④假如她发现她的女儿为即将来临的领受圣餐仪式而读着教义问答，她马上怒气冲天："喔！我多么恨这种问问题的恶劣习惯！'上帝是什么？''这是什么？''那是什么？'这些问号，这种执迷强迫性的探索，这种好奇心，我觉得这种事极端愚蠢！还有这种发号施令的口吻，我问你！谁把'十戒'翻译成这种可怕的胡言乱语？喔，我当然不喜欢看见孩子的手中有这样一本书！"⑤

永恒之阅读：
阿基坦的艾莉
诺之墓

这个女孩受到她父亲的挑战，受母亲爱意的看顾，她则在她的房间、在她的床上、在夜晚，找到她唯一的避难所。终其成人生活，科莱特⑥一直在寻找这种孤单的阅读空间。不管是在婚姻中或独身，不管在小小的庭院居所或是在大别墅中，在租来的套房或在宽敞的巴黎公寓中，她会隔开一个区域，（但并非总是得以如愿）唯有的闯入者会是那些她自己所邀请的人。现在，她在这自己的床窝中伸展四肢，双手紧捧着珍爱的书，把它架在肚子上，她不只建立了自己的空间，还有自己计量时间的方式。（有一件事她不知道，不到 3 个小时之后，在丰特弗洛修道院 [Abbey of Fontevrault]，⑦ 1204 年过世的阿基坦的艾莉诺王后⑧，她的石雕像就刻在她的墓盖上，正是以同样的躺卧姿势，手中握着一本书。）

我也习惯在床上阅读。在我度过童年夜晚的许多床中、在过路车辆的灯光阴森恐怖地扫过天花板的奇怪旅馆房间里、在那些味道与声音对我而言很陌生的屋宅中、在夏季平房小住宅中——海风带来咸湿黏味，或者山中空气如此干燥，我甚至要在身旁放一个装有油加利树水的蒸气盆,以帮助呼吸——床和书的结合让我有一种夜夜都可以回去的家的感觉,在任何天空之下。没有人会大声吆喝,要我做这做那;我的身体一无所需,在这些纸页之下一动也不动。所发生的事是发生在书本上,而我是故事的叙事者。生活之所以发生,乃因我翻动这些书页。看到最后几页,放下书,好让故事的结局到明天才发生,然后,带着实际上已让时间停止的感觉沉入我的枕头中。我不记得有比这更大、**更广**的喜悦。

我知道并非每一本书都适合在床上阅读。侦探小说与超自然的故事是最可能让我安舒入眠的书。对科莱特来说,《悲惨世界》的街道与森林、黑暗下水道的逃亡与越过战斗路障碍的场景,乃是宁静卧房的最佳读物。诗人奥登同意这种见解。他表示,我们所读的书最好和阅读的场合有些不相搭调。"我无法在威尔特郡丘原(Wiltshire Downs)读杰弗里斯(Richard Jefferies)⑨,"他抱怨说:"也无法在一间吸烟室浏览五行打油诗(limericks)。"⑩这或许是真实的情况;就在阅读的片刻在书中探究一个类似于我们周遭的世界,这或许会让我们有一种冗余的感觉。我想到纪德在搭船到刚果途中阅读布瓦洛⑪的作品,⑫这青翠的、无秩序的植物与这雕凿的、严整的17世纪诗歌之间的对比似乎恰恰好。

但是,正如科莱特发现的,不只某些书籍需要在它们的内容和它们的环境之间有一个对比;有些书本似乎还需要特别的姿势来阅读,而读者的身体反过来也需要有适合那些姿势的阅读场所。(譬如说,她要一直到和方什特"那只最聪明的猫"一道蜷缩在她父亲的扶手椅里才能够阅读米什莱⑬的《法国史》[Histoire de France]。)⑭ 常常,从阅读所获得的乐趣主要是依赖读者身体的舒适。

"我到处寻觅幸福,"早在15世纪时坎普滕的托马斯就坦承道:"但是除了带着一本小小的书在一个小小的角落阅读,其他地方就找不到了。"⑮但是,哪个小角落呢?哪一本小小的书呢?是否先选择了书,然后才选择适当的角落,或是先找到角落,然后才决定什么书适合这个角落氛围,无疑地,阅读的时间与地点需要彼此对应,而这两种动作的相关性是无法拆解的。有的书适合我在扶椅上阅读,有的书适合我在案前阅读;有的书适合我在地下铁、在市区电车和在巴士上时阅读。我发觉在火车上阅读的书带有一点在扶椅上阅读的书那种特质,这或许是因为在两种情况中我都可以很容易地就将自己从周遭环境中抽离。"阅读好故事的最佳时机,"英国小说家艾伦·西利托⑯说:"其实是在火车上独自旅行的时候。周遭有陌生人,陌生风景自窗前闪过,(你不时抬头凝视着它)书页中缠绻的爱情与炫饶的生命拥有它自己特殊和铭记的效果。"⑰在公共图书馆所阅读的书和在阁楼或厨房阅读的书绝对不会有相同的味道。公元1374年,爱德华三世国王付了66英镑13先令4便士买了一本罗曼史的书"以保存于他的寝宫中",⑱他很显然认为这样的一本书应该是在那里阅读。12世纪的《圣格里哥利的一生》(*Life of Saint Gregory*)一书中,厕所被描写成"一个隐蔽的地方,可以在那里读板书而不受干扰"。⑲亨利·米勒也有同感:"我最好的阅读经验都是在厕所里发生的,"他一度承认:"《尤利西斯》(*Ulysses*)里面的一些段落只可以在厕所里阅读——假如读者想要撷取其内容的完整味道的话。"⑳事实上,这个"注定要当作一种较特别与较粗俗用途"的小小房间,对普鲁斯特来说,是对于"我所有需有一种不可亵渎的孤独才能进行的活动:阅读,幻想,悲伤与感官的愉悦"的适当地点。㉑

享乐主义者欧玛尔·海亚姆㉒推荐在户外树下阅读诗歌;几世纪后,性格一丝不苟的圣伯夫建议在"11月的树丛下"阅读斯达尔夫人㉓的《回忆录》(*Memoirs*)。㉔"我的习惯,"雪莱写道:"是脱下衣服,然后坐在岩石上,阅读希罗多德,直到心平气和不再流汗。"㉕然而,并非所有人都可以在户外阅读。"我很少在海滩或花园阅读,"玛格丽特·杜拉斯承认道:"你不能同时靠两种光源来阅读——白昼的

光与书本的光。你应该在电灯下阅读,在昏暗的房间里,只有书页被照亮。"㉑

阅读可以让一个场所的气氛为之改观。在夏日假期间,普鲁斯特等一家人去做晨间散步,就悄悄退回到饭厅,相信,他唯一的同伴——"对阅读很尊重"——是"挂在墙壁上的画幅、昨天刚刚被撤掉的日历、时钟与炉床,它们喃喃而语,却未期待有回答,而且它们的絮絮声不像人类的话语,并无企图以另外的不同意义来取代你正在阅读的文字的意义。"在厨子出现之前,会有整整两个小时的喜悦时光,"铺餐桌,实在还太早;而要是她半声不吭地铺也好!但她却感觉不得不说:'你这样子不太舒适吧;要不要我搬张书桌给您?'而只为了必须回答:'不,谢谢你。'我就被迫得完全停下来,并从遥远的地方把声音带回来,那个,隐藏在这嘴唇之后,很快地,无声复述所有由这眼睛读过的文字;必须将自己的声音暂停,让它回到开放,而且,为了适当地说出'不,谢谢你',给声音一种日常的外观,一种它已经失去的回应语调。"㉒只有等到更晚的时候——在夜晚,晚餐之后——当一本书只乘几页未读完时,他会重新点燃他的蜡烛,冒着被发现会遭受处罚的危险,也冒着失眠的风险,因为一旦这本书念完,随着情节进展和主角人物所撩起的热情会让他睡不着觉,然后他会在房内踱步,或屏息地躺着,希望故事继续下去,或希望至少对他如此喜爱的人物有更多的认识。

在生命即将结束的时候,普鲁斯特幽禁在一个软木镶排的房间里,让哮喘得以暂时缓和,他撑躺在柔软的床上,借着微弱的灯光而工作,普鲁斯特写道:"真正的书本不应该诞生自明亮的日光与友善的对谈,而应该诞生自幽暗与寂寥。"㉓夜晚中,躺卧于床,书页由一道昏黄的光辉所照亮,我——普鲁斯特的读者——重新运作那神秘的诞生瞬间。

乔叟——或宁可说是他的《公爵夫人之书》(*The Book of the Duchesse*)中失眠的女士——认为在床上阅读是比下棋更好的娱乐:

所以，当我明白自己可能睡不着时，到现在这深夜，我兀自坐在床上，而我旁边放着一本书，一本罗曼史，而他触动我，带我进入阅读并驱走夜晚；因为我认为这比较有趣，比起棋盘或餐桌上的游戏。㉟

但是，床上阅读除了乐趣外，带有另外的好处：一种性质特殊的隐私感。在床上阅读是一种静态、自我专注的行为，免受平常社会习规所约束，不为外界所瞧见，而且，因为它是发生于床笫之间，在色欲与可耻怠惰的畛域之中，所以有那么一点禁忌事物的刺激味道。或许就是那些夜间阅读的记忆让约翰·狄克森·卡尔、麦克·殷尼斯、安东尼·吉尔伯特的侦探小说——所有这些都是我在青少年时期的暑假所阅读的东西——都带有某种爱欲色彩。"拿本书上床"这随便一句话，对我而言似乎总是满载着性感的期待。

小说家约瑟夫·斯科夫列克基描写他幼年时在捷克斯洛伐克的阅读经验："在一个由相当严格而局限性的规则所统治的社会，不服从即会受到前史普基时期老旧美好方式的处罚。有这样一条规则：9点整一定要将你的卧室的灯关掉。男孩必须在七点起床，于是每晚非得要睡 10 个小时不可。"所以，在床上阅读就变成违禁的行为。

斯科夫列克基说，在灯光关掉之后，"我卧怀在床，盖着毛毯，头钻到里面，从垫子底下钓出一只手电筒，然后，沉溺在阅读的乐趣中，读，读，读。最后，常常在午夜过后，我在快乐的疲惫中入眠。"㊱

作家安妮·迪亚尔㊲想起她美国童年时期所阅读的书籍如何将她带离她的中西部小城，"所以，我可以在他处塑造一个书中的生活……因此，我们跑到卧室，狂热地阅读，喜爱窗外高大的阔叶树木，以及可怕的中西部夏季，和可怕的中西部冬天"。㊳床上阅读既打开环绕我们周遭的世界,也关闭它。

床上阅读的观念古代并不存在。希腊的床(*kline*)是一种木制的骨架,立在转动的、长方形的或动物形状的脚床,并装饰以珍贵的装饰,并不适合用来阅读。在社交集会中,唯有男人和高级妓女才准使用。它有一个低低的头枕,但是没有踏足板、床垫与枕头,是用来睡眠和空暇时躺靠的。在这个位置,读一个卷轴可能要左手握着一端,右手卷开另一端,而用右肘支撑着身体。但这个姿势稍好一点的时候是麻烦,不一会儿就明显地变成不舒服,到了最后就变得无法忍受。

罗马人有不同的床(*lectus*)适应于数种不同的用途,包括阅读与写作用的床。这些床的形式变化不多;床脚是圆形,大部分都饰有嵌镶图案和铜制脚架。㉝在卧室的幽暗中(在 *cubiculum*,通常是在屋宅内最偏远的角落),罗马人的睡床有时候会充当一种并不很合适的阅读之床;借着用浸蜡布制成的蜡烛,*lucubrum*,所放出的光,罗马人可以在相对较安静的氛围中阅读和"挑灯苦读"。㉞佩特罗尼乌斯㉟《萨蒂利孔》

大理石棺内侧的罗马贵族斜倚图,这是其生前的阅读姿势

一名僧侣于寒冷冬夜坐在其床上阅读,这是13世纪一本法文手抄本的装饰画

(Satyricon)中的暴发户特里马尔奇欧躺在一张功能多样的床上,被带进宴会厅,"被成堆的小软垫所支撑"。他自吹不是一个看不起知识的人——他有两间图书室,"一间希腊文,另一间是拉丁文"——他主动表示要即兴作几行诗,然后朗读给同聚的宾客听:⑧特里马尔奇欧的写

作和阅读都是躺在同一张讲究排扬的 *lectus*（床榻）上进行的。

从欧洲接受基督教的早年一直到 12 世纪多，平常的床铺是简单、用完即丢的东西，因战争和饥荒被迫撤退时常被弃置。因为只有富裕人家才有精制的床铺，而且除了富人以外也很少人拥有书籍，华丽床铺和书籍就变成了家庭财富的象征。11 世纪时拜占庭一位名叫布瓦拉斯的贵族，在他遗嘱中留下了一本《圣经》、数本圣徒传和历史书籍、一把"启梦钥"（Dream Key）、一本风行的《亚历山大罗曼史》（*Romance of Alexander*）和一张贴金的床。㉜

修道士在他们的小房间里有简朴的小床，他们在那里读书，可以比硬板凳和书桌舒适一些。13 世纪的一本有插图的手抄本中，描绘一个年轻、蓄胡的修士在他的小床上，身穿平常的衣着，背后靠着一个白色枕头，双腿则裹着一条灰色毛毯。分隔床铺与房间其余部分的帘幕被拉起。在一张木制脚架的小几上摆着三本打开的书，另外还有三本搁在他的腿上，以备随时查询，他手中则握持着一本双片蜡制刻写板和一支铁笔（stylus）。显然，他躲在床上是为了抗寒；他的长靴搁在一张有绘图的长椅上，而他在一种状似幸福的宁静中埋首书页。

在 14 世纪，书本从贵族和教士的专属中传入布尔乔亚阶级手中。贵族社会变成新富阶级（*nouveaux riches*）的模范：贵族读书，他们就读书（布尔乔亚商人学会了这项技艺）；贵族睡在挂着华丽帷幔的雕木床上，他们也加以仿效。家里有藏书和精美的卧床变成了社会地位的指标。卧室不再只是布尔乔亚睡觉和做爱的房间；它也变成了收藏品——包括书籍——的储放处；在夜晚时可以床为要塞来加以守护。㉝除了书籍，其他收藏品鲜少会陈列出来；大部分都会被存放在橱柜与箱子里，以防遭蛀虫和铁锈腐蚀。

从 15 到 17 世纪，最好的床是没收一块土地的大奖赏。㉞书籍和床是宝贵的家产（最有名的传闻是，莎士比亚遗赠他"次佳的床"给他的妻子安妮·哈瑟维),这种物品不像大部分的财产,而可以由家庭的个别成员所拥有。在女人只允许拥有极少私人财物的时代,她们拥有书籍,而且常常是遗留给女儿,而不是儿子。早在 1432 年,约克郡(Yorkshire)的一位名叫琼娜·希尔顿的女士在遗嘱中留给她女儿一部《罗曼史,和十诫》(Romance, With the 10 Commandments)、一本《七贤人传奇》(Romance of the Seven Sages)和一本《玫瑰传奇》(Roman de la Rose)。⁴⁰ 例外的是,昂贵的祈祷书与明亮的《圣经》,通常属家产的部分,因此都由长男继承。⁴¹

15 世纪晚期出现《普雷菲尔祈祷书》(Playfair Book of Hours)是一本有插图的法文书,其中一页描绘了玛利亚的诞生,画中是玛利亚的母亲圣安妮和助产士旁的婴孩。圣安妮被描绘为一名高贵的女士,或许就像乔叟的女伯爵(在中世纪,圣安妮的家庭以富裕而得名)。圣

15 世纪的《普雷菲尔祈祷书》细部,依生平年代逐绘玛利亚之一生

安妮挺坐在一张有半盖的床上,床披盖着装饰有金黄图样的红布。她盛装;身上穿着金色刺绣的蓝色服装,头和脖子符合仪节地以一件白篷遮覆。(只有在11到15世纪之间,人们一般是赤裸睡觉;13世纪的婚姻契约里有一项约束:"妻子若无丈夫答允,睡觉时不应该穿衬裙。")㊷一条石灰绿的被单——绿色是诞生的色彩,春天战胜冬天——吊挂在床的两侧。一条白色床罩折叠覆盖在这张床的红布上面;床罩之上,在圣安妮的膝盖上搁置着一本打开的书。但是,尽管这本小书(很可能是一本祈祷书)给人亲密的联想,尽管有保护的床帘,这个房间看起来却并不像一个私密处所。助产士显得十分自然地走进来;我们想想所有其他对玛利亚的诞生与死亡的描绘,床边团团围绕的祝福者或者是哀悼者、男人、妇孺,甚至偶尔还会有一只狗若无其事地在角落的一个盆子中喝水。这个诞生和不久将至的死亡的房间并非圣安妮为她自己所创造的空间。

在16和17世纪的欧洲,卧室——就像屋宅几乎所有其他房间一样——同时也是过道,因此,卧室未必能保证有像阅读这类活动所需要的平和与宁静。甚至将床用帘幕遮住,用私人的所有物来填充也还不够;床需要有它自己的房间。(14和15世纪富有的中国人拥有两种类型的床,每一种都创造出它自己的私有空间:可移动的炕,有三重目的:睡眠的平台、桌与椅,有时候还用装在下面的管子来加热,一种分成小隔间的独立构造,一种房间之内的房间。)㊸

到了18世纪,即令卧室仍然不是平静的空间,在床上阅读——至少在巴黎——已十分普遍,所以才会有圣让—巴蒂斯特·德·拉萨尔这位博爱的法国教育家在1900年订下规则,警告民众避免误蹈这种消遣的罪恶危险。"无意义的空谈、闲扯或在床上作运动,是彻底不高尚不礼貌的行为,"他在1703年出版的《基督徒谦恭礼法》(*The Rules of Decorum in Christian Civility*)一书中写道。"不要模仿某些忙于读书和其他事务的人;假如不是要睡觉,就不要赖在床上,如此,你的美德将会从中获益良多。"㊹大约在同时代,乔纳森·斯威夫特,反讽地建议应该要给床头书一点空气:"在你开'窗'让'空气'流通的'时候'",他劝告负责清洗她女主人卧室的女仆:"将书籍或其他的东西放在'窗户入座',好让它们也可以获得空气。"㊺18 世纪中叶的新英格兰(New England),杰斐逊改进后的圆筒芯灯应该是有助于强化在床上阅读的习惯。人们马上注意到,平常由蜡烛所照亮的晚餐宴上已不再如从前一样灿烂,因为那些健谈的人现在已经开始到他们的卧室去看书了。㊻

卧室内的完全隐私,甚至床上的隐私,仍然不容易获得。纵使家庭富裕到有足够的个别的床与卧房,社会习俗仍然要求在那里举行一些集体的活动。譬如说,女士盛装打扮躺于卧房床上,靠在一堆枕头上"接见客人",是很惯常的事情;而访客则会坐在床铺与隔板间的 ruelle 或"小巷"。安托万·德·库尔坦在他的《法国国民礼仪新论》(New Treatise of Civility as Practised in France)㊼一书中严格地建议,"床帘要保持拉下"以符合礼节,并说,"在非部属的面前躺卧于床并在那里谈话是很不得体的行为。"在凡尔赛宫,国王的起床仪式——有名的 le-ver du Roi(国王起床)——几成一个高度精心安排的程序,由六个不同的贵族阶层轮流到皇家的寝宫,执行被指派的光荣任务,诸如:穿上或脱下王的左手边或右手边的袖子,或在王的耳边念东西给他听。

即使到了 19 世纪,民众都不情愿承认卧室属于私人场所。哈维斯女士在她颇具影响力的书《持家之道》(The Art of Housekeeping)其中一章《幸福者之家》(Homes for the Happy),呼吁读者特别重视"几乎半生都耗在其中的卧房。"她抱怨道:"单身汉——何以不是新娘呢?——有时候会用沙发床、奇彭代尔式的(Chippendale)㊽或旧式的法国式关闭的盥洗台、棕榈植物与三脚交叉的小圆桌(gipsy-table)

来伪饰和装潢空间珍贵的卧室,好让卧室看起来像是个通道,让人觉得除了金丝雀外,没有人会在那里睡觉。"㊾雷·亨特在1891年写道:"我们宁可要一般大小的寝室,如一百年前所布置的样子,"在这间卧室中,他会有"带座位的窗户,可以眺望某个绿色的地方"和"二三个小书架。"㊿

对伊迪丝·华顿这位贵族阶级的美国小说家而言,卧室是她唯一可以从19世纪的仪式中逃离的地方,她可以在里面自在地读书和写作。"为了要把她的床具象化,"辛西雅·欧济克在一篇探讨华顿的写

科莱特于1953年庆祝其80岁大寿

作技巧的文章中写道:"她使用一个写作板。她的早餐由管家格罗丝端上,她几乎是这处寝室最深刻秘密的唯一知情者。离开床,依照她的规矩,她就要适当地打扮,而这意味着停留在原处。但在床上时,她的身体是自由的,她的笔得以任意奔驰。"㊶她的阅读也是自由的;在这个私人的空间,她不必向访客解释何以她选择了某一本书或她对此书有何意见。这个水平的工作场所极为重要,有一次,在柏林的艾斯普兰达旅馆(Hotel Esplanade),华顿还"小小发过一次飙,因为她旅馆房间里的床没有摆置妥当;一直要到床被移到面对着窗户时,她才平息下来,开始觉得柏林'无与伦比'"。㊷

科莱特社交的限制不同于那些强加于华顿身上的东西,但是社会也一样不断地侵入她的个人生活中。在她的时代,华顿一般公认是——至少部分地——从她的社会地位所允诺给她的权威来写作;科莱特则被认为要"肆无忌惮、大胆、乖张"得多,㊸因此,她在1954年过世时,天主教会拒绝替她举行宗教葬礼。晚年,科莱特长时躺卧在床,一方面是受病魔所迫,但也是由于希望有一个完全出自自己构想的空间。在这里,在皇室宫殿(Palais Royal)三楼的房间中,她在她的 *radeau-lit*("床筏",这是她给自己的床的称呼)中吃饭睡觉,接待朋友与熟人、打电话、写作和阅读。波利尼亚克公主给她一张桌子,摆在床上正好适合,就充当她的书桌。就像儿时在圣索沃尔昂皮赛时一样,科莱特背靠着枕头,身体左侧窗外是皇室宫殿的设计对称的花园,而她所收集的所有宝藏——她的玻璃制品、她的图书馆、她的猫——散在她的右手边,㊹在她所称的傲慢的孤独中,㊺一读再读她最宝爱的旧书。

有一张照片,是她死前一年所拍摄的,在她80岁生日那一天。科莱特卧在床上,而女仆的手已经不管事,她的餐桌——桌上杂志、纸牌和花摆得乱七八糟——一个生日蛋糕灿烂耀眼;火焰升得好高,高到只看到蜡烛,好像这位老太婆是在她熟悉的营火前一名露营的老者,好像这个蛋糕是一本被照明的书,闯入那个普鲁斯特为了文学创作所找寻的黑暗中。这张床最后变成如此私人的、如此亲密,它现在便成一个面向它自己的世界?这世界里什么事情都有可能会发生。

第十一章　阅读的隐喻

1892年3月26日,沃尔特·惠特曼在新泽西州坎登(Camden)的住宅去世,距离他买下这幢房子尚不到10年,临终时看起来像《圣经·旧约》里的一名国王,或是,如埃德蒙·戈斯对他的描述,"一只老安哥拉大猫"。从一张费城艺术家托马斯·伊金斯在惠特曼生前几年替他拍摄的照片中看来,他满头粗浓白发,倚窗而坐,若有所思地凝视外边的世界——他告诉过读者,那个世界就是对他作品的注解:

> 希望你会了解我去这些高原或水岸,
> 这最近的蚊子一个说明,而一滴或一排波浪是一个关键,
> 这大槌、这桨、这手锯,附议我的话语。①

对页图:惠特曼,摄于新泽西州坎登的自宅

惠特曼自己是在那里给读者凝视。事实上,有两个惠特曼:《草叶集》(*Leaves of Grass*)中惠特曼,"曼哈顿之子的沃尔特·惠特曼,一个世界人(kosmos)"但是也生于其他各处("我生于阿德莱德[Adelaide]②……我生于马德里……我属于莫斯科");③ 及出生于长岛(Long Island)的惠特曼,喜爱读冒险罗曼史,它的拥趸则是城市中的年轻男子、士兵、巴士司机。两者合一,变成这样的惠特曼:老年的他大门永远为寻访"坎登贤士"(the Sage of Camden)的客人而敞开,而且早在大约更早的30年前,在1860年版的《草叶集》中他就告知读者有

这两个惠特曼的存在：

> Camerado，这不是书，
> 接触此的人，就接触一个人，
> （现在是晚上吗？我们独自在这里吗？）
> 你所抱的是我，而我抱着你，
> 我从书页中跃入你的手臂——死亡把我唤来。④

几年后，在这本不断修正与增补的《草叶集》"临终床"版本中，世界不再是"次于"他的话，而是变成原始的声音；不管惠特曼或是他的诗都不再重要；世界自身可以自足，因为它只不过是一本敞开供大家阅读的书而已。1774年，歌德（惠特曼阅读他的作品，甚为仰慕）就已写道：

> 看看自然如何是一本活生生的书，
> 被误解但是非无法理解。⑤

现在，在1892年，惠特曼在他死亡之前数天，同声说道：

> 在每一个物体中、山、树木，和星星——在每一个出生与生命中，
> 作为每个意义的部分——从每一个意义演化出来，在征兆之后，
> 一个神秘的密码包裹着等待着。⑥

1963年，我在一本讹误甚多的西班牙文译本中读到了这些句子。尚在念中学时，有一天，一个自诩日后要当诗人的朋友（当时我们即将步入15岁）拎着一本他发现的书跑来找我，是一本奥斯特洛（Austral）出版的蓝色封面的惠特曼诗集，内页纸张粗黄，译者的名字我已不复记得。我的朋友是诗人庞德的仰慕者，以模仿庞德的诗来表达对他的赞赏，而且，因为读者对酬劳优渥的学院人士辛苦建立起来的年代学并无

敬意，所以他以为惠特曼只是一个模仿庞德的蹩脚诗人。庞德自己曾设法把这事情摆平，提议和惠特曼作出"一个协定"：

> 打破这新木的是你，
> 现在是雕刻的时候了。
> 我们有汁液与一支树根——
> 让我们之间有所往来。⑦

但是我的朋友不愿意相信。我为友谊的缘故而接受他的裁决。结果，要等到好几年之后，我偶然发现英文本的《草叶集》，并了解到惠特曼写书已经想到我：

> 读者你像我一般为生命与骄傲与爱而悸动，因此要为你唱出以下的赞美诗。⑧

最初我是在一系列给青少年阅读的书中读到惠特曼的传记，书中完全略去性生活的描述，把他写得极度平淡乏味，完全没有活生生的人性面。然后，我读了杜顿的《沃尔特·惠特曼》，内容富有教育性，但是太严肃了些。几年之后，菲利浦·卡罗所著的惠特曼传记终于让我对这个人有较清楚的了解，也让我得以重新思考先前曾想过的几个问题：假如惠特曼将读者视同自己，他心目中的读者会是什么样的人？而惠特曼又是怎么变成读者的呢？

惠特曼在布鲁克林的一家教友派（Quaker）⑨学校求学。学校依"兰开斯特方法"（Lancastrian method，以发明者英国教友派信徒约瑟夫·兰开斯特的名字来命名）教学。在班长的协助下，一名老师要单独负责一班百来名学生的教学，一长排课桌坐了10个学生。年纪最小的学生在地下室上课，年龄较大的女孩在一楼上课，而年龄较大的男孩则在楼上。一位老师给惠特曼的评语说，他是"一个本性良善的男孩，外表笨拙邋遢,除此之外说不上有什么特色。"教科书只有寥寥几本,所以要靠父亲在家中的藏书来补其不足。他父亲是个狂热的民主党员,3个儿子都是以美国的创立者来命名。藏书中有许多汤姆·潘恩、社会主义者弗兰西斯·莱特与18世纪法国哲学家、沃尔内伯爵康斯坦丁—弗朗索瓦等人的政治小册子,不过也有诗歌选集和一些小说。他的母亲是文盲,可是,根据惠特曼的说法,她"很会说故事"而且"模仿能力惊人"。⑩惠特曼最初是从父亲的书房学习字母;而发音则是听他母亲说故事时学到的。

11岁时,惠特曼离开学校,进入律师詹姆斯·克拉克的事务所。克拉克的儿子爱德华(Edward)很喜爱这个聪明的孩子,花钱让他成为一家收费图书馆的会员。惠特曼后来说,这件事"是我的一生大事"。他向图书馆借读了《天方夜谭》(*Arabian Nights*)——"一册不漏"——还有沃尔特·司各特爵士及詹姆斯·费尼莫·库柏⑪的小说。几年之后,在16岁时,他借到"一本密密麻麻厚达千页的八开本……包含有沃尔特·司各特全部诗作",他饥渴地将它读完。"过后,在夏秋两季,我隔三岔五就会到乡下或是长岛的海边去,有时候一去就待了一个星期——在那里,在户外的环境中,我仔细地温习《旧约》与《新约》,并且埋首于(对我来说,这可能比在任何图书馆或室内房间阅读还要有益——阅读的**场所**不同,其效果差异果真很大)莎士比亚、奥西安(Ossian)⑫、荷马、埃斯库罗斯、索福克勒斯、古德文的尼伯龙根(Nibelungen)、古印度诗,与一两本其他大师之作的最佳译本,但丁的作品也在列。碰巧的是,我最常在一处老树林里阅读但丁的作品。"惠特曼还问道:"我很奇怪自己为何没有被那些大师的魔力压得喘不过气来。很可能是因为,如我所描写的,我是在完全的大自然环境中阅读,在阳光底下,周遭是辽阔的风景或波澜汹涌的大海。"⑬正如惠特曼所言,阅读的地点很重要,不只是因为它给阅读提供一个物理环境,而且因为环境与书页上的地点并置,两者有相同的诠释特质,共同诱惑读者去挑战它们、阐释它们。

惠特曼没有在律师事务所待很久；不到年底，他转到《长岛爱国者》(*Long Island Patriot*)当印刷见习生，在一间狭窄的地下室，受报社的编辑与各个文章作者的督导学会操作手动印刷机。在这个环境中，惠特曼体会了"不同字母和其差异的令人愉悦的神秘——伟大的'e'盒子——装空格（spaces）的盒子……'a'盒子、'I'盒子，及其他一切"，他的吃饭家伙。

从1836年到1838年，他在纽约州诺维奇（Norwich）担任乡村教师。薪资微薄，又不稳定，而且，可能是因为督学指责他带的班级教室太喧哗，两年间他被迫转了八所学校。假如让他教学生，他的长官无论如何都不可能会高兴：

> 你不应该拿二三手的东西，也不应该以死者的眼睛看事物，也不应该靠书本中的幽灵来喂养。⑭

或这：

> 在我的风格底下学会摧毁老师的人最尊重我的风格。⑮

在学会印刷和教人识字之后，惠特曼发现，他可以借着报纸编辑的工作来将两种技巧结合：首先是在纽约州亨廷顿（Huntington）的《长岛人》(*Long Islander*)，然后转到《布鲁克林每日鹰报》(*Brooklyn Daily Eagle*)。在这里，他开始发展他的民主政治乃是"自由读者"社会的概念，这种读者未受狂热信仰与政治学派的污染，文字制造者——诗人、出版者、老师、报纸编辑——必须尽心服务的对象。"我们真的感觉到有一股对所有布鲁克林人谈论多种主题的欲望"，他在1846年6月1日的一篇社论上解释道："而我们也并不是急需要赚他们的九便士。报社主事者心中对他所服务的民众涌起一股特殊的同情心（你以前从未想过吗？）……每日的心灵交流在两造之间创造出一种兄弟与姊妹情谊。"⑯

大约在这时候，惠特曼偶然读到了玛格丽特·富勒的著作。富勒是一位不凡的人物：美国第一位全职的书评家，第一位女性的驻外记者，一位思路清晰的女性主义者，也是内容慷慨激昂的小册子《19世纪女性》（*Woman in the Nineteenth Century*）的作者。爱默生认为："所有新英格兰的艺术、思想与高尚，似乎都与她有关系。"⑰然而，霍桑却说她是"一个大骗子"。⑱而奥斯卡·王尔德则说，维纳斯赋予她"除了美丽之外的一切事物"，而帕拉斯（Pallas）⑲则赋予她"除了智慧之外的一切东西"。⑳富勒虽相信书本未能代替实际经验，但在她书中见到了"一个审视所有人性的媒介，一个一切知识、一切经验、一切科学、我们天性中一切理想和实际事物所可能聚集的核心"。惠特曼热切回应她的见解。他写道：

狂热的读者玛格丽特·富勒

> 做我们认为重要的事情，喔灵魂，
> 贯穿非凡书籍的主题，
> 在思考、游戏、臆想中吸取深刻而完整
> 但是，现在，从你到我，笼鸟，去感觉你快乐的鸟鸣，
> 盈溢空气中，这寂寞的房间，漫长的午前时刻，
> 不是一样伟大吗，喔灵魂？㉑

对惠特曼而言，本文、作者、读者和世界在阅读的活动中彼此互相映照。他把阅读活动的意义扩大到指称所有人类的生命活动，及所有这些活动所发生于其中的宇宙。在这种连结中，读者反映了作者（他和

我合而为一),世界对书本(上帝之书,大自然之书)发出回响,书本有血有肉(作者自己的肉和自己的血,经过一种文学的变质过程[transubstantiation]而变成我的),这个世界是一本尚待解码的书(作者的诗作变成我对世界的阅读)。终其一生,惠特曼似乎一直在找寻对阅读活动的理解与定义,这种活动是既是它自己,也是它各个组成部分的隐喻。

在我们的时代,德国评论家汉斯·布鲁门伯格写道:"隐喻首先不再被认为是代表着我们犹豫不决的理论构想的领域,或是一处通往概念形成的入口大厅,或是尚未巩固的专门化语言里一道暂时的装置,而是理解文脉背景的真正工具。"②说一个作家是一个读者或一个读者是一个作家,将一本书视作一个人或将一个人视作一本书,将世界描绘成本文或将一个本文描绘成世界,这些都是指称读者技巧的方式。

这种隐喻历史悠久,其根源在最早的犹太教—基督教社会中。德国评论家库尔提乌斯在他的经典之作《欧洲文学与拉丁中世纪》(*European Literature and the Latin Middle Ages*)中专论书本的"象征主义"的一章中,表示书本隐喻始于古典希腊,但是关于此,只有很少数的例子,因为希腊社会——后来的罗马社会也一样——并不把书本当成日常生活的物品。犹太人、基督徒与伊斯兰社会与其圣典发展出一种深远的象征性关系,这些圣书并非上帝之言的象征,而是上帝之言本身。根据库尔提乌斯,"世界和自然是书籍的观念,源自天主教教会的修辞,由中世纪早期的神秘哲学家所取代,最终变成一则老生常谈"。

16世纪西班牙的神秘主义者福雷·路易斯·德·格拉那达认为:假如世界是一本书,那么世间万事万物就是这本书用以写就的字母。在《信仰象征导论》(*Introducción al símbolo de la fé*)一书中,他问道:"他们会是什么,所有的今世的生物,如此美丽如此精致,不就是那一个个独立而明白的字母,如此适当地宣示其作者的细致与智慧?……与我们亦然……已经被你放置在这全部宇宙的美妙之书面前,所以,透过其创造物,宛若借着活生生的字母,我们会阅读到我们的造物者的杰出。"③

"上帝的手指，"托马斯·布朗爵士在《医生的宗教》(*Religio Medici*)一书中改动福雷·路易斯的隐喻，写道："已在他所有的作品中留下一个碑文，不是书写的或是由字母构成的，而是由它们的一些形式、构造、部分与行动，恰当结合一起，的确制造一种表现它们的天性的文字。"[24] 对于这种说法，出生于西班牙的美国哲学家乔治·桑塔亚纳补充道："那些有读者在边白处胡乱加上注脚或评论的书籍，要比正文本身更有趣。这个世界就是其中的一本。"[25]

正如惠特曼所指出的，我们的任务就是阅读这个世界，因为这一本巨大的书是我们尘世之人唯一的知识来源（根据圣奥古斯丁，天使不需要阅读这本世界之书，因为他们看得见作者本尊，可以亲炙圣言[the Word]之灿烂辉煌。在对上帝说话时，圣奥古斯丁反映说，天使"没有必要仰观或阅读天空来阅读您的文字。因为他们总是看得见您的面貌；在那里的，他们阅读您的永恒意志，不受时光流转之拘限。他们阅读它，他们选择它，他们爱它。他们一直阅读着，而他们所读的东西永无结束之时⋯⋯他们所读之书永不阖上，他们所读之卷轴永不收卷。因为您就是他们的书，而您是永恒"）[26]。

人类既是依照上帝的形象而造成，所以本身也是待阅读的书籍。在这里，阅读的动作具有隐喻的功能，帮助我们了解与自己的身体含糊的关系、在另外一个人之间的遭遇与接触及符号的解读。我们阅读一张脸孔的表情，我们跟随爱人的手势，像一本打开的书。"你的脸，我的大人，"麦克白夫人对她的先生说，"好似一本书，人们可以在上面读出奇怪的情事"，[27] 而 17 世纪的诗人亨利·金描写他的年轻的亡妻道：

亲爱的亡妻！自从你英年早逝，我的任务就是去沉思你，在你：你就是书，我观阅的图书馆，虽然几乎是盲目的。[28]

而本杰明·富兰克林，一位伟大的爱书人，替他自己写了一道碑文（遗憾的是未用于他的墓碑上），其中，读者作为书本的意象获得了完整的描述：

> 印刷工富兰克林的身体，
> 就像一本旧书的封面，
> 它的内容被撕走，
> 剥落字母与烫金
> 躺在这里，给虫当食物。
> 但是这作品将不会失去；
> 因为它，正如他所笃信的，
> 将再次出现
> 于一个更优美的新版本中
> 获得作者的
> 更正和改善。㉙

说我们阅读——世界、书本、身体——是不够的。阅读的隐喻转而招来另一种隐喻，要求用位于读者的图书馆外面、但同时也是在读者的身体里面的意象来加以解释，好让阅读的功能和我们其他的基本身体功能联结在一起。正如我们所见，阅读担任一种隐喻性的工具，但是，为了容易明白，它自己也必须透过隐喻来让人家认识。正如作家谈到"烹调"（编造）一则故事、"重新剁碎"一篇本文（将旧作改头换面，重新推出）、对情节有了"半烤"（不成熟）的想法、为一个场景"调味"（增添趣味），或给一道论点的"赤骨"添上"装饰菜"（给一道论点的架构添上润饰语）、把"煮壶"的"配料"变成"受潮的"文章（把为赚钱而粗制滥造的书的内容变成乏味的文章），一块"洒上"典故"胡椒"的生活"切片"（一则添加典故的生活小品），让读者可以"咀嚼"（沉浸）其中，我们读者谈到"品味"一本书，在里面找到"营养"、一顿挫的时间"吞咽"一本书、"呕出"或"吐出"（未经真正理解就加以应用）一篇文章、"反刍"（反复思考）一个段落、让诗人的文字"在舌头上翻滚"（欣赏诗人的文字音韵）、诗歌

182　阅读活动

圣约翰正要吃下天使的书。这是一张 17 世纪俄罗斯活页印刷画作所描绘的情景

"飨宴"、靠"摄取"侦探小说来过活。16 世纪的英国学者弗兰西斯·培根在一篇讨论读书艺术的文章中,罗列了这个过程:"有些书籍是用来品尝,有些被囫囵吞下,而少数的书则被咀嚼和消化。"㉚

由于因缘际会,我们知道这个特殊的隐喻初次被记录的日期。㉛公元前 593 年 7 月 31 日,在古巴比伦迦勒底人(Chaldeans)的土地上的迦巴鲁河(Chebar)岸边,希伯来祭司以西结看到了一个火的景象,在

其中他看见"耶和华荣耀的形象"命令他对以色列的叛乱子民说话。"你要开口吃我所赐给你的",这景象如此指示他。

> 我观看,见有一只手向我伸出来;手中有一书卷;他将书卷在我面前展开;内外都写着字;身上所写的有哀号、叹息、悲痛的话。[32]

圣约翰(Saint John)记录他在希腊拔摩岛(Patmos)的天启景象,得到和以西结相同的启示。当他难掩恐惧之情在观看时,一名天使携带着一本打开的书从天而降,一道雷声告诉他不要写下他已学到的东西,而要从天使手中拿取这本书。

> 我就走到天使那里,对他说,请你把小书卷给我。他对我说,你拿着吃尽了,便叫你肚子发苦,然而在你口中要甜如蜜。
> 我从天使手中把小书卷接过来,吃尽了。在我口中果然甜如蜜。吃了以后,肚子觉得发苦了。
> 天使对我说,你必指着多民、多国、多方、多王再说预言。[33]

最后,当阅读已普及的时候,这种吃食的隐喻变成普通的修辞。在莎士比亚的时代,文学用语中出现这种说法不足为奇;伊丽莎白一世女王(Queen Elizabeth I)也利用它来描写自己阅读《圣经》的情景:"许许多多次我走入《圣经》令人愉快的领域,在那里我摘采了句子的优质绿色药草,借着阅读吃下它们,沉思咀嚼,而最后将它们放置在记忆中……由此我可以减少对不幸生命的辛酸的感受。"[34]到了1695年,此种隐喻已在英文中根深蒂固,以至于威廉·康格里夫可以在《为爱而爱》(Love for Love)的开场戏中拿它来戏仿(parody),让好卖弄学问的瓦伦廷(Valentine)对贴身男仆说:"读,读,喂!琢磨你的食欲;学会靠知识果腹;设宴款待你的心灵,并克制你的肉欲;读,用你的眼睛摄入营养;闭上嘴巴,反刍理解。""您将会在这个纸上摄食中变得如恶魔般肥胖,"贴身男仆评论道。⑤

173
贪婪的读者约翰逊博士。绘者是18世纪英国肖像画家乔舒亚·雷诺兹爵士

尔后不到一个世纪,约翰逊博士以餐桌礼节方式来读书。鲍斯韦尔说,他读起书来"十分饥饿般的,好似要将书本吞没,从表面看来,这就是他念书的方式"。根据鲍斯韦尔,约翰逊博士在晚餐时,会把一本书包在桌布内,搁在大腿上,"出自于一种快看完一本书,另一本要随时准备好以供消遣的热切渴望;就像(容我用一个粗鄙的直喻)狗一边吃着丢在他眼前的食物,脚掌还抓着一根骨头预备着"。⑥

无论读者如何将一本书弄成他们自己的,结果都是该书和读者合而为一。本身就是一本书的这个世界,被堪称这本世界之书中的一个字母的读者所吞没;如此一来就替阅读之无穷尽创造出一个循环的隐喻。我们即是我们所阅读的东西。惠特曼认为,这个循环得以完成的过程并非只是一个智性的过程;我们的理智只能阅读到肤浅的表层,只能掌握一些意义、了解一些事实,但在同时,在无形中、不知不觉地,本文和读者相互交融,创造出新的意义层次;如此,每次我们摄取文本,因而产生某种东西时,也会有其他事物在它底下出生,是我们尚未掌握的。这也就是何以——正如一再重新改写、编辑其诗作的惠特曼所笃信的——没有任何阅读是决定性的。在1867年,他解释道:

> 不要对我关上你的门,骄傲的图书馆,为那个在你丰富的书架上仍欠缺、但是最需要的东西,我从这将至的战争中产生,我所做的一本书,我书里的字,不是什么,它的流动,是一切,一本独立的书,未与其他相连,知识分子也感觉不到,但你汝辈,未被透露的潜力,将对每一页感到战栗。⑦

读 者 的 力 量

会读书的人应该是一个发明家。

爱默生:《美国学者》,1837 年

第十二章　开始

1989年夏季，即波斯湾战争的前两年，我到伊拉克旅游，去看巴比伦的遗址和巴别塔。我对这趟旅行巴望已久。巴比伦遗址位于巴格达南方大约40英里，在1899年至1917年之间由德国考古学家罗伯特·科尔德韦重建，①是一处有奶油色墙壁的巨大迷宫，一度是世上最强大的城市，接近一座泥土丘陵，旅途指南说这就是因多元文化论（multi-culturalism）而受上帝诅咒的那座塔的遗迹。载我前往的计程车司机之所以知道这个地方，只因为它很靠近希拉镇（Hillah），他到过那里一两次，去拜访一位伯母。我随身携带了一本企鹅版（Penguin）的短篇小说选集，在游览这座对我这个西方读者而言是一切书籍的起始点的废墟之后，我在一丛夹竹桃灌木的树荫下坐下，开始读起书来。

墙壁、夹竹桃木、沥青的铺设、开放的通路、泥土堆、倾圮的塔：巴比伦的部分秘密在于：游客所见到的不是一座而是很多座城市，在时间上接续，而在空间上同时并立。有阿卡德人（Akkadian）时代的巴比伦，公元前2350年左右的一处小村庄。巴比伦也有一处史诗《吉尔迦美什》——其中包含最早提及诺亚的洪水的描述——首次被朗诵的地方，是在公元前2000年的某一天。但有汉谟拉比王的巴比伦，是在公元前18世纪，她的法律制度是世界上最早将整个社会生活予以制定规范的尝试之一。还有在公元前689年遭亚述人（Assyrian）②摧毁的巴比

对页图：5000年前的读者——苏美抄写员都都

伦。还有尼布甲尼撒③所重建的巴比伦，他在公元前586年左右围攻耶路撒冷，洗劫所罗门圣殿（Temple of Solomon），并俘虏了犹太人，于是他们坐在河边哭泣。也有迦勒底王伯沙撒——尼布甲尼撒的儿子或孙子（系谱学家对此犹未定案）——的巴比伦，他是第一个看到墙壁上的书写文字的人，以上帝手指所写令人敬畏的书法。还有亚历山大大帝在将帝国从北印度扩张到埃及希腊时欲将其作为首都的巴比伦——这位世界征服者公元前323年他33岁时死于巴比伦，手里抓着一本《伊利亚特》，回到那将军懂得阅读的日子。还有圣约翰所想象出来的巴比伦大帝——妓女之母与尘世的可厌者，使所有国家都在喝因她通奸造成的愤怒之酒的巴比伦。然后，还有我的计程车司机的巴比伦，一个接近希拉镇的地方，他的伯母住在那里。

考古学家已有相当的证据认定，书籍的史前史是从这里（或至少离这里不远处）开始的。在近公元前4000年中期时，近东的气候变得较凉爽，空气更加干燥，南方美索不达米亚的农作社区抛弃他们零落的村庄，重新聚居在较大的都市中心及周围，这些地方很快地就变成城市国家。④为了维护稀少的良田，他们发明新的灌溉技术和非同凡响的建筑设计，并利用法规勒令与商业的规则将逐渐复杂的社会加以组织起来，到了公元前第4世纪即将结束时，新的都市居民发展了一种永远改变了人类沟通本质的艺术：书写的艺术。

大概，书写之发明可能是为了种种商业的理由，来记载属于某个家庭或正在运往某地的牛只的数目。一个书写的符号，作为记忆的装置：一张画着一头牛的图画即代表一头牛，提醒读者此项交易对象是公牛，多少只公牛，或许还有买主与卖主的名字。在这种形式中，记忆也是一种文件，是此项交易的记录。

刻写板的最初发明者可能已经了解到这些泥片的优势胜于以头脑记忆：第一，可储存在刻写板上的资讯，其数量无穷尽——我们可以**永不停息**地继续生产刻写板，而大脑的记忆容量却是有限的；第二，刻写板不需要记忆持有人亲自在场来将记忆内容说出。突然间,某种无形的东西——一个数字、一则消息、一种思想、一道命令——都可以在发出讯息者不在现场的情况下被取得;很神奇地,它可以被想象、记下,并超越时空的障碍而传递。史前文明的最早遗迹就已显示,人类的社会一直都在设法克服地理的阻隔、死亡的大限、遗忘的侵蚀。而仅就这样一项动作——将一个符号铭刻在一块泥制刻写板上——最早的不知名的作者,突然在这似乎不可能的技术上获得了成功。

但是,书写并不是在那第一道切割的瞬间出现的唯一发明;另外一个创造也同时发生了。因为书写动作的目的就是让本文得以被拯救——也就是说,阅读——这道切割同时也创造了一个读者,一个在实际的第一位读者具体出现之前就先形成的角色。当那位最早的作者梦见一种在泥片上刻上记号的新技术时,另一种技术就悄悄出现了,而若没有那种技术的话,这些标记可能会完全无意义。作者是讯息的制造者、符号的创造者,但是这些符号和讯息需要一个法术家来破解它们,辨认出它们的意义,赋予它们声音。书写需要读者。

作者与读者的原初关系呈现出一种绝妙的吊诡:在创造读者角色的同时,作者也判决了自己的死亡,因为,为了让一篇文本得以完成,作者必须撤身,停止存在。只要作者仍然存在,文本就无法完成。只有当作者放弃正文时,文本才得以诞生。在那一刻,文本的存在是个沉默的存在,一直沉默到读者阅读它的时候。只有当有阅读能力的目光接触到刻写板上的这些标记时,文本才有了主动的生命。所有的书写都有赖于读者的包容与接纳。

作者与读者之间这种不安定的关系有其肇端;它是在美索不达米亚的一个神秘的午后一次建立起来的。它是原初创造者与逝后创造者之间一种丰饶、但时代错误的关系——一个在死亡的时刻诞生的原初创造者与一个使"创造"自身说话的逝后创造者,或说世世代代的逝后创造者,没有他们的话,所有的书写都是死的。从一开始,阅读就是书写的礼赞。

写作很快就被公认是一种强有力的技术,抄写员就在美索不达米亚的各社会阶层间崛起。很明显,抄写员必须具备有阅读的能力,但是,不管是其职业名衔,或是社会对其工作的认知,都未认识到阅读活动这一回事,相反,却几乎完全将焦点集中于他的记录之才能。一般人皆认为,若抄写员没有被视为是在从事记忆资讯的工作(若是这样,就表示他们有能力赋予这些资讯种种意义),而只单纯是个为公共利益而从事记录资讯工作的人,这样对他会比较安全。虽然他可能会是一名将军或甚至一名国王的耳目,最好还是避免炫耀这种政治势力。为此缘故,美索不达米亚的抄写员女神妮莎巴(Nisaba)的象征是铁笔(stylus),而不是摆在其眼前的刻写板。

抄写员在美索不达米亚社会所扮演的重要角色不容置疑。抄写员的任务是发送讯息、传递新闻、记录国王的钦令、登载法规、记下历法所必需参考的天文资料、计算士兵、工人或供应物品以及牛只的需要数目、计算并记录财务与经济交易、抄录医生的诊断与处方、参加军事远征负责发文及记录战争、估算税捐、签订合约、保存宗教圣典,及以朗读史诗《吉尔迦美什》来娱乐他人,若没有抄写员,以上没有一项是可以达成的。他是沟通得以建立、讯息得以解码的那只手、眼与声音。这就是何以美索不达米亚的作者们直接地对抄写员说话,知道抄写员会扮演将讯息转达出去的任务:"给我的主,这么说:如此如此,您的仆人。"⑤"说"是对一个第二者,"你",所说的,亦即尔后小说中的"亲爱的读者"的最早的祖先。我们每个人在阅读那一行文字的时候都跨越年岁,变成了这个"你"。

公元前2000年至公元前1500年间,美索不达米亚南部西帕尔(Sippar)的沙玛什(Shamash)⑥神庙的祭司们竖立了一个纪念碑,十二面皆刻有文字,上面记载了寺庙翻修过程与皇家岁收增加的情形。但是这些最早的政治人并没有标明其年代,反而标示成阿卡德(Akkad）的玛尼什图苏国王（King Manishtushu）的统治时代，如此为这座神庙的财务宣称建立起古老建筑。这些碑文以如下对读者的承诺作结："这不是谎言，它确实是真理。"⑦正如抄写员—读者很快就发现的，他的技艺赋予他修改历史的能力。

由于手中所掌握的力量，美索不达米亚的抄写员变成贵族菁英分子。（多年之后，在公元7、8世纪时，爱尔兰的抄写员仍然得益于这个尊贵的地位：杀害爱尔兰抄写员的刑罚与杀害主教相当。）⑧在巴比伦，只有某些特别受过训练的公民才有资格当上抄写员，而他们的功能使他们获得比其他社会成员更高的地位。教科书（学校所使用的刻字板）在吾珥（Ur）⑨大部分较富有的人家里都有具备，由此也可推论，书写和阅读的技艺被认为是贵族的活动。那些被挑选担任抄写员的人从年幼开始就在私立学校——即 e-dubba（刻字板屋）——受教。马里（Mari）⑩的秦里—林姆国王（King Zimri-Lim）的宫殿中有一间排列着泥土长板凳的房间，⑪被认为是训练抄写员的学校典范，虽然根据考古学家的考察，它并未制作出教科书。

学校的所有人，校长（ummia），有一位 adda e-dubba（刻字板屋师父）和一名 ugala（职员）作助理。教授的科目有好几项；譬如，在其中一所学校，一名叫伊格米尔—锡恩（Igmil-Sin）⑫的校长所教的科目包括书写、宗教、历史与数学。训练是由学长担任，扮演有点像是级长的角色。抄写员的重要任务是学校成绩要好，有证据显示家长贿赂老师以让他们的儿子获得好成绩。

在学习了塑造泥土刻字板与使用铁笔的实用技巧之后，学生必须学习如何画出与辨认基本的符号。到了公元前2000年，美索不达米亚的文字已经从图像文字（pictographic）——对文字所代表的事物还算准确的描绘——转变为我们现今所谓的"楔形文字"（cuneiform）书写（源自拉丁文的 cuneus，"钉子"之意），楔形符号代表声音，而不是事物。早期的图像文字字元（pictogram）（大约有超过2000个字，每一个被表示的事物都有一个符号)已经演化成抽象的标记,不仅可以代表其所描绘的事物,也可以用来表示观念;不同的字与音节而发音相同者,以相同的符号来标示。辅助符号——语音或文法的——使理解文本更为容易,也让意义表达更为多重和精微。在短短时间之内,这套系统使抄写员得以记录复杂和高度精致的文学:史诗、智慧之书、幽默故事、爱情诗。⑬事实上,楔形文字书写历经连续几个帝国,苏美尔、阿卡德与亚述,记录了15种不同语言的文学,涵括现今的伊拉克、伊朗西部和叙利亚。今天,我们无法将这种图像文字的刻字板当作一种语言来阅读,因为我们不知道这些早期符号的语音意义;我们只能**辨认**出一只山羊、一只羊。但语言学家已试验性地重建了晚期苏美尔与阿卡德楔形文字所写之文本的发音,而且,无论如何粗浅,我们已能够念出数千年前所制定的发音。

初步的读写技巧是以练习连结符号——通常形成一个名字——来取得。无数刻字板的内容都显示出这些早期、生涩的阶段,上面的标记显示切刻的手的不稳定。学生必须遵循阅读的成规来学会写字。譬如说,阿卡德语里的"到"(to)是 ana,必须写成 a-na,而不是 ana 或 an-a,好让学生可以正确地标出重音节。⑭

一旦学生在这个阶段熟练后,老师会给他一块不同的泥刻字板,一块圆形刻字板,老师已在上面刻上了一个短句、格言或名单。学生会研究这碑文文字,然后,在刻字板的背面重新刻制。为了做到这样,他必须将一面刻字板的文字牢记在心,到此,他第一次成为讯息的传递者,从老师之书写的读者变成他所阅读事物的作者。在那个小小的姿态中,一种后来的读者——抄写员角色就诞生了:抄写文本、为之注解、加以润饰、翻译、转变它。

我把美索不达米亚的抄写员说成"他",因为他们几乎清一色是男性。阅读和写作是保留给那个父权社会里的权势人物的。不过,也有例外。历史上最早叫得出名号的作者其实是名女性,安海度亚娜公主

(Princess Enheduanna)。她大约出生于公元前 2300 年,是阿卡德的萨尔贡一世国王(King Sargon I)的女儿、月神娜娜(Nanna)的女大祭司,与一系列歌颂爱与战争女神伊娜娜(Inanna)的歌曲作者。⑮安海度亚娜在她的各个刻写板的结尾处签署了自己的名字。这在美索不达米亚属惯有的行为,而我们对抄写员的认识皆出自这些签名,或书籍的末页(colophones),页中包含抄写员的名字、日期与书写进行的城镇名字。这种标识使得读者能在一个既有的声音中阅读文本——在对伊娜娜的赞美诗中,是安海度亚娜的声音——将文中的"我"与某个特定人物划上等号,创造了一种拟似虚构的角色——"作者"——好让读者可以与其对话。这种设计在文学的发轫时期即已发明,而 4000 年过后仍为我们所用。

183

两名苏美尔学生的刻写板

抄写员一定晓得作为文本的读者所被赋予的非凡力量,并且小心翼翼地护卫着那种特权。大多数的美索不达米亚的抄写员会在其抄本的结尾处自大地写下这道题词:"让聪明人教导聪明人,因为无知者可能看不见。"⑯在埃及第 19 个朝代时期(大约公元前 1300 年左右),一名抄写员写下对他这一行业的赞辞:

做个抄写员!将此刻在你的心上,
好让你的名字可以像它们的名字一样活下去!

卷轴比雕石好。
人已死：尸体是灰尘，
而他的人已经在这块土地活过。
唯有书使得他被记得，
在阅读他的演说者的口中。⑰

　　一个作家可以用许多方式来建构一个文本，从平常所储备的字库中选择似乎最足以表达其讯息的措辞。但是接受文本的读者并未受限于任何一种解释。正如我们已经说过的，虽然对一篇文本的阅读并不是无限的——它们会受制于文法的成规，及常识所加诸的限制——但也并非严格地受到文本的主宰。法国评论家雅克·德里达⑱说，任何书写的文本，"都是可以阅读的，纵使它产生的片刻已失去而不可挽回，纵使我不知道它所谓的作者在写下它的那一刻的心中用意，也就是说，随文本去作它最基本的漂流"。为了那个理由，希望保存并强加上固定意义的作者（作家、抄写员）必须同时也是读者。这是美索不达米亚的抄写员允诺他自己拥有的秘密特权，这个特权也是我，在可能是他的图书馆的废墟里阅读的我，已经夺取过来的。

　　罗兰·巴特在他的一篇著名文章中对 écrivain 和 écrivant 作了区分：前者实践一个功能，而后者实践一个活动；对 écrivain 来说，写作是一个不及物动词；对 écrivant 来说，这个动词总是引至一个对象——灌输、见证、解释、教导。⑲我们或许也可以同样区分出两种阅读角色：那些认为文本可以在阅读动作本身获得其存在的正当性的读者，别无他图（甚至也没有娱乐活动，因为乐趣的观念就蕴含在执行的动作里），以及那种具有其他动机（学习、批评）而将正文当作一种工具以达到另一个功能的读者。第一种活动发生在由文本的本质所指定的时间架构中；第二种活动存在于读者为了那种阅读目的所强加的时间架构。这或许就是圣奥古斯丁相信由上帝自己所设立的差异。"我的《圣经》说什么，我就说什么，"他听到上帝对他透露。"但是《圣经》是在时间的流程中说出，而时间却是无法影响'我的话'（My Word），此话永远，永远等于我。你借着我的精神所见之事物，我看见，正如我说出你借由我的精神所说的这些话。但是，你是在时间的流程中看见那些事物，而我却不是。而且，你是在时间的流程中说那些话，而我却不是。"⑳

正如抄写员所知道的，正如社会所发现的，书写文字的卓越发明，以它所具有的讯息、它的法规、它的名单、它的文学，都得仰赖抄写员的才能来恢复这文本，来阅读它。随着那种才能的丧失，文本再次成为沉默的标志。古代的美索不达米亚人相信鸟类是神圣的，因为它们在湿泥土上的脚步留下了类似楔形书写的标记，他们还想象，假如可以破解那些符号的迷惑，就会知道神明们在想些什么。好几代的学者设法要变成那些我们已经遗失其符码的文字的读者：苏美尔文字（Sumerian）、阿卡德文字（Akkadian）、克里特的米诺斯文字（Minoan）、阿兹特克文字（Aztec）、玛雅文字（Mayan）……

有时成功，有时失败，正如埃特鲁斯坎文（Etruscan）㉑的书写，我们迄今尚未能解译其错综复杂。诗人理查德·威尔伯数语道出注定降临于一个失去读者的文明的悲剧：

致埃特鲁斯坎诗人

流利地梦见，沉默的兄弟，年少的时候
喝你母亲的奶取得这母语

其中，纯粹的矩阵，接合世界与心灵，
你努力留下一句诗行

就像雪地里的一道新痕
不去想它可能全部融化而消失。㉒

第十三章　宇宙的制定者

埃及的亚历山大是亚历山大大帝于公元前331年所建立的。4个多世纪后，在罗马帝国皇帝克劳迪乌斯当政时，一名历史学家鲁弗斯在他所著的《亚历山大史》(History of Alexander)中写道，亚历山大大帝造访埃及神明阿蒙（Ammon）——"隐匿之神"（The Hidden One）——的神殿之后便立刻下令建造这座城市。神殿祭司称亚历山大大帝为"朱庇特之子"（son of Jupiter）。在这片新近征服的神赐领土中，亚历山大选择这块伸延于马瑞欧提斯湖（Lake Mareotis）与大海之间的陆地当作他的新都，并命令族人从邻近城市迁居过去。"有一篇报导说，"鲁弗斯写道："在国王依马其顿的习俗以大麦碎片画出将来城墙的周界后，鸟群飞下来啄食这些大麦碎片。许多人认为此为不吉之兆，但众预言家则裁定说，此征兆预示这座城市将会有大批人口移入，而且会给许多国家提供财路。"①

确实有很多国家的人民群聚到这座新都城，但最终让亚历山大名声响亮的是一种不同方式的移民。到亚历山大大帝在公元前323年过世时，这座城市已成为我们现今所谓的"多元文化社会"，在托勒密王朝（Ptolemaic dynasty）的统治下，以民族划分成多个 politeumata（民族体）。这些民族中，除了当地的埃及人以外，最重要的就属希

对页图：一份16世纪手抄本上的亚历山大想象图

腊人。此时希腊人已将书写文字视为智慧与权力的象征。"有阅读能力的人其见识比常人多了一倍，"公元前4世纪的雅典诗人米南德写道。②

传统上埃及人已将大部分行政事务记载于文字中，不过，希腊人认为社会对于商贸交易也需要有一套精密、有系统的书写记录，或许是受到希腊人的影响，亚历山大逐渐变成一个官僚文牍盛行的城市。到了公元前3世纪中叶，文件流通几已庞杂浩繁到难以运作的地步。收据、估价单、申报单与许可证全都形诸文字。行业买卖不论大小，几乎都有文字单据：养猪、销售啤酒、烤小扁豆交易、经营澡堂、承接油漆工作。③一份公元前258年至前257年的单据显示，财务部长阿波罗尼乌斯的办公室在33天收下434卷的莎草纸。④用纸的需要并非就意谓对书籍的热爱，但是对书写文字的熟悉无疑会让亚历山大的公民习惯于阅读活动。

假如亚历山大的创立者的品味可以作为参考依据的话，这座城市注定要变成文风鼎盛之地⑤。亚历山大大帝的父亲马其顿的菲利浦延聘亚里士多德当他儿子的家庭教师。在亚氏教导之下，亚历山大成为"一位博览群籍的爱书人"⑥。——爱书到了身边几乎少不了书的地步。有一次，他在上亚细亚（Upper Asia）旅行时，因为"身边的书看完了"，便命令一名指挥官给他运来一些书；他及时收到菲利斯图斯的《历史》（History）、多卷欧里庇得斯、索福克勒斯和埃斯库罗斯的剧本与泰列斯提斯和菲洛克塞努斯的诗。⑦

向亚历山大的继承者托勒密一世建议在亚历山大设立图书馆的人可能是法勒伦的德米特里厄斯，他是来自雅典的学者、伊索寓言的编纂者、荷马作品的评论者，也是著名的希腊哲人狄奥弗拉斯托斯（亚里士多德的学生及友人）的学生。这个建议令亚历山大留名青史；其名声之响亮，甚至在这座图书馆毁坏之后150年，瑙克拉提斯的阿特纳奥斯⑧仍认为对其读者描写它乃是多余之举。"而关于书籍的数目、各图书馆的建造，与缪斯厅（Hall of the Muses）的收藏，既然它们长存于所有人的记忆之中，为何还需我来赘述呢？"⑨这是很不幸的，因为，这座图书馆的基址、收藏了多少书籍、如何管理，及遭何人摧毁都是迄今尚无满意答案的悬案。

公元前1世纪接近尾声时，希腊地理学家斯特拉博曾对亚历山大和当地的博物馆作过一些详细的描写，但却只字未提这座图书馆。根据意大利历史学家卢西亚诺·康弗拉的说法，⑩"斯特拉博之所以未提到这座图书馆，只因为它并非是一处独立的房间或建筑，"而是附属在这座博物馆的柱廊与公共休息室的空间。康弗拉推测，*bibliothekai*（书架）是沿着一条宽阔的有顶廊道或通道隐蔽设置。"大约每一个壁龛或隐蔽处，"康弗拉说："都是为某一阶级的作者而设，每个都标示有适当的标题。"据说，这个空间最后扩大到容纳了近50万卷图书，另外还有4万卷是储存在附属于塞拉皮斯神庙（Temple of Serapis）的一栋建筑物里，就在拉寇提斯（Rhakotis）的古埃及广场边。我们常常说，印刷术发明之前，亚威侬的教宗图书馆是基督教西方世界唯一藏书超过两千卷的地方，⑪相较之下，亚历山大藏书的重要性就更加凸显。

书籍必须大量收藏，因为图书馆的神圣目的就是要容纳人类的全部知识。对亚里士多德来说，收集书籍乃是学者研究工作中不可或缺的一环，其必要性"就像备忘录一样"。他的学生亚历山大所建立的城市图书馆，其主要目标就是成为世界的记忆库。根据斯特拉博，亚里士多德的藏书传给了特奥弗拉斯托斯，后者再传给其亲戚和学生斯开普斯的尼留斯（Neleus of Scepsis），而从尼留斯（虽然有人质疑他是否会那么慷慨）⑫终于传到托勒密二世的手里，托勒密二世将它们典藏于亚历山大图书馆。到了托勒密三世在位时，已没有单独一个人可以把全图书馆的存书念完。皇家法令规定，所有到亚历山大靠港的船只都必须交出所运载的书籍；当局命人抄写这些书籍，之后原作（有时候是抄本）被送回给物主，而抄本（有时候是原作）

就被收存到这座图书馆里。希腊伟大剧作家的定本原本保存于雅典,供演员传抄和研究,几代的托勒密国王皆透过大使的协力,将它们借来审慎抄写。图书馆所收藏的书籍并非全属真作;伪造者得知托勒密王室收藏经典的狂热,就杜撰亚里士多德的著作卖给他们,经过几世纪的学者的研究,才证实这些东西属于假冒之作。有时候,学者自己会撰写伪作。克拉提帕斯就以修昔底德同时代人的名义写了一本叫《修昔底德不语》(*Everything Thucydides Left Unsaid*)的书,将夸大言辞和时代错误任意挥洒——例如,书中竟引用了一名修昔底德死后400年的作者所说的话。

知识的堆积不算知识。数个世纪之后,高卢诗人德西穆斯·马格努斯·奥索尼乌斯在他的《小品》(*Opuscules*)中嘲讽这两者的混淆:

> 噢,缪斯的爱慕者,你已经买了满满好几书架的书。
> 这就表示你现在是个学者了吗?
> 你是不是以为,假如你今天买了弦乐器、琴拨和七弦琴,
> 明天你就会成为音乐国度的主人?⑬

显然需要有一套方法来帮助民众利用这种书上的财富,让他们可以很容易找到想读的书。亚里士多德无疑有一套个人的系统,可以很快从他的藏书中找出所要者(可惜的是,我们对此套系统一无所知)。但是,亚历山大图书馆的藏书数目实在太多了,除了偶尔运气特佳外,读者想找到特定的书几同海底捞针。解决之道——与另一套问题——靠的是一名新图书馆员——警句家与学者昔兰尼的卡利马科斯。

卡利马科斯在公元前3世纪初左右生于北非,一生大部分时间住在亚历山大,初时在市郊一所学校任教,然后到图书馆工作。他身兼作家、评论家、诗人及百科全书编纂者,著述之丰令人叹止。他开创了一项至今公案未了的论辩:他认为文学应该简明朴实,痛斥那些仍然用古

法写史诗的作家,批评他们啰嗦、陈腐。他的敌人反笑他写不成长诗,而所写的短诗则枯干如尘埃。(几个世纪后,他的立场被现代派用来对抗复古派,被浪漫主义派用来对付古典主义派,被大美国小说家[Big American Novelists]用来对抗极小派作家[Minimalists]。)卡利马科斯的宿敌是图书馆的长官——图书馆长罗德的阿波罗尼乌斯,他的6000行史诗《阿尔戈英雄纪》(*The Voyage of the Argos*)可以说就是卡利马科斯最憎恶的文学类型。("大书,令人生大厌"是卡利马科斯极简洁的总结之言。)两人都不太受现代读者青睐:《阿尔戈英雄纪》偶尔仍然有人提及,只是不太能引起注意;卡利马科斯的作品如今只有几首残存于卡图卢斯⑬的译本中(有一首叫《贝丽奈西的秀发》[The Lock of Berenice],后来被蒲伯在《秀发劫》[*Rape of the Lock*]中加以利用),另外,威廉·柯里的一首关于卡利马科斯的朋友哈利卡纳瑟斯的赫拉克利图斯的挽歌警句的版本中也有提到,其开头是"他们告诉我,赫拉克利图斯,他们告诉我你死了"。

在阿波罗尼乌斯无疑极为警觉的监督之下,卡利马科斯(他本人是否曾变成图书馆长至今依旧未解)开始进行这座贪婪的图书馆艰辛的编目工作。编目是一项古代的行业;在最古老的图书馆的陈迹中便有这种"宇宙的制定者"(这是苏美尔人对他们的称呼)的例子。譬如,一处埃及"书屋"的目录,其日期始于公元前2000年左右,是在艾德夫(Edfu)挖掘出来

绘于16世纪的一幅卡利马科斯想象图

的，一开始就列出其他一些目录：**神庙的书、领地的书、木版书、天文书、地方志**，等等。⑮

卡利马科斯替亚历山大图书馆所选择的系统，其所进行的方式似乎不是对这座图书馆的书本作条理列目，而是根据一种对世界本身的预设架构。所有的分类终究难免武断，而卡利马科斯所提出的方法似乎较无缺失，因为它遵循当时的知识分子与学者所接受的思想系统，而这些人正是希腊世界观的继承者。卡利马科斯将图书馆以八种类别或主题分别归架或桌（*pinakoi*）：戏剧、雄辩术、抒情诗、立法、医药、历史、哲学与杂集。他将篇幅较长的作品予以抄写，拆成数份较短的章节，称其为"书籍"，如此，就可以使用较小的卷轴，处理起来会更为方便。

卡利马科斯壮志未酬，其志业是由后继的图书馆员加以完成。完整的 *pinakoi* ——其正式名称是"那些在每一个文化阶段的杰出人士的著作目录"——明显扩充到 120 卷。⑯ 卡利马科斯也发明了我们现今仍然袭用的编目设计：按照字母顺序来排列书籍的习惯。在那时候之前，只有一些记载系列人名的希腊碑文（有些早在公元前 2 世纪）应用字母顺序。⑰ 根据法国评论家克里斯蒂安·雅各，卡利马科斯的图书馆是"评论的乌托邦之地"的首例，"在这个地方，不同本文可以打开并列，来加以比较。"⑱ 因为卡利马科斯的努力，图书馆变成一个有组织的阅读空间。

我所知道的所有图书馆皆反映了那座古代的图书馆。布宜诺斯艾利斯昏黑的"教师图书馆"（Biblioteca del Maestro），在那里，我可以望向窗外，看到蓝花楹树（jacaranda）的蓝色花朵遮蔽了整条街道；加州帕萨迪那市（Pasadena）绝妙的亨廷顿图书馆（Huntington Library），像一幢意大利风格的大别墅般，周遭围绕着整齐的花园；庄严的大英图书馆（British Library），在那里，我坐在（据说是）卡尔·马克思构作《资本论》(*Das Kapital*)时所坐的椅子；阿尔及利亚撒哈拉沙漠地带的贾奈特镇（Djanet）的三层书架图书馆，在那里，在成堆阿拉伯文书籍中，我看见一本伏尔泰的《憨第德》(*Candide*)的神秘法文本；巴黎的国家图书馆（Bibliothèque Nationale），在那里，保存性爱文学的那一区被称为"地狱"；美丽的大多伦多参考图书馆（Metro Toronto Reference Library），在那里，当你在阅读时，可以看见飘雪猛烈地落向斜开的玻璃窗框——所有这一切皆仿自卡利马科斯的系统化构想，并加以变化。

亚历山大图书馆和其编目方法为后世图书馆所仿效，首先是罗马帝国的各处图书馆，然后是拜占庭帝国的各图书馆，之后是基督教欧洲的各图书馆。圣奥古斯丁在公元387年皈依基督教后不久所著的《基督教义》(*De doctrina christiana*)一书中辩说（此时他仍然受新柏拉图主义［Neoplatonism］思想的影响），因为像亚里士多德和维吉尔等希腊和罗马作者已"不正当地拥有了真理"（普罗提诺⑲称此真理为"灵魂"［spirit］，而耶稣基督称之为"道"［Word］或**逻各斯**［logos］），所以有许多希腊罗马典籍其实可以和基督教义彼此相容。⑳现今所知最早的罗马教会图书馆是教宗达马苏斯一世在圣洛伦佐教堂（Church of St. Lorenzo）中所设立的，其藏书也依同样的折中精神，收集的不只是与《圣经》有关的基督教书籍、教义解说著作和一本希腊的教义辩护作者的选集，还包括有一些希腊与罗马典籍。（然而，对这些古典作品的接受仍然有差别待遇；公元5世纪中叶，西都尼乌斯㉑在评论一个朋友的图书室时，便抱怨他将异教徒作者与基督徒作者分开——异教徒的作品靠近绅士的座位，而基督徒的作品则靠近女士的座位。）㉒

这么琳琅满目的著作应该如何编目呢？最早期的基督教图书馆馆员制作了书架目录来登录藏书。排列的顺序首先是各版的《圣经》，然后是解经书，早期教会著作家的作品（圣奥古斯丁列在首位）、哲学、法律与文法。医学书籍有时候被列在最后面。由于大部分的书籍都没有

罕见的里夏尔·德·富尼瓦尔与情妇谈心图,这是13世纪一份手抄本上面的装饰画

正式的标题,他们就设定出一种描述性的标题或是以著作的开头几个字来标示这本书。字母有时候也扮演找书的关键角色。譬如,在10世纪时,波斯首相(Grand Vizier)伊斯马尔为了在旅行时仍可以将117000本藏书带在身边,安排它们由四百只骆驼组成的车队负责运载,而其行走方式乃经过特别训练,按字母顺序列队而行。㉓

中世纪欧洲最早有主题编目的或许是11世纪勒皮伊大教堂(Le Puy Cathedral)的图书馆,但是有很漫长的一段时间,这种编目类型并未成为典范。很多时候,书籍分类只是为了实用的理由。公元1200年代,在英国坎特伯雷(Canterbury),大主教图书馆的藏书是根据最常利用它们的神职人员的需求来编目的。公元1120年,圣维克托的胡戈(Hugh of Saint Victor)提出了一套编目系统,将每本书的内容作出简短的摘要(就像现代的摘要[abstract]),并放置在对应于文科三个部门的三个范畴中:理论的、实用的或机械的。

公元1250年,里夏尔·德·富尼瓦尔——我先前描述过他的阅读与记忆理论——构想出一种以园艺作为模型的编目系统。他将他的图书馆比喻成一座花园,"在那里,他的公民同胞可以搜集知识之果实",并将这座花园分成三块花床——分别代表哲学、"有益的科学"与神学——而每块花床又分成许多更小的细块地或小空隙,每个细块地又包含其题材的一个目录或 *tabula*(就像卡利马科斯的 *pinakoi*)。㉔例如,哲学的花床就分成三块小空隙:

I. 哲学 ⎰ 语法、论理、修辞
⎨ 几何与算术、音乐、天文学
⎱ 物理学、形而上学、伦理学、诗学

在第二块花床的"有益的科学"只包含两块小空隙——医学与法律。第三块花床则是保留给神学。

II. 有益的科学 ⎰ 医学
⎱ 民法与教会法

III. 神学

在这块小空隙之内,每个 *tabula* 被分派许多字母,与它里面的存书数目相同,因此,可以给每一本书一个字母,并记录在书的封面上。为了避免数本书由同一个字母来代表所造成的混淆,德·富尼瓦尔给每个字母加上印刷排字与色彩的变化:一本文法书可能由一个大写的玫瑰红色 A 所代表,另一本则由一个安色尔字体的三色紫罗兰紫色的 A 来表示。

即令德·富尼瓦尔将其图书馆分成三块"花床",这些 *tabula* 未必会被按照其重要性安排到次范畴中,而是根据他的藏书数目而定。譬如,论理被分配到整整一桌,因为他的图书馆中有超过一打的此类书籍;几何与算术,每一类只有六本书,所以就共用放于其间的一桌。㉖

德·富尼瓦尔的花园至少有一部分是以传统中世纪教育制度的 7 种学科作为模式,包括语法、修辞、逻辑、算术、几何、天文学与音乐。这七艺是在公元 5 世纪早期时由卡佩拉㉘所创立,当时的人认为除了医学、法律和神学外,人类的所有智慧均涵括于其中。㉗

德·富尼瓦尔提出他的系统之前大约一个世纪,已有其他的好学

13世纪一处伊斯兰图书馆。一群读者正在查阅一本书。书本经过细心编目,平放在背景的小书架上

之士——譬如,教会法规之父格拉提安（Gratian）㉘与神学家彼得·朗巴德㉙建议以亚里士多德的体系架构来对人类知识重新分类,他们深受亚里士多德所提出的存在的普遍阶层所吸引,可惜其建议长期未受到青睐。不过,到了13世纪中叶,亚里士多德的著作已经开始横扫欧洲(迈克尔·斯科特和赫尔曼努斯·阿勒曼努斯等学者将亚里士多德的作品从阿拉伯文译成拉丁文,而阿拉伯文版则是由希腊原文译成),迫使学者不得不重新考虑德·富尼瓦尔依自然模式所建立的分类法。1251年开始,巴黎大学正式将亚里士多德的作品纳入课程范畴。㉚就像先前的亚历山大图书馆员一样,欧洲的图书馆员搜集亚里士多德

的著作。他们发现伊斯兰学者阿维罗伊（Averroës）㉛和阿维森纳（Avicenna）㉜等人已将亚里士多德的著作细心编纂作注，这些学者是他主要的西方与东方的阐述者。

　　亚里士多德的著作之所以会被阿拉伯人采用肇始于一个梦。公元9世纪早期的一个夜晚，哈里发马蒙——传说中的哈伦·拉希德（Harun al-Rashid）之子——梦见一段对话。与哈里发对话的人是一个苍白、碧眼的男子，额头宽阔而眉头紧皱，坐在一张宝座上，神情肃穆。这名男子（哈里发认出他的方式就跟我们作梦时的确认方式一样）就是亚里士多德，而他们之间的秘密交谈启发了哈里发，他下令巴格达学院（Baghdad Academy）的学者从此尽全力将这位希腊哲人的著作译成阿拉伯文。㉝

　　不只巴格达努力收集亚里士多德著作和其他希腊典籍。开罗信什叶派的法蒂玛王朝，在公元1175年遭逊尼派教徒（Sunni）㉞整肃之前，其图书馆藏书就已超过110万卷，以主题来编目。㉟（十字军因惊羡而夸张报导说，那些异教徒拥有超过300万册的图书。）法蒂玛图书馆仿效亚历山大图书馆的模式，也设有一座博物馆、一栋档案馆与一间实验室。基督徒学者——像是哥尔斯的约翰（John of Gorce）等人——也往南旅行去利用这些无价的资源。西班牙的回教徒地区也有多座重要的图书馆；单单在安达卢西亚地区（Andalusia）就有70多间图书馆，其中科尔多瓦（Córdoba）的哈里发图书馆在哈克汗二世（al-Hakam II，公元961—976）统治期间就典藏有40万册的书籍。㊱

　　13世纪早期，罗杰·培根就批评源自阿拉伯文二手翻译的新编目系统。照他的意见，这套系统使亚里士多德的文本受到伊斯兰教教义的污染。培根是一名实验科学家，曾在巴黎研究数学、天文学与炼金术，他是第一位详细描述火药制作过程的欧洲人（这个方法要到下个世纪才被应用在枪炮中）。他还表示过，由于有太阳

一幅绘于16世纪的罗杰·培根画像

能量,有一天,船不需要有桨手就可以航行,马车不需要马就可以奔驰,也会有可以飞翔的机器。他控诉大阿尔伯特(Albert the Great)和圣托马斯·阿奎那等学者,尽管不懂希腊文,却还假装读亚里士多德,不过,他承认从阿拉伯文的注译者也可以学到"一点东西"(譬如说,他颇为欣赏阿维森纳,而且,如我们前面所提的,他还很认真地研读海什木的著作),他认为基本上读者仍应根据原文来作评解。

在培根的时代,七艺是以寓意的方式放置在圣母玛利亚的保护之下,就如夏特尔大教堂(Chartres Cathedral)西正门的门楣中心上面的绘图所描述的一般。根据培根,为了完成这种神学的缩图,真正的学者需要对科学与语言有彻底的熟悉;对科学来说,数学的研究属于不可或缺,而对语言而言,文法研究尤属必备。在培根的知识编目系统中(他意图以庞大、永无止境与百科全书式的重要作品编目[*Opus principale*]来巨细靡遗加以罗列),自然科学是上帝科学的次范畴(subcategory)。本着这种信念,培根多年努力争取将科学教学正式纳入大学课程,但是在1268年,随着同情其理念的教宗克莱芒四世过世,此项计划也就无疾而终。至于在他有生余年,培根依旧不受他的知识分子同僚所欢迎;他的数项科学理论使他被牵连到1277年的巴黎宗教审判中,被囚禁到1292年。据说之后不久他即过世,未知后世的史学家会给他"奇妙先师"(Doctor Mirabilis)的头衔。对他而言,每一本书都有其归所,也就是它的定义,而人类知识的每一可能面相都属于适切地包容它的学术范畴。

读者带到阅读的范畴,与阅读本身被设置的范畴——学习得来的社会及政治范畴,与图书馆里各自分隔的空间范畴——彼此不断地互相修正,其方式在多年后看起来多少有点武断或带有想象性。每一座图书馆都各有其偏好,而每选择一种范畴也表示有另一种范畴遭到排除。耶稣会教团在 1773 年解散后,存藏在耶稣会布鲁塞尔会馆的书籍被运送到比利时皇家图书馆(Belgian Royal Library),可是这座图书馆却没有空间来收容。所以,这批书籍就被保存在一座空着无用的耶稣会教堂。因为这座教堂经常有老鼠出没,图书馆员必须想出一套办法来保护书本。比利时文学协会(Belgian Literary Society)的秘书被委派来挑选最好与最有用的书籍,然后将这些书籍放置在听众席中央的书架上,未被选上的书就留在地板上。他们设想老鼠会沿着边缘咬,而不会去侵扰到核心部分的书籍。㊲

有些图书馆的范畴甚至和现实不一致。法国作家保罗·马松曾担任过法国殖民地的首长,他注意到巴黎的国家图书馆内 15 世纪的拉丁文与意大利文书籍颇为欠缺,就决定予以补救,其方法是将适当的书籍名单汇集在一个新的范畴之下——一个"可以保留编目的威望"的范畴,一个只包含书名由他所编造的书籍的范畴。当他的一名老

一名抄写员正忙于其工作。这是夏特尔大教堂正西门上的一幅雕像,作于 13 世纪

友科莱特问不存在的书有何用处时,马松的回答语气充满了愤慨:"这样说吧,你不能要求我凡事都能考虑周延!"㊳

一个由人工范畴所决定的空间,譬如图书馆,意味着一个逻辑的宇宙、一个苗圃般的宇宙,其中所有事物各得其所,并由其所在来界定它。博尔赫斯在他一篇著名的短篇小说中,将培根的推论发挥到极致,想象

一座同此宇宙一般巨大的图书馆。在这座图书馆中(实际上他是将在梅希科路[Calle Méjico]上老旧的布宜诺斯艾利斯国家图书馆[Buenos Aires National Library]的建筑物加乘到无穷大,博尔赫斯曾是那座图书馆的盲眼馆长),没有两本书是相同的。因为书架包含了字母的所有可能的组合方式,有一排排无法辨解的含糊文字,所以一切真正的或想象的书籍都在其中:"详实的未来历史、众位大天使的自传、这座图书馆的真实目录、成千上万的假目录、这些假目录的虚假证明、真实目录的虚假证明、巴西里狄斯(Basilides)的诺斯替教派福音(Gnostic Gospel)、对那种福音的评论、对那种福音的评论的评论、你的死亡的真实说明、每一本书的各种语言版本、每一本书插添到所有其他书籍的情形、可敬的比德(Venerable Bede)⑨可能写出(而从未真正写出)的撒克逊神话学论文、罗马史学家塔西佗⑩所佚传的书籍。"最后,博尔赫斯小说中的叙事者(也是个图书馆员)踱步经过令人疲惫不堪的走廊,想象这座图书馆本身又是另一个巨大的图书馆范畴的部分,而这几乎无限大的藏书是以一种书本上的永恒来定期重复。他下结论说:"我的孤单受到这个美好的希望所鼓舞。"⑪

房间、走廊、书柜、书架、档案卡和电脑化的目录——这些东西假设,我们的思想所归放的主题是真正的实体,而且,透过这个假定,某一本书可以被赋予特别的调性和价值。我们若是把乔纳森·斯威夫特的《格列佛游记》(Gulliver's Travels)存档在"小说类"的条目之下,那么它就是一本幽默的冒险小说;若是将它放在"社会学类"的条目之下,则变成了一部对18世纪英国的挖苦研究;如果将它放在"儿童文学类"的条目之下,则是一部关于侏儒与巨人与会说话的马的有趣寓言;假使放在"异想类"(Fantasy)的条目之下,则变成了科幻小说的先驱;若是放在"旅行类"的条目之下,便是一部想象的游记;若是放在"经典之作"的条目之下,则是西方文学典范之一。范畴是排他性的,而阅读则不是——或不应该是。不论选择了何种分类，每一座图书馆都是专横地对待阅读活动，并强迫读者——好奇的读者、机警的读者——去拯救书本，免得它落入受到诅咒、永不得翻身的范畴之内。

第十四章　阅读未来

公元1256年,宿学渊博的学者樊尚·德·博韦搜集了拉克坦提乌斯与圣奥古斯丁等古典作者的意见,并以他们的著作为根据,在他的巨大的13世纪世界百科全书《大宝鉴》(*Speculum majus*)中列出古代十位女卜者的出生地——库密(Cumae)①、凯姆(Cyme)②、德尔斐神殿(Delphi)、厄立特里亚(Erythrea)、达达尼尔海峡(Hellespont)、利比亚、波斯、弗里吉亚(Phrygia)③、萨摩斯岛(Samos)④与提伯(Tibur)。⑤⑥德·博韦解释说,女卜者是说着谜语(riddles,即神授之言,人类应该予以辨读)的女先知。10世纪时,在冰岛,在一部名为《弗卢斯帕》(*Voluspa*)⑦的诗句独白中,一名女卜者对好问的读者不客气地说道:"行了吧,你了解了吧？要不然呢？"

这些女卜者拥有不朽之身,几乎是永恒不灭:其中一个宣称她在大洪水之后的第六代就已开始替她的神发言;另一个表示她的生年比大洪水本身还要更早。不过她们还是会变得老迈。库密的女卜者(Sibyl of Cumae)"披头散发,胸膛起伏,呼吸急促,表情狂野",⑧曾引导埃涅阿斯(Aeneas)的阴间之行,几世纪以来住在一个悬在半空中的瓶子里,而当小孩子问她想要什么时,她回答说:"我要死。"⑨这些女卜者的预言——其中有许多是那些具有凡身的诗人在预言的事件发生后受到启发而写下的——在希腊、罗马、巴勒斯坦与基督教欧洲都被当真。这

对页图:第一位基督徒皇帝君士坦丁大帝

些预搜集成九本书，库密的女卜者亲自拿去卖给塔奎尼乌斯·苏帕布斯——罗马的第七位也是最后一位国王。⑩他拒绝付款，女卜者便放火烧掉其中三卷。他又拒绝：她又烧掉三卷。国王终于以九卷的原价买下剩余的三卷，并存放在朱庇特神庙底下一处石窟的大箱柜中，后来毁于公元前83年的一场大火。几世纪后，拜占庭当地发现了这些女卜者的十二篇著作，将其辑于单一手抄本；1545年，终于有一份不完整的版本出版。

厄立特里亚女卜者木刻像，见1473年版薄伽丘《论名媛》

最古老、最受尊崇的女卜者是曾预言特洛伊战争（Trojan War）的海罗菲儿。阿波罗提供她礼物任她选择；她要求享有同她手中所握的沙粒一般多的寿命。遗憾的是，就像提托诺斯，⑪她忘记同时也要求神赐予不朽之青春。海罗菲儿人称厄立特里亚女卜者（Sibyl of Erythrea）。⑫原本至少有两个小镇都号称是她的出生地：一是马培索斯（Marpessos），在现今土耳其的恰纳卡莱省（Canakkale）（erythrea的意思是"红色尘土"，而马培索斯的土壤即属红色），另一是厄立特里亚，在更远的南方——爱奥尼亚（Ionia），⑬⑭约略是现今的伊兹密尔省（Izmir）。公元162年，在帕提亚战争（Parthian Wars）的初始，与马库斯·奥勒利乌斯共治罗马帝国八年之久的鲁西乌斯·奥勒利乌斯·维鲁斯似乎解决了这个难题。他不顾马培索斯居民的宣称，进入爱奥尼亚的厄立特里亚的所谓"女卜者之穴"（Sibyl's Cave）中，竖立了两尊雕像，一尊是女卜者，另一尊是她的母亲，在石头上刻下诗行，宣称替她效力：

"我的国家没有他地,只有厄立特里亚。"⑮厄立特里亚的女卜者之威名从此建立。

公元 330 年,弗拉维乌斯·瓦列里乌斯·君士坦丁努斯(Flavius Valerius Constantinus)——即史上所称的君士坦丁大帝(Constantine the Great),6 年之前,他击败了敌对的皇帝利西尼乌斯(Licinius)——为了肯定他作为世界最巨大帝国领导人的地位,便将京城从台伯河(Tiber)畔的罗马迁移到博斯普鲁斯海峡(Bosphorus)沿岸的拜占庭。为了强调这个从滨河改到滨海的重大意义,他将这座城市重新命名为新罗马(New Rome);之后,皇帝的虚荣和朝臣的谄媚让这座城市再一次改名,这次叫作君士坦丁堡(Constantinople),意为"君士坦丁之城"。

为了让这座城市成为帝都,君士坦丁大帝从物质与精神两方面双管齐下扩建古老的拜占庭。拜占庭的语言是希腊文,而政治组织是罗马式的;至于宗教——主要受君士坦丁大帝母亲圣海伦娜的影响——则是基督教。君士坦丁大帝生于罗马帝国东都尼科美底亚(Nicomedia)⑯,在戴克里先(Diocletian)⑰的宫廷长大,从小即对古典时期罗马丰富的拉丁文学作品耳濡目染。对希腊文,他感觉没有那么舒服自在,往后在不得已必须以其臣民使用的希腊语发表说话时,他会先用拉丁文写就,由受过教育的奴隶翻译成希腊文,然后才宣读。君士坦丁大帝的家族原本住在小亚细亚,崇拜太阳神阿波罗——不屈之神。公元 274 年,罗马皇帝奥勒利安将阿波罗引至罗马,尊为至上之神。⑱君士坦丁大帝在与利西尼乌斯作战之前,从太阳看到圣十字架的景象,上面有 *In hoc vinces*("借此你会得胜")的标语;⑲君士坦丁大帝新都城的象征变成太阳的光冠,一般相信,这是用他母亲从耶稣受难处髑髅地(Calvary)山丘附近的墓地中挖掘出来的"真十字架"上的钉子制成的。㉑太阳神的光辉强大无比,以致君士坦丁大帝驾崩之后不到17年,基督的生日——圣诞节——就给改变到冬至——太阳的生日。㉑

公元313年,君士坦丁大帝和利西尼乌斯(当时两人共治帝国,尔后君士坦丁大帝出卖了后者)在米兰会面,商讨"国土的福祉与安全",并公告:"在有益全体人类的事物当中,对上帝的尊崇理应列为最优先关注之事,而且基督徒与所有其他教徒都应该有信奉其所喜好的宗教之自由。"㉒这就是赫赫有名的米兰敕令(Edict of Milan),至此,君士坦丁大帝正式结束罗马帝国对基督徒的迫害——在此之前基督徒一直被视为罪犯与叛徒,无时不遭到处罚。但是,此后,受迫害者转变成迫害者:为了宣扬新国定宗教的权威,一些基督徒领袖采用了其宿敌的迫害方法。譬如,传说中的凯瑟琳在亚历山大遇害,遭皇帝马克辛提乌斯处以钉在木轮上之刑。公元361年,主教狄奥菲鲁斯亲率信众对光与真理之神密特拉的神庙进行攻击。密特拉是波斯的神祇,深受兵士喜爱,成为基督教真正有力的竞争者。公元391年,主教狄奥菲鲁斯又率众洗劫狄奥尼索斯(Dionysus)的神庙。狄奥尼索斯为生殖之神,其崇拜是以非常隐秘的神秘仪式进行。狄奥菲勒斯并煽动大群基督徒前去摧毁埃及神祇塞拉皮斯(Serapis)的巨大雕像。公元415年,主教西里鲁斯(Cyrillus)命令一群年轻基督徒冲入异教徒女哲学家与数学家希帕蒂雅(Hypatia)㉓的住宅,强拖她到街道上,然后乱刀砍死,并在公共广场焚烧她的尸骨。㉔必须一提的是,西里鲁斯自己也很不得人心。公元444年他过世之后,亚历山大的一名主教在其葬礼颂词上宣读说:"这个讨厌的人终于死了。他的离世让生者欢喜,但是肯定会令死者苦恼。他们不久就会受不了他,把他送回给我们。因此,我们要在他的坟墓上压上一块重石,免得他作了鬼之后,我们还得冒着再看到他的风险。"㉕

就像崇拜神通广大的埃及女神伊西思(Isis)或波斯的光与真理

之神密特拉的宗教一样,基督教也变成了时髦的宗教,而在君士坦丁堡的基督教堂,其规模只次于罗马的圣彼得大教堂,虔诚的穷人络绎前来,虔诚的富人也全身珠宝丝绸而来(此后,珠光宝气的基督徒故事便取代了异教神祇的神话),以致教堂主教圣约翰·克里索斯托会站在台阶上,以谴责的目光盯在他们后面。富人抱怨也没有用——圣克里索斯托先用眼睛威吓他们,然后用舌头鞭笞他们,从讲道坛上痛斥他们奢华过度。他滔滔斥责说("克里索斯托"的名字其意义是"金舌头"),一名贵族竟然拥有一、二十栋房舍与多达2000个奴隶,并拥有象牙雕刻的大门、灿烂辉煌的马赛克地板和镶嵌宝石的家具,这是极为不合宜的现象。㉕

但是,基督教仍然谈不上是安定的政治势力。一方面有来自波斯的萨珊王朝(Sassanian)㉖的威胁——萨珊王朝本是帕提亚人(Parthians)㉗所建立的一个弱小王国,后来势力迅猛扩张,三个世纪之后征服了几乎整个东罗马。㉘另一方面有异教的危害:譬如说,摩尼教徒(Manicheans)认为宇宙并非由一位全能的神所宰制,而是由两道不相容的力量所掌控。就像基督徒一样,他们也有传道士与圣籍,影响力远播至突厥斯坦(Turkestan)及中国。又有政治不和的危险:君士坦丁大帝的父亲君士坦提乌斯只控制罗马帝国的东部,而在领土的最偏远角落,地方行政首长正在将效忠对象从罗马转移到自己的领土。还有高度通货膨胀的问题,由于君士坦丁大帝让从异教徒寺庙没收的黄金大量流入市场中,使这个问题变得格外严重。还有犹太人的问题,他们的书籍及宗教论调也造成很大的困扰。此外,依然有异教徒存在。君士坦丁所需要的不是他在"米兰勒令"宣讲的容忍,而是一个严格、正经、影响力深远、威权的基督教,具有深固的过去和对未来的坚定许诺,透过世俗的力量、法律和风俗来建立,以荣耀皇帝和上帝。

公元325年5月,在尼西亚(Nicaea),君士坦丁大帝对他的主教们宣布自己是"现实事物的主教",并宣称他近来对抗利西尼乌斯的战役是"一场对抗腐败异教之战"㉛。由于其努力,君士坦丁从那时候起会被视为一位由神力所认可的领导者、神自身的一名使者。(公元337年驾崩后,他被埋葬于君士坦丁堡十二使徒纪念碑的旁边,表示他在死后成为第十三位使徒。他过世之后,在教会的圣像艺术中,他通常被描绘成正从上帝手中接受帝国的冠冕。)

君士坦丁大帝认为有必要为自己所选择的宗教在帝国建立其独占性。为达此目的,他想出以异教徒英雄来对抗异教徒的谋略。在同年(公元325年)耶稣受难日,他在安提阿(Antioch)㉜召开基督教信众大会,参加者包括各地主教与神学家,然后对他们发表了他称之为"基督教的永恒真理"的谈话。"我希望,"他告诉他称为"圣人大会"(the Assembly of Saints)的会众说:"甚至从外国来取得基督的神性的证明。因为,很明显地,在这种见证中,甚至连那些亵渎他的名字的人也必须承认他就是上帝与上帝之子,假如他们确实将相信那些意见与他们一致的人的话。"㉝为了证实这一点,君士坦丁求助于厄立特里亚女卜者。

君士坦丁大帝告诉他的听众,许久以前,女卜者因为"父母的愚蠢"而被送去服侍阿波罗,"以虚荣的迷信在圣坛上"回答阿波罗信徒的疑难。"不过,有一次,"他解释道,女卜者"真正充满了来自天上的灵感,并以预言式诗句宣布了上帝的未来目的:一连串诗句的首字母形成了一首藏头诗(acrostic),预示了耶稣的降临:**耶稣基督,神的儿子,救世主,十字架**(JESUS CHRIST, SON OF GOD, SAVIOUR, CROSS)。"然后,君士坦丁大帝开始朗诵女卜者的诗。

神奇的是,这首诗(英文的翻译一开始是"审判!大地的分泌毛孔将标示这日子")的确是预言性的离合体。为了驳斥任何可能的怀疑论者,君士坦丁大帝立即承认其明白的解释:"某个声称信奉我们的信仰,却不熟悉诗艺的人,是这些诗歌的作者。"但是他不理会这种可能性:[206]"然而,在这个情况中,真理是很明显的,由于国人的努力,对时代的计算已能精心掌握,所以无可怀疑地,这首诗是在耶稣基督降临与受难之后写成的。"此外,"西塞罗熟知这首诗,将它译成拉丁文,并放进自己的作品。"不幸的是,西塞罗所谈的是库密女卜者,而不是厄立特里亚的女卜者,其内容并无指涉到这些诗歌或者藏头诗,而且事实上是对预言者的话之驳斥。㉝虽然如此,这种不可思议的天启极为方便,以至于尔后许多世纪,基督教世界一直接受女卜者在其祖先之列。圣奥古斯丁在他的《上帝之城》(*City of God*)中还给她在众圣者中安排了一个位置。㉞在 12 世纪末,拉昂(Laon)㉟大教堂的建筑师在教堂的外墙上雕塑了厄立特里亚女卜者(在法国大革命时遭到斩首)携带着她写着神谕的刻写板,外形像是摩西受自耶和华的法版,并在她的脚部铭刻这首经外书的诗的第二行。㊱而 400 年后,米开朗琪罗将她放置在梵蒂冈西斯廷礼拜堂(Sistine Chapel)的天花板上,作为补充《旧约》四先知的四名女卜者之一。

女卜者是异教预言者,而君士坦丁大帝让她假耶稣基督的名字说话。君士坦丁大帝现在将注意力转到异教诗歌,宣布说:"拉丁诗人王子"是受到他未曾认识的一位救世主的启发。维吉尔写过一首牧歌(eclogue)以向他的顾客波里欧(Gaius Asinius Pollio)——罗马第一座公立图书馆的创立者——致敬;这首牧歌假借一个小男婴的出生而宣布一个新的黄金时代的到来。

> 呱呱落地就微笑洋溢,甜蜜的男孩!你母亲最能体会,
> 因为她已辛苦怀你十月。
> 没有凡人父母对你的出生抱持微笑:
> 你无福领受婚姻的喜悦,没有尘世之盛宴。㊲

[207]

预言在传统上总是被视为绝对可靠,所以,要改变预言的内容甚至比改变历史的现实境况更困难。早先一个世纪,萨珊王朝(Sassanids)的第一位国王阿达夏(Ardashir)就曾经篡改历史年序,好让一则琐罗亚斯德教(Zoroastrianism)⑧的预言符合他的帝国的利益。琐罗亚斯德很早前曾预言波斯帝国和宗教会在千年后遭到毁灭。琐氏活于亚历山大大帝前大约250年,而亚历山大则死于阿达夏统治之前549年。为了给他的王朝加上两个世纪,阿达夏宣布说,他的统治是在亚历山大大帝之后260年就开始了。而君士坦丁大帝所选择的方法既不是篡改历史,也不是更改预言内容;相反,他命令将维吉尔的作品译成希腊文,以一种灵活的诗文破格(poetic licence)来遂行其政治目的。

君士坦丁大帝从这首译诗中挑出一些段落向他的听众宣读,现在,所有"善书"(Good Book)的编年史内容都在这里,在老的维吉尔的作品的字里行间:圣母玛利亚、长期受到爱戴的弥赛亚国王、真正的选民、圣灵。君士坦丁大帝以谨慎的态度,选择性地忘却维吉尔描述异教神灵阿波罗、牧神潘(Pan)与农神萨杜恩(Saturn)的段落。而古代无法被省略的人物就变成基督来临的隐喻。"另一位海伦将惹起其他的战争,/而伟大的阿喀琉斯(Achilles)驱策着特洛伊(Troy)的命运,"维吉尔写道。君士坦丁大帝的解释如下:这是耶稣基督"进行对抗特洛伊的战争,借特洛伊来了解这个世界本身"。在其他时候,君士坦丁大帝告诉他的听众说,维吉尔所描写的种种异教徒情事是他用来愚弄罗马当局的设计。"我假设,"他说(我们可以想象他在大声宣读维吉尔的诗行之后压低声音说):"他因为攻击当时的宗教活动的信用而感觉自己陷于危险的处境中,因此,他尽可能小心翼翼地以安全的方式将真相呈现给那些有能力了解的人。"

"那些有能力了解的人":文本变成一则加上密码的讯息,只有经过选择的少数拥有必要"能力"的人才能够阅读它。它不可以任意加以解释；对君士坦丁大帝来说，唯有一种阅读是真正的阅读，而且他与他的教友独自握持那种阅读的钥匙。米兰敕令提供信仰自由给所有罗马公民，而尼西亚大会则将这种自由限定给那些坚守君士坦丁大帝的信条的人。在几乎不到 12 年的时间，在米兰被应允可随意公开阅读并可以随己挑选来阅读的人，如今处在法律处罚的痛苦之下，当局在安提阿与尼西亚宣布说唯有一种阅读是真实的阅读。在君士坦丁大帝的一个无异议的帝国的构想中，规定一种宗教文本只能有单独一种解释是有必要的；可是，更别出心裁，也更不可理解的是，对世俗的文本——譬如维吉尔的诗——居然也规定只能有单一种正统的解释。[208]

虽然不像君士坦丁大帝那般漫远牵强，每一个读者也都传输给某些书籍某一种解读。像拉什迪（Salman Rushdie）一样[39]在《绿野仙踪》（*The Wizard of Oz*）中看到一则放逐的寓言，这与从阅读维吉尔中获得耶稣会来临的预言大相径庭。可是两种阅读其实都透露相同的巧妙手法或信仰表达之玄机，透露出某种让解读者可以说服别人的东西，或是至少可以说服自己的东西。在 13 或 14 岁时，我对伦敦酝酿出一种文学上的渴慕，我在阅读福尔摩斯的故事时，心中绝对确定这个烟雾弥漫的贝克街（Baker Street）房间，和它的土耳其拖鞋、烟草与沾满污秽化学药品的桌子，绝对会类似我将来在阿卡迪亚（Arcadia）时的寄宿处。艾丽丝在镜子另一边所发现的许多暴躁、专横、不断啰嗦的可憎生物，预示了我年轻时所碰见的许多成年人。而鲁宾逊·克鲁索开始建造他的小屋时，"在一个岩石一侧的一个帐篷，周遭是强固的尖桩与缆绳"，我知道他正描写某年夏季我会在东方岬角（Punta del Este）的海滩上所建的房子。小说家阿妮塔·德赛（Anita Desai）童年时住在印度，被她家人称为一只 *Lese Ratte*（阅读的老鼠），即书呆子。她想起在 9 岁发现《呼啸山庄》(Wuthering Heights)时的自我世界:"一栋老旧的德里平房,它的阳台、石灰墙壁与吊扇,它的木瓜树与番石榴树园,充满长尾小鹦鹉的啁啾声,掺有砂砾的灰尘沾在书页上,等着你去清理。约克郡的沼泽,饱受风吹雨打的石南,在雨中和冰雹中徘徊于此痛苦居民所受的折磨,从他们的破碎的心中深处哭喊出来,却只听到鬼魂的回答。透过艾米莉·勃朗特的笔劲与魔术,这一切都变成现实、令人眼花缭乱的现实。"㊵艾米莉·勃朗特1847年所描写的一名英国年轻女孩,生动地描绘了1946年印度一名年轻女孩的处境。

随意使用书本中的一些段落来预言某人的未来,这在西方有悠久的传统,而且,早在君士坦丁大帝之前许久,维吉尔的作品便是帝国里异教徒占卜时所偏爱引用的来源;在一些尊奉幸运女神(Fortune)的庙宇中都备有维吉尔的诗集供人求卜。㊶这种习俗称为"维吉尔占卜"(sortes Vergilianae);第一次提到这种习俗的著作是斯巴提阿努斯㊷所著的《哈德良生平》(Vita Hadriani),说年轻的哈德良很希望知道皇帝图拉真对他的看法,便求卜于维吉尔的《埃涅阿斯纪》(Aeneid),随手翻到了这样的诗句:书中主人翁埃涅阿斯看见了"将以律法重建罗马的罗马国王"。哈德良心满意足;的确,后来图拉真真的收他为养子,而哈德良就成为罗马的新皇帝。㊸

君士坦丁大帝这种鼓励对"维吉尔占卜"作新诠释的做法,其实是遵循他的时代趋势。到了4世纪末,口头神谕和预言者的威信已被书写文字所取代,人们转向维吉尔作品和《圣经》求卜,也发展出一种所谓的"福音的投骰占卜"的方法。㊹400年之后,在先知的时代一直被以"为耶和华所憎恶"㊺之理由而禁止的占卜之术,已变得十分流行,公元829年,巴黎大会(Council of Paris)不得不对此予以正式谴责。不过,没有什么用——一名叫珀塞尔(Gaspar Peucer)的学者用拉丁文写了一本个人传记,1434年以法文译本出版。他在此书中坦承,童年时,他

"用纸张装订成一本书,将维吉尔的重要占卜诗句写在上面,从其中推卜——出于好玩,也纯是为了娱乐——任何有趣的事,譬如诸王子的生死、我个人的冒险活动及其他种种。这样做使我能够将那些诗句记得更深刻翔实"。⁴⁶珀塞尔坚持说,这种游戏的目的是帮助记忆,而不是占卜,但是以当时的风气来看,他的说法实不无疑问。

16世纪时,占卜游戏仍然非常盛行,连拉伯雷也借着庞大固埃(Pantagruel)劝告巴汝奇(Panurge)要否结婚的场景来对这习俗加以谐拟。庞大固埃说,巴汝奇必须诉诸"维吉尔占卜"。他解释说,正确的方法是这样的:随意打开书本的一页;然后掷三颗骰子,骰子的总数目即表示页上的行数。⁴⁷照着做后,便找到了所要的诗句,结果庞大固埃和巴汝奇对这些诗句的解释正好相反,但论其可能性却又在伯仲之间。

《波马佐》(Bomarzo)是阿根廷小说家赖聂兹的巨作,其主要题材是意大利文艺复兴,小说中暗示到,17世纪的社会透过维吉尔而对占卜十分熟悉:"我会借着'维吉尔占卜'将我的命运托付给比欧西尼(Orsini)握有更高权力的神祇来决定。在波马佐,我们常常使用这种流行的占卜方式,将解决困难或细微问题托付给一本书上随意找到的神谕。魔术师的血液难道没有贯穿维吉尔的血脉?幸亏但丁的魅力,让我们将维吉尔当作巫师、预言者,不是吗?《埃涅阿斯纪》的判决,我深信不疑。"⁴⁸

或许最有名的翻书占卜的例子是英国国王查理一世在内战期间造访牛津的一座图书馆,其日期是在1642年年底或1643年年初。为了招待他,福克兰勋爵建议国王"用'维吉尔占卜'来判断他的运势,大家都知道维吉尔占卜在过去常用来预测吉凶"。国王随便翻到《埃涅阿斯纪》第四部的一个段落,然后读道:"但愿他在战争时被大胆妄为的部落所攻击,并从自己的土地上遭到放逐。"⁴⁹1649年1月30日星期二,查尔斯遭自己的子民谴责为叛徒,在白厅(Whitehall)被斩首。

大约 70 年后，鲁宾逊·克鲁索在他的荒岛上仍然采用类似的方法：“一天早上，”他写道：“因为很悲伤，我就打开了《圣经》，读到这些话，**我绝不，绝不离开你，也不遗弃你**；结果这些话立即就对着我说，为什么它们会以这般直接的方式，就在我为自己的处境悲叹的时候？我悲叹自己遭到上帝和人类的遗弃。”(50) 而 150 年之后，在《远离尘嚣》（*Far from the Madding Crowd*）中，巴丝西芭（Bathsheba）仍然求助于《圣经》，以决定她是否应该嫁给玻尔德伍得先生（Mr. Boldwood）。(51)

罗伯特·路易·斯蒂文生曾表示说，像维吉尔这样的作家所具有的预言天赋与来自超自然界赋予的关系不大，反倒是与诗歌的模仿特性关系较密切，这种特性使得诗句能够向各种年纪的读者发出亲切有力的讯息。此段见解堪称极为敏锐。在《退潮》（*The Ebb Tide*）中，斯蒂文生所创造的一个人物，迷失在一座遥远的岛屿上，在一本破旧的维吉尔著作中探索他的运势，而这位诗人从字里行间“以不很确定或鼓励的声音”，答其所惑，却在这位落魄者心中撩起故土的种种景象。“因为这是那些严肃、压抑的第一流作家的宿命，”斯蒂文生写道：“我们在学校极勉强并满心痛苦地与他们相识，让他们进入我们的血脉之中，变成记忆中的原乡人物；因此，维吉尔的只言片语所述的与其说是意大利的曼图亚（Mantua）或奥古斯都，还不如说是诸多英国的城乡，还有学生自己无法挽回的青春。”(52)

君士坦丁大帝是第一位在维吉尔的作品中读出基督教预言意义的人。透过他的解读，维吉尔变成所有预言作家中声望最卓著者。从帝
211 国诗人到基督教预言家，维吉尔在基督教神话学中扮演了一个重要的角色，使他能够在君士坦丁大帝的礼赞之后 10 个世纪，还引领但丁经过地狱与炼狱。他的威望甚至回溯以往；中世纪的拉丁文弥撒中有一则以韵文写成的故事，描述圣保罗亲访那不勒斯（Naples），到这位古

代诗人的墓冢前哭泣。

君士坦丁在那个遥远的耶稣受难日领悟到,文本的意义会随着读者的能力和欲求而扩大。面对文本时,读者可能会把其中的文字转化成替他/她破解问题的讯息,而这个问题与文本本身或其作者并无历史上的关系。这种意义的转化既可丰富文本的意义,也可令其意义贫乏;不变的是,它总是会让文本浸染于读者的环境中。不管是出于无知、信心、智慧、诡计与欺诈,或阐述,读者使用了与原文相同的文字,但是将其放在不同的标题之下,由此而改写了文本,仿佛就在赋予它生命的行动中重新创造了它。

第十五章　象征性读者

1929 年,在法国的博纳救济院(Hospice de Beaune),匈牙利摄影师安德烈·柯特兹——他在奥匈帝国的部队服役时自修了摄影技巧——拍了一幅一名老妇坐卧床上阅读的照片。①这幅照片构像完美。在中央的部分是这位个头很小的女人,裹着黑色披肩,头上戴着黑色睡帽,意外地凸显出颈后拢集的头发;她背靠着白色枕头,双脚盖在白色床单里。在她周遭及背后,白色褶起的帘幕悬挂在床的黑色哥特式木制圆柱之间。更进一步细看显示,在床的顶架上有一块"十九"数字的小贴牌,一条结绳从床上的天花板悬空垂下(用来呼求帮助或是用来拉上前面的帘幕),还有一张床边几,上面有一个盒子、一只水壶和一只杯子。几下地板上有一只锡盆。我们是不是已经看到了一切?不。这名妇人正在阅读,摊开书本,看来依旧敏锐的眼睛与书本维持良好的距离。但她正在读什么?因为她是一名老妇,因为她待在床上,因为这张床是在博纳的老人之家,位于天主教徒居多的勃艮第地区(Burgundy)的中心地带,相信我们可以猜得着她看的书的性质:一本宗教书籍,或一本布道摘要?假定就是如此——即使用放大镜细看也无法确定——这个意象就显得一致、完整,这本书界定了它的读者,并且让观众觉得她的床是一处精神上的安详之地。

但是,要是我们发现这本书的内容并不是这么回事呢?譬如说,要

对页图:安德烈·柯特兹的《博纳救济院》

是她正在读拉辛、高乃依②——一名通达人情世故、有教养的读者——或是,更令人惊讶的,伏尔泰?或者,要是这本书竟然是考克多③那部颇引人非议的小说《小捣蛋》(Les Enfants terribles)呢?(这本小说与柯特兹拍摄此照同年出版,内容描写布尔乔亚的生活。)突然间,这名平凡的老太婆不再平凡;凭着手中所握之书的不同这个细微的改变,她就变成了一名质问者、一颗仍然燃烧着好奇心的灵魂、一个叛徒。

在多伦多的地下铁,坐在我对面的一个女人正读着企鹅版的博尔赫斯的《迷宫》(Labyrinths)。我想要向她大声呼唤,挥手向她发出讯息,表示我也是博尔赫斯迷。我已忘了她的长相,也几乎没注意到她的穿着,更忘了她是年轻或年老,只是由于她手中所握的那本书,使她比其他经常碰见的人更让我觉得亲近。我的一位住在布宜诺斯艾利斯的表妹深深体认到,书本的象征功能,仿佛就是一种结盟的符号。她旅行时总会随身带着一本书,其选书的细心程度就如同挑选手提包一样。她不会带罗曼·罗兰的作品去旅行,因为她认为这会让她看起来太虚饰,也不会带克里斯蒂的推理小说,因为这会令她显得太庸俗。加缪适合短程旅行,克罗宁④则适合长途旅行;卡斯帕里或者埃勒里·奎恩的侦探小说适合周末到乡村度假时消遣;格雷厄姆·格林的小说则是乘船或乘飞机旅行时的良伴。

书本与读者的关系不像其他物品与其使用者之间的关系。工具、家具、衣服——所有这些东西都具有一种象征功能,可是书本令其读者承受比简单的器具要复杂许多的象征作用。单单拥有书本这一回事便有社会地位及拥有某种知识财富之意涵;18世纪的俄国,在叶卡捷琳娜大帝统治期间,有一位克洛斯特曼先生因贩卖填塞着废纸的长排装帧而致富,这种东西让朝臣创造出一座图书室的幻觉,并因此获得爱书的女皇的喜好。⑤在我们的时代,室内装潢者将墙壁排以长列的书籍,以让房间感染一种"精致优雅的"气氛,要不然就提供印着排排书本的壁纸,以创造出整座图书室的幻觉,⑥而电视脱口秀的制作人也相信以

第十五章　象征性读者　229

西蒙尼·马蒂尼的"天使报喜图",收藏于佛罗伦萨乌菲兹美术馆

书架作为背景可以让摄影棚沾染智慧的色彩。在这些案例中,一般对书本的观念即足以表示崇高的追求,正如红色天鹅绒家具是用来表示官能的愉悦。书本的象征极为重要,在观众眼中,书本在场与否便等同

于智性力量的具备与否。

公元 1333 年,画家西蒙尼·马蒂尼替锡耶纳大教堂祭坛后面中央的镶板完成一幅"天使报喜图"(Annunciation)——该祭坛是现存的第一个以天使报喜为主题的西方祭坛。⑦整个场景是在三个哥特式拱顶之内:中央是一个高拱顶,拱下有着深黄衣袍的诸天使列队,围绕着鸽子形状的圣灵;而左右各有一个较小的拱顶。拱顶下面左侧是一名穿着刺绣外袍的跪姿天使,左手持着一根橄榄枝,并举起右手食指,以在古希腊和罗马的雕像艺术中很常见的夸张手势来表示沉默。右边拱顶下,在一个嵌有象牙的贴金宝座中坐着圣母玛利亚,身穿黄金边饰的紫色斗篷。在她身旁,在镶板的中间,是一只百合花瓶。无瑕的白色百合,缺乏雄蕊,其花朵是无性生殖的结果,所以被用来作为玛利亚的完美象征。圣伯纳即将她的圣洁比喻为"百合未受侵犯的贞节"。⑧百合,即鸢尾(fleur-de-lis),也是佛罗伦萨的城市象征,在中世纪末,在佛罗伦萨的"天使报喜"图中,它也取代了报喜天使所持的使者权杖。⑨锡耶纳画派的画家是佛罗伦萨人的大敌,他们既无法从玛利亚图画中完全除去传统的鸢尾,也就不愿让天使携带佛罗伦萨的城市之花来荣耀它。因此,马蒂尼的天使持着一根橄榄枝——象征锡耶纳的植物。⑩

对马蒂尼时代看这幅画的人来说,每一个物体和每一种彩色都有一个特定的意义。虽然蓝色后来变成圣母玛利亚的颜色(天堂的爱的颜色,拨云见日之后所见的真理的颜色),⑪代表权威及痛苦、后悔的紫色,在马蒂尼的时代则象征着玛利亚即将面对的悲伤。在杜撰的公元 2 世纪的《雅各福音书》(Protoevangelion)⑫中(这是整个中世纪一本著名的畅销书,马蒂尼的公众对它应颇为熟悉),有一个对她早年生活的流行说法,据说,教士会议要求寺庙要有新的覆盖圣器的盖布。从大卫的部落挑选了七名纯洁的处女,并以抽签的方式来决定七种颜色各由谁负责织成;玛利亚抽到紫色。在开始纺织之前,她去井边汲水,在那里听到一个声音告诉她:"但愿你充满恩宠,主与你同在;你是受到福佑的女人。"玛利亚顾盼左右(经外书的作者以小说家的笔触记载),看不到半个人,战栗地进入屋子,坐下来,拿着一束紫色羊毛线开始纺线。"看呀,主的使者站在她身边,并说,不要害怕,玛利亚,因为在上帝的眼中,你已找到恩宠。"⑬因此,在马蒂尼之前,传令天使、紫色布与百合——轮流代表接到上帝的话、受难和无瑕的童贞——标示基督教会想要玛利亚受到的荣耀的特质。⑭然后,在1333年,马蒂尼在她的双手上放上了一本书。

传统上,在基督教的圣像艺术中,书本或卷轴均属于男性神祇——要不是属于天父,就是属于胜利的基督、新亚当,上帝的话在他身上变成肉体(道成肉身)。⑮书本是上帝的律法的储藏所;当罗马帝国非洲辖土的行政首长问一群基督徒犯人带什么东西来法庭作辩护时,他们回答:"正义之士保罗所著之书。"⑯书本也带来了智性的权威,而从最早的画像开始,耶稣基督一直被描绘成行使教师、翻译者、学者、读者等拉比(rabbi)⑰所具备所执掌的功能。圣婴属于这个女人,肯定了她作为母亲的角色。

不是大家都同意这种看法。马蒂尼之前两个世纪,巴黎圣母院的教士彼埃尔·阿伯拉尔因诱惑学生爱洛漪丝而遭阉割之刑罚,之后又开始和他的旧爱——现在是圣灵(Paraclete)的女大修道院长——通信,这些信件后来极为有名。在这些信件中,遭桑斯(Sens)和苏瓦松(Soissons)大会所谴责,并遭教宗英诺森二世禁止教学或写作的阿伯拉尔表示说,女人在机智方面比任何男人都要接近耶稣基督。阿伯拉尔认为女人不像男人那般执迷于战争、暴力、光荣与权力,反而是致力于灵魂和智慧的精炼,"能够和上帝在灵魂的内在王国中以亲密友谊的方式交谈"。⑱一名与阿伯拉尔同代的人士,宾根(Bingen)的女修道院院长希尔德加德——她那世纪最伟大的知识分子之一——认为教会的弱点是一种男性的弱点,而在这个tempus muliebre(女性的时代)中,女人应该善用她们的性别力量。⑲

但是对女人的根深蒂固的敌意并不容易克服。《圣经·创世记》第3章第16节所记载上帝对夏娃的劝告,一再被利用来宣导女性的温顺与温和美德:"你必恋慕你丈夫,你丈夫必管辖你。""女人被创造来当男人的助手,"圣托马斯·阿奎那解释道。⑳在马蒂尼的时代,锡耶纳的圣伯纳丁或许算是他那个时代最受欢迎的传道士了,他不是将马蒂尼的玛利亚视为上帝的对话者,而是一个顺服、忠实女子的范例。"对我而言,"他评价这幅画并写道:"这似乎确实是你在'天使报喜图'所曾看过的最美、最虔敬、最谦虚的姿势。你看,她不是凝视着天使,而是以几近恐惧的姿势坐着。她清楚知道那是一名天使,所以,为什么她会惶惑不安?倘若那是一个男人,她会怎么做?女孩们,以她当作你们的行为典范。除非你的父亲或母亲在场,绝对不要和男人说话。"㉑

在这样的背景脉络中,欲将玛利亚与理智力量扯上关联是很大胆的行动。在为他的巴黎学生所写的一本教科书的导言中,阿伯拉尔明白阐述理智的好奇之价值:"借着怀疑,我们得以发出问题,借着发出问题,我们得以学习真理。"㉒理智的力量出自好奇心,但是,对那些诋毁阿伯拉尔的人——圣伯纳丁曾呼应这些人所发出的厌恶女人的声音——来说,好奇心,特别是女人的好奇心,是一项罪过,导致夏娃去品尝知识禁果的罪过。女性的纯真应不惜任何代价予以保存。㉓

在圣伯纳丁的观点中,教育是好奇心所带来的危险后果,也是更多好奇心的肇因。正如我们前已提及,整个14世纪——甚至可以说几乎整个中世纪——女人受教育的目的只是为了当男人的贤内助。马蒂尼所熟识的女孩几乎受不到什么智性的教育(视其社会地位而定)。假如她们是在贵族家庭长大,她们会被训练来当宫廷女侍或被教经营房地产,为达此目的,她们只需具备粗浅的读写能力,不过还是有很多女人就此变得十分有文化教养。假如她们属于商人阶级，她们会培养一些商业才能，为此便需具备一些基本的阅读、写作及数学能力。商人与工匠有时候会把他们的本事教给女儿，期待她们变成无酬的助手。农家小孩，无论男女，通常是完全没有接受教育。[24]在宗教团体，女人偶尔有机会获允追求知识，但是必须不断受到男性宗教长官的监督。由于学校和大学大多数不对女性开放，12世纪晚期到14世纪的艺术与学术的百花齐放鲜有女性的份。[25]当时能以出色的工作崭露头角的女人，譬如宾根的希尔德加德、诺里奇的朱利安、克丽丝汀·德·皮桑和玛丽·德·法兰西——她们几乎都是在机会渺茫中意外获得成功的。

在这种背景之下，马蒂尼的玛利亚需要一种表现出居于辅佐地位的、较不匆匆忙忙的神情。她笨拙地坐着，右手紧紧抓住下巴下沿的大衣，身体侧转，没有直接面对这奇异的场面，她的眼睛不是直视天使的眼睛，而是（与圣伯纳丁充满偏见的描绘相反）盯着天使的嘴唇。天使所说的话以黄金大字的形式，从他的嘴唇流出，传到玛利亚的眼神中；玛利亚不只可以听，而且还可以看见"天使报喜"。她的左手握持正在阅读的书，大拇指夹在书页里。这是一本中等大小的书，或许是八开纸，封面红色。

但这是什么书呢？

在马蒂尼的画完成之前20年，乔托已经给他在意大利帕多瓦（Padua）的圆形竞技场礼拜堂（Arena Chapel）的壁画"天使报喜图"添加上一本小小的蓝皮"祈祷书"（Book of Hours）。从13世纪开始，"祈祷书"（可能是在公元8世纪时由阿尼昂的本尼迪克特所发展出来，作为祷告仪式的补充读物）已是富有人家常见的私人祈祷书，一直到15、16世纪仍然盛行不衰——在很多幅"天使报喜图"中，我们都可以看到玛利亚仿

乔托在帕多瓦圆形礼拜堂的壁画"天使报喜图"细部

佛皇家或贵族女士一般阅读"祈祷书"的画面。在许多较富贵的家庭中,"祈祷书"是仅有之书,母亲和保姆会利用它来教导孩童阅读。㉖

很可能马蒂尼的玛利亚就是在读一本"祈祷书",但也可能是另外一本书。根据在《新约》看见《旧约》预言实践的传统——这是马蒂尼时代很普遍的信仰——在天使报喜之后,玛利亚应已明白,她与她儿子的一生事件已经在诸经书中有所预言:《以赛亚书》与所谓的"《圣经》的智慧诸书"——《箴言》、《约伯记》和《传道书》——及《次经》(Apocrypha)中的二书——《便西拉智训》(The Wisdom of Jesus, the Son of Sirach)及《所罗门智训》(The Wisdom of Solomon)。㉗在这种取悦了中世纪听众的文学平行主义(literary parallelism)中,在天使即将到达之前,马蒂尼的玛利亚很可能就正在阅读《以赛亚书》里宣布她自己命运的那一章:"看,有位贞女要怀孕生子,给他取名以马内利。"㉘

玛利亚与"智慧女士"的各种属性。这是亨利·苏索的《智慧漏斗》手抄本中的一幅装饰画

但是,假定马蒂尼的玛利亚正在读的是"智慧之书",这就更有意思了。㉙

在《箴言》第 9 章,智慧(Wisdom)被描绘成一个女人,她"建造房屋,凿成七根柱子,……打发使女出去,自己在城中至高处呼叫,说谁是愚蒙人,可以转到这里来。又对那无知的人说,你们来吃我的饼,喝我调和的酒。"㉚而且,在《箴言》的另外两段中,智慧女士被描写为源自上帝。在造化之初,"耶和华以智慧立地。"(第 3 章,第 19 节)"从亘古、从太初、未有世界以前,我已被立。"(第 8 章,第 23 节)几个世纪之后,卢布林㉛的拉比(Rabbi of Lublin)解释说,智慧之所以被称为"母亲",乃是因为"当一个人告解和忏悔时,当他的心接受'理解'(Understanding)并受它所教化,他变成像一个新生儿般,而他的转向上帝就像是转向自己的母亲一般。"㉜

"智慧女士"是 15 世纪最流行书籍之一《智慧漏斗》(*L'Orloge de Sapience*)的主角，这本法文书（也可能是由其他文字译成法文）写于 1389 年，作者是洛林（Lorraine）的方济各会修士亨利·苏索。㉝在 1455 年与 1460 年之间，一位现今称为"让·罗兰大师"的替它制作了一连串精彩的彩饰。这些微型图画之一描绘"智慧女士"坐在她的宝座上，深红色的天使环侍于旁。她的左臂握着地球，而右手中有一本打开的书。在她的上方两侧，更大尊的天使跪在星空中；在她下方右侧，五名僧侣谈论着两本摊在面前的学术著作；而左侧则有一名戴冠的捐助人站在披有布饰、上面摆着一本摊开的书的颂经台前，正在向她祈祷。她的位置与天父相同，在无数其他的彩图中，天父就是坐在这样的金色宝座上，通常是作为耶稣受难像（Crucifixion）的伴画，他的左手握着一个球体，右手握着一本书，周遭也有类似的威猛天使环侍。

卡尔·荣格将玛利亚与东正教的索菲亚（Sophia）或智慧概念相提并论，表示索菲亚—玛利亚"显示她自己是人类的友好助手与拥护者，一同对抗耶和华，并展示给人类他们的上帝的光明面，他的仁慈、公正、亲切的一面"。㉞索菲亚，《箴言》及苏索《时间漏斗》中的"智慧女士"，源自古老的母神（Mother Goddess）传统，其雕像即所谓的维纳斯小像（Venus figurines）在欧洲和北非各地都有发掘，日期可回溯到公元前 25000 年和前 15000 年之间，而且之后在世界各地也都有发掘。㉟西班牙人和葡萄牙人携带他们的剑与十字架到达新大陆后，阿兹特克人（Aztecs）和印加人（Incas）（还有其他原住民）舍弃原本对各种土地母神——诸如托南津（Tonantzin）和帕洽妈妈（Pacha Mama）——的信仰，皈依一个雌雄同体的基督，这种基督在现今的拉丁美洲的宗教艺术中仍然很明显。㊱

大约在公元 500 年左右，法兰克族的皇帝克洛维（Clovis）在皈依基督教并强化教会的角色后，便禁止以种种形貌——月神黛安娜、古埃及女神伊西思、雅典娜——出现的智慧女神崇拜,并关闭她所有的神庙。㊲克洛维的决定乃是依据圣保罗的宣言(《哥林多前书》第 1 章,第 24 节):只有耶稣基督才是"上帝的智慧"。自从女性神祇遭篡位之后,智慧便改归耶稣基督所有,在基督教古老巨大的圣像艺术中,将耶稣描绘成拥书者的形象。克洛维死后大约 25 年,查士丁尼皇帝参加君士坦丁堡新近完工的大教堂的圣职授任礼。这座教堂便是圣索菲亚大教堂(Hagia Sophia,"圣智"[Holy Wisdom]之意),是古代最大的人造建筑物之一。据说,他在那里宣称道:"所罗门,我已经胜过你!"㊳圣索菲亚大教堂的著名马赛克画没有半块玛利亚拥书的图像,连 867 年庄严的"圣母子登基"(Virgin Enthroned)也没有。甚至在她自己的神庙中,智慧女神亦只占辅助的地位。

幼童耶稣撕掉《旧约》,表示《新约》即将出现。见罗杰·凡·德·威登《圣母玛利亚和圣婴》,1450 年

在这种历史背景中,马蒂尼将玛利亚画成圣智的继承人——或许是圣智的道成肉身(incarnation)——可以被视为是欲恢复女性神格的智性力量的努力。玛利亚在马蒂尼的画中所握的书,其正文被遮住,而其标题也只能猜测。这本书或许会让人联想到遭废黜的女神——一位比历史还古老、遭到一个选择依男人的形象来制造其神明的社会所禁言的女神——的最后发言。当我们领悟到这层含意,突然间,马蒂尼的"天使报喜图"变成了具有颠覆性的作品。㊴

西蒙尼·马蒂尼的生平鲜为人知。他很可能是锡耶纳画派(Sienese painting)之父杜契奥·迪·博尼塞尼亚的门

徒；马蒂尼第一件标有日期的作品是 1315 年所完成的《马艾斯塔》（*Maestà*）。这张画是以杜契奥的原作为基础而画成。他在比萨（Pisa）、阿西西（Assisi），当然还有锡耶纳待过，然后，在 1340 年搬到亚维侬去，进入教宗宫廷工作。亚维侬大教堂正门两件损毁的壁画是他硕果仅存的作品。⑩我们对他所受的教育、他的知识背景一无所知，他也许还谈过有关女人与权力和"上帝之母"（Mother of God）与"我们的智慧女士"（Our Lady of Wisdom）等话题，不过，这也无从考究。但是，在他 1333 年替锡耶纳大教堂所画的红色封面书本上，或许留下了那些问题的一条线索，也可能是一条意见。

伊斯兰教原教旨主义者燃烧拉什迪的《撒旦的诗篇》

马蒂尼的《天使报喜图》至少被复制了 7 次。⑪在技巧方面，马蒂尼提供画家除了乔托之外的另一种选择——乔托在他的"帕多瓦天使报喜图"中开创出一种严肃的写实主义风格；从哲学方面来说，马蒂尼可能将玛利亚的阅读范围从乔托小小的"祈祷书"扩大到整部神学大要，而其根据则是最早期对智慧女神的信仰。在后来对玛利亚的描绘中,⁴²孩童基督将她正在阅读的书页弄皱或撕破,代表他的智性之优越。孩童基督的手势代表基督所带来之《新约》将取代《旧约》,但是对中世纪晚期的观众而言,玛利亚与"智慧之书"的关系仍然明显,所以这种画面也提醒我们圣保罗厌恶女人宣言。

我知道,对我来说,阅读的场景会在我心中创造出一种奇特的转喻(metonymy)。在这种转喻中,读者的身份沾染了书本与阅读环境的色彩。亚历山大大帝因为在通俗的想象世界中分享了荷马的英雄人物的神话背景,所以他总是随身携带着《伊利亚特》和《奥德赛》,这似乎颇为适切。⁴³我很想知道当哈姆雷特以"文字、文字、文字"来回应波罗尼乌斯的问题——"你读什么,我的主人?"——时,他手中握着的是哪本书。难以捉摸的书名或许可以让我更清楚了解这位王子的忧愁个性。⁴⁴在《堂吉诃德》一书中,教士与理发师在将堂吉诃德令人恼火的藏书丢入火堆中时,教士及时从火堆中将朱亚诺·马托瑞尔的《骑士蒂朗》(*Tirant lo Blanc*)救出,为后世拯救了一本不凡的骑士精神小说;⁴⁵了解堂吉诃德正在阅读的书籍,我们对令这位悲哀的骑士所着迷的世界也得以一窥其究——透过这种阅读,我们也会暂时变成堂吉诃德。

有时候,这个过程会颠倒过来,对一本书的读者的认识会影响我们对该书的判断:"我过去常常秉烛苦读他,或在月光下借着一只巨大的放大镜的帮助读他,"这是希特勒在谈及冒险故事作家卡尔·迈时所说的话,⁴⁶结果使得迈的《银湖宝藏》(*The Treasure of the Silver Lake*)等"蛮荒西部"(Wild West)小说遭到如同理查德·瓦格纳的命运,由于希特勒的称赞,使得瓦格纳的音乐多年不得在以色列演出。

在伊朗政府对拉什迪发出格杀令的最初几个月中,民众了解到作家会因写了一部小说而遭到死亡威胁,美国电视记者约翰·英尼斯不管在播报任何评论题目时,总是把一本《撒旦的诗篇》(*The Satanic*

Verses)放在书桌上。他没有提到这本书或是拉什迪,或是霍梅尼,但是让这本小说片刻不离手边,暗示一名读者对这本书与其作者的命运的休戚之情。

第十六章　在墙内阅读

我在布宜诺斯艾利斯的住家附近有家兼卖童书的文具店，我从小（现在还是一样）就喜欢收集笔记本（在阿根廷，笔记本封面通常印着民族英雄人物像，有时则另外附上一张有关历史或战争的事迹图），所以常常在文具店流连忘返。店的前半面专卖文具；后面则摆了一排排的书。我还记得有作家比希尔由 Editorial Abril 出版的幼童读物，大大的字，鲜艳的色彩（人们在比希尔死后，发现他收藏的色情文学作品数量之丰，在拉丁美洲数一数二）。还有（我之前也提过）一系列黄色封面的罗宾汉故事集。两排口袋精装书，有绿色和粉红色两种封面。绿色封面的是亚瑟王冒险故事、正直的威廉（Just William）糟透了的西班牙文译本、大仲马的《三剑客》（Les Trois Mousquetaires）、基罗加①写的动物的故事。粉红色封面的书则包括有路易莎·梅·阿尔科特的小说、《汤姆叔叔的小屋》（Uncle Tom's Cabin）、塞古尔女伯爵的故事、整套的海蒂英雄传奇故事书。我有个表妹很爱看书（有年夏天，我跟她借了约翰·狄克森·卡尔的《黑眼镜》[The Black Spectacles]，从此迷上侦探小说）。我跟她都爱黄色封面的沙尔迦里（Salgari）海盗冒险故事。有时候她会向我借绿色封面的"正直的威廉"看。但是她可以看粉红色封面的书，我就不准看（10岁时我就知道）。它封面的颜色就是种警告，这种色彩简直比灯光还抢眼，这些书男孩不该读，因为它们是女孩的书。

对页图：中世纪的宫廷妇女，1681年版的《浮世百人女》中的木刻画，画者是菱川师宣某些书只适合特定读者群阅读,这种观念可以说跟文学本身一样古老。有学者就指出,希腊史诗与戏剧原先只有男性能欣赏,而早期的希腊小说很可能只为女性所写。②

柏拉图说,在他的理想国中,男孩、女孩都一样要接受教育,③但是他的门生狄奥弗拉思托司却反驳老师,他认为女人只要学会如何持家就好了,读太多书只会"把女人变成爱吵爱闹、好吃懒做的长舌妇。"由于希腊女人多半不识字,④都是由受过教育的奴隶念小说给她们听。当时那些小说的文字晦涩,流传下来的又寥寥无几,历史学家威廉·哈里斯说,当时那些小说并不流行,只局限在受过教育的少数女性。⑤

这些小说的题材不外是爱情和冒险;男女主角永远年轻、貌美、家世背景显赫,虽曾遭逢不幸,最后结局总是美满幸福;而且他们对神的信仰一定坚定不移,守身如玉,纯洁无瑕(至少就女主角来说)。⑥从最早的小说开始,作者就明白告诉读者其内容为何。现今留存完整的最早期希腊小说的作者,大约是在公历纪元初,⑦在他的作品即开宗明义地点出:"我的名字叫查理顿,住在阿弗罗狄西亚斯(Aphrodisias,小亚细亚的一个小城镇),目前为律师阿先纳哥拉斯工作。现在我要告诉你一则发生在锡拉库萨(Syracuse)的爱情故事。""爱情故事"(pathos erotikon):从一开始,所谓给女性看的书,就与后来称之为浪漫情爱的不可分。从公元1世纪希腊的父权社会,到12世纪的拜占庭(这类罗曼史延续至此才告结束),女性读者从这些小说描绘的通俗内容(pap)中得到某种智性的启发:小说中男、女主角的波折、冒险患难、痛苦折磨,毫无疑问成了女性读者的精神食粮。几世纪之后,圣特蕾莎从她小时读的骑士小说(有时候是受到希腊罗曼史的启发)获得不少后来写作宗教著作的想象材料。"我沉迷在这些没有营养的小说中,无心也无暇做其他事。背着父亲,我偷偷看一大堆小说。我实在太爱看这类书,如果没有新书来,我就闷闷不乐。"⑧虽然这些书没有什么营养,但是像玛格丽特·德·纳瓦尔、写《克莱芙王妃》(*La Princesse de Clèves*)的拉

《禁果》,1865年一幅仿自奥古斯特·图尔蒙谢画作之版画

法耶特夫人(Mme de La Fayette),与勃朗特姊妹、简·奥斯汀等人的作品都曾自罗曼史得到不少灵感。英国评论家凯特·弗林特说过,阅读这些小说不仅让女性读者可以偶尔"逃避到小说的麻醉世界中,更值得一提的是,女性读者从罗曼史小说中得到了自我的肯定,而且她知道

很多人都跟她一样。"⑨女性读者找到了颠覆社会加诸她们书架上的材料的方法。

为特定的读者群准备一些或者一类的书（不管希腊小说或是我童年的粉红色封面系列），不仅鼓励这些读者去探索它所创造的封闭的文学天地；尤有甚者，它把其他的读者排除在他们的文学世界之外。人家告诉我，粉红色封面的书是给女孩子看的，如果让人家知道我也在看这类书，他们一定会说我娘娘腔；我还记得有次我在文具店买了本粉红色封面的书，老板脸上一副震惊、不以为然的表情，我只好赶紧解释说是要送给女性朋友的。（及长，我又碰到类似的偏见，我曾合编男同性恋小说选集，我那些"异性恋"朋友说，他们不敢在外面看这种书，怕被人家误以为是他们是同性恋。）"较少特权"或是"较不被接受"的读者如果敢涉猎那类特定的读物，他很有可能被归为他们的同类，不过这并不适用在我表妹的身上，她可以看属于男孩的绿色封面的书，却不会引起议论，顶多她母亲说她一句"品味复杂"。

不过有时候，特定圈子人所看的东西却是圈内人自行创作的。最好的一个例子就是 11 世纪的日本宫廷女官。

公元 894 年，也就是平安京——今之京都——建都 100 年后，日本政府决定不再派遣官员出使中国。之前的 3 个世纪以来，派驻中国的公使陆陆续续将他们这个千百年来的隔邻大国的艺术跟文化带回日本，中国的风尚深深影响日本的社会；和中国的交流中断后，日本逐渐展出自己的风格，并在 10 世纪晚期藤原道长摄政时达到巅峰。⑩

所有的贵族社会，都只有极少数的人能享受这种文艺复兴带来的好处。日本宫廷女官，即令比其他妇女享有更多的特权，⑪还是要受到诸多规矩的限制跟束缚。这些女官的生活与外界几乎完全隔绝，她们的生活既单调又乏味，而且她们的语汇能力也有限（只有极少数的例外，她们大部分从未研读过历史、法律、哲学以及其他学识，⑫她们之间

宫廷妇女在其住房中受到监视。土佐光吉替《源氏物语》所绘的一幅插图

的交流大都透过书信,而不是谈话)。尽管有以上这些种种的限制,宫廷女官还是努力寻找探索宫廷以及宫廷纸墙外的世界的方法。女官紫式部的名著《源氏物语》中的主人翁源氏公子在谈到某位年轻公主时说:"我们不需要担心她的教育问题。女人应该具有广泛的常识,但是如果她们对某学科的学习过于强烈,就相当不好。我赞成所有学科她都该涉猎,但如果她对某科特别有兴趣,也应该以平常的态度去学习。"⑬

表情极为重要,只要假装出对知识冷漠、无动于衷,这些宫廷女人就有可能找到逃离其处境的出路。在这种情况之下，很令人惊奇的是，她们设法创造出这个时期的第一流文学，在这过程中自己发明了一些文类。为了同时是文学的创作者与欣赏者——为了形成一个制造和消费自己的产品的封闭圈子，全部都在一个要那个圈子维持屈从的社会的束缚之内进行——我们必须视其为非凡的勇敢行为。

宫廷女官镇日"对空发呆"，闲得发慌（"受空闲之苦"是常见的用词），就有点像欧洲人说的忧郁。偌大的房间空空荡荡，丝帘、屏风拢住一片阴阴暗暗。但里面的人却得不到隐私。声音轻易穿越薄墙和格子矮垣，以偷窥狂窥视宫廷女人生活为题的画作多达数百幅。

她们过着镇日无事可做的生活，难得几天喜庆节日，也只能偶尔逛逛著名寺庙，为了打发时间，她们学音乐、书法，更多的时候大声念念书，或别人念书给她们听。不是任何书都能读。平安时代的日本，和古希腊、伊斯兰教、后吠陀时代（post-vadiac）的印度一样，女人是不能读所谓"严肃"的书籍的；她们只能看些儒家知识分子嗤之以鼻的庸俗、浅薄的东西，而且连男女的文学和语言也是截然有别：属于"男性"的是英雄、哲学等题材，而且其声音公开；属于"女性"的则是琐碎、家庭和亲密关系的题材。这种区别表现在许多不同的领域：譬如说，由于汉文一直受到尊崇，中国画被认为属于"男性"，而分量较轻的日本画就被归属于"女性"。

就算女人得以研读当时所有的中文以及日文著作，她们也找不到属于自己的声音。所以为了多点可读的东西，另一方面也想读些真正能反应她们独特的生活的东西，她们创作了自己的作品。为了记录它，她们发展出一套语音的记录方法——假名文学——这是一种几乎完全去除汉字结构的日文。这种文字被称为"女书"，而由于是限定由女性所写，在统治她们的男性眼中，它就有了一种情欲的特质。那个时代的女人要能吸引人，除了要美貌，还要写得一手漂亮的字，娴熟音律、吟诗作词。就算这些女人样样都精通，还是无法跟男性艺术家跟学者平起平坐。

"得到书籍的诸多手段中，"瓦尔特·本雅明写道："自己写一本最值得称赞。"⑭ 对那个时代的女人，这是唯一的手段。平安时代的宫廷女性用属于她们特有的语言写出日本的旷世名著，其中最著名的当属紫式部的不朽著作《源氏物语》，英国学者与翻译家亚瑟·韦利认为这部作品是世界上第一本真正的小说，作者大约在公元 1001 年开始写作，1010 年后才完成。另外一本名著是清少纳言⑮的《枕草子》，取这个书名是因为这位和源氏同一时代的作者是在卧榻上写作，书稿大概就放在木制枕头里面。⑯

《源氏物语》与《枕草子》里对男女文化和社会生活刻画详实，但是对宫廷中男性激烈的政治斗争却极少着墨。韦利发现，在这些作品中，这种"女人对纯粹男性活动所知奇少"⑰足以令人困窘；由于远离政治的语言和活动，像清少纳言与紫式部女士这样的女性对这类活动无疑也只能作道听途说的描写。总之，这些女人写作纯粹是为了自己——她们的作品内容就像镜子反映出自己的生活。她们从文学得到的并不是男性作家最常用、最感兴趣的意象，而是她们所生活的世界：度日如年，寂寞冷清，除了四季外毫无变化的生活环境。《源氏物语》里面讲的全是那时生活的点点滴滴，它主要是写来给像作者自己一样的女性阅读的，这些女性对于心理的世界具有同她一般的智慧和颖悟力。《源氏物语》出现几年后，另一位才华横溢的女性菅原孝标女记述了她——一个偏居遥远外省的年轻女孩对短篇故事的热衷。"即使封闭在乡村，我也想法了解那个叫作'物语'的世界所包含的事物。从那一刻起，我最大的愿望就是能亲自阅读那些故事。为了打发时间，我的姐姐、继母和家庭中的其他人，都讲物语中的故事给我听，其中包括源氏和光源氏的情节。但既然他们必须全靠记忆，他们就不可能告诉我我想知道的一切，而他们的故事也只能使我比以前更好奇。在渴望中，我得到了一尊按我自己的身量所塑的药师佛的塑像。每当无人朝观时，我就沐浴，溜进圣室,匍匐在地,热切地祷告,'哦,请安排好一切,让我尽快能前往京都。那儿有那么多的故事书,请让我饱读一过。'"⑱

而清少纳言《枕草子》写的都是些感觉、随笔、闲言闲语、生活上开心以及不开心的种种——书中处处可见反反复复的见解、偏见、妄想,表现出强烈的阶级意识。作者对自己作品的看法令人深思,她说:"她从来没有想到她写的东西会有人看,所以她是想到什么写什么,不管发生奇怪或是不开心的事。"这本书的魅力就在于她的简单平实。以下就是书中两个"愉快事物"的例子:

> 找到许多没有人看过的故事。或者是得到一本喜欢的故事的下集。不过通常都很令人失望。

> 书信虽很平常,但是,它们是多么美妙的东西啊!当你正思念着远方的人,突然间收到他的来信,那感觉就像亲眼看到他人一样。他面对面。借书信来抒发自己的感情是极好的慰藉,即令知道它不可能已经到达。⑲

就像《源氏物语》,《枕草子》以其对帝国的力量的吊诡的崇拜,但又不屑男人的诸多行径,将赋予闲暇价值,并将女性家庭生活放置在与男性的"史诗"生活相同的文学水平,然而,虽则紫式部女士认为女人的故事需要被显露在男人的史诗之内,而不是轻率地自限在她们的纸墙之内,她发现清少纳言的写作"充满了瑕疵":"诚然她是一位才女。但是,假如一个人甚至在最不适当的环境之下仍然让自己的情感不受羁绊,假如一个人必须将身边的趣事全部采集起来,人家就不得不认定她为轻狂之徒。对这样一个女人,还会有什么好结果呢?"⑳

在遭受隔离的团体中,至少会有两种不同的阅读方法。第一种,读者像富于想象的考古学家般,从主流文学里去探索,以从其字里行间拯救出他们遭驱逐的难友,在阿喀门侬的妻子克莉坦聂斯特拉、哈姆雷特的母亲格特鲁德、巴尔扎克笔下的交际花中找到自己的影子。第二种,读者成了作者,替自己发明新的说故事方式,以在书上赎偿她们孤独生活在厨房实验室、在缝纫工作间和育婴室的乱七八糟中的日常记录。

除了以上这两种不同方法外,或许还有第三种。在清少纳言与紫式部女士之后数个世纪,在大洋的彼岸,英国作家乔治·艾略特在写有关她那时代的文学时,描述了她所谓的"女性作家所著的愚蠢小说……这是一种类别,其中还有许多徒子徒孙,想要辨认出她们,只要看看她们那些愚蠢的特质就够了——这些浅薄、冗长乏味、虔诚、卖弄学问的人。但它是这一切的混合物——女性愚昧的一个合成秩序,制造出最多这种类型的小说,我们可以给它冠上**头脑与女帽**的种类……这些没有格调的女作家向来的辩解理由是:社会将她们从其他的职业领域中赶出去。社会是一个该受责备的实体,必须为制造许多有碍身心健康的商品——从坏泡菜到坏诗——负责。但到社会,就像'物质'与女王陛下的政府及其他高尚的抽象物,既可能受到过度赞美,也可能受到过度的责备。"她下结论道:"所有的劳动皆有益处;然而,女性的愚蠢小说,照我们想象,谈不上是劳动的结果,只能说是无聊找事做的结果"。㉒乔治·艾略特所描写的小说,虽然是写于这个群体之内,其作用只不过是呼应了首先导致创造出这个群体的官方的俗套与偏见。

愚蠢也是紫式部女士还以读者的身份在清少纳言的作品中看到的错失。然而,明显的差别在于:清少纳言所呈现出来的女性,并非男性加诸她们身上的那种愚蠢的形象。紫式部女士觉得轻狂的地方是清少纳言的题材:她自己生活其中的日常世界,清少纳言细写其中的琐碎,好像这就是源氏的辉煌生活。不过,尽管遭受紫式部的批评,清少纳言的亲密、似乎平庸的文学风格风靡了当时的女性读者。现今所知此时期的最早例子是一位平安京宫廷女士的日记《蜻蛉日记》(*Journal of*

Summer End)或《浮生日记》(Fleeting Journal),这名女士仅留下"藤原道纲母"的名字。在这本日记中,作者设法尽可能忠实地将她的生存现实载入年代史中。她以第三人称描写自己,写道:"当日子单调地飘逝,她读遍古老的小说,发现它们大部分粗俗不堪。她告诉自己,或许将自己的乏味生活写成日记的形式,说不定还比较有意思。借此她或许甚至可以回答这个问题:这种生活对一位出身世家的女士是否得宜?"㉒

尽管有紫式部女士的评论,我们很容易理解何以采自白的形式,这种女人可以"无所羁绊地"抒发"个人的情感"的作品,变成平安时代的女人最喜爱的阅读题材。《源氏物语》在围绕王子周遭的人物中呈现出女人的生活,但是《枕草子》允许女性读者变成自己的历史学家。

"有四种不同方式叙述女人的一生,"美国评论家卡洛琳·海尔布伦指出:"女人执笔说出自己的故事,这就是所谓的自传;她也可以选择用小说的方式来呈现其一生;另一种即是由男性或女性传记作家来写出她的一生;要不然,女人也可以在进入生活之前即写出她自己的一生,写时毫无自觉,没有意识到或认出这就是自己的一生。"㉓

卡洛琳·海尔布伦对形式的慎重分类也隐约呼应了日本平安时代女作家的作品——monogatari(物语)、枕草子,以及其他。读者从这些作品中看见了自己的生活,过去的、未来的、理想的、幻想的,或以冗长详实按时记载的。对遭到隔离的读者群来说,情况通常如此:他们所需要的文学是自白式、自传式,甚至是说教式的,因为身份遭否认的读者除了在自己所创作的文学里,别无他处可以找到自己的故事。在17世纪的葡萄牙,修女玛利安娜·阿尔科弗拉多(或者更可能是一位匿名作者借用了她的名字)告诉她的情人,她在被禁阅的情书《著名的葡萄牙书简集》㉔中找到了打破修道院墙的办法。那部书简集激发了狄德罗创作了小说《修女》,实际上成了修女自己填补情人不在身边的空虚、补偿她未满足的欲望的阅读材料,成了她情色生活的舞台、一个以言语而不是以行动实现其欲望的营地,对她不可能的情爱予以切实的描绘。在一篇应用于男同性恋阅读的辩论中——也相当地可以被应用到女性或任何从权力圈中被排挤出来的群体的阅读——美国作家埃德蒙·怀特注意到,一旦人察觉到他(我们可以加上"或她")与众不同,他就必须找出解释,而这种解释就是一部原始的小说——"以枕边语或在酒吧或在精神分析的躺椅上一说再说的口头叙事。"告诉"彼此——或是这个怀有敌意的周遭世界——他们的生命故事,他们不只是在报导过去,而且还在形塑未来,既是在透露一个身份,也是在伪造一个身份"。⑤就如同紫氏部女士一样,清少纳言有我们现今所阅读的女性文学的阴影。

乔治·艾略特之后,在维多利亚时代,奥斯卡·王尔德所著的《不可儿戏》(*The Importance of Being Earnest*)一书中,格温多伦宣称她从来不带着日记去旅行,因为"在火车上总应该读点煽情的东西";她说得一点都不夸张。和她颇为相似的西德莉就将日记简单地定义为"年轻女孩对自己的想法和观感所作的记录,到后来就是因此打算要出版"。⑥出版——也就是说,将一份文本予以复制,透过手稿的副本、借着朗读或透过新闻界来让读者加倍——让女人找到知音,让她们发现自己的苦境并非独特,在对经验的验证中找到一个稳固的基础,由此而得以建立一个真实的自我形象。这对平安时代的日本女性或对乔治·艾略特来说,都是实情。

不像我小时候的文具店,现在的书店不只陈列为了商业利益而开发给女性阅读的书籍(这种书籍当然也限制了女性的阅读范围),而且还陈列了从这个群体内部创作出来的书籍,在这个群体中,女性作家替自己写出正式文本中所缺的东西。接着就是读者的任务了,这一点平安时代的女性颇有先见之明:她们翻越围墙,将吸引她们的书照单全收,撕掉象征规范的彩色封面,然后放进她的床边书架上,和其他那些她们凭机缘和经验选上的众书为伍。

第十七章　偷书

我又准备要搬家了。堆积在角落的陈年灰尘因为家具移动搞得满屋都是，一屋子的书凌乱地堆在地板上。每次都这样，一要整理这么一大堆旧书时（有些书我只要一看封面颜色或是外观就想起来，不过大部分的书我都还得仔细看一下书名，简介才想得起来），我就禁不住责怪自己干嘛要保留这么多书，明明知道自己不会再去碰这些书的。我之所以舍不得把书丢掉可能是，书丢掉后，过几天又要用，那该怎么办！也可能是我对所有的书（仅极少数例外）都能找到感兴趣的东西。或许另外一个原因是当初会买下这本书一定有道理，以后可能还会再需要。我给自己找了堆理由，为了藏书的完整，稀罕，要做学问等等。其实藏书会多到泛滥成灾，就是自己太过贪心。看着拥挤不堪的书架中或多或少熟悉的名字，令人感到快慰。我很高兴周遭有我一生追求的家当围绕，这些东西也暗示着我的前程展望。当你翻阅一本你的陈年旧书，意外地发现到你当年留下的痕迹，真是令人惊喜，也许那是书页上随意的涂鸦、公车票根、写着神秘名字、电话号码的字条、偶尔前页或后页所记下的日期或地名，无端勾起对某家咖啡馆、远方的旅馆或是一个久远夏日的回忆。如果有需要，我是会把书给丢了，日后又去买了本新的回来；我以前就因为需要丢弃过一些藏书。但是每次丢书，我都心情沉重，有股难以弥补的失落感。似乎心里面某些东西也跟着丢弃的书死

对页图：占有欲强烈的读者利百里伯爵

去了般,想到这些被我抛弃的书,心里就感到一股浓得化不开的乡愁。随着年岁增长,我的记忆力一天不如一天,回忆就像座遭到洗劫的图书馆;很多藏书室都被迫关闭,开放的几间也是零零落落。我拿起其中一本书,书中几页已经被入侵者破坏。年岁愈长,我愈希望自己能够好好保存这些收藏品——文章、声音和味道。对我保留住这些藏书意义重大,因为我对过去越来越忌妒。

法国大革命极力要打破历史古董文物为某一阶级人士独享的现象。在某方面,革命是达到了目的:从最早爱古罗马帝国文物的拿破仑开始,到后来的共和国时代,收集古董不再是贵族的专有娱乐,如今普罗大众也都兴致勃勃。到了19世纪,破破烂烂的小古董、古玩,古代大师的绘画、古书,都成为欧洲最时髦的玩意。各种古董店、古玩店如雨后春笋般,一家一家地成立。古董商大量收购革命前的珍品宝物,卖给暴发户们装饰他们的豪华宅第。瓦尔特·本雅明写道:"这些收藏家不仅梦想自己住在久远的世界,更梦想一个较好的世界。虽然人们想要的东西就跟日常生活所需的一样不足,这些东西终得以免于使用之劳累。"①

1792年,卢浮宫改成了博物馆,开放给大众参观。小说家夏多布里昂严厉批判"共同的过去"这种观念,他说如此收藏的艺术品"不再能够对想象或心灵有任何启发"。几年以后,艺术家兼古董收藏家亚历山大·勒诺瓦创建法国纪念物博物馆(Museum of French Monuments),收藏遭到革命掠夺的大宅邸、修道院、王宫与教堂的雕像与装饰品。夏多布里昂子爵很不屑地形容该博物馆是:"从所有过去时间的废墟与坟墓的搜藏,漫无章法地收藏在小奥古斯丁修道院中。"②不论是官方机构或私人古物收藏家,对夏多布里昂子爵的批评都置之不理。

革命的后遗症之一就是留下数量庞大的书籍。18世纪在法国的私人图书馆都是贵族世家所珍藏,世世代代传衍下去,它们和服饰以及言语举止代表着个人的社会阶级。想想当时著名的收藏家霍伊姆伯爵(死于1736年,享年40岁),③他从他拥挤的书架上拿下西塞罗的《演说集》(Orations),他可不会把它当成成百上千放在许许多多图书馆的普普通通的印刷品之一,而是,他所拥有的独一无二的书,封面经过他精心的包装、里面有他亲手的注解、书页上还镶上烫金的家族徽章。

大约从12世纪末开始,人们开始把书当成商品买卖,在欧洲,书籍的价值已经足以作为抵押品。我们发现不少中世纪出版的书都有抵押的记录,特别是学生,经常典押他们的书本。④到了15世纪,在法兰克福和诺德林根的商展中都有书品交易,可见书在当时的价值。⑤

珍贵的善本书更是价值不菲(1524年德尔菲讷斯写的《书信集》[Epistolae],在1719年以1000个法国银币卖出,折合现代的币值大约等于30万美金)。⑥除此之外,事实上那时候大部分书的价值在其家族传承,也就是家族传家宝,只流传于家族成员。职是之故,图书馆成为革命攻击的对象。

群众攻进"共和之敌"的神职人员以及贵族宅第,大肆搜刮图书馆中的藏书。结果在巴黎、里昂、第戎等大城市,数量极其可观的书册流落出来,任其暴露于湿气、灰尘、蛀虫中,静待革命领袖判定它们的命运。光是找地方放置这些数量惊人的书就是一大问题,所以革命领导人物为了摆脱这些赃物便开始分批卖书。1800年属于私人企业的法国银行成立之前,书籍收藏家(那些躲过一死以及流亡者)都已破败穷困,无力进行收藏;在这种情况能够得利的只有外国人,特别是英国人跟德国人。为了满足外国买主的口味,当地书商便四处搜索并当成代理商。1816年巴黎最后的清仓大拍卖,书商兼出版商雅克·西蒙·梅兰买下的书足足装满了两栋五层楼的房屋,这房子就是他为这次拍卖特地买下的。⑦那些珍贵的藏书是被当废纸般论斤卖的。在那个年代新书是非常昂贵的,在19世纪前10年,一本新出版的书价格相当于农夫每个月三分之一的收入,而保罗·斯卡龙的《滑稽小说》第一版只有不到新书价格的十分之一。⑧

革命查抄的书中没有毁损,以及没被外国买主收购的,最后都被送到公立图书馆,但是很少人会去翻阅这批藏书。19世纪上半叶,这些公立图书馆开放时间短暂,对阅览者的服装仪容有严格规定,所以这些珍贵的藏书就被搁在书架上蒙上厚厚的灰尘,⑨被人遗忘,乏人问津。

不过这种情形并没有持续很久。

利百里伯爵1803年生于佛罗伦萨的托斯卡尼贵族世家,他研读法律和数学两科,在数学方面成绩优异,20岁就被比萨大学聘为数学教授。1830年,他为了躲避一个"烧炭党人"(Carbonari)⑩的国家主义团体迫害,而迁居巴黎,不久即宣誓成为法国公民。现在他的名字也简化为 Count Libri,他在法国学术圈深受欢迎,入选"法兰西学院"院士,在巴黎大学担任科学教授,并以其学术成就获颁法国荣誉勋级(Legion of Honour)。但是他的兴趣并不只是在科学上,他也热衷于收藏书籍,在1840年他已经收藏了为数不少的书,同时他也从事手抄本和珍本的买卖。他曾经两度争取"皇家图书馆"的职位,不过没有如愿。1841年他出任一个委员会的秘书,该委员会主要在督导"各公立图书馆整理其典藏之古今各种手抄本的书目"。⑪

执掌大英博物馆手抄本部门的梅登爵士记下了1846年5月6日他与利百里在巴黎初次见面的情形:"他的外表看起来就好像有很长一段时间没有用肥皂、水或者刷子清洗过的样子。我们会面的房间不过16英尺大,满屋都是手抄本藏书,丛书堆到天花板。窗户都是双层的,房间炉架上烧着煤炭,焦炭味加上满屋的书,令人难以忍受,我几乎无法呼吸。他看到我们很难受的样子,便将窗子稍微打开,看得出来他很不喜欢窗外的空气,还用棉花把耳朵塞起来,不想去感觉。他的身材肥胖,谈吐风趣,有个大大的脸。"⑫这位爵士有所不知的是,利百里是历史上最恶名昭彰的偷书贼。

17世纪的搬弄是非人士塔勒芒·德雷奥说,偷书不算犯罪,除非你偷的是已卖出去的书。⑬利百里之所以偷书多多少少都是因为想要拥有世界少见珍贵藏书,或阅读没有人批准就不可能翻阅的书。不过究竟是丰富的藏书让这位饱学的收藏家禁不住诱惑,还是他一开始就是因为贪婪作祟,才千方百计弄到这个方便的职位,我们永远难以论断。利百里以督导委员会秘书的名义,穿着大斗篷,自由自在进出法国各图书馆,以他丰富的学识,他一眼就能找出最珍贵的宝藏。从卡庞特拉(Carpentras)、第戎、格勒诺布尔(Grenoble)、里昂、蒙彼利埃(Montpellier)、奥尔良(Orléans)、普瓦提埃(Poitiers),到图尔(Tours),他不仅整本整本的偷,有些书只撕下其中几页,然后将他的战利品展示给别人看或贩卖。⑭只有在奥克塞尔这个图书馆,他施展不开。该图书馆谄媚的管理员极力讨好利百里,特别通融让他在晚上工作,但却坚持派遣一名警卫随侍左右。⑮

1846年开始有人指控利百里偷书——可能这项指控太令人难以置信,所以并没有得到重视,利百里继续为所欲为,大肆搜索图书馆的珍贵藏书。他还开始大量卖他偷来的书,还写了精彩、详细的书目介绍。⑯为什么这位狂热的收藏家要将他冒极大危险偷来的书转卖出去?也许他相信如普鲁斯特所说的"欲望让万物欣欣向荣,一旦拥有了便失去生命力"。⑰也许他想要的只是他的赃物中少数几个真正有价值的珍珠。或许他卖书完全是利欲熏心;不过这个理由比较没意思。不管他真正的理由是什么,他将偷来的书转手卖出去,这种行为再也不容忽视。对他的控诉与日俱增,一年之后,检察官终于下令展开调查,但是这个公文却被利百里的好友,同时在他结婚时担任见证人的基佐压了下来。如果不是1848年革命爆发,"七月君主政治"结束,第二共和国成立，在基佐桌子里找出了利百里的案件公文，这件丑闻可能永无见天之日。利百里事先得到警告，便带着妻子逃往英国，随身还带着 18 箱价值 25000 法郎的赃书。[18]当时，一个劳工一天才赚四法郎。[19]

许许多多政治人物、艺术家以及作家纷纷挺身为利百里辩护。替他说话的有些人曾从利百里手中得到不少好处，担心卷入丑闻；另有些人一直当他是个德高望重的学者，如今很难接受受骗的感觉。替利百里辩护最力的是作家梅里美。[20]利百里曾在一个朋友家中展示著名的《图尔五经》（Tours Pentateuch）给梅里美看，那是一本 7 世纪的精装本。跑遍全法国，同时游历过许许多多图书馆的梅里美说他曾经在图尔看过《摩西五经》，利百里马上接口说原书是他在意大利买到的，梅里美看到的其实是法国的仿冒品。梅里美不疑有他。他在 1848 年 6 月 5 日写给德莱塞尔的信中指出："我常说收藏嗜好容易引人犯罪。但是利百里是我见过最诚实的收藏家，我认识的人当中就只有他会把别人偷来的书拿去归还图书馆。"[21]两年之后，利百里终于被判处有罪，梅里美出版了《两个世界的回顾》（La Revue des Deux Mondes），[22]还是极力为利百里辩解，结果遭法院以藐视法庭之罪传唤。

在罪证确凿之下，利百里被判处了 10 年有期徒刑，褫夺公职。阿什伯纳姆勋爵曾经透过书商巴鲁瓦中介，买下利百里偷来的另一本珍贵的精装《摩西五经》（这本他是从里昂公立图书馆盗来的），他相信利百里有罪，所以便把此书交给法国驻伦敦大使。《摩西五经》是阿什伯纳姆勋爵唯一归还的书。"他受到来自各方对他慷慨之举的恭贺，不过，这并未促使他将收藏的其他手稿也这样处理，"德利斯尔批评道。[23]1888 年，德利斯尔将利百里的赃书列出一份书单。

但是到了那时候，利百里早已金盆洗手。他离开了英国，转往意大利，最后在菲索尔（Fiesole）定居，1869 年 9 月 28 日死于当地，死时穷困潦倒。不过最后他还是报复了指控他的人。利百里去世那年，数学家米歇尔·沙勒递补他在法兰西学院的遗缺,他买下一批有作者亲笔签名的珍贵藏书,足以让世人钦羡不已,包括有恺撒大帝、毕达哥拉斯、暴君尼禄、埃及艳后克娄帕特拉、难以捉摸的玛丽·玛格德林等人的信,最后却发现这批书信全是伪造的,出自当时最著名的伪造行家弗兰-卢卡之手,是利百里委托他设局骗继任他的人。㉔

偷书罪并不是始自利百里时代。根据劳伦斯·汤普森的《偷书癖历史》(The History of Bibliokletomania)一书,"偷书的罪行可以回溯到西欧开始有图书馆的时候,甚至还可以往前推到希腊与古老的东方国家"。㉕罗马帝国早期的图书馆收藏的都是他们从希腊掠夺来的典籍。像皇家马其顿图书馆(Royal Macedonian Library)、黑海南岸本都(Pontus)国王米特里拉达梯的图书馆、泰欧斯(Teos)的阿贝利康(Apellicon)图书馆(后来为西塞罗所利用)等图书馆的藏书全被罗马人洗劫一空,搬到罗马领土去。早期的基督徒世纪也无法幸免于难:公元3世纪初,科普特派(Coptic)修士圣帕科米乌斯㉖在埃及的底比斯(Tabennisi)建了修道院,并在院中设立图书馆,他每天晚上都会检查图书馆外借的书是否有归还。㉗维京海盗(Vikings)侵略盎格鲁-撒克逊英国时,连修道院士的手抄本经书都偷,可能他们看上的是封面上的黄金。11世纪就发生过窃贼偷了珍贵的古籍《奥里斯抄本》(Codex Aureus),因为找不到买主,又回头勒索原书主赎回的故事。在中世纪以及文艺复兴时代,偷书贼更是横行;因此1752年,教宗本笃十四世还下了一道敕书,凡是偷窃书籍者将被逐出教会。

其他对付偷书贼的威胁就世俗得多,有套珍贵的文艺复兴时代典籍上面就附上一段警告语:

我的主人名字就是上面你所看到的,

注意,这样你就不会把我给偷了去;
如果你下手行窃,不要迟疑
你的脖子……因为我一定让你付出代价。
请头往下,你会看到
绞首台的图片!
所以,留心你的脖子,
以免遭绞刑之惩罚!㉓

我们再看另外一个例子,位于巴塞罗那的圣佩德罗(San Pedro)修道院在他们的图书馆外面也放了警告牌:

敬告仁人君子:凡是偷窃书籍,或是有借无还者,他所偷的书将变成毒蛇,将他撕成碎片。让他中风麻痹,四肢坏死。让他痛不欲生,呼天抢地;让他的痛苦永无止境,直到崩溃。让永远不死的蠹虫啃啮他的五脏六腑。直到他接受最后的惩罚,让炼狱赤火煎熬他,永恒不停。㉔

但是,任何诅咒都无法吓阻那些非把书据为己有的读者,他们跟疯狂的情人没有两样。将不属于自己的书占为己有,成为它唯一的拥有者,是种特别的贪婪。查尔斯·兰姆这位现代利百里坦承道:"我们都知道,自己的书读起来比较舒服,我们知道它的全部,哪里有缺陷,哪里折了角,哪里的污点是我们喝茶、吃奶油松饼时不小心沾到的。"㉕

当你在阅读时,你的五觉都用了:眼睛从书页上辨视文字,耳朵听着朗读的内容,鼻子闻着纸张、黏胶、墨水、硬纸板或皮革等熟悉的气味,你的手触摸着或粗糙或柔软的纸页、平滑或坚硬的封面;甚至味觉,有时,读者会用舌头舔着手指(小说《玫瑰的名字》[*The Name of the*

Rose］的作者艾科就是让凶手使用这种方法来毒杀受害者）。所有这些，多数读者都不愿意与他人分享——如果他们想要看的书属于别人所有，这时候就很难遵守有关财产的法律规定，就像要求情人信守忠贞的誓言一样不容易。同样地，有形的所有权有时候变成了智性理解力的同义词。我们以为只要拥有一本书，我们就拥有书中的知识，仿佛"拥有"，在图书馆就像在法庭一样，十有九成是法律问题。瞥见我们宣称为己所有的书的书背，顺服地沿着我们的房间墙壁站岗，只要轻轻翻到其中一页，它就心甘情愿地对着我们独语，让我们可以说："这一切全属我所有，"好像只要拥有它们，就会让我们充满智慧，并不需要真的经过用心阅读。

在这一方面，我跟利百里一样有罪。甚至到了今天，沉浸在同一本书的数打的版本和同一版书的数千相同印本中，我知道在我手中所握的一卷，而不是其他的，变成了"书"（the Book）。各式各样的注解、瑕疵、标记，某个时空，使那本书变成确实如同无价之宝的手稿。我们或许会很厌恶替利百里的窃盗辩护，但是这种渴望、这种想要成为唯一能够将一本书称为"我的"——甚至只是片刻——的想望，对许多诚实的男女来说属平常，只是我们不太愿意承认。

第十八章　作家即读者

公元 1 世纪末的罗马,一天晚上,Gaius Plinius Caecilius Secundus(后人称为小普林尼,为了和他博学的叔叔老普林尼加以区分,老普林尼死于公元 79 年维苏威火山[Mount Vesuvius]爆发时)愤愤不平地离开一个朋友的家。普林尼一回到书房,坐下,为了整理自己的思绪(或许也是为了有一天他会汇集出版的书信集),写了一封信给律师雷斯提图图斯,谈及当晚发生的事。"我刚刚离开一个朋友家里举行的朗读会,心中甚感愤慨,觉得必须立刻写信给您,因为我无法亲自去向您说明。今晚现场所朗读的文章在每方面都极优美洗炼,但是有两三个聪明人——至少他们和周遭的一些人似乎这么认为吧——听朗读时有如聋哑者。他们从头到尾不开口也不动个手,或甚至伸腿改变一下坐姿。这种清醒冷静的学者样子,或说这种懒惰与自以为是,这种缺乏感觉和明辨能力,让人浪费整天的时间无所事事,只是伤了感情,又与原本是最亲密的朋友反目成仇。这一切到底是怎么回事?"①

对页图:小普林尼雕像,在意大利科莫大教堂正面

相隔 20 个世纪,要我们去了解普林尼的恐慌,多多少少有些困难。在他的时代,作者朗读作品已成为一种时髦的社交仪式,②而且,就像其他的仪式一样,有一套为听众和作者而制定的规矩。听众要提供批判性的回应,作者则根据听众的反应来修改其文章——这就是何以无动于衷的听众会使普林尼如此义愤填膺;他自己有时候也在一群朋友

面前试练演说的初稿,然后,根据他们的反应来修改内容。③其次,不论朗读的文章长度为何,朗读会期待听众参与整个过程,以免错过作品的任何部分,而普林尼觉得那些利用阅读活动当作社交消遣的人,比流氓好不到哪里去。"他们大部分围坐在房间等候,"他对另一个朋友大吐怒气:"浪费他们自己的时间,而不去注意听,还常常命令仆人告诉他们,朗读者是否已经到达,是否经读了序言,或者是否已经结束。只有在那时候,他们才会非常不情愿地开始慢慢走进来。然后,常常没留多久,在结束之前就开溜,有些人想偷偷摸摸逃离,其他人则大摇大摆走出去,一点羞耻感都没有。更该赞美和嘉奖的是那些对写作和朗读的爱不受到某些听众的恶劣态度与自大傲慢影响的人。"④

作者若想使朗读会获得成功,也有责任要遵循一些规则,因为有种种障碍尚待克服。首先,他们必须找到适当的阅读空间。有钱人幻想自己是诗人,在他们豪华的大别墅,在大讲堂里——特别为了此目的而建造的房间——在一大群熟人面前朗诵自己的作品。一些像卡匹托⑤的富有诗人,为人慷慨,会将他们的讲堂借给其他人表演,但是大部分这些吟诵空间都属主人专用。一旦朋友集合到指定的地方后,作者必须坐在一张讲坛椅子上,面对他们,穿着新置宽大长袍,展示他手上所有的戒指。⑥根据普林尼,这种习惯对他反而加倍造成阻碍:"就算他或许真的和站立的演说者一般具有天赋,但是单是坐着,就会让他处于极有利的地位。"⑦而且朗读者有"两种对其朗诵风格的主要辅助,那就是眼睛与双手",手要拿着他的文章。因此,演说技巧是很重要的。普林尼在称赞一名朗读者的表演时,记录道:"他在抑扬顿挫的声调中显示出恰当而多才多艺的技巧,从较高尚到较低俗的主题,从简单到复杂、或从轻松到严肃,在转换主题时,也显示出同样的灵活。他引人注意的悦耳声音是另一项优点,再加上他的谦和、他红润的脸色与福经质,更添加了朗读时的魅力。我不知其所以,但是害羞比自信更适合一个作家。"⑧

而对自己的朗读技巧有所怀疑的人可以诉诸某些策略。普林尼自己对演说很有自信,可是并不确定自己是否有诵诗的才能,有一次,他想出这么个主意,要举办他的诗歌之夜。"我计划对一些朋友做一次非正式的朗读,"他写信给《罗马十二帝王传》(Lives of the Twelve Caesars)的作者苏埃托尼乌斯,"而且打算派我的一名奴隶上场。这好像对我的朋友不太有礼貌,因为我所选择的这个人并非真正优秀的朗读者,但是我认为他会比我好,只要他不要太紧张……问题是:他在朗读的时候,我该做什么好?我应该坐着不动,像个观众一般沉默不语,或是像有些人一样,让我的嘴巴、眼睛、手势都跟着他念?"我们不知道普林尼那天晚上是否做了对嘴的表演,而成为历史上的第一遭。

许多这种朗读会好像是无止无终的;普林尼参加过一个持续三天的朗读会。(这次的朗读似乎没有对他构成困扰;或许是因为朗读者已经对他的听众宣称:"我既然认识了普林尼,哪还会在乎过去的诗人。")⑨公开朗读时间从几个小时到半个星期不等,这种活动对任何想以作家身份出人头地的人,实际上已不可避免。贺拉斯(Horace)抱怨说,受过教育的朗读者似乎不再对诗人实际的写作活动感兴趣,而是"将他们从耳朵获得的一切乐趣,转移到眼睛的移动和空泛的喜悦"。⑩马提雅尔被这些巴望对群众大声朗读自己作品的蹩脚诗人弄得不胜其烦,他抱怨道:

> 我问你,谁能够承受这些力作?
> 我站着的时候你对我朗读,
> 我坐着的时候你对我朗读,
> 我跑步的时候你对我朗读,
> 我大便的时候你对我朗读。⑪

然而,普林尼肯定作家朗读的活动,并在其中看到一个崭新的文学黄金年代的讯息。"整个 4 月,几乎没有一天没有人公开朗读发表文章,"他欣悦地说:"我很高兴看到文学活动繁盛,才华绽放。"⑫后世并不同意普林尼的裁决,并选择遗忘大部分表演诗人的名字。

但是,拜公开朗读之赐,一个人才有成名的运气,作者不再必须等到死后才给人受封。"意见表达因人而异,"小普林尼在给他的朋友保林努斯的信中说:"但是我认为,一个真正快乐的人,是能欢喜期待好名气和永远的声誉,而且,有自信赢得后人的裁决,知道名誉在此生之中便将到来。"⑬目前的声誉对他很重要。在竞赛中有人以为罗马史学家塔西佗(他非常崇拜此人)可能是普林尼,此时他便喜形于色。"假如连雅典城的老妇人都会认出'那就是德摩西尼!'时,德摩西尼有权利可以雀跃,当我的名字广为人知时,我当然也会很开心。事实上,我很开心,而且我承认这点。"⑭普林尼的作品被出版和阅读,甚至在卢格度努(Lugdunum,今里昂)那未开化的地方都可见到。他写信给另一个朋友说:"我先前不晓得卢格度努有什么出版商,所以,从来函中得知我努力的成果有人购买,让我更加欣喜。很高兴它们在外地受欢迎的程度一如在罗马,而且,既然各地舆论一片叫好,我也开始认为自己的作品一定很不错。"⑮然而,他较喜欢听到观众的喝彩,胜于匿名读者的沉默赞美。

普林尼对公开朗读的益处提出诸多理由。声望无疑是一个很重要的因素,但是,其中也挟有聆听自己声音的乐趣。他替这种自我耽溺辩护,指出聆听一篇文本会引导听众去购买已发表的书,如此会造成一种需求,可以满足作家和书商及出版商。⑯以他的观点,公开朗读是作家获得读众的最佳途径。事实上,公开朗读本身就是出书的一个初期形式。

正如普林尼所正确指出的,公开朗读是一种表演,一种连带整个身体的动作,要让他人感受得到。不管在彼时或现在,公开朗读的作者都要以特定声音来凌驾文字,并运用一些手势来表现;这种表演给予文本一种调性,可能就是作者在构思当时所具有的感觉,因此可以让听众觉得接近作者的原意;也能赋予文本一种真品的封缄。可是,作者自己朗读作品的同时,会因为要改善(或实为减弱)内容,又加上解释,所以也会对作品造成扭曲。加拿大小说家罗伯逊·戴维斯在朗读时,又层层铺叙、反复形容,他是把他的小说表演出来而非背诵。法国小说家纳塔莉·萨洛特则反是,以一种不对她作品抒情性格的单调声音来朗读。狄伦·托马斯吟唱他的诗作时,敲下重音如击铜锣般,留下巨大的延声。⑰艾略特喃喃自语他的作品,仿佛是个郁郁不乐的牧师在诅咒他的教徒。

一篇文本,对一群观众朗读时,不是独由文本的内在特性和那些不固定、一直在改变的公众之间的关系所决定的,因为一旦读出,该公众的成员不再可以任意回来、重读、延宕、给予文本他们自己内含的音韵。反之,观众变成要依赖作家—表演者,后者承当起读者的角色,是每一个心迷神往的观众成员推定的化身,朗读是为观众举行的,要教他们怎么去阅读。作家的朗读可能变得极为独断。

公开朗读并非罗马的独特产物。希腊人也这么做。譬如说,在普林尼之前五个世纪,希罗多德就在奥林匹克的庆典上朗读自己的作品,来自希腊各地的众多热心观众群聚于此,作家不需旅行过一座又一座的城市。但是,在6世纪的时候,公开朗读的活动戛然而止,因为似乎已经不再有"受过教育的公众"存在。吾人所知对罗马观众公开朗读的最后一次描写,是在基督徒诗人西多尼乌斯的信中,写于公元5世纪的后半叶。那个时候,正如西多尼乌斯在他的信中所悲叹的,拉丁语已经成为一种专门的、外来的语言,"礼拜仪式的语言、王公大臣的语言、学者的语言"。⑱反讽的是,采用拉丁文来将福音散播给"四海之内的兄弟姊妹"基督教会,发觉这种语言对绝大多数的教徒已变得无法理解。拉丁文变成教会"神秘"的一部分,公元11世纪时,出现了历史上最早的几部拉丁文辞典,目的在于帮助学生和见习修士,因为拉丁文已不再是他们的母语了。

但是,作者仍需要一种直接的公众刺激。到了13世纪晚期,但丁论说主张"庶民的语言"——也就是俗语——比拉丁语要更高雅,其理由有三:第一,因为它是亚当在伊甸园最初所说的语言;第二,因为它很

"自然",而拉丁语则是"人工的",因为只有在学校里才教;第三,因为它具有普遍性——大家都会说一种庶民的语言,但只有一些人通晓拉丁文。⑲虽然,矛盾的是,这种对俗语的辩护是用拉丁文写成的,但是,但丁晚年在拉文纳(Ravenna)奎多·诺维洛·达·波连塔⑳的宫廷中朗读他的《神曲》(Commedia)的段落时,所使用的语言有可能就是他极力辩护的"俗语"。我们可以确定的是,14 和 15 世纪时,作者朗读再次流行;世俗和宗教文学中皆可找到许多例证。公元 1309 年,让·德·茹安维尔发表了他的《圣路易的一生》(Life of St. Louis),其听众是"您和您的兄弟,及其他愿意来聆听的人"。㉑14 世纪后期,法国历史学家傅华萨勇敢面对冬夜的风暴长达 6 个星期,朗读他的骑士传奇《梅利亚多尔》(Meliador)给患了不眠症的布卢瓦伯爵听。㉒奥尔良王子诗人查理一世于 1415 年在阿然古(Agincourt)遭英国人所俘,漫长的囚禁岁月中他写了极多的诗,1440 年获释后,在布卢瓦宫廷的文学之夜朗读自己的作品,受邀的还有其他诗人,比如维庸。费南多·罗哈斯的《塞莱斯蒂娜》(La Celestina),1419 年的介绍中清楚说明,这个长篇剧本(或戏剧形式的小说)是要"在大约 10 人聚在一起的时候"朗诵出来的;㉓作者(我们对他所知极少,只知道他是个皈依的犹太人,不希望他的工作会招致异端裁判所的注意)很可能已经对他的朋友做过这个尝试。㉔1507 年 1 月,阿里奥斯托㉕将他未完成的《疯狂的奥兰多》(Orlando Furioso)朗读给在疗养期间的伊莎贝拉·贡札加听,"结果两天过去不仅不感无聊,而且还充满了许多的乐趣"。㉖而杰弗里·乔叟的书充满了许多需要被朗诵出来的文学典故,他极可以肯定会对一群听众朗读他的作品。㉗

乔叟的父亲是个酒商,生意兴隆。乔叟可能是在伦敦接受教育,在那里接触到奥维德、维吉尔与法国多位诗人的作品。跟大部分富家的小孩一样,他进入一个贵族家庭服务——伊丽莎白的家庭,伊丽莎白是乌尔斯特的伯爵夫人,嫁给国王爱德华三世的次子。有此一说:他最初所写的诗篇当中的一首,是献给圣母玛利亚的,这首赞美诗乃受到一位贵族女士兰卡斯特的布朗什(他后来为她写了《公爵夫人之书》[*The Book of Duchesse*])之托而写,并朗读给她和她的随从听。我们可以想象当时,这名年轻人起初会很紧张,然后渐渐活络起来,有点结结巴巴地,像今天课堂上的学生面对全班同学朗读一篇文章般,念出他的诗。乔叟必定坚持了下去;诗的朗诵继续进行。现今收藏在剑桥大学基督圣体学院(Corpus Christi College)的《特罗伊鲁斯与克莱西德》(*Troilus and Criseyde*)手抄本中,描绘了一个人站立在一座户外的讲坛上,对着一群领主与女士的听众朗读,翻开的书摆在他面前。这个人就是乔叟;旁边的一对皇家夫妇是国王理查二世与王后安妮。

乔叟的风格结合了借用自古典修辞学家的技巧与吟游诗人传统的口语和俏皮话,所以,即使隔了许多世纪,读者无论聆听或阅读他的文字,都会觉得很精彩。因为乔叟的观众正是透过他们的耳朵来"读"他的诗,譬如押韵、声调、反复,而不同角色的声音设计是他诗作的基本要素;朗读让他能够根据听众的反应来改变这些设计。当作品以书面格式定稿时,不论是供别人朗读或供个人默读,保留这些听觉技法的效果显然是很重要的。为此之故,发展出了供朗读之便的实用符号,就像某些标点符号因默读之需而发展出来。譬如说,*diple*——抄写员所做的记号,形状是一个水平的箭头,放置在页边空白处,以提醒注意文本中的某一个要素——变成了现在我们所用的颠倒的逗号(,),表示引言的开始,然后是直陈式的句子段落。同样地,14 世纪晚期,艾列斯米尔手稿(Ellesmer manuscript)中抄写《坎特伯雷故事集》(*The Canterbury Tales*)的抄写员使用"/"(the *solidus*)来标示朗诵之诗歌的韵脚:

    In Southwerk/at the Tabard/as I lay
    Redy/to wenden on my pilgrimage⑱

然而,到了公元 1387 年时,与乔叟同时代的特里维萨的约翰(John

乔叟在英王理查二世面前朗读。这是15世纪早期一本《特罗伊鲁斯与克莱西德》手抄本上的一幅插画

of Trevisa)正从拉丁文翻译一部广受欢迎的史诗《史综》(*Polychronicon*),他选择把它译成英文散文,而不是诗歌——一种较不适合当众朗读的媒介——因为他知道,听众已不再期待集体聆听朗诵,相反,他们很可能会单独阅读这本书。他们认为,作者之死使得读者能够和文本有更自由的交往。

但是,作者——文本的神奇创造者——保留着一种诵咒般的权威。吸引新读者的东西正是亲眼见到文本制作者——那具梦见过浮士德博士、汤姆·琼斯、憨第德的心灵宿主的身体。而对作者而言,他们有一种与读者平行的魔术动作:遇见那文学的发明、大众、"亲爱的读者",那些对普林尼而言是眼见耳闻中或行为良好或举止恶劣的人;虽然几世纪之后他们会变成不过是书页之外的一个希望。"已经卖了7本,"托马斯·洛夫·皮科克㉙19世纪早期的小说《梦魇修道院》(*Nightmare Abbey*)中的主角思索道:"7是一个神秘的数字,也是好预兆。让我找到我的7本书的7位买主,而他们将会是我用来照明这世界的7盏金黄蜡烛。"㉚为了遇见这命中注定的7人(7乘7,假如星星是幸运的),作家再一次开始公开朗读作品。

正如普林尼已经解释的,作者公开朗读,为的不只是将作品带给公众,而且也带回给作者自己。乔叟无疑是在当众朗读之后又修改了《坎特伯雷故事集》(或许是将他所听到的一些抱怨放进他书中朝圣者的嘴巴里,譬如"法律人",他觉得乔叟的用韵不自然)。3个世纪之后的莫里哀,习惯将他的剧本朗读给女佣听。"假如莫里哀真的朗读作品给她听,"英国小说家塞缪尔·巴特勒在他的《札记》(*Notebooks*)中评论道:"这是因为,单是朗读的动作就可以让他的作品获得新的观照,将注意力限制在每一行,由此他能更严格地做判断。我总是很想将自己所写的东西朗读给某个人听,而且常常也是这么做;几乎任何人都可以,但他不得聪明到让我害怕。在我自己以为——念给自己听时——是没问题的段落,一经朗读出来,我便会立刻察觉到弱点。"㉛

有时候,致使作者回到公开朗读活动的,不是求自我改善,而是检

狄更斯对一伙朋友朗读《圣诞歌声》

查制度。卢梭因法国当局禁止他出版他的《忏悔录》(Confessions)，于是他在1768年的漫漫长冬中，出现在巴黎各个贵族的家里，朗读这一作品。其中有一次，朗读从早晨九点持续到下午三点。根据一名听众所说，当卢梭读到一个段落，描写他如何抛弃他的小孩时，听众刚开始时觉得尴尬，然后逐渐软化，终至落下感伤的眼泪。㉚

整个欧洲世界里，19世纪是作者朗读的黄金时代。在英国，其明星人物是查尔斯·狄更斯。狄更斯向来中意业余戏剧演出，多次在舞台上表演，特别是在他自己和韦基·柯林斯合作的《冰冻之海》(The Frozen Deep, 1857)；他将他的演剧天分利用于自己作品的朗读上。就像普林尼的一样，这是双重的：朗读给他的朋友听，以润饰他的定稿，并借着公众估计他小说的效果；在晚年，便以此种公开朗读的表演而闻名。他写信给妻子凯瑟琳，谈到他朗读他的第二篇圣诞节故事《圣诞歌声》(The Chimes)，信中得意地写道："但愿你能看到昨晚的马克雷迪［狄更斯的一个朋友］——我朗读的时候，他竟丝毫不加掩饰地哭泣，哭倒在沙发上——你会感觉到（就如我所感受到的），拥有权力是多么奇妙的一件事。""对其他人的权力,"他的一名传记作家补充说道:"感动与震撼他人的权力。他写作的力量。他声音的力量。"对布莱辛顿女士,关于《圣诞歌声》的朗读,狄更斯写道:"我非常希望能让你感动得痛哭流涕,苦涩地。"③

大约同时,阿尔弗雷德·丁尼生爵士开始常常出现于伦敦人的家中客厅,朗读他最有名的诗篇《莫德》(Maud)。丁尼生不像狄更斯,他在朗读中找寻的不是力量,而是持续的喝彩,肯定他的作品确实有读众。"阿林厄姆,我若朗读《莫德》,会使你厌恶吗?"1865年,他这样问他一位朋友。㉞简·卡莱尔回忆他曾在宴会上到处问人喜不喜欢《莫德》,还朗读《莫德》,"谈莫德,莫德,莫德",而且"对批评很敏感,好像批评有损他的名誉"。㉟她是一个有耐心的听众;在卡莱尔位于切尔西的家中,丁尼生已连续三次朗读给她听,迫她不得不赞许这些诗。㊱根据另一证人,但特·盖博瑞尔·罗塞蒂㊲的说法,丁尼生以他在观众中找到的情绪来朗读他的诗作,当场洒泪,更因"感受强烈,甚至抓起一个锦缎织垫,有力的手不断无意识地往垫子里扭转"。㊳爱默森自己在朗读丁尼生的诗时,则没有了那情感的强度。"是相当好的歌谣试验,像所有的诗一样,"他在随笔中坦言:"朗读的流畅,甚至在丁尼生那里,声音也变得严肃而沉闷。"㊴

狄更斯是个更专业的表演者。他的文本——语气、重音、甚至那些为了使故事更适合口头演说风格的删除及修正——让每一个人清楚知道,要有一种,而且只有一种诠释。在他著名的巡回朗读之旅中,这个做法显而易见。第一次的广泛巡回,从克利夫顿(Clifton)出发,终点是布莱顿(Brighton),包括在40多个城镇做大约80场的朗读。他出现"在仓库、会场、书商处、办公室、大厅、旅馆与矿泉水饮用室"。先是在一张高架书桌前,后来是一个较低的书桌,他为了让听众能更清楚看到他的手势,便恳请他们设法创造出"一小群朋友聚集一起聆听故事"的印象。民众的反应正如狄更斯所预期。有个人当众哭泣,然后"双手掩面,趴在他前面的座位椅背上,情感真正受到撼动"。另外一个人,不论何时,在他感觉某一个角色要再度出现时,就会"笑起来,凝神拭目以待,该角色真的出现时,他就忍不住惊呼一声,一副快受不了的样子"。普林尼会加以称许的。

这种效果得来不易;狄更斯至少花了两个月演练演说风格与姿态。他已经为自己现场反应编好台词。为了这些巡回朗读会,他特别编辑了"朗读书"——作品的副本,"朗读书"的页边有他所做的记号,提醒自己朗读时所要使用的语气,如"欢欣……严厉……哀愁……神秘……加速",以及姿势:"低下……指……战栗……惊吓张望……"⑩根据在观众中产生的效果而修改段落。但是,如他的一位传记作家所注记的:"他并未将场景表演出来,而是用示意的方式、召唤、暗示。他还是一个朗读者,换句话说,不是演员。没有造作。没有手段。不矫情。他以一种方法的经济,不知如何,就创造了惊人的效果,这效果是他所独有的,真的好像这些小说本身是透过他来说话。"⑪朗读结束之后,他从不接受喝彩。他会鞠躬、下台、换下已被汗水浸湿的衣服。

这是狄更斯吸引听众到场聆赏的一部分原因,也是今天的听众出席公开朗读会的诱因:去看作家演出,不是以演员的身份,而是以作家的身份,去听听作家在创造一个角色时心中的声音;去将作家的声音和他的写作连接起来。有些读者是出于迷信,想要知道作家到底是何方神圣,因为他们相信写作是一种魔法活动;他们去看一个可以创作小说或诗的人的脸孔时所抱持的心态,就如同想要一探某个小神明——一个小宇宙的创造者——的庐山真面目一般。他们猎集作家的亲笔签名,把书推到作者的鼻子底下,巴望可以带着幸福的铭文"给波罗尼乌斯,最诚挚的祝福,作者"而离去。他们的狂热令威廉·戈尔丁(在 1989 年多伦多文学节庆期间)说道:"有一天,有人会发现一本未有作者签名的威廉·戈尔丁的小说,它会是一笔财富。"他们受到好奇心的驱使,就跟孩童想看傀儡剧场的幕后或拆开一只时钟的好奇心一样。他们想要亲吻那只写了《尤利西斯》的手,即令——正如乔伊斯自己所说的——"它也做过许多其他的事。"⑫西班牙作家达玛索·阿隆索㊽可兴致缺缺。他认为公开朗读是

"一种势利虚伪的表达,也显示我们这个时代无可救药的肤浅"。他并区分了孤独默读一本书而逐渐发现一位作家,以及在一座拥挤的圆形剧场快速认识一位作家的不同,他形容后者是"无意识的匆忙下真正的成果。也就是说,野蛮的真正成果。因为文化就是缓慢"。㊹

在作家朗读会上,在多伦多、爱丁堡、墨尔本或西班牙萨拉曼卡的作家节庆上,读者期待他们会成为艺术过程的一部分。这种意外的、未经排练的、最终将会是令人难忘的事件,或许,他们希望,会在他们眼前发生,让他们成为创作片刻的目击者——这是一种连亚当也无法享受到的幸福——于是,在他们喜欢话说当年勇的晚年,若有人问他们——就如罗伯特·勃朗宁一度反讽问道的——"那你清楚看见雪莱了吗?"他们的回答将会是肯定的。

在一篇描写熊猫苦境的文章中,生物学家珍·古尔德写道:"动物园正从俘获与展示的机构变成保存和繁殖的庇护所。"㊺在最好的文学节庆中、在最成功的公开朗读中,作家都像是在被保存和繁殖。被保存,因为他们被弄得(正如普林尼所吐露的)感觉到有一群将重要性附着到他们的作品上的听众;保存,以最残酷的意义来说,因为他们的劳动有报酬(普林尼没有);而繁殖,因为作家滋养读者,而读者又回过来哺育作家。在朗读之后,买书的读者使阅读加倍衍生;当作者了解到自己或许正在一张空白页上写字,而不是对着一面空白墙壁说话,他或她可能会因为这个体验而感到振奋,并写得更多。

第十九章　译者即读者

在巴黎罗丹美术馆(Rodin Museum)不远处的一家咖啡馆里,我努力啃读16世纪法国里昂的诗人路易丝·拉贝的十四行诗,由里尔克翻译为德文的一本小本平装书。里尔克担任罗丹的秘书多年,之后变成这位雕刻家的朋友,写过一篇讨论其技巧的著名文章。有一段时间,他就住在后来变成罗丹美术馆的这栋建筑当中,在一个装饰着石膏雕像、光线充足的房间,俯瞰花木繁茂的法式花园,哀悼着某种他想象中一直非他所能掌握的东西——某种从此以后世世代代的读者相信可以在里尔克本人的作品中找到的诗意的真谛。这个房间是他诸多暂时住所的其中之一,从一个旅馆到另一个旅馆,从城堡到更豪华奢侈的城堡。"绝对不要忘记,孤独是我的命运,"他从罗丹的家写信给他的一名女友,这女人就如同他的居所,与他维持着暂时的关系。"我恳求那些爱我的人也爱我的孤独。"①坐在咖啡馆里,我看得见里尔克孤独的窗扉;若是他如今还在那里,他也可以看见我在下方远处,读着他有一天将写下的书。在他鬼魂般不眠的眼睛之下,我重复着第十三首十四行诗的结尾。

对页图:里尔克坐于巴黎毕洪旅馆窗前

> Er küßte mich, es mundete mein Geist
> auf seine Lippen; und der Tod war sicher

noch süßer als das dasein, seliglicher.

> 他吻我，它滋润我的灵魂
> 于他的唇；而死亡的确
> 比存在更甜，更幸福。

我在最后那个字上面停留了稍长的片刻，Seliglicher（幸福）。Seele 是"灵魂"；selig 意思是"受祝福的"（blessed）但也是"极乐"、"至福"（blissful）之意。字尾添加的-icher，让这充满生命力的字，在结束之前，又温柔地游离舌头四回。它似乎在延伸那情人的吻所带来的幸福喜悦；它，就像吻，停留在嘴中，直到—— er 将它呼出于唇上。三诗行中其他所有的字，听起来有若一弦琴，一个接一个；只有 seliglicher 一字扣住声音，时间更长，不愿放开。

我在另一本平装书中查看这十四行诗的原作，这次是路易丝·拉贝的《诗全集》（Oeuvres poetiques）②；她透过出版的奇迹，变成我的咖啡桌上与里尔克同时代的人。她已经写过：

> Lors que souef plus il me baiserait,
> Et mon esprit sur ses lèvres fuirait,
> Bien je mourrais, plus que vivante, heureuse.
> 当他轻柔再吻我，
> 而我的灵魂于他的唇上逃离，
> 我确将死去，比生时，更快活。

且不说 baiserait 这个字的现代意涵（在拉贝的时代就是指亲吻，但后来则有了性交的意思），法文原作在我认为是传统的，虽然意思直接令人愉快。在爱情中经历死亡般的痛苦，比在悲惨中苟活更快乐，这是一个最古老的诗意告白；而在吻中呼吸的灵魂也同样古老、同样了无新意。里尔克在拉贝的诗中发现什么，使他将这平凡的 *heureuse* 一字转化为有纪念性的 *seliglicher*？是什么使他能够提供给我这种复杂而扣人心弦的阅读？若非如此，我可能只会漫不经心地翻翻拉贝的诗集。一个有天赋的翻译者如里尔克，他的阅读会影响我们对原作的认识多深？而在这种情况下，读者对一个作者权威的信赖会有什么变化？我相信某个答案的某种轮廓会自己形成，于里尔克的心中，在巴黎的一个冬天。

卡尔·雅各·布克哈特——不是《意大利文艺复兴时期的文化》(*The Civilization of the Renaissance in Italy*)的名作者，而是一名年轻、声名远不及后者的瑞士同胞和历史学同行——离开他成长的巴塞尔负笈法国，在1920年代早期进入巴黎国家图书馆工作。有一天早上，他到一家靠近玛德琳(Madeleine)的理发店去洗头发。③他在镜子前面坐下阖上双眼后，听到身后有越来越激烈的吵架声。有个人以深沉的声音喊道：

"先生，每个人都会把它当借口！"一个女人的声音开始呼啸："真想不到！他居然要求用 Houbigant 乳液！""先生，我们不认识您。您和我们非亲非故。我们这里可不吃这一套！"第三个声音，咿咿哀哀、有气无力，似乎来自另外一个空间——粗俗，有斯拉夫民族口音——正试着解释："您必须原谅我，我忘了带皮夹，只是要回去旅馆拿一下……"冒着肥皂泡流入眼睛的危险，布克哈特转头去看。三个理发师正发狂般地喷话。桌后，出纳员盯着看，发紫的嘴唇紧闭，一派义愤。他们面前站着一个矮小、其貌不扬的男人，有着高额头蓄长髭，正在恳求："我向您保证，您可以打电话向这家旅馆求证。我是……我是……诗人莱纳·玛利亚·里尔克。""当然了，那大家都会说，"理发师咆哮。"您一定不会是我们所认识的随便一个人。"布克哈特,头发还滴着水,跳着离开椅子,他把手放到口袋,高声宣布:"**我来付!**"

布克哈特先前就曾见过里尔克,但还不知道这位诗人现在已回到巴黎。好一会儿里尔克并没认出他的救星;当他认出来的时候,爆出大笑,提议待布克哈特洗完头,带他散步过河。布克哈特同意。过一会儿,里尔克说他很疲倦,而且,因为去吃午餐显然还太早,便建议一道去离欧代翁广场(Place de l'Odéon)不远的一家旧书店逛逛。两个人进到店里时,年老的书店老板起身致候,手中挥动着他正在阅读的一本皮革封面的小书。"绅士们,这本,"他大声对他们呼唤:"是 1867 年的龙沙,布朗谢曼的版本。"里尔克高兴地回应说他喜爱龙沙的诗。就这样提到一位作家接着又引到另一位作家,最后这位书店老板引用拉辛的一些诗句,他认为是直译自《诗篇》第 36 篇。④ "是的,"里尔克同意道:"它们是同样的人类语汇、同样的概念、同样的经验与直觉。"然后,好像是突然的发现,他说:"翻译是诗的技巧能够被肯定的最纯粹的程序。"

这是里尔克最后一次在巴黎逗留。两年后的 1926 年 12 月 29 日,他死于一种罕见的白血病,享年 51 岁。他从不敢提到自己的疾病,即令是对与他十分亲近的人。(在大限之前的一些日子,他以诗的特许,鼓励朋友们去想象他是因遭一根玫瑰刺所伤而死亡。)1902 年他初次在巴黎定居,当时他很穷,年轻,而且默默无名;现在他可是欧洲鼎鼎大名的诗人,受到赞美、名气响亮(虽然在理发师圈内显然不是如此)。同时,他数次返回巴黎,一有机会就企图"重新开始"他对"这不可名状的真理"的探索。"在这里的开始总是一个判

路易丝·拉贝肖像图

断,"⑤在完成小说《马尔泰手记》(*The Notebooks of Malte Laurids Brigge*)之后不久,他写信给一个朋友,在论及巴黎时如此提到。写这部小说让他感觉整个人的创造力被掏空。为了恢复自己的创作能力,他决定做一些翻译工作:一本莫里斯·德·介朗所写的浪漫中篇小说、一篇对玛丽·马格德林(Mary Magdalen)关于爱情的匿名训诫文,以及路易丝·拉贝的十四行诗。拉贝的原著是他在巴黎四处漫逛时找到的。

这些十四行诗写于里昂。16世纪时,里昂与巴黎争逐作为法国文化的中心。路易丝·拉贝——里尔克较偏好旧式的拼法"Louize"——"在里昂内外都是家喻户晓的人物,不只是因她美丽出众,也是因为她的成就。她和她的兄弟一样熟悉军事活动与种种游戏,而且骑起马来非常勇敢,朋友出于好玩与钦佩,称她为'洛伊斯元帅'(Capitaine Loys)。她以能弹奏困难的乐器诗琴,及其歌声而闻名。她是位女性文人,留下一卷由让·德·图尔纳在1555年出版的著作,内容有一篇奉献的书信诗文、一部剧本、3首挽歌、24首十四行诗,以及与她同时代一些著名人士纪念她的诗作。她的藏书中除了法文书外,还可以找到西班牙文、意大利文和拉丁文的书籍。"⑥

16岁时,她爱上了一名士兵,在佩皮尼昂(Perpignan)被围攻时,随他在多芬(Dauphin)的军队里作战。传奇中说,那场爱情造就了她的24首十四行诗(虽然将诗人的作品归诸某种灵感是危害甚巨的做法),她的诗名也因此流传下来。这本选集呈递给里昂另一位女文人克蕾蒙丝·德·布尔热小姐,当中有一段颇具启发性的献辞,拉贝写道:"过去,给了我们乐趣,而且比现在对我们更有用;但是我们所曾感受到的愉悦暗暗地流失,永无挽回的可能,而记忆带来的苦恼,程度就如同事件本身当时的快乐一般强烈。其他肉体的感觉是如此刻骨铭心,不论什么样的记忆回返而至,都无法使先前的心情恢复,无论印象如何深刻,我们仍然知道那只是过去的阴影,折磨我们也欺骗我们。但如果碰巧将想法写成文字,之后,我们的心灵很容易地就会飞奔过串串栩栩如生的事件,永远无止歇,甚至在很久以后,当我们把那些写下来的东西拿出来看时,就可以回到曾经驻足的同一地点、曾经拥有的那种心情。"⑦对路易丝·拉贝而言,读者的才能便显现在对过去的重新创造上。

但是谁的过去呢?里尔克是这样一个诗人,在阅读的时候,他不断使自己想起过去:他不幸的童年、擅权的父亲(强迫他进入军校)、势利的母亲(后悔没生女儿,便把他打扮成女孩子)、无法维持的爱情关系,在时髦社交圈的诱惑和隐士般的生活之间的挣扎。第一次世界大战爆发的前三年,他开始阅读拉贝,由于自己的工作陷入困境,他似乎看到将至的荒芜和恐怖。

> 因为当我凝视直到我消失
> 在自己的凝视中,我似乎带着死亡。⑧

在一封信中他写道:"我不想工作,只想透过阅读、重读、反省,渐渐恢复身体健康。"⑨这是一个巨量的活动。

为了要将拉贝的十四行诗重铸为德文,里尔克马上投入很多阅读。他在重新掌握过去——如拉贝提示过的,但不是她的过去,而是他一无所知的,自己的过去。以"同样的人类语汇、同样的概念、同样的经验与直觉",他能够读出拉贝所不曾唤起的东西。

他在阅读感觉,以一种语言解读一篇文本;这种语言(德文)不是他的,但他已能充分流畅运用来写作他自己的诗歌。感觉经常是被人们所使用的语言所决定的。一件事被说出来,未必是因为作者选择用一种特别方式去说它,而是因为在那种特定的语言中,需要某种文字顺序才能去构聚一个感觉,某种音乐听来悦耳,某些建构则因为刺耳或带有双重意义,或者已不再有人使用,被刻意避开。所有时髦的语言装饰联合共谋,偏好某一套语汇甚于其他。

他在阅读意义。翻译是理解的最后动作。对里尔克来说,为了翻译而阅读的读者,从事着一种问与答的"最纯粹的程序",借由此程序,最难以捉摸的观念、文学的意念,被搜集起来。搜集,但是从来不会变得明确的,因为在这种特殊阅读的炼金术中,意念立即被转变成另一种、同值的文本。而诗人的意念一字一字铺展,从一种语言变形到另外一种语言。

他在读他手边这本书的历代祖先,因为我们所阅读的书,同时也是其他人已经阅读过的书。我所指的并非那种将曾经属于另外一个读者的书拿在手中的那种替代乐趣,幽灵般透过边白一些潦草的文字、扉页上的签名、一片干叶夹书留下的标记、一个吐露内情的酒渍等等的耳语来追忆。我的意思是说,每一本书,都是由你从未看过封面、可能从未听过作者名字、但是又握在手中的书里头所回响的一长串其他书本中而产生。拉贝引以为傲的图书室中珍藏的书又是哪些呢?我们无法确切得知,但是我们可以猜测。譬如说,加西拉索·德拉维加的西班牙文版本,这位诗人将意大利的十四行诗引介到欧洲其他地区,作品在里昂翻译,无疑是她所熟悉的作家。而出版她作品的出版商让·德·图尔纳,之前已经出版过希腊诗人赫西俄德和伊索的法文译本、但丁和彼特拉克的意大利文版本,也出版了另外数位里昂诗人的作品,⑩她很可能已经从该出版商那里取得上述这些书。拉贝的十四行诗中,里尔克也读到她对彼特拉克、加西拉索,还有同时代的重要人物龙沙的阅读,在巴黎一个冬天的午后,里尔克会和欧代翁的书店老板聊起这些人。

里尔克就像所有读者一样,也会透过自己的经验来阅读。我们所阅读的文本,除了字面上的意思与文学的意思之外,也取得我们自己经验的投射、我们自己影子的投射。路易丝·拉贝的士兵,启发她写出热情诗篇的人,就像拉贝她自己,而对里尔克来说,她是一个虚构的人物,

4个世纪之后,他在房中阅读。对她的激情,他可能一无所知:她在夜里辗转反侧,倚闾待伊人没有结果犹假装很快乐,偷听到有人提到士兵的名字时她屏息聆听,看见他骑马经过窗前,又马上知道并不是他,只是外貌类似他英姿的人时,她备受冲击——这一切都不存在于里尔克放在床头几上的那本书里。拉贝再过几年后欢欢喜喜嫁给中年的绳索制造商翁雷蒙·佩兰时,才将这些事笔之成文,她的士兵变成不过是个尴尬的记忆——而从这些铅字里,里尔克能够读出的,唯有他自己的孤独。当然,这也已经足够,因为身为读者的我们,就像纳喀索斯一样,喜欢相信所凝视的文本中有自己的倒影。即使在沉思如何透过翻译来拥有这篇文本之前,里尔克一定已先读过拉贝的诗,仿佛她的第一人称单数也是他的。

乔治·斯坦纳在评论里尔克所翻译的拉贝时,对他加以谴责,因为译文太优秀,他与约翰逊博士是同盟。"翻译者得像原作者,"约翰逊如此写道;"比原作者优秀不是他的本分。"斯坦纳加上:"若然,原作便会受到隐隐的伤害。而读者会被剥夺掉公正的角度。"⑪斯坦纳评论的线索就在于"公正"这个词。今天读路易丝·拉贝——在她生存的时空之外读她的法文原作——必定会给文本添上读者的个人色彩。语源学、社会学、流行和艺术史的研究——这一切都丰富了读者对一个文本的理解,但最终而言,这只是考古学。路易丝·拉贝第12首十四行诗,开始于Luth, Compagnon de ma calamité("诗琴啊,伴我度过不幸的同伴"),在第二诗节中,她用以下的话,对诗琴说话:

> Et tant le pleur piteux t'a molesté
> Que, commençant quelque son délectable,
> Tu le rendais tout soudain lamentable,
> Feignant le ton que plein avais chanté.

照字面意思逐字翻译可以是:

> 这哀怜的哭泣使你不悦
> 以至于,当我开始一点愉快声音时,
> 你突然把它变可悲,
> 把我唱做大调的,错弹为小调。

在这里,拉贝运用了一种神秘的音乐语言,她是个诗琴演奏者,对这种语言所知必定甚多,但是对我们来说,若没有音乐史辞典辅助的话,是无从理解的。*plein ton* 在 16 世纪时意指大调,与 *ton feint* 对立,后者指的是小调。*feint* 的字面意思是"错误、假装"。这诗行暗示,诗人以一个"全音"(大调)唱出的,诗琴却以小调来弹奏。要了解这些,当代的读者必须取得拉贝所具备的常识,必须比拉贝知道更多,才能赶上拉贝,与她的时代同步。当然,假如目的是要当拉贝的听众的话,这个做法徒劳无功:我们无法变成她的诗所设想的读者。然而,里尔克是这么读的:

> [⋯]Ich riβ
> dich so hinein in diesen Gang der Klagen,
> drin ich befangen bin, daβ, wo ich je
> seligen Ton versuchend angeschlagen,
> da unterschlugst du ihn und tontest weg.

> [⋯⋯]我强拉你如此深入
> 这悲伤的路径我受陷其中,而每回
> 当我努力敲出喜乐的音调时,
> 你就将它藏匿并逐渐消音。

这里不需要专门的德语知识,路易丝·拉贝十四行诗中的每一个音乐的隐喻都被忠实地保留下来,但认识德文有助于更进一步的探讨,里尔克赋予这段四行诗节一个比拉贝的原诗(以法文写成)所**可能**保留下来的更复杂的阅读。anschlagen("敲击")和 unterschlagen("侵吞、放入口袋、藏匿起来")之间的同音,帮助他将两种爱恋态度相对照:拉贝的态度,这苦恼的情人,想"敲出喜乐的音调";她的诗琴的态度,她忠实的同伴,她心声的见证人,不允许她发出"不诚实"、"虚假的"音调,而且,吊诡地,诗琴会将这音调"侵吞"、"藏匿",好让她沉默下来。里尔克(这里便是读者的经验与文本发生关联的地方)在拉贝的十四行诗"读入"旅程的意象、隐居的忧伤、比虚假表达情感更可取的沉默、诗之力量绝对优于任何的社交矜持——如假装快乐——这其实是他自己生活的写照。拉贝的背景是在闺房之中,就像遥远的平安朝日本的众姊妹一样,独守空闺,怀抱着爱的忧伤;文艺复兴时期常见这个意象,在里尔克的时代则不再有共鸣,她为何会"受陷"于悲伤之地,便需要加以说明。路易丝·拉贝的某种单纯(有人敢说是陈腐吗?)已丧失不见,但在悲剧性的感觉上,却更深刻。并不是里尔克的阅读扭曲拉贝的诗,后代其他种种的阅读方式或许都可以说是扭曲;他的阅读比大部分人所能做到的更好,是一种把我们的阅读变成可能的阅读;因为在现在这个时代,所有对拉贝的阅读,都必须停留在我们贫乏的个别知性技巧水平上。

20世纪所有诗人的作品中,里尔克难读的诗在西方却如此受欢迎,为什么?批评家保罗·德·曼指出,可能是因为"很多人读他,好像他是在对着人的自我最幽密的部分说话,揭露他们几乎未曾察觉的深处,或帮助他们了解与克服苦难,俾能共享这些经验"。[12]里尔克对拉贝之阅读没有"解决"什么,或是将拉贝的单纯性表达得更加明确;反之,他的工作似乎是加深了她的诗中思想,让原作得以走得更远,仿佛他在拉贝的文字中看见的比拉贝自己看见的还多。

在拉贝的时代,对文本作者权威的尊重老早就已经销声匿迹。12世纪时,阿伯拉尔就谴责过这种将个人的意见归于其他人的习惯(譬如归给亚里士多德或是阿拉伯人),借此规避受到直接的批评;⑬这种"作者权威的论争"——阿伯拉尔将它比喻为套在野兽身上、盲目给人牵着走的铁链——是有可能的,因为在读者的心中,古典的文本和它公认的作者,都被认为是绝对不会出错的。而假如这种被众人接受的阅读绝对无误,那还有什么诠释的余地?

即使是被断定为所有书籍中最绝对无误的文本——上帝的话语本身,也就是《圣经》——也在各个世代的读者手中经历一次又一次的转变。从公元 2 世纪由犹太教士阿吉巴·本·约瑟夫所建立的《旧约》正典到 14 世纪约翰·威克里夫的英文译本,这本称为《圣经》的书,有一段时间是公元前 3 世纪的《七十子希腊文本圣经》(*Septuagint*)⑭(也是随后拉丁文翻译的基础),是所谓的《通俗拉丁文本圣经》(*Vulgate*,公元 4 世纪后期圣杰罗姆的拉丁文译本),以及与所有中世纪以来各种语文的《圣经》:哥德文、斯拉夫文、亚美尼亚文(Armenian)、古英文(Old English)、西撒克逊文(West Saxon)、盎格鲁-诺曼文(Anglo-Norman)、法文、弗里斯兰文(Frisian)、德文、爱尔兰文、荷兰文、中部意大利文、普罗旺斯文、西班牙文、加泰隆尼亚文(Catalan)、波兰文、威尔士文、捷克文、匈牙利文。对它们的读者来说,**这些都是《圣经》**,但是每一个译本都允许不同的阅读存在。在这么多样的《圣经》中,有些人看到了人文主义者的梦想被实现。伊拉斯谟写道:"我希望最脆弱的女人也应该读读《福音书》(Gospel)——应该读读保罗的《使徒书》。我也希望这些东西能被翻译成所有的语文,好让它们能够广被阅读和了解,不只让苏格兰人与爱尔兰人了解,也让土耳其人和撒拉逊人了解。我企盼农夫在犁田的时候,能对自己吟上几段,而纺织者也能随着纺梭的运动,哼上几节。"⑮现在他们的机会来了。

面对多重阅读可能性的剧增,权威人士便想寻找一种对文本保有控制权的方式——单一的定本,在这本书中,上帝的话要能够照他的意思被阅读。1604 年 1 月 15 日,在汉普敦宫(Hampton Court)詹姆斯国王的面前,清教徒约翰·雷诺德(John Rainolds)博士"说动陛下,应该要有一本新的《圣经》译本,因为那些在亨利三世及爱德华六世的统治下被允许的译本是劣作,而且不符合原作的真理"——对此,伦敦大主教的回答是:"如果要奉每一个人的脾性而作,翻译将没完没了。"⑯

尽管主教贤明的警告,国王还是同意了,他命令西敏寺的主教与剑桥及牛津大学的钦定希伯来文教授拟出一份能够担负这项艰巨任务的学者名单。詹姆斯国王对初次呈上的名单很不满意,因为其中一些人士"要不没有崇高教会职司,不然就是位小职卑",于是他要求坎特伯雷的总主教提供进一步的建议,要他从主教同僚中去找寻。一个所有学者名单上都没有的名字出现了:此人是休·布劳顿,一位伟大的希伯来文学者,已独力完成《圣经》的一部新译文,但是他因脾气暴躁没什么朋友。然而,布劳顿也没有要求受邀,反而直接向国王本人呈上一份他所推荐的名单。

对布劳顿而言,文本的忠实性可以透过字汇来求得,这字汇要能详明并更新那些沙漠牧羊人过去用以沉淀上帝话语的辞汇。布劳顿建议,为了精确呈现《圣经》文本的技术肌理,应该要有艺匠的参与,以帮助解决特定术语的问题,"就像装饰亚伦法衣的刺绣工、几何学者、木匠、建造所罗门圣殿的泥水匠,以及照料以西结树木的园丁"。⑰(一个半世纪之后,狄德罗和达朗贝尔就正式依循这种方法进行,为他们伟大的《百科全书》[*Encyclopedie*]取得正确的技术细节。)

布劳顿(刚刚提到,他已经独力翻译了《圣经》)主张,要解决层出不穷的意义和含意的问题,又要能保留译文的一贯性,就必须有各种智识心灵的参与。为了达到这个目的,他提议,国王"应找许多人来翻译,一人负责一部分,当他们产生出好的英文风格和正确的感觉后,再让其他人作文字统一的工作,若原文中是同一个字,就不能用不同的译字"。⑬盎格鲁-撒克逊的编辑传统或许就发轫于此,由一个超级读者在书出版之前对文本予以修订。

学者委员会中的一名主教班克罗夫特,为译者制定了十五条规则。他们在翻译时要尽可能地依循早先完成的伟大的 1568 年《主教圣经》(所谓《大圣经》[Great Bible]的一个修订本,它是《马太圣经》[Matthew's Bible]的修订版,而《马太圣经》本身是未完成的《威廉·廷戴尔圣经》[Bible of William Tyndale]和第一部完整的英文版《圣经》——由迈尔斯·科弗戴尔[Miles Coverdale]所印制——的合成)。

这些翻译者在工作时,把《主教圣经》放在面前,不时参考其他的英文译本及其他语言的《圣经》,整合先前读到的所有异文到他们自己的译本中。

廷戴尔的《圣经》版本一再被采用,给了他们许多如今已被视为理所当然的材料。威廉·廷戴尔,既是学者也是印刷者,曾经被亨利八世谴责为异教徒(他之前曾因批评国王与阿拉贡的凯瑟琳[Catherine of Aragon]离婚而触怒国王),于 1536 年首先被绞死,然后处以火刑,他翻译自希伯来文与希腊文的《圣经》被焚。在接下翻译重任之前,廷戴尔曾经写道:"我已经由经验得知,要使凡夫俗子信服真理是如何的不可能,除非以他们的母语将《圣经》明明白白摊放在他们面前,让他们可以看见《圣经》文本的加工、条理和意义。"为了达到这个目的,他将这些古代的文字译成一种简单、有艺术技巧的语言。他将"passover"(逾越节)、"peacemaker"(调解者)、"long-suffering"(坚忍的)及(这字令我觉得有一种无法解释的感动)形容词"beautiful"(美丽的)等字引入英语中。他是第一位在英文版《圣经》中使用耶和华(Jehovah)之名的人。

迈尔斯·科弗戴尔将廷戴尔的工作予以补充完成,于 1535 年出版了首部完整的英文《圣经》。科弗戴尔是一名剑桥学者及奥古斯丁教团的修道士,有人说,他曾经帮助廷戴尔完成部分的翻译;科弗戴尔着手一部由英国的掌玺大臣托马斯·克伦威尔所赞助的英文版本,其来源不是原来的希伯来文和希腊文版本,而是其他的译本。他的《圣经》有时候被称为《糖饴圣经》(Treacle Bible),因为它将《耶利米书》(Jeremiah)第 8 章第 22 节译成"在基列(Gilead)岂没有糖饴呢",而非"香膏"(balm)⑲;或是《鬼怪圣经》(Bugs Bible),因为《诗篇》第 91 篇第 5 行变成"你必不害怕黑夜里的任何鬼怪",而不是"黑夜的惊骇"(the terror by night)。后来的译者也要感谢科弗戴尔译出"死荫的幽谷"(the valley of the shadow of death)这句话(《诗篇》第 23 篇)。

詹姆斯国王的译者所做的,远不止复制老旧的阅读。班克罗夫特主教曾经指示,世俗与教会的名字格式应予以保留,纵使原作揭示了一个更准确的翻译,传统的用法会比精确的用法更占优势。换句话说,班克罗夫特承认,既有的阅读要凌驾作者的阅读。他很聪明地了解到,恢复原来的名字,会带入一种原作所欠缺的新奇特性。也为了同一个理由,他排除边注,建议将注释"短而适当地"插置在文本之中。

詹姆斯国王的译者分成 6 个小组工作:两组在西敏寺,两组在剑桥,另两组在牛津。这 49 个人以他们的个人解释与团队的结合,成就了一种不凡的准确性之平衡、一种对传统语法的尊重及整体的风格,读起来不像新作,更像是存在已久的东西。他们的成就非凡,几个世纪之后,詹姆斯国王钦定的《圣经》就被认定是英文散文的精心杰作之一,吉卜林构想了一个故事:莎士比亚与本强生为这伟大的计划合作翻译了《以赛亚书》的一些诗歌。⑳确实,《钦定本圣经》扩大《圣经》文本的诗歌深度,超越单纯的意义译述。正确但枯燥的阅读与精确而余韵无穷的阅读之间的差异,可以借由比较来判断,譬如说,著名的第 23 首赞美诗在《主教圣经》与《钦定本圣经》版本之间的不同。《主教圣经》里是:

God is my shepherd, therefore I can lose nothing;
he will cause me to repose myself in pastures full of grass,
and he will lead me unto calm waters.

上帝是我的牧羊人,因此我无所损失;
他会使我安歇在长满草的牧原,
他也会引我向平静的海域。

《钦定本圣经》的译者则将之转化为:

The Lord is my shepherd; I shalll not want.
He maketh me to lie down in green pastures:
he leadeth me beside the still waters.

主是我的牧羊人;我将无缺。
他令我躺卧在绿色牧原:
他引导我到静水边。

《钦定本圣经》正式的目的是要阐明和回复意义。但是任何成功的翻译必定**不同于原作**,因为它假设原文是已经经过消化的东西,摆脱了脆弱的暧昧性,是经过诠释的。第一次阅读之后失去的纯真,透过翻译,在另一个伪装之下被恢复,因为读者再一次面对一个新的正文,以及与之相随的神秘。翻译无法逃脱的吊诡,也正是它的财富。

对詹姆斯国王及他的译者而言,这个庞大的任务有公然的政治目的:为了制作出一本可供民众独自阅读的《圣经》,但又因为它是一个共同的经文,所以也可以一起读。印刷术使他们产生可以**无限制生产同一本书的幻觉;翻译的行动提高那种幻觉,又似乎是以单一的版本来取

《钦定本圣经》初版的书名页

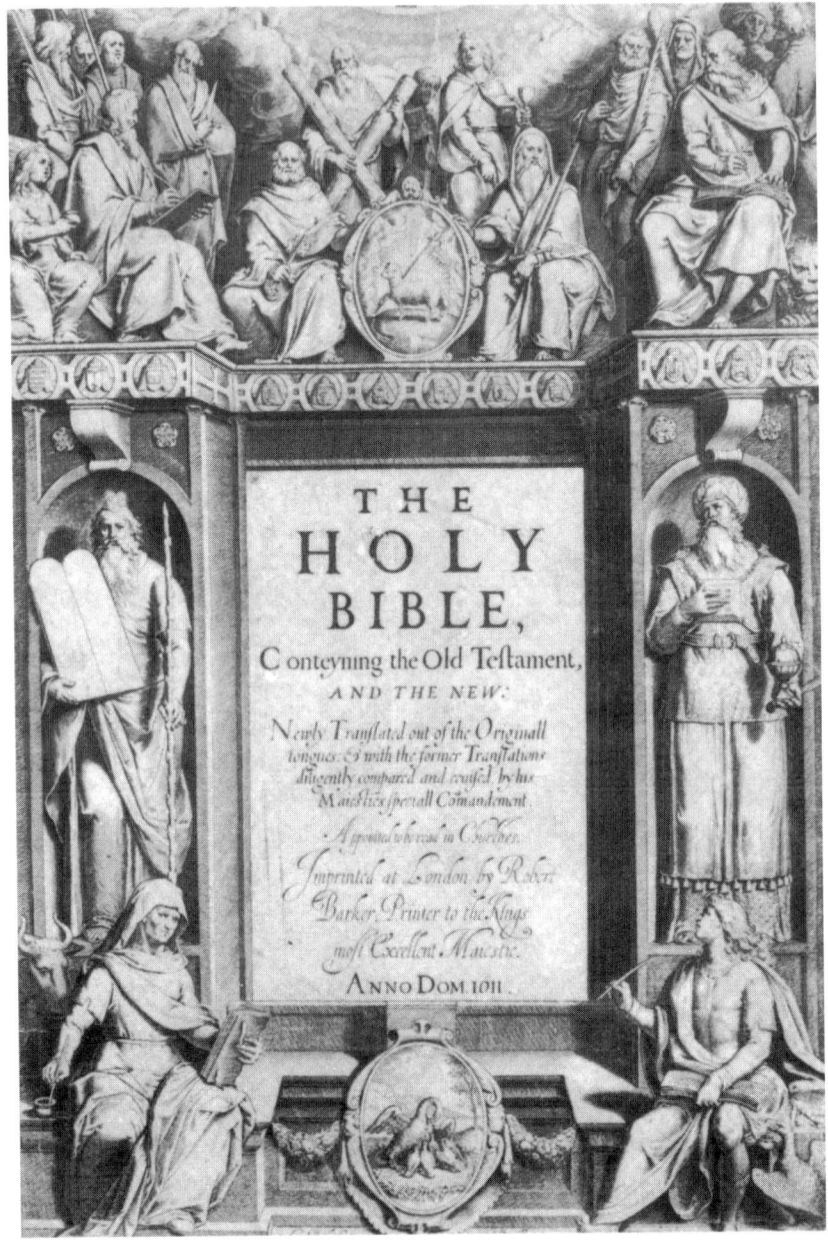

代《圣经》的不同版本——经过官方批准、受到全国支持、在宗教上可以被接受的单一版本。《钦定本圣经》在历经 4 年群策群力的劳动后,终

于在1611年出版，并成为"权威的"版本，一本用英文写就的"人人的《圣经》"，是我们今天在英语国家旅行时，会在旅馆房间的床头发现的同样一本，来自一个古早时的努力，为了以一个统一的文本创造读者的共同体。

在《致读者的序言》中，詹姆斯国王的译者写道："翻译是打开窗户，让光进入；是剥开外壳，让我们能吃到果仁；是揭开帘幕，让我们能探看最神圣的地方；是移开井盖，让我们能取得水。"这是意指不害怕"圣经的光"而给予读者启明的可能性；不以考古学的方式进行，将文本恢复到一个虚幻原始的状态，而是使它脱离时空的限制；不是为了一个浅显的说明而简化内容，而是允许意义的深度呈显出来；不是以经院学者的方法为文本润饰，而是建构一个新的同值的文本。"上帝之国变成字或音节了吗？"这些译者问道。"假如我们是自由的，又为什么要受它束缚？……"这问题在几个世纪之后依然被提起。

当里尔克在沉默的布克哈特面前，和欧代翁书店老板兴致昂扬地闲扯文学时，一个老人，显然是位常客，进到店里，并且——如读者所熟悉的，当话题为书的时候常会发生这样的事——他不请自来，加入对谈。谈话内容很快转向让·德·拉封丹的诗成就，他的《寓言集》（*Fables*）里尔克很钦佩，也谈到阿尔萨斯的作家约翰·彼得·黑贝尔，书店老板认为他"可说是"拉封丹的"弟弟"。"黑贝尔可以用法文翻译来读吗？"里尔克不假思索地问。老人从诗人的手中抽出这本书。"是黑贝尔的翻译啊！"他喊道。"法文译本！你读过哪一个德文著作的法译本是可以忍受的？这两种语言是完全对立的。唯一一个有可能翻译黑贝尔的法国人——假设他懂德文、又不会是同一个人的话——就是拉封丹。"

"在天堂，"原本闷不吭声的书店老板插嘴道："他们无疑是用一种我们已经遗忘的语言交谈。"

对此，老人不悦地咆哮："喔，去他的天堂！"

但是里尔克同意书店老板的意见。在《创世记》的第11章,《钦定本圣经》的译者写道,在上帝将人类的语言搞乱以防止巴别塔建造之前,"整个地球上只有一种语言、一种话语。"这种原始的语言,犹太神秘哲学家(cabbalist)相信也是天堂的语言,我们的历史上已经多次有人出发去寻找——总是铩羽而归。

1836年,德国学者亚历山大·冯·洪堡⑳主张,每一种语言都拥有一种"内部的语言形态",表达出使用这种语言者的特殊宇宙。这个说法意味着,任何语言的文字都无法在另外一种语言里找到互相对应的精确文字,使得翻译成为一件不可能的任务,就像铸造风的容颜或编结沙的绳索。只有透过译者语言进行的不规则、非正式的理解活动,翻译才可能存在,将隐藏在原作之内的真义尽力转达。

当我们使用自己的语文阅读一篇文本时,这篇文本本身就变成了一道障碍。只要文字允许,我们就可以进入其中,拥抱所有可能的定义;也可以产生其他的文本来和它发生关联,并反映它,就像在一间镜厅中;还可以建构另一篇批判的文本,来延伸和阐明正在阅读的这篇文本;但是,我们逃不掉这个事实:它的语言是吾人宇宙的限制。翻译提议出一种平行的宇宙,另一个空间与时间,在那个时空中,文本揭示出另外的、特殊的可能意义。然而,这些意义,没有文字可以表达,因为它们存在于直觉的无人之境,在原作的语言和译者的语言之间。

根据保罗·德·曼,里尔克的诗作承诺一种真理,那真理,在最后,诗人必须承认,不过是一个谎言。德·曼写道:"只有了解到这承诺的急迫性,以及,在他似乎是要给我们承诺的一瞬间,那同样急迫、也同样诗意地撤回承诺的必需,才可能了解里尔克。"㉒里尔克将拉贝的诗歌带到一个暧昧的地方,在那里,文字(拉贝的或里尔克的——有所有权的作者已不再重要)变成如此辉煌丰富,不再可能有进一步的翻译。读者(我就是那个读者,坐在咖啡桌前,面前翻开法文诗本和德文诗本)必须从内心去理解那些文字,不再透过任何阐释的语言,而是作为一种壮阔的、直接的、**无语**的经验,重新创造也重新定义世界,透过书页又远超过它——尼采称为文本中的"风格运动"(the movement of style)的东西。翻译或许是一个不可能性、一次背叛、一场欺骗、一个发明、一道希望的谎言——但在过程中,它使读者成为一个更有智慧、更好的听众:比较不确定、更为敏锐、更幸福(seliglicher)。

第二十章　禁止阅读

1660年英王查理二世——其父不幸咨询过维吉尔的神谕——被他的子民称为"快乐的君主"(the Merrie Monarch)，因为他好逸恶商，下令国外殖民地议会应该将基督教的戒律灌输给大不列颠殖民地的当地人、仆人和奴隶。过了一个世纪后，约翰逊博士从时间的优势位置来观看，对这位国王表示钦佩，说"他的功劳是努力去做他认为能拯救其子民灵魂的事，尽力直到他失去一个伟大的帝国"。①历史学家麦考莱②自两个世纪的距离之外观之，则不作此想，他强调，查理"对上帝的爱、对国家的爱、对家庭的爱、对朋友们的爱，都是相同种类的辞汇，是爱自己的另一个巧妙而方便的用辞"。③

为什么查理在为政的第一年就发出这一道法令，我们并不清楚，除了说他想以此为宗教的容忍铺设新的基础，而这是国会所反对的。查理尽管倾向赞成天主教，但又宣布他自己效忠于新教的信仰，相信（他什么都相信）——如路德所教导的——灵魂的救赎有赖于每个人为他（或她）自己解读上帝话语的能力。④可是大不列颠的奴隶主并不信服这一套说法。他们想到一群"有读写能力的黑人"就害怕，因为会读书后就可能在书本中找到危险的革命思想。他们不相信某些人所说的，局限于《圣经》的读写能力能强化社会拘束力；他们体认到，假如奴隶能够阅读《圣经》，他们可能也会读废奴论者的论文，即使在这些《圣经》文

对页图：罕见的黑奴阅读照片，摄于南卡罗莱纳州艾肯，时间是1856年左右

字中,奴隶也可能发现反抗与自由的煽动性观念。⑤反对查理法令最强的是在美国的殖民地,而其中又以南卡罗莱纳州为最,在那里,一个世纪之后,正式宣布了严格的法规,黑人,不论是奴隶或自由人,都禁止受教阅读。这些法令一直实行到19世纪中期。

几个世纪以来,非洲裔美国奴隶学会了以阅读来对抗不幸的遭遇,在一个需时数年的过程中,为了突破阻碍于途的障碍,他们得冒着生命的危险。学习过程的故事又多又英勇。90岁的贝拉·迈尔兹·凯洛特斯接受联邦作家计划访问——这是1930年代决定的一项委托计划,记录过去曾为奴者的个人口述;她回述自己是在照顾庄园主人的小孩时,看小孩玩字母牌时跟着学会字母的。主人发现,就用长靴踢她。迈尔兹坚持下去,秘密地学看字母,也从她发现到的拼字书里认识一些字。有一天,她说:"我发现了一本赞美诗的书……逐字拼出'当我能够清楚读出我的标题时',我发现自己真的会读的时候,高兴极了,我到处跑,告诉其他的奴隶。"⑥雷奥纳德·布雷克的主人有一回发现他有一本书,就狠狠地鞭打他,"他压制了我对知识的渴望,我也放弃追求,一直到我潜逃出走之后"。⑦道克·丹尼尔·杜迪回述道,"头一次被抓到想学读书写字时,你是被人用一条牛皮鞭鞭打,第二次被抓到是以九条鞭鞭打,第三次被抓到时,他们会切断你食指的第一个指节"。⑧在整个南方,庄园主人吊死试图教导其他人拼字的奴隶,是很平常的事。⑨

这种情况下,想要有读写能力的奴隶便被迫去寻找迂回的学习方法,要不是从其他的奴隶,就是从有同情心的白人教师那里学习,或发明可以不被抓到的念书方法。美国作家弗里德里克·道格拉斯出身为奴隶,长大后成为当时最雄辩的废奴论者,也是数份政治刊物的创办人。在自传中他回忆道:"由于经常听到女主人朗读《圣经》……唤起我对这种阅读之**神秘感**的好奇心,并唤醒我求知的欲望。一直到那时候,我对这个奇妙的活动一无所知,既不知、也没有经验到它会对我有什么影响,我对女主人的信赖使我壮起胆来,请求她教我阅读……在很短的时间里,由于她的热心帮助,我熟悉了字母,也可以拼出三四个字母组成的字。[我的男主人]禁止她给我更进一步的指导……[但是]他明确表达要让我保持无知的决定,只会让我更毅然想追求智慧。因此,在学习阅读方面,我不确定到底亏欠男主人的反对要多,或是亏欠慈祥的女主人的亲切帮助要多。"⑩托马斯·约翰逊原本是名奴隶,后来却变成英国著名的传道士。他解释说,他是从研究一本偷来的《圣经》中的字母而学会阅读的。他的主人每天晚上都要朗诵《新约》,约翰逊会恳求他一再地朗读同一个章节,直到他默记住,并在印刷的书页上找到对应的文字。另外,当主人的儿子在看书的时候,约翰逊也会建议这个男孩大声地把某部分的功课朗读出来。"老天在上,"约翰逊会这样鼓励他:"把那个再念一遍吧,"男孩常常照他的话做,他相信约翰逊很仰慕他的表现。如此一再重复,南北战争爆发时,他已学习到能够阅读报纸的程度,之后并兴办了一所学校来教导其他人阅读。⑪

对奴隶来说,学会阅读并非是立即通往自由的护照,而是取得其压迫者的强有力工具之一——书本——的途径。奴隶主(就像独裁者、暴君、绝对专制君主与其他非法持有权力者一样)极度迷信书写文字的力量。他们远比某些读者更明白,阅读是一种力量,不消几个字就可以造成风吹草偃之效。能够读一个句子的人就能够阅读一切;更重要的是,读者现在有能力反省这个句子、付诸行动、为它加上一个意义。"你可以和一个句子装哑,"奥地利剧作家彼得·汉德克说:"用一个句子来显示你的权威,以对抗其他的句子。给每样阻挡在你面前的东西标上名字,然后排除它。让你自己熟悉所有的事物。以一个句子令所有的事物进入这个句子中。你可以将一切事物放进你的句子里。而凭着这个句子,一切事物就属于你。凭着这个句子,一切事物就是你的。"⑫为了这些理由,必须禁止阅读。

历来的独裁者都知道,文盲群众最容易统治;因为阅读的技巧一旦学会就无法抹消,退而求其次,只能限制它的范围。因此,书籍和其他人类创造物不同,一直是专制统治的眼中钉。绝对的权力要求一切物都得是官方读物;不要整座图书馆的嘈杂意见,统治者的话就是一切。伏尔泰在一本讽刺小册子《关于阅读的可怕危害》(Concerning the Horrible Danger of Reading)中写道:书本"驱除蒙昧,而蒙昧向来是完美控制之国家的监管与保护工具"。⑭因此,各种花样的检查制度就是施展控制力的必然结果;而阅读的历史就被检查官一连串似乎无止尽的烟火所照亮,从最早的莎草纸卷到这个时代的书籍。普罗泰戈拉(Protagoras)⑮的著作于公元前411年在雅典被烧毁。公元前213年,中国的秦始皇烧掉国土内所有的书籍,让百姓不得阅读。公元前168年,耶路撒冷的犹太图书馆(Jewish Library)在马卡比父子(Maccabees)领导的暴动中遭蓄意摧毁。公元1世纪时,奥古斯都将诗人伽卢斯和奥维德放逐,并查禁了他们的作品。罗马暴君卡利古拉命令将荷马、维吉尔和史学家李维的所有著作烧毁。公元303年,戴克里先将所有基督教书籍丢入火堆。这些只是开端。年轻的歌德目击一本书在法兰克福遭到焚毁,感觉自己正在参加一场行刑。"看到一个无生命的东西受到处罚,"他写道:"就它及对它本身都是一件真正可怕的事情。"⑮焚书者所珍惜的幻觉是,透过这种做法,他们就可以抹除历史并消灭过去。1933年5月10日,在柏林,摄影机运转着,两万多册的书籍被当众焚烧,宣传部长保罗·约瑟夫·戈培尔当着十多万亢奋的群众说:"今晚,你们将这些来自过去的猥亵读物丢入火堆,这是非常明智的做法。这是一个强有力、伟大、具有象征意义的行动,将正告世人,老旧的精神已死。从这些灰烬中将飞出新生精神的凤凰。"一个名叫汉斯·鲍克的男孩,后来成为伦敦"莱奥·贝克犹太研究所"(Leo Baeck Institute for Jewish Studies)的主持人,也在焚书的现场。他回忆说,当书本被丢掷到火焰中时,他们就用演说来强化场面的庄严。⑯"为了对抗以心理破坏性分析为基础的夸张潜意识驱力理论,为了人类灵魂的高贵,我将西格蒙德·弗洛伊德的著作掷入火堆中,"一个检查官在焚烧弗洛伊德的书之前先如此攻击。斯坦贝克、马克思、左拉、海明威、爱因斯坦、普鲁斯特、威尔斯、海因里希·曼、杰克·伦敦、布莱希特与数百位其他作家,都受到类似的墓志铭文般的致敬。

16世纪的中国木刻画,描绘秦始皇焚书之情景

1933年5月10日纳粹在柏林焚书

  1872年，查理二世的乐观法令宣布之后约两个世纪，安东尼·科姆斯托克——一名反对其国君教育主张的老殖民主义者的后裔——在纽约成立了"恶习防范协会"（Society for the Suppression of Vice），这是美国史上第一个有效的检查机构。从各方面考虑，科姆斯托克大约是那种认为最好是不曾发明过阅读的人（"吾父亚当在乐园里并无阅读能力"，他曾经如此断言），不过既然阅读已成事实，他便决定控制它的使用范围。科姆斯托克视自己为"读者的读者"，知道何者为好文学，何者为坏文学，而且竭尽所能将自己的见解强加于他人身上。"至于我，"他在协会成立之前一年的日记簿上写道："我决定，假如我感觉和相信我的立场站得稳，那么我将不会在上帝的力量中屈服于别人的意见。耶稣从未受公众言论的影响，而从责任的路径撤开，不论是如何艰辛。为什么我就应该如此？"⑰

  安东尼·科姆斯托克1844年3月7日出生于康涅狄格州的新迦南（New Canaan）。他是一个壮硕有力的人，在他的检查官生涯中，多次使用他的块头在肢体上击败对手。与他同时代的一位人士以这些词语描写他:"穿鞋时大约五尺高,虽则重达 210 磅,但身手灵巧,会让你以为他不超过 180 磅。他巨大、亚特拉斯(Atlas)般的双肩,其上顶着公牛般的脖子,与手臂肌肉和特异的腿肚,形成铁一般的坚固形象。他的腿很短,会让人联想到树干。"⑱

科姆斯托克在 20 多岁初抵纽约时,口袋里只有 3.45 美元。他找到一个干货品推销员的工作,很快地就能够存下 500 美元,在布鲁克林买下一栋小屋。几年过后,他遇见一名长老教会牧师大他十岁的女儿,并娶了她。在纽约,科姆斯托克看到许多他不以为然的事物。1868 年,在一个朋友说他已经被某一本书(这本深具影响力的书书名为何,迄今我们仍然不得而知)"带坏、腐化而且害病"之后,科姆斯托克也到书店里买了一本,然后,由一名警察陪同,将书店老板逮捕,并将库存的书查封。初次出击就获得成功令他决定继续下去,有规则地将生产具挑逗性题材的小出版商与印刷商逮捕入瓮。

由于基督教青年会(YMCA)朋友们的赞助(他们提供他 8500 美金),科姆斯托克得以创立那使他成名的协会。他死前两年在纽约告诉一位访问者:"我在这里有 41 年,我所定罪的人已经足够装满 61 节车厢的载客火车,前 60 节车厢各坐 60 名乘客,而第 61 节车厢也几乎快坐满了。我已经销毁了 160 吨重的淫秽刊物。"⑲

科姆斯托克同代的美国人对这位自封为书本检查官的人之讽刺漫画

科姆斯托克的狂热至少造成 15 个人自杀。有一名先前的爱尔兰外科医生威廉·海因斯"因为出版了 165 种淫荡文学作品",而遭科姆斯托克弄去坐牢,结果海因斯自杀。不久之后有一天,科姆斯托克本打

19世纪一份替检查制度辩护之连环图画,其标题是《出版品之影响》

算要赶搭布鲁克林渡船(他后来回想),此时"一个声音"告诉他前去海因斯的住处。科姆斯托克到达时,海因斯的遗孀正从一辆四轮运货马车卸下被禁书籍的印刷铅版。科姆斯托克非常敏捷地跃上车夫的座位,快马加鞭将货车驶往基督教青年会,在那里将这些铅版悉数销毁。[20]

科姆斯托克自己读些什么书籍呢?对奥斯卡·王尔德的玩笑劝告,他是一个不解况味的跟随者:"我从不念必须温习的书;它会让你产生很大的偏见。"然而,有时候,他会先细读一本书,然后才加以销毁,还对所读的东西感到怵目惊心。他觉得法国与意大利的文学"比起这些肉欲横流横的国家的妓院与妓女的历史好不到哪里。在这些邪恶的故事中,经常出现的女主角是可爱、优秀、有修养、富裕,而且每一方面都迷人,却爱上有妇之夫;或者,在结婚之后,爱人们围绕在迷人的少妇身边,享受着只属于丈夫的特权!"即使经典之作亦遭炮火波及。"拿薄伽丘所写的一部名著来说吧,"科姆斯托克在他的《年轻人的陷阱》(Traps for the Young)一书中写道,这本书污秽下流,他会不惜一切"来杜绝它,它就像一头野兽,若释放出来将毒害本国的年轻人。"[21]巴尔扎克、拉伯雷、惠特曼、萧伯纳和托尔斯泰都成了他的牺牲品。科姆斯托克的日常读物照他自己说，是《圣经》。

科姆斯托克的方法既野蛮又很肤浅。他缺乏老练检查官员的认知与能耐，后者会以极度的审慎来挖掘业经埋葬的讯息。例如，1981年，智利皮诺切特将军所领导的军政府将《堂吉诃德》列入禁书，因为皮诺切特相信此书含有对个人自由的呼吁，和对传统权威的攻击（一点也没有错）。

科姆斯托克的检禁只限于将有嫌疑的作品不分青红皂白一律列入黑名单。他取得书本的途径也有其局限；只能在书本面市后才去追逮，可是到了这时候已有很多书落入饥渴的读者手中。天主教教会比他道高一尺。在1559年，罗马异端裁判所的神圣会议就已出版了第一本的《禁书索引》（*Index of Forbidden Books*），其中所列的都是教会认为会对罗马天主教的信仰及道德造成危害的书籍。《禁书索引》包含有出版前即遭查禁和已出版而不符合道德的书籍，历来经过多次修订更新，增纳新禁之著作，直到1966年6月终遭废弃，但此时其所列书目，除了数百本神学作品之外，还包含了数百本世俗作家的著作，从伏尔泰与狄德罗到科莱特与格雷厄姆·格林。难怪科姆斯托克会觉得这样一份名单妙用无穷。

天主教会的《禁书索引》之书名页，1948年发行其最后一次修订版

"艺术不能超越道德。道德最重要，"科姆斯托克写道："法律则居次，担负捍卫公德的重任。当艺术有猥亵、淫秽的倾向，或有伤风化的时候，就与法律抵触。"这话引来《纽约世界报》（*New York World*）社论的质问："艺术中如果没穿衣服就没有什么有益的东西，这真的已成定论了吗？"㉒ 就像所有的检查官员，科姆斯托克对不道德艺术的定义是

庸人自扰。科姆斯托克死于 1915 年。两年之后,美国的随笔作家门肯定义科姆斯托克的十字军征伐是"新清教主义……不是苦行,而是好战,它的目标不是扬举圣人,而是击倒罪人"。㉓

　　科姆斯托克的信念是:年轻人本应将热心奉献于高尚的精神目标,但是却被那些"不道德文学"扭曲了心灵。这种关切自古即有,也不限于西方。在 15 世纪的中国,有部明朝的故事选集《古今小说》极为风行,结果也遭列入黑名单,理由是会让年轻的学者从儒家学说中分心。㉔在西方世界,这种顽念也存在,但较为温和,主要是表现在对小说的普遍恐惧——至少从柏拉图的时代开始就是如此——,柏拉图将诗人自他的理想国中剔除。包法利夫人的婆婆认为小说毒害了爱玛的灵魂,要求她的儿子中止爱玛借阅小说,免得进一步陷入烦恼的泥潭。㉕英国作家爱德蒙·戈斯的母亲大概不会允许任何种类的小说——不管是宗教的或世俗的——进入家门。在 1800 年代初期,还很小的时候,她就以阅读和编造故事来当自己和兄弟的娱乐消遣,后来被她加尔文教派女家庭教师发现,并遭疾言厉色训诫一番,斥责其娱乐方式不正当。"从那时候起,"戈斯女士在日记中写道:"我就认为发明任何故事都是一种罪孽。"但是"对说故事的渴望却与日俱增;我所耳闻所阅读的一切都令我更加不悦。真相的单纯性对我来说并不足够,我必须以想象润饰,而我心灵中充满了难以启齿的愚蠢、虚荣与邪恶。甚至现在,虽然时刻加以警惕、祈祷、与之争斗,这仍然是我最容易陷入之罪孽。它阻碍我的祈祷,防止我进步,因此深深挫折了我"。㉖这是她在 29 岁时所写下的话。

　　她以这种信念来养育儿子。"幼年时从来没有人对我说过那引人入胜的开场白:'很久很久以前!'人家告诉我传道士的故事,但是绝口不提海盗故事;我对蜂鸟所知甚详,却不曾听说过小精灵,"戈斯回想:"他们希望我实实在在;这种倾向是要使我保持积极而怀疑的态度。假如他们那时候让我浸淫在超自然幻想柔软的折页中,我的心灵可能就更能长久满足于依循他们的传统,毫无质疑的精神。"㉗1980 年在田纳西州向法院控告霍金斯郡公立学校的家长们，很显然是没有读过戈斯这番话。他们认为，整个小学教学系列，内容尽是《灰姑娘》、《金发公主》和《绿野仙踪》，会破坏其基本教义派的宗教信仰。㉘

那些欲阻止他人学习阅读的威权读者，那些决定何者可读何者不可读的狂热读者，那些拒绝为乐趣而阅读、要求只重述他们坚持为真之事实的禁欲读者：所有这一切都企图限制读者巨大且多样的能量。但是检查官也可能以不同的方式来运作，不需要焚火或法庭。他们可以重新诠释书本，让书本只遂自己的目的，以合理化他们的独裁权利。

1976 年，阿根廷发生了由维德拉将军（General Jorge Rafael Videla）所领导的军事政变。紧跟而来的是前所未有的一波对人权的凌虐。军队的借口是它正在与恐怖分子进行一场战斗；正如维德拉所定义的："恐怖分子并非只是拿枪或携带炸弹的人，而是散布与西方基督教文明相反理念的人。"㉙成千上万的人遭到逮捕与酷刑伺候，其中有一位是约里奥神父。有一天，盘讯约里奥神父的人告诉他，他对《福音书》的阅读是错误的。"你对耶稣基督的解释太过于照字面意思，"这个人说道："基督谈到过穷人，但当他谈到穷人时，所谈的是心灵空虚的人，而你却用字面的意义来解释它，并照字面的意义去与贫民生活在一起。在阿根廷，那些心灵贫乏的人是富有者，所以，未来，你必须把你的时间用于帮助富人，他们才是真正需要心灵帮助的人。"㉚

因此，并非所有读者的力量都有启发性。同样一种动作既能够促成文本诞生、从中获得启示、衍生其意义、在其中反映过去、现在与未来可能性，也可能摧毁或企图摧毁充满生命力的书页。每个读者都编造阅读，这和说谎并不相同；但是读者也可能会说谎，蓄意声称文本是为一种教义、为一则专横的法律、为一种私人的利益、为奴隶主的权利或暴君的权威而服务。

第二十一章 书呆子

这些都是普通的动作:从眼镜盒里拿出眼镜,用拭净纸或上衣的边缘或者领带尾擦干净,把它架在鼻梁上,固定在耳后,然后凝视摊开在我们面前清晰的文页。接着,把鼻梁上闪亮的镜架上推或下移,以便使字母对准焦距,过了一会之后,把眼镜取下来,揉揉眉心,用力闭上眼睛,已拒斥这塞壬歌声般诱人的文本。还有最后一个动作:取下眼镜,折叠,放置于书上页与页之间,来标示所念到的地方,以便晚上继续。在基督教的圣像中,圣露西①的代表形象是端着一个装有一对眼睛的盘子;事实上,眼镜就是视力差的读者能任意地拿掉或戴上的眼睛。他们是身体上一个可以分开的功能部分,通过它可以观察世界的一个面具,一个昆虫般的造物,携带在身边有如一只螳螂宠物在祷告。谦虚、盘腿坐在堆积如山的书籍上,或立于桌上一个杂乱的角落,眼镜已成为读者的标志,读者出现的记号,读者技巧的象征。

很难想象在眼镜发明之前的那些世纪里,读者是眯着眼睛通过一篇文本模糊的轮廓,接着再想象,一旦有了眼镜,人们在突然清楚看见写着文字的扉页几乎毫无困难时,会感到多么轻松。人类有1/6的近视比率;②在读书人之间,这项比率又高出许多,接近24%。亚里士多德、路德、塞缪尔·佩皮斯③、叔本华、歌德、席勒、济慈、丁尼生、约翰逊博士、亚历山大·蒲伯、克维多—比列加斯④、华兹华斯、丹特·盖博瑞

对页图:《愚人船》作者布兰特之画像

尔·罗塞蒂、伊丽莎白·巴瑞特·布朗宁、吉卜林、爱德华·李尔⑤、多萝西·塞耶斯、叶芝、乌纳穆诺、泰戈尔、詹姆斯·乔伊斯——他们的视力都不佳。在很多人的身上视力受损的状况恶化，而非常多有名的读者在晚年时甚至全盲，从荷马到密尔顿，又到詹姆斯·瑟伯（美作家、漫画家）和路易斯·博尔赫斯。博尔赫斯在30岁出头的时候开始丧失视力，而1955年被任命为布宜诺斯艾利斯国家图书馆的馆长时，他已经什么都看不见了；这位读者被赐与书的领域，又被迫败阵，遭遇如此奇特的命运，他说：

> 别让任何人屈身于悲哀或谴责
> 这是上帝技巧的宣言。
> 他以如此堂皇盛大的反讽同时
> 给我黑暗与书籍。⑥

博尔赫斯把这种读者的命运比喻为米达斯（Midas）国王的命运，这个读者处于"类似遗忘与睡眠的苍白暧昧灰烬般"的模糊世界，而国王注定在饮品和食物的包围中死于饥渴。电视剧集《阴阳魔界》（*The Twilight Zone*）当中的一则故事，就说到这样一个迈德斯，他是一个什么都读的人，在所有人类皆毁灭于一次核子灾难后，唯他存活。现在这世界上所有的书都归他处理；然而，他竟不小心把他的眼镜摔坏了。

在眼镜的发明之前，至少四分之一的读者会需要"超大的字"才能解读一个文本。中世纪读者的眼睛所承受的紧张度是很大的：他们在房间里设法阅读，夏季时为了保护他们不受热袭，这些房间是阴暗的；冬天这些房间自然是黑的，因为窗户一定要小，才能抵挡刺骨寒风钻隙而来，只有一道满是尘埃的光得以射入。中世纪的抄写员经常抱怨这种工作状况，也常常在书页边缘潦草写下他们的困扰，就像13世纪时一个名唤弗罗伦齐奥的人，对他我们一无所知，除了他的名字和这段对其行业心酸的描写："这是一个痛苦的差事。它将眼睛中的光芒扑灭，它使得人弯躬屈背,它压碎五脏六腑和肋骨,它把痛苦带到肾脏,把疲倦加诸全身。"⑦对视力差的读者而言,这个工作一定更加辛苦;帕特里·特罗弗—罗珀指出,夜间他们很可能觉得比较舒适,"因为黑暗使一切变得平等"。⑧

在巴比伦、罗马与希腊,视力不佳的读者没有其他的办法,只有让人念书给他们听,通常是由奴隶来念。有些人则发现,透过一片澄明的石头来看会有所帮助。老普里尼写到有关翡翠的特性时,⑨提到近视的皇帝尼禄常透过一片翡翠石观看战士的比斗。不论这样做是夸大了血淋淋的细节,或仅仅是赋予一种绿色的色调,我们不得而知,但这个故事传遍整个中世纪,而学者如罗杰·培根和他的老师罗伯特·格罗思泰斯特皆评论过这种宝石惊人非凡的特性。

但只有很少数的读者才能取得这种宝石。大部分的人注定要依赖二手的阅读来度过阅读的时光,或在一个缓慢而费力的过程中张紧眼睛的肌肉以补救这缺陷。然后,13世纪后期,视力不良的读者命运改变了。

我们不知道这变化确切发生的时间,但在1306年2月23日,佛罗伦萨新圣玛利亚教堂的讲道坛上,比萨的吉奥达诺·达·里瓦尔托提醒他的教徒,眼镜的发明——"世界上最有用的装置之一"——已经有20年了。他又说:"我见过这个发明者,比任何人都早;他发明且制作了一副眼镜,我和他说过话。"⑩

没有人知道关于这个伟大发明家的任何事。或许他是吉奥达诺同时代的人,一位名叫斯比纳(Spina)的僧侣,据说"他造了眼镜,并且把这门技艺教给别人"。⑪或许他是威尼斯水晶工人同业工会的成员,在那里,镜片制作的技巧早在1301年就为人所知,因为该年的一条会规说明了制作程序,以供"任何想制造眼镜以利阅读"的人运用。⑫也或许这个发明家是一个叫萨尔维诺·阿马蒂的人,他的墓碑在佛罗伦萨的圣马利亚教堂依然可见,墓碑写着他是"眼镜的发明者",又加上:"愿上帝原谅他的罪。A.D.1317。"另外一个可能人选是罗杰·培根,我们已

第一幅眼镜绘图

294

经知道他是分类大师,而吉卜林在后来的一个故事中说,他见识过一副阿拉伯显微镜的使用,是由一位绘师走私进入英格兰的。⑬1268年,培根就写道:"假如任何人想看字或检视小的东西,可以透过一个水晶或玻璃的媒介,将之塑造成像一个球体的一小片面,凸面向着眼睛,看字的时候会更容易,字体也会变大。这种工具对所有的人都有用。"⑭4个世纪之后,笛卡尔仍然称赞眼镜的发明:"我们的生命所有的运作皆依赖感官,而视觉是其中最包罗广泛也最高贵的,因此,能扩大其能力的发明,无疑是最有帮助的。"⑮

已知最早对眼镜的描绘是1352年,见于普罗旺斯圣谢尔主教雨果的肖像,由托马索·达·摩德纳(Tommaso da Modena)所绘。⑯画中显示穿着全套服饰的主教,坐在桌前,抄录一本摊开于书架上、置于其右方的书。眼镜——已知其名为"固定眼镜"(rivet spectacles)——包括两片圆镜片,由一厚框支撑,相接跨于鼻梁之上,支柄可以调整。

到了15世纪,阅读用的眼镜是一种奢侈品;昂贵,而且相较下只有少数人需要,因为书籍本身也是极少数人才拥有的东西。印刷术发明、书籍相对普及之后,眼镜的需求增加;例如在英国,商贩从一个城镇旅行到另一个城镇,贩售"便宜的大陆眼镜"。1466年,斯特拉斯堡镜片和夹片的制造者名气传开,是在谷登堡第一本《圣经》出版之后不到11年;1478年于纽伦堡;1540年于法兰克福。⑰更多、更好的眼镜可能使得更多读者得以变成更好的读者,也买更多的书籍,而为此缘故,眼镜和知识分子、图书馆员、学者关系密切。

从14世纪起,眼镜被加到无数绘画当中,以标征人物勤勉而有智

维也纳新堡修道院所存的一幅11世纪的"圣母之死"图。右起第二人是一名博士,其眼镜是在三个多世纪之后添加上去的,为的是让他更具权威感

慧的特性。在许多"圣母之死图"(Dormition)的描写中,环侍她的床边的几位博士及智者,恰好都戴着各式各样的眼镜;现存于纽伦堡修道院这幅不知名的11世纪圣母之死图中,一个状若惘然的年轻人手持一部大书给一位蓄有白胡的贤者看,贤者的眼镜却是几世纪之后被人所加上的。此中的暗示似乎是,即使最智虑精良的学者,也没有足够的智慧使圣母痊愈并改变她的命运。

在希腊、罗马和拜占庭,学者诗人(doctus poeta)手中要握着一片刻字板或一个卷轴——这个形象已经被认为是一个典范,但这个角色仍旧是个生命有限的人。神祇们从未为文学操心;在对希腊和拉丁神祇的描绘中,从来未见有持书者。⑱基督教首先将书本放在其神明的手中,而 14 世纪中期以降,标记式的基督教书籍开始伴随着另外一个形象,眼镜。基督与天父完美,不应将其表现为视力不足的人,但教会的神父——圣托马斯·阿奎那、圣奥古斯丁——以及进入了天主教的正典的古代的作家——西塞罗、亚里士多德——偶尔会被描绘成抱持深奥书卷,戴着代表知识的贤者眼镜。

15 世纪末,眼镜不只象征阅读的权威,也象征其滥用,这已经是非常普遍的事情。当时和现在,大部分读者多少都经验过一种屈辱:人家告诉你阅读这个活动是应受谴责的。我想起六七年级时,有一次放假,我在家里看书,却因此遭人嘲笑,而被欺负后的结果是,我的脸趴到地上,在地板上挣扎,眼镜被踢到一个角落,书则落到另一个角落。"你不会喜欢它的"是我表兄弟姊妹的裁决;他们曾经看过我排满书籍的卧室,就认定我不屑随他们去看一部西部片。祖母看见我在星期天的下午还看书,就会叹息说,"你在做白日梦啊,"因为她觉得我不好动,是浪费光阴,是违反生命喜悦的罪。懒散、羸弱、自大、卖弄、菁英;这些字眼最后都变成和心不在焉的学者相联,他们是视力差的读者、书蠹、没用的书呆子。他们成天埋首书堆,与现实和肉体的世界隔绝,自以为优于那些对文字陌生的人,而这些文字保存于满是尘埃的封面之内,这些戴眼镜、自以为通晓上帝智慧的读者,被认为是傻瓜,而眼镜则变成知识傲慢的象征。

1494 年 2 月,在著名的巴塞尔嘉年华(Carnival of Basel)期间,年轻的法学博士布兰特出版了一小本德文的寓言诗,书名是《愚人船》(*Das Narrenschiff*)。此书一炮而红:第一年,书就再版了三次。在布兰特的出生地斯特拉斯堡,一位雄心勃勃的出版商渴望分享这些利益,便委托一位无名的诗人给这本书添加 4000 行。布兰特对这种方式的剽窃行为提出抗议,但是没有用。两年过后,布兰特请求他的朋友雅克·洛歇——弗莱堡大学(University of Freiburg)的诗学教授——将此书翻译成拉丁文。⑲洛歇应允照办,却把章节次序重新排列,并加入了自己改动的部分。尽管布兰特的原文被添油加醋,这本书的读者群一直到进入17世纪仍然不断增加。它之所以成功,部分是由于文中插入的木刻画,其中很多是22岁的阿尔布雷希特·丢勒的作品。但是大部分的功劳仍应归布兰特自己。布兰特明察秋毫地观察了他所生存之社会的愚蠢或罪行,用现代的词汇确切形容,就是从通奸、赌博到背信、忘恩:譬如说,发现新世界,其实发生才不到两年,本书进行到一半的地方便有所论及,是当作贪婪好奇心的愚蠢的例证。丢勒和其他艺术家,为布兰特的读者提供这些新罪人的形象,这些角色在他们日常生活的同辈之中几乎是呼之欲出,是布兰特自己勾勒出这些形象,打算作为他的文本的插图。

这些形象其中之一,卷头插画之后的第一则图绘,是个愚蠢的学者。读者一打开布兰特的书,就会面对他自己的形象:一个人在书房里,被书本所包围。到处都有书:他身后的书架上、颂经台的两侧、在书桌本身的隔间内。这个人戴着一顶睡帽(为了隐藏他的驴耳朵),而一个饰有铃铛的傻瓜头巾吊挂在他后面,他的右手拿着一块抹布,用来拍击飞来停在书本上的苍蝇。他就是 *Büchernarr*(书呆子),其愚蠢乃在于将自己埋首于书堆之中。他的鼻子上就架着一副眼镜。

这副眼镜控诉他:这里是一个不愿意直接面对世界的人,反而依赖印刷页上的死文字。"我是第一个爬入这艘船的人,"布兰特愚蠢的读者说:"这并非没有理由。对我来说,书本就是一切,甚至比黄金更珍贵,/我在这里有伟大的宝藏,对它我一字不解。"他承认,身处在引经据典的博学者之中,他很希望能够说:"这些书我家里都有。"他把自己比喻成亚历山大的托勒密二世,因为这位国王所累积的是许多书籍而不是知识。⑳透过布兰特的书,戴眼镜的愚蠢学者迅速地变成一个普通的形象;早在1505年,在欧列亚里乌斯的 *De fide concubinarum* 中即有这样的图像,一头驴子坐在一张同样的桌子前,眼镜架在他的鼻梁上,而苍蝇拍握在蹄上,对一班野兽学生读着一大本的书。

布兰特的书风靡一时,1509年,人文主义者盖勒·冯·凯塞贝格

丢勒替布兰特《愚人船》首版所作的卷首插图

开始以布兰特的愚人角色为基础,设计一系列的讲道内容,每一个星期日一道。㉑第一讲,相当于布兰特书的第一章,当然谈的就是"书呆子"。布兰特曾以书呆子的字眼来描写他自己;盖勒利用这种描写来将书痴分成7个类型,每一个都可由"书呆子"铃铛的叮当声音辨认出来。根据盖勒,第一只铃铛表示为虚荣而搜集书本的"愚人",他们等于是把书本当成昂贵的家具。公元1世纪时,拉丁哲学家塞涅卡(盖勒喜爱引述他的话)就痛斥过这种讲究排场的书本累积行为:"有很多没有受过学校教育的人,利用书本,不是当作研究的工具,而是当作饭厅的装饰品。"㉒盖勒坚持说:"那些想要靠藏书来得名的人,必须从书中学点东西;他不可以把书储存在他的图书室中,而是要储存在头脑里。但是第一种'书呆子'已将他的书籍套进链锁中,使它们成为囚徒;假如这些书籍有办法让自己脱离牢锢而且能够说话,它们会将这种书呆子拖到上级面前,要求将他锁起来,而不是把书禁锢。"第二道铃铛响于那些梦想凭借大量阅

欧列亚里乌斯的讽刺画

读来变聪明的"愚人"。盖勒将这种人比喻成是饱食过度造成胃不舒服,以及一个被围攻时因兵员太多无法施展的军事将领。"我应该做什么?你问。这么一来我是不是应该将所有的藏书都丢弃?";而我们可以想象,盖勒一手指着他的周日听众中某一名教区居民,说:"不,你不应该那样做。可是你应该选择那些对你有用的书,并适当加以运用。"第三只铃铛响在那些只藏书、却没有真正去阅读,而只是随便翻翻来满足他闲懒好奇心的"愚人"。盖勒将这种人比喻成一个疯子,他跑过全城,试图仔细地观察房屋前面的符号与标记,却一路撕毁。他说,这是不可能的,而且可惜浪费时间。

第四只铃铛唤出喜爱有插图的书籍的"书呆子"。"这难道不是一种罪孽深重的愚蠢?"盖勒问道:"在如此多的上帝子民饥饿的时候,以金银

来款待一个人的眼睛？你的眼睛没有太阳、月亮、星星、许多的花朵与其他的东西来取悦你吗？"我们何以还需要书本中的人像或花朵？上帝所提供给我们的还不足够吗？盖勒下结论说，这种对印画形象的喜爱，"是对智慧的一种侮辱。"第五只铃铛响起，出现以精美布面来装订书籍的"书呆子"。（盖勒在此再度悄悄从塞涅卡那里借用一个观念，塞涅卡抗议那些"从封面与标示获得乐趣的"藏书者，在这些［对文艺无知］的人的住所中，"你从来只看见雄辩家和历史学家的全集在书架上堆积直到天花板，因为，就像浴室，藏书已经变成富有家庭的基本装饰。"）㉓第六只铃铛唤出那些没有阅读过经典作品，不懂任何拼字、文法或修辞知识，但写出很糟糕的著作的"书呆子"。这类人由读者转变成作者，受到诱惑，想将他凌乱的思想与重要人物的作品并立。最后——在未来的反智分子（anti-intellectuals）会忽视的一种吊诡变化中——第七种也是最后一种书呆子，是完全蔑视书本、并轻视从书本中所可以获得的智慧。

　　透过布兰特的智性意象，盖勒这位知识分子替他那时代的反智分子提出了辩解；在那个时代中，接续不断的王朝战争，改变了欧洲人的历史概念、地理的探索改变了他们的空间和贸易的概念；宗教组织的分裂永远改变他们对自己的存在概念，欧洲社会的公民和宗教结构因而摇摇欲坠，使他们充满了不确定感。盖勒以一整份的控诉名单来为这些反智分子武装，让他们得以看见过失——不是在他们自己的行动中，而是在关于他们的行动的**思考**中、在他们的想象中、他们的观念中、他们的阅读中。

　　那些每个星期日坐在斯特拉斯堡大教堂里，一周接着一周、听盖勒对被误导的读者的愚蠢大肆抨击的人，其中有许多人或许会相信，他是在回应当时所流行的对读书人的不满。我可想而知，某些人会坐立不安；他们，就像我自己，原本戴着眼镜，或许会偷偷摸摸将它取下，因为这温柔的助手突然间竟变成不名誉的徽章。但盖勒攻击的不是读者与他的眼镜。完全不是；他争辩的是一个人道主义者牧师的观点，批判未受训练或空洞虚然的智性竞争，但它也同样强烈地为读写能力的必须与书籍的价值而辩护。他没有一般的群众中逐渐增高的忿恨情绪,一般人视学者为具有无限特权的人,承受约翰·多恩所形容的"寂寞的缺陷"的痛苦,㉖远离真实的劳动世界,活在几个世纪之后德·内瓦尔依循圣伯夫称之为"象牙塔"的地方,"我们在里面越爬越高,越与群众孤立"㉕,远离一般民众的社交活动。盖勒之后3个世纪,托马斯·卡莱尔为学者—读者辩护,赋予他以英雄的容貌:"他,以他的'版权'与'版误'(copy-rights and copy-wrongs),在他肮脏的阁楼里,穿着发烂的外套;身后,从他的坟墓去支配整个国家与世代;他们在他还活着的时候,或者会,或者不会,给他面包吃。"㉖但这带有偏见的观点坚持以为,读者是一个心不在焉的学究、一个逃离世界的人、一个做白日梦的人,戴着眼镜,在一个幽静角落偷偷浏览一本书。

西班牙作家豪尔赫·曼里克,一个与盖勒同时代的人,将人类分成"靠双手过活的人以及富人"。㉗很快地,这个区分就被认为是"靠双手过生活的人"和"书呆子",戴眼镜的读者。很奇怪的是,眼镜从来不曾脱离这种非尘世的联想。连我们这个时代那些希望显得聪明(或至少是博学)的人也利用这种象征;一副眼镜,不论是否为了矫正视力,都暗中破坏一张脸的性感,只使人联想到智性的活动。在电影《热情如火》(Some Like It Hot)中,托尼·科蒂斯戴着一副偷来的眼镜,努力说服玛丽莲·梦露,他只不过是一个天真烂漫的亿万富翁。而在桃乐西·派克㉘的名言中,"男人很少青睐/戴眼镜的女孩"。另一方面,18世纪的安东尼奥·何塞·达·西尔瓦让他的小精灵对胆大妄为的士兵佩拉尔塔指出:小精灵希望他去引诱那些貌美而放浪的女子,由于"耽书",实际上已经沦为慵懒之罪的牺牲品。书使她们堕落。㉙但在绝大多数情况下,将身体的力量与心灵的力量对立,将"感性的人"(homme moyen sensuel)与学者分离,发展出一连串精心的立论。一边是与书无缘的工人、奴隶、骨头与肌腱的生物、芸芸众生;另外一边是少数思想家、抄写员的菁英、很可能也与官方权威结盟的知识分子。搞阴谋活动则相反。在柬埔寨红色高棉波尔布特统治期间,戴眼镜的人被杀掉,因为戴眼镜被视为能阅读，因此能得到信息，而这将允许他们批评政府。㉚塞涅卡在讨论到幸福的意义时，赋予少数人智慧的要塞，而轻蔑大多数的人的意见。"最好的人，"他说："应该要被多数人所爱戴，但是相反的，一般大众却选择了最差的……听从民众之言、认为大多数人所赞同的就是对的、将大众的行为视为自己的典范，这些做法是害人不浅，大众不是依循理性而生活的，他们只是服从。"㉛英国学者约翰·凯里分析进入本世纪时知识分子与大众之间的关系，发现塞涅卡的见解在许多晚期维多利亚与爱德华时代英国最著名作家中获得回应。"即使个人夹在多数人之间，"凯里下结论说："实际上，要认为其他每个人都和自己一样，具有个体性，几乎是不可能的事。群众，是一个简化和表示轻视的概念，是被发明来平缓这种困境的。"㉜

将那些有权利阅读的人——因为他们能读得"很好"（可怕的眼镜似乎便可说明）——与那些不得阅读的人——因为他们"不会懂"——两者对立起来，这个做法既古老，也似是而非。"一件事物一旦放入书写中，"苏格拉底辩述："文本，不论它是什么，就会由一处传到另一处，**不只会落入不了解它的人的手中，也会落入那些与它无关的人的手中**〔黑体字是作者的强调〕。文本并不知道如何找到适当的人发话，也不知道如何不对不适当的人发话。而当它被虐待或遭不公平滥用时，总是需要双亲来帮助，因为它无法防御或帮助它自己。"不管是对适当或不适当的读者：对苏格拉底而言，似乎只有一个"正确"的文本诠释方式，惟有一些有知识的专家可以取得。在维多利亚的英国，马修·阿诺德冠冕堂皇地回应这骄傲的意见："我们……赞成，这遗产既不给野蛮人，也不给这些市侩，更不给一般平民。"㉝赫胥黎试图了解，这遗产确切所指为何，将之定义为任何和睦家庭所拥有的特殊知识累积，是所有成员的共同财产。"当属于这伟大文化家庭的我们相遇时，"赫胥黎写道："我们交换关于祖父荷马的记忆，那可敬畏的老约翰逊博士、萨福伯母和可怜的约翰·济慈。'你还记得维吉尔叔叔所说过的话吗，那是绝对无价的。你知道，我警惕希腊人，……无价的；我绝不会忘记。'不，我们绝不会忘记;尤有甚之,我们会注意那些可怕的人们;看他们胆敢来求靠我们,那些可卑的局外人;他们从不认识亲爱的、思想圆熟的老V叔叔——他,我们也绝不能忘记。我们还要不断提醒那些局外人,他们永远只是局外人。"㉞

哪个先发明?群众?或是戴眼镜的书呆子?托马斯·哈代将前者描述为"人的群聚……包括一群有敏锐灵魂的少数;这些人与其各方面,都是值得深切注意的",㉟他们自认比世上其他人都优越,而世人则一笑置之。

到底谁先谁后几乎不怎么重要。两种刻板印象都是虚构,而且都具有危险性,因为在道德或社会批判的借口之下,它们都被利用,意图削除一项在本质上既非有限、也不会施加限制的技巧,阅读的真相在他处。弗洛伊德试图在凡人身上发现一种类似于创意写作的活动,他表示,可以将小说的发明与白日梦的发明互相比拟,因为阅读小说时,"我们从想象作品所获得的愉悦,实际上来自于我们的心灵自紧张中解放……而使我们能够进一步陶醉于自己的白日梦中,没有自责或羞耻"。㊱但这当然不是大部分读者的经验。随着时间与空间、我们的心情和记忆、我们的经验与欲求,阅读的喜悦,在最佳的情况下,是系紧而非解放我们的心灵,将神经紧绷来使它们歌唱,使我们**更加**发觉到它们的存在,而非相反。这是真的:书页的世界有时候会进入我们意识的想象事物(*imaginaire*)——我们日常所说的意象——然后,我们在那些虚构的景物中漫无目的地徘徊,迷失于惊奇中,就像堂吉诃德。㊲但大部分的时间我们坚定阔步。我们知道,我们知道自己正在阅读,即使暂时停止怀疑;我们知道为何而阅读,即使不知道如何做,仿佛,我们的心灵同时怀有引起幻觉的文本和阅读的动作。我们阅读,以便知道结局,就为故事的缘故。我们阅读,以便不要达到结局,就因为阅读的缘故。我们锲而不舍地阅读,就像追踪者,过于专心而忘记了周遭的环境。我们心神不专地阅读,跳页。我们轻蔑地、赞叹地、疏忽地、忿怒地、热情地、嫉妒地、企盼地阅读。我们读着,突然一阵愉悦,却不知道这愉悦感

下页图:1940年10月22日伦敦遭空袭后,西伦敦荷兰屋的图书馆严重受创,读者仍入其中浏览

从何而来。"这情绪究竟是什么?"读过《李尔王》之后,丽贝卡·韦斯特问道:"伟大的艺术作品和我的生活有何关联,会使得我感觉如此高兴?"⑧我们不知道:我们无知地阅读。我们在缓慢、长久的动作中阅读,好像漂浮于太空,没有重量。我们充满偏见,心怀恶意地阅读。我们慷慨大方地阅读,为文本找借口,填满漏洞,修正过失。有时候,当星星亲切的时候,我们读着倒吸一口气,一阵战栗,仿佛有人或有什么东西"走过我们的坟墓",好像一个记忆被人由我们深处的某处拯救而出——认出一件我们从不知道有它存在的事物,或某件我们模糊感觉到的事物,是一阵闪烁或一道阴影,它幽灵的形式升起,在我们看得见它是什么之前,退回到我们内心,使我们变得更老而更有智慧。

  这种阅读有一个形象。一张摄于1940年第二次世界大战伦敦大轰炸期间的照片,显示一处塌陷图书馆的遗迹。透过残破的屋顶可以看见外边的阴森建筑物,而储藏间的中央是一堆屋梁与残破的家具。但是墙壁上的书架犹牢牢支撑着,排列其上的书籍似乎未受损。三名男子站立在瓦砾碎石中:其中一人好像犹豫不决,不知该挑选哪本书,他显然正读着书脊上的书名;另外一个人戴着眼镜,正伸手拿取一本书;第三人则正在读,手中是一本打开的书。他们并非将战争抛在脑后,或忽视这场灾难。他们不是选择书籍而轻忽外在世界的生命。他们正在努力坚持,以对抗眼前的厄运;他们正坚持着一个平常的发问权利;他们企图再一次发现——在这废墟之中,在阅读偶尔赐予的惊人报酬中——发现一种理解。

补　页

　　我像炼金术士一样有耐心,总是在想象和尝试其他的事物,情愿为它牺牲一切的满足与虚荣,就像他们以前常燃烧家具和屋顶横梁,以喂养熔铸出巨著的熔炉。它是什么?很难说:只是一本书,有许多卷,真正是书的一本书,听来像建筑设计,而且有计划,不是兴之所至的收藏,不管有多好……因此,亲爱的朋友,这里是赤裸的告白,道出一种我已经拒绝过千百万次的邪恶,它仍然掌控着我,而我却也可能成功,不是成功地完成作品整体(天晓得有什么样的人做得到!),而是成功地显示成功的片段……透过完成的部分证实这一本书确实存在,而我也了解自己有力有未逮之处。

斯蒂芬·马拉美　给保罗·魏尔仑的信,1869年11月16日

第二十二章　补页

在海明威的著名短篇小说《乞力马扎罗山之雪》(The Snow of Kilimanjaro)中,濒死的主角回想所有他现在绝对不会想写的故事。"他从中获知了至少 20 个很棒的故事,可是一个也没写出来。为什么?"[①]他提到了一些,但是,当然,这一定是罗列不完的。我们还未写的书籍的书架,就像我们还没阅读的书籍的书架,突伸到宇宙图书馆最远处的黑渊中。我们总是处在 A 字目的起首处。

我还没有写的书其中之一——在我还没阅读、但很乐意阅读的书中之一——就是《阅读史》(The History of Reading)。我看得见它,就在那里,在图书馆的光暗交接之处——我清楚知道它的样子。我可以想象它的封面,想象它柔润书页的感觉。我充满渴望,能够准确猜测出这性感的黑布封面包在书皮之下,还有浮刻的金色字母。我知道它朴素的书名页、它机智的序言与感人的谢辞。我知道它有丰富而精细的索引,那将给与我强烈的乐趣,加上一些标题(恰巧都以 T 开头)诸如:"坦泰鲁斯读本"、"泰山的图书馆"、"撕破页"、"脚趾"、"托尔斯泰的典律"、"墓碑"、"朗诵之折磨"、"乌龟(见'贝壳和动物的皮')"、"动人的书籍"、"试金石与检查制度"、"读者灵魂的转移(见'借书')"。我知道这本书有我从不曾看过的插图签名,就像大理石的纹理:一幅 7 世纪的壁画,描绘出当时一位艺术家眼中的亚历山大图书馆;一张诗人西尔薇娅·普拉斯在花园中读诗的照片；一张帕斯卡尔在罗亚尔修道院的房间素描，他的桌子上摆着书；一张被海水浸泡过的书的相片，泰坦尼克号一位乘客将这些书救起，若非如此她是不会弃船的；嘉宝为1933年的圣诞节亲手草拟的购物单，里头显示她想购买的书中有一本是纳撒内尔·韦斯特的《寂寞芳心小姐》(Miss Lonely Hearts)；艾米莉·狄金森卧在床上，颚下宽松地系着有褶皱饰边帽带，身边放着六七本书，其标题几乎无法辨认。

　　我将这本书翻开，放在桌前。它的言语和悦（我对其文风有确切的感受），容易理解而内容广博，讯息丰富又具反省性。书的作者正欢然微笑，我在优美的卷头页看见作者的脸庞（无法分辨是男是女；这张刮得干净的脸两者都有可能，姓名的缩写亦然），而我感觉很有把握。我知道随着章节的进行，我将被引介到那古老的读者家族，有些人属名声卓著之辈，另外许多人则是默默无闻，而我属于后者。我将了解他们的习惯、那些习惯的改变，以及他们因此而经历到的转变，就像古占星家，将已死的符号转变为活生生之记忆的力量。我会读到他们的胜利与迫害，和秘密一般的发现。最后，我会更了解，我——读者——是谁。

　　一本书不存在（或尚未存在），并不构成我们忽视它的理由，就如同我们不会忽视一本以想象主题为内容的书。有很多书描写独角兽、写传说之岛亚特兰蒂斯(Atlantis)、写性别平等、写莎士比亚十四行诗中的黑女士(Dark Lady)和黑青年，但是这本书所记录的历史特别难以掌握；它可以说是由离题所构成的。一个主题呼唤出另一个主题，一则轶事让人想起一则表面上没有关联的故事，而作者进行的方式仿佛不知有逻辑因果或历史连续性这回事，好像将读者的自由界定在与技巧有关的书写中。

　　但是，在这表面的随兴中，还是有一个方法：我眼前这本书不只是阅读的历史，也是一般读者的历史，他们经过一些岁月，选择某些书而忽略了其他书，有时候接受长辈的裁决，其他时候则从过往中拯救出遭遗忘的书,或在图书室的书架放上一本当代作者的作品。这本书是他们小小的胜利和他们秘密受难的故事,也记载这些事情的发生方式。一切发生经过都详细记录在这本书中,在到处可发现的一些凡夫俗子的日常生活中——家庭回忆录、稗官野史、偏远地方古早生活的记录。但其谈论的总是个人;从来不是其选择不属于阅读的历史而是属于统计史的众多民族或世代。里尔克尝问:"是否有可能,这整个世界历史已经被误解?是否有可能,过去的一切都是假的,因为我们总是谈到群众,谈一群人,而不是在谈一个人,这个人的身边有众人围观,因为他是一个外地人,而且生命垂危。是,这是有可能的。"②这种误读,《阅读史》的作者必定已经看出。

然后在这里,第十四章,是理查德·德·伯里,达勒姆的主教兼爱德华二世的王室财务主管及秘书,他1287年1月24日出生在萨福克郡伯里圣埃德蒙兹附近的一个乡村,而他在58岁生日的时候完成了一本书,解释说因为"此书主要处理的是对书籍的爱,我们已经根据古罗马人的方式,诚挚地选择以一个希腊字'Philobiblon'为它命名"。4个月之后,他去世了。德·伯里生前藏书成迷;据说,他曾经夸言,他拥有的书籍比其他所有英国主教所拥有的加起来还多,堆叠在他床上的书之多,不踩在上面简直无法移动。谢谢上天,德·伯里不是一个学者,而只是读他喜欢读的。他以为《密术》(*Hermes Trismegistus*)(公元3世纪左右一本新柏拉图主义式的埃及炼金术的书)是"大洪水之前以来"极优异的一本科学书,他还把错误的作品归诸亚里士多德,引用一些可怕的诗行,有如那是奥维德所写。"这没有关系。"他写道,"我觉得死者若生人;在书中,我预见将会到来的事物;在书中,战争般的事情被公布;从书籍中产生和平的法规。所有事物都在时间中败坏腐蚀;农神萨杜恩不再吞没由他产生的小孩:世间所有的荣耀会被埋葬在遗忘中,除非上帝提供给众生书籍为补偿。"③(我们作家没提到,但维吉尼亚·伍尔芙在一篇学校演讲稿上面所写的,回应了德·伯里的争论:"有时候我梦见,"她写道:"最后审判日来临,伟大的征服者、律师与政治家们来接受他们的奖赏——他们的王冠,他们的月桂,他们的名字深深刻在不会毁朽的大理石上——当他看见我们腋下夹着书而来,全能的神将转向彼得,并非不带点羡慕地说:'看,这些人不需要奖赏。我们没有什么东西可以给他们。他们已经爱上阅读了。'")④

第八章专谈一个几乎被遗忘的读者;圣奥古斯丁在一封信中称赞这人是个不容小觑的抄写员,还将一本著作题献给她。她的名字是小梅拉妮亚(为了与她的祖母老梅拉妮亚区别),出生于公元385年左右,439年死于伯利恒,住过罗马、埃及及北非。她对书籍充满热情,竭力抄下所能找到的书,因而收集了一批重要藏书。公元5世纪的学者杰若提乌斯,描写她"天赋异禀",又如此喜欢阅读,"她读神父们的**传记**好像在吃点心","她读买来的书,也读碰巧找到的书,孜孜不倦,变得没有一个字或思想是她不知道的。她酷爱学习,令人慑服,致使她在读拉丁文书籍的时候,众人都以为她不懂希腊文,而当她阅读希腊文书籍时,大家又以为她不懂拉丁文"。⑤小梅拉妮亚才华横溢而享年不算长,她终身浸游于这本《阅读史》,是在书中找寻慰藉的众痴之一。

从距离我们较近的一个世纪(《阅读史》的作者不在乎这些武断的常规,并邀请他进入第六章),另一兼容并蓄折衷博采的读者——温和的奥斯卡·王尔德——现身了。我们跟随他的阅读进展,从妈妈送的凯尔特语童话故事到他在牛津马格德林学院所读的学术性书籍。他在牛津的时候,为了一次考试,要翻译希腊文版本《新约》中耶稣受难的故事,他驾轻就熟,于是主试者告诉他够了。但王尔德仍未停笔,主试者再一次要他停止。"请让我继续,"王尔德说,"我想要知道结尾。"

对王尔德而言,知道他喜欢什么和知道什么应该避免是同样重要。为了《帕尔默尔报》(*Pall Mall Gazette*)订户的利益,他在1886年2月发表文章,建议"什么要读,什么不要读":

完全不必读的书,诸如,汤姆森的《四季》(*Seasons*)、罗杰斯的《意大利》(*Italy*)、佩利的《自然神学》(*Evidences*)、除圣奥古斯丁以外所有神父的著作，除了论自由的那篇文章以外所有约翰·斯图尔特·密尔的作品，所有伏尔泰的戏剧，没有任何例外，巴特勒的《自然宗教与启示宗教之类比》、格兰特的《亚里士多德》、休谟的《英格兰史》（England）、刘易斯的《哲学史》（History of Philosophy）、所有论证的书，以及所有设法证实什么东西的书。告诉人们念什么书，通常不是有用就是有害，真正的文学欣赏是气质的问题，教不来的，对文学殿堂而言，没有什么入门书，而可以学的东西也从来不值得学。至于告诉人们不必读什么，完全是另外一回事，我冒险为之，是作为大学推广计划的一个使命。

关于私人的与公共的阅读品味，在第四章就有所讨论。作为文选编者的读者，被认为是为己（卢梭的一般读本就是现成的例子）或是为了他人的材料收集者（帕尔格雷夫的《英诗金库集》），我们的作者也指出很有趣的一点：观众的概念如何修改一个文选编者对本文的选择。为支持这"文选的微观历史"，我们的作者引用乔纳森·罗斯教授所指出的"读者反应的五种一般性谬误"：

- 第一，所有的文学都是政治的，意思是它总是影响着读者的政治意识；
- 第二，一个既定文本的影响力直接与它的循环成正比；
- 第三，"流行"文化比"高级"文化有更多人追随，因此它更正确地反映大众的态度；
- 第四，"高级"文化倾向于强化对既有社会与政治秩序的接受（左右派皆广泛公认的一个假定）；以及
- 第五，"伟大书籍"的典律是单独由社会菁英所建立的。普通的读者不是不承认那个典律，就是只出于对菁英意见的崇拜而接受它。⑥

正如我们的作者讲得很清楚的，读者假如不是每项谬误都犯的话，至少也常常犯其中几项。这一章还论及搜集到和意外发现的"现成"选集，譬如，古开罗（Old Cairo）一家有趣的犹太档案馆，称为 Geniza（秘库），收集有上万篇文章，这是 1890 年在一间中古犹太教堂的密封木材房间里发现的。基于犹太人对上帝之名的尊敬，他们不丢弃任何纸张，唯恐上面可能印有或写有他的名字，因此，从婚姻证书到食品杂货店单子，从爱情诗到书商目录（其中之一包括现在已知最早提到的《天方夜谭》[*The Arabian Night*]），都被收集在这里给未来的读者看。⑦

书中有 3 章（第三十一、三十二、三十三章）皆致力于处理作者所称的"读者的发明"。每一篇文本假设一个读者。当塞万提斯以召唤"各位有闲的读者"⑧，开始《堂吉诃德》的第一部分时；是我，从开头几个字就变成这部小说里的一个角色，一个有闲情逸致埋首在这即将开始的故事的人。塞万提斯对我说这本书，他对我解释作品的组成根据，他对我表白这书的缺点。他听从一个朋友的建议，自己写了一些赞美诗来推荐这本书（现今才华较浅之作者则延请名人来推荐，在书衣上添加他们的颂赞之词）。塞万提斯信赖我，因而减弱他自己的权威。我，读者，戒备着，也正因为这个行动，解除了武装。我如何能抗议那已经对我做了如此清楚说明的东西？我同意去玩这个游戏。我接受这虚构。我不合上这本书。

我继续公开欺瞒。有 8 章谈到《堂吉诃德》的第一部分，据说这些是塞万提斯笔之所及的范围，而这本书其余的部分是历史学家班耐杰里由阿拉伯文翻译过来的。为什么使用这个技巧？因为我——读者——是不容易信服的，虽然对于大部分作者发誓为真的把戏，我不会上当，但我喜欢被拉入到一个阅读层次不断改变的游戏中。我读一部小说，我读一个真实的冒险故事，我读一则真实冒险的翻译，我读一个修正过的真相版本。

《阅读史》是兼容并蓄折中博采的。谈读者的发明之后，接着谈作者——另一种虚构人物——的发明。"我不幸地以'我'这个字去开始一本书,"普鲁斯特写道,"而马上就被认为未试图去发现普遍法则,反而是在分析自己,既自私且令人反感"。⑨这导致我们的作者去讨论第一人称单数的使用,以及那虚构的我如何迫使读者进入一种类似对白的情况,虽然读者还是被排除在书页的具体存在之外。"只有当读者在作者的权威**之外**阅读,对话才发生",我们的作者这么说,并且由新小说当中找例子,特别是米歇尔·布托完全以第二人称写就的《变》(*La Modification*)。⑩"在这里,"我们的作者说:"纸牌是摊在桌上的,而作者既不期待我们相信'我',也不假设我们担任起这被屈尊俯就的'亲爱的读者'的角色。"

在一段迷人的旁白中(《阅读史》第四十章),我们的作者提举出具原创性的讲法:对读者发话的方式导致主要文学文类的创造——或其分类。1948 年,德国评论家沃尔夫冈·凯塞尔在《语言的艺术作品》(*Das Sprachliche Kunst Werk*)一书中暗示,文类的概念源自存在于每一个已知语言中的"我"、"你"及"他,她或者它"这三个人称。在抒情文学中,"我"在情绪上表达它自己;戏剧中,"我"变成一个第二者"你",与另外一个"你"进行一场激切的对话。最后,在史诗中,主要人物是第三人称,"他,她,或者它",客观地叙述。进一步说,每个文类都要求读者要有三种截然不同的态度:抒情诗的态度(歌的态度)、戏剧的态度(凯塞尔称为"顿呼"[apostrophe])以及史诗的态度,或声明(enunciation)。⑪我们的作者热忱拥抱这个论点,并以三个读者加以阐释:一个19 世纪的法国女学生爱洛漪丝·贝特朗,她的日记逃过 1870 年普法战争之劫而保存下来,她也忠实记录对奈瓦尔的阅读;道格拉斯·海德,他是《威克菲尔德牧师》(*The Vicar of Wakefield*)在伦敦皇家剧院演出时的提词者,由艾伦·特里主演奥莉维亚以及普鲁斯特的管家塞莱斯特,她读了主人所写的大部头小说。

在第六十八章(这本《阅读史》是胖得叫人满意的大卷书),我们的作家提出以下问题,某些读者如何(以及为何)会长久保存一些读物,即使在大部分的读者都已将之弃于过往。书中所举的例子是1855年某个时候刊登在一份伦敦报刊上的,当时大部分的英文报纸都充斥着克里米亚战争的消息:

> 约翰·查利斯——一个大约60岁的老人,穿戴有着黄金时代牧羊女的田园风格,与乔治·坎贝尔——他自称是律师,穿着当今女性的服装,两人上了卡登爵士的法庭,被指控在图那甘道一家无照营业的舞厅德鲁伊厅,为挑逗他人犯下不正常的罪愆。⑫

"黄金时代的牧羊女":1855年时,这种文学田园牧歌的理想早已属于过往。田园牧歌式在公元前第3世纪由特奥克里托斯⑬的《田园诗》(Idylls)所定型,一直到17世纪,不断以各种形态吸引着作家,诱惑不同的作家如密尔顿、贾西拉索·德拉维加、詹巴提斯塔·马里诺⑭、塞万提斯、锡德尼⑮和弗莱彻⑯等,但它在乔治·艾略特和伊丽莎白·盖斯凯尔、左拉和德尔巴列—因克兰等小说家那里,找到一种非常不同的折射,他们在书中给予读者另种较未受阳光俯照的乡村生活景象:《亚当·比德》(Adam Bede, 1859)、《克兰福德》(Cranford, 1853)、《土地》(La Terre, 1887)、《提拉诺·班德拉斯》(Tirano Banderas, 1926)。这些再思考并不是新的做法。早在14世纪,西班牙作家胡安·鲁伊斯,伊塔(Hita)的主牧师,在他的《好好地爱》(Libro de buen amor)一书中,已经颠覆了诗人或孤独骑士遇上美丽牧羊女并温柔诱惑她的传统,书的内容是,叙事者在瓜达拉马(Guadarrama)的小山丘遭遇四个粗野不文、结实而固执的牧羊女。头两个强暴他,他假装答应和第三个结婚而逃离出来,第四个提议供他寄宿以交换衣服、珠宝、婚礼或硬币。200年之后,有少数人如老查利斯爵士,仍然深信爱恋的牧羊人和他的牧羊女的象征性诉求,或者好色的绅士配天真无邪的乡村少女。根据《阅读史》的作者,这是读者保存和重述过往的一个方式(无疑是极端的方式)。

书中不同部分的某些章节谈论到,小说虚构的职责是要与读者接受为事实的事物相对立。关于阅读事实的一章,有点枯燥,从柏拉图的理论到黑格尔和柏格森的批评;即使这些章节主要描写 14 世纪英国旅行作家约翰·曼德维尔爵士⑰,但内容多少是太密集而不容易提纲挈领。然而,关于阅读小说的章节更为精简。有两种意见被提出,两者皆时有耳闻但迥然有别。其一,读者被当作是相信小说中的角色,举止也与之认同的。根据第二种意见,读者必须不去理会这些角色,只将他们当作是捏造出来的,与"真实的世界"无关。简·奥斯汀的《诺桑觉修道院》中,凯瑟琳与伊莎贝拉切断友谊关系时,亨利·提尔尼质问凯瑟琳,此时,他道出了第一种看法;他期待她的情感跟随小说的常规运作:

"我想,失去伊莎贝拉,你感觉失去了一半的自己:你心中感觉到一种空虚,是没有别的事物可能充实的。社会渐渐变得令人厌恶;至于昔日你们常常在巴斯一同分享的娱乐,一想到这些活动没有了她,真是非常讨厌。譬如说,你现在再也不会去看球赛。你感觉到你再也没有任何朋友可以推心置腹,是你可以倚靠的,或者碰到任何困难时,她提出的忠告是你可以信赖的,你有这些感觉吗?""没有欸,"细想了片刻之后,凯瑟琳又说:"没有——我应该要有吗?"⑱

第五十一章,透过罗伯特·路易·斯蒂文生这个角色读故事给他在萨摩亚群岛(Samoa)的听众听,来讨论朗读者的语调和它如何影响文本。斯蒂文生把他散文的戏剧感与音乐感归功于童年保姆艾莉森·坎宁安——"库弥"(Cummie)——的床边故事。她念鬼故事、宗教赞美诗、加尔文教派的短论和苏格兰的罗曼史给他听,所有这一切最后都融入他的小说中。"赐给我对戏剧的激情的人是你,库弥,"他长大后对她表白。"我嘛,路易大师?我这一辈子可从没踏进戏院一步。""但是,女人,"他回称:"是你吟诵赞美诗时的那种戏剧性的方式啊。"⑲斯蒂文生自己一直到7岁才学会阅读,不是由于懒惰,而是因为他想要延长聆听栩栩如生的故事之乐趣。我们的作者称此为"天方夜谭症候群"(the Scheherazade syndrome)。⑳

阅读小说不是我们的作者唯一的关怀。科学短论、辞典、书的部分——譬如索引、注释与献辞、地图、报纸——每一部分都值得自成一章。有一则对小说家盖博瑞尔·加西亚·马尔克斯简短而鲜明的描绘!他每天早上要阅读几页的辞典(除了庞然的《西班牙学术辞典》外的任何辞典)——我们的作家将此习惯比喻为司汤达的习惯,司汤达曾仔细阅读《拿破仑法典》(Napoleonic Code),以学习简明和精确的写作风格。

阅读借阅书籍的主题,占据了第十五章的篇幅。简·卡莱尔(托马斯·卡莱尔的妻子,也是著名的书信作家)引导我们走过阅读不属于我们的书籍时的那种纷乱情绪,"好像有了婚外情",从图书馆取出那些可能会影响我们名誉的书籍也是如此。1843年1月的一个下午,她从有名的伦敦图书馆选出法国作家保罗·德·科克㉑的几本下流小说(risqué novel),她厚着脸皮在借书单上填入伊拉斯谟斯·达尔文的名字(是那比较有名气的查尔斯·达尔文的祖父,一个枯燥乏味的伤残者),让图书馆员大感讶异。㉒

这里也有这个时代与先前时代的阅读仪式(第四十三章和四十五章)。有对《尤利西斯》(Ulysses)里的布鲁姆日的马拉松式阅读,睡前枕边收音机怀旧的诵读,在挤满人的大厅与空旷、被雪封住的图书馆阅读,病人在床边的阅读,冬天壁炉边的鬼故事阅读。有奇怪的读书疗法学(bibliotherapy)(第二十一章),韦氏字典中有如此的定义:"利用所选的阅读材料,作为医疗和精神医学的辅助治疗。"有些医生宣称可以用《柳中之风》(The Wind in the Willows)或《布瓦和白居谢》(Bouvard and Pécuchet)来治愈病人的身心。㉓

这里是"书袋子",每一个维多利亚的航行的**必需品**。没有一个旅客离家时不在手提箱里装满读物,不论是旅行到蔚蓝海岸或到南极大陆。(可怜的阿蒙森:我们的作者告诉我们,在前往南极的路上,这位探险家的"书袋"沉没在冰海底下,不得已在数月的时间里,陪伴他的只有一本他能够救出来的书:约翰·高登爵士的《孤独与受苦中的耶稣肖像》[The Portraiture of His Sacred Majesty in His Solitudes and Sufferings])。

最后几章的其中一章(非最后一章),关系着作者对读者力量的明确承认。这里这些书是开放给读者去建构的,就像一盒乐高玩具:劳伦思·斯特恩的《特里斯特拉姆·项狄》——当然,它允许我们以任何方式读它,及尤立欧·考塔札的《跳房子》(Hopscotch),一部由可互换的章节建构出来的小说——其顺序由读者任意决定。斯特恩和考塔札造成新时代小说——即超文本(hypertext)——的出现。这个术语(我们的作者告诉我们)是1970年代由一位电脑专家泰德·奈尔逊所发明的,用以形容电脑所实现出来的非连续性叙事空间。"在这些无顶(亦无底)的网络中是没有层级之分的,"我们的作者引用小说家罗伯特·库弗以上的说法,库弗在《纽约时报》发表的一篇文章中形容超文本是"段落、章节与其他传统的文本区段,被力量均分且同样短暂的视窗大小正文格式和图表所取代"。㉔这一个超文本系统的读者能够在几乎任何时候插入文本;改变叙事过程、添加、更正、扩充或删除。这些文本也没有终结,因为读者(或作者)总是可以继续下去或重述文本:"假如每件事都是中间,你如何知道什么时候算是完成,不管是作为读者或作者?"库弗如此问道。"假如作家有自由,可如其所愿地把故事带到任何时空、走向任何方向,这么做不就变成是**一种义务**了吗?"在括弧中,我们的作者质疑了隐含于义务中的自由。

所幸,《阅读史》也没有终结。在最后一章以及已经提到的详尽索引之前,我们的作者已经留下许多空白页,让读者去添写对阅读的进一步想法、明显漏谈的主题、适切相关的引言、犹属未来的事件与人物。其中有一些安慰。我想象将这本书放在床边,我想象今晚打开它,或明晚,或后天晚上,并且对自己说:"本书尚未完成。"

注　释

第一章

① 圣多米尼克(1170？—1221)，西班牙天主教修道士，一生积极从事传教工作；1215年在法国图卢兹创设多明我会(亦称布道兄弟会)，1216年获教皇批准。现今多明我会在世界各地皆有分会。——译注

② 圣杰罗姆(340—420)，《圣经》学者，最早被称为教会博士的人之一。在受过古典教育之后，他逃至沙漠，过着隐士的生活，专心祷告。之后担任教皇秘书，将《旧约》译成拉丁文，并替《新约》作注。——译注

③ 以撒克·沃尔顿(1593—1683)，英国作家，其名作《垂钓大全》(The Compleat Angler)内容是一名渔夫与一名猎人的对话，颂赞简朴生活。另外，他还曾替诗人约翰·多恩等人立传。——译注

④ 列维-斯特劳斯：《忧郁的热带》(Tristes Tropiques，巴黎，1955)。斯特劳斯称有书写的社会为"寒冷社会"，因为其宇宙观试图取消构成吾人历史观的事件顺序。

⑤ 菲利浦·德斯寇拉：《蒙昧之矛》(Les Lances du crépuscule)，巴黎，1994。

⑥ 塞万提斯：《堂吉诃德》(El Ingenioso Hidalgo Dan Quixote de la Mancha)，共二卷，塞林娜·柯大查与以赛亚斯·雷那合编，布宜诺斯艾利斯，1969，1：9。

⑦ 《创世之书》(Sefer Yezirah)，犹太教著作。论善良法术及宇宙，是已知此类著作中历史最悠久者。——译注

⑧ 杰舍姆·肖勒姆：《犹太神秘教》(Kabbalah)，耶路撒冷，1974。

⑨ 米盖·德·乌纳慕诺(Miguel de Unamuno)《诗全集》(Poesia completa)中无题的十四行诗，马德里，1979。

⑩ 乌纳穆诺(1864—1936)，西班牙哲学家、教育家、小说家及诗人，其名作包括《人生的悲剧意识》(Del sentimiento trágico de la vida en los hombres (nombres?) y en los pueblos)及《基督徒的痛苦》(La agonía del cristianismo)等。——译注

⑪ 艾妮德·布莱顿(1897—1968),英国著名童书作家,生于伦敦,当过记者。著作有400多种,广被译成各国文字。——译注
⑫ 维吉尼亚·伍尔芙:《夏洛特·勃朗特》(Charlotte Brontë),于《维吉尼亚·伍尔芙散文集》(The Essays of Virginia Woolf),卷二,1912—1918,安德鲁·麦克乃利编,伦敦,1987。
⑬ 德·亚米契斯(1846—1908),意大利游记作家及小说家。——译注
⑭ 萨特:《字》(Les Mots),巴黎,1964。
⑮ 弗兰西斯科·罗德里戈斯·拉沃:《乡村牲口圈及冬夜》,引自马塞利诺·梅嫩德斯-佩拉约:《小说的兴起》,第一卷,370—371页,马德里,1943。
⑯ 詹姆斯·希尔曼:《故事小注》(A Note on Story),于《儿童文学:被排除的伟大作品》(Children's Literature: The Great Excluded),第三卷,巴特勒(Francelia Butler)与布洛克曼(Bennett Brockman)合编,费城,1974。
⑰ 斯蒂文生:《我的王国》(My Kingdom),《一个儿童的诗园》(A Child's Garden of Verses),伦敦,1885。
⑱ 蒙田:《谈儿童教育》(On the Education of Children),于《随笔集》(Les Essais),普拉特(J. Plattard)编,巴黎,1947。
⑲ 瓦尔特·本雅明:《柏林记事》(A Berlin Chronicle),于《反思集》(Reflections),彼得·得梅兹(Peter Demetz)及杰夫考特(Edmund Jephcott)合译,纽约,1978。
⑳ 莫拉维亚(1907—   ),意大利新闻记者、小说家,作品包括《冷漠的人》(Gli indifferenti)、《阿哥斯蒂诺》(Agostino)、《墙头草》(Il conformista)、《愁闷》(La noia)等。一般认为他的作品具有浓厚的存在主义色彩。——译注
㉑ 加米施-帕滕基兴(Garmisch-Partenkirchen),德国南端小镇,1936年冬季奥运在此举行。——译注
㉒ 诺迪(Noddy),艾妮德·布莱顿的小说《小诺迪游玩具国》(Little Noddy Goes to Toyland)的主角,是个小木人。——译注
㉓ 儒勒·凡尔纳(1828—1905),法国小说家,科幻小说的先驱,作品有《地心之旅》、《海底两万里》、《环游世界八十天》等。——译注
㉔ 亨利·莱得·哈迦德爵士(1856—1925),英国作家,以非洲浪漫探险小说闻名,最有名的作品是《所罗门王宝藏》和《她》。——译注
㉕ 卡尔·迈(1842—1912),德国作家,专写供青年阅读的游记及冒险故事,叙述沙漠中的阿拉伯人或美国未开化西部的印第安人,以写实细微而著称。其作品甚多,在欧洲流行甚广。——译注
㉖ 伯顿(1577—1640),英国学者,长期任职图书馆员及牧师,《忧郁的解剖》为其名著,风行至19世纪。——译注
㉗ 塞缪尔·巴特勒:《塞缪尔·巴特勒札记》(The Notebooks of Samuel Butler),伦敦,1912。

㉘ 坎普滕的托马斯(1379？—1471)，德意志天主教修道士，在尼德兰奥古斯丁修道院接受神职(1413)，终身从事抄写书稿和辅导新修道士的工作，可能是灵修著作《效法基督》的作者。

㉙ 博尔赫斯：《皮耶·梅纳德，吉诃德的作者》(Pierre Menard, autor del Quijote)，于《虚构集》(Ficciones)，布宜诺斯艾利斯，1944。

㉚ 珀修斯(公元前212？—前165？)，马其顿末代国王，原想称雄希腊，结果遭罗马人打败，弄得国破家亡。——译注

㉛ 斯宾诺莎：《神学政治论》(Tractatus Theologico-Politicus)，艾维斯译，伦敦，1889。

㉜ 引文见约翰·威力斯·克拉克：《中世纪与文艺复兴时期的图书馆》(Libraries in the Medieval and Renaissance Periods)，剑桥，1894。

㉝ 圣本笃(480—547)，意大利人，天主教隐修制度和本笃会(Benedictines)创始人，创办了卡西诺山修道院，其本笃会规章后来成为欧洲修道院的共同规章。1964年教宗保罗六世宣布圣本笃为全欧洲的主保圣人。——译注

㉞ 英国本笃会教士(the English Benedictines)通论篇。

㉟ 牙买加·金凯德：《一个小地方》(A Small Place)，纽约，1988。

㊱ 拉哲克维斯特(1891—1974)，瑞典作家，1951年诺贝尔文学奖得主。主要作品有小说《刽子手》、《巴拉巴》及剧本《没有灵魂的人》等。——译注

㊲ 《吉尔迦美什》(Gilgamesh)，古巴比伦史诗，诗名得自书中主角——公元前3000年左右的苏美尔国王吉尔迦美什，内容讲述他的冒险故事，其中有与《圣经》所载极为类似的洪水传说。——译注

㊳ 其时，博尔赫斯和我都不知道，吉卜林的丛束讯息并不是他的新发明。根据吉伯(Ignace J. Gelb)的说法(《书写的历史》[The History of Writing]，芝加哥，1952)，在东土耳其斯坦，一位少妇捎予他的爱人一道音讯，内容包括一块茶、一片叶子、一个红果、一只干的杏子、一个煤块、一朵花、一颗小石、一块糖、一只鹰羽及一颗豆子。这意思是："我再也无法喝茶，没有你我就像叶一般苍白，想起你我便脸红，我的心像煤炭一样燃烧，你如花般美，而且甜如蜜，但你的心若硬石吗？若我有翅，便将飞向你，我就是你，你手中的一颗豆子。"

㊴ 博尔赫斯在一篇文章《约翰·威尔金斯的分析片语》(El idioma analitico de John Wilkins)中，分析了威尔金斯的语言，见《另一种审判》(Otras Inquisiciones)，布宜诺斯艾利斯，1952。

㊵ 伊夫林·沃(1903—1966)，英国小说家，擅写嘲讽，1930年皈依天主教，对其创作影响甚深，主要作品有《衰微与败亡》、《一抔尘土》、《多升几面旗子》、《重访布莱兹赫德》、《钟爱者》，及二次世界大战三部曲《荣誉之剑》等。——译注

㊶ 伊夫林·沃：《喜欢狄更斯的男人》(The Man Who Liked Dickens)，《一抔尘土》(A Handful of Dust)中的一章，伦敦，1934。

㊷ 伊次基尔·马汀内兹·艾斯特拉达:《阅读与书写》(*Leer y escribir*),墨西哥,D.F.,1969。

㊸ 布亨瓦尔德(Buchenwald),德国魏玛西北七公里处的一个小村庄,1937—1945年纳粹党曾在此地设集中营,屠杀了数万名反法西斯人士。——译注

㊹ 豪尔赫·桑普伦:《书写或生命》(*L'écriture ou la vie*),巴黎,1994。

㊺ 切斯特顿(1874—1936),英国作家及评论家,以抒情风格闻名。他写诗、故事、文论,著有布朗神父侦探小说系列、《诺丁希尔的拿破仑》及文学理论集《巨大的琐事》等。——译注

㊻ 洛佩·德·维加(1562—1635),西班牙剧作家及诗人,西班牙民族戏剧的奠基者,出身宫廷工匠家庭,参加过"无敌舰队"对英国之战役,写了426出剧本,现今只留存42出短剧。另亦写有叙事诗及罗曼史。——译注

㊼ 希门尼斯(1881—1958),西班牙诗人,西班牙内战后移居波多黎各,1956年诺贝尔文学奖得主。——译注

㊽ 聂鲁达(1904—1973),智利诗人及外交家,1924年以其诗作《29首情诗及一支绝望的歌》而名噪一时。1943年加入共产党。著名作品另有《地球上的住处》(1925—1931)、《诗歌全集》(*Canto General*,1950)。1971年获得诺贝尔文学奖。——译注

㊾ 品特(1930—),英国剧作家,重要作品有《门房》(1960)、《归乡》(1965)、《昔日》(1971)、《无人之境》(1975)。——译注

㊿ 见艾萨·德·凯罗斯:《玛雅语》,里斯本,1888。

㋀ 圣伯夫(1804—1869),法国作家及文学评论家。1847年当选为法兰西学院院士,1865年被任命为参议员。其诗和小说并不出色,但其文学评论在法国文学史上颇为重要,代表作为《月曜日漫谈》(15卷)和《新月曜日》(13卷)。——译注

㋁ 皮隆(1895—1974),原为军方将领,1946年靠实力干预取得阿根廷总统之衔,受国内民族主义分子、军方及罗马天主教会支持,实施专制统治,不过政权主要是靠其广受民众爱戴的第二任妻子艾娃来维系。1952年艾娃逝世,加上经济情势恶化,使他在1955年遭到放逐。1973年回国再度被选为总统,次年过世,后由其第三任妻子伊莎贝尔继任总统之职。——译注

㋂ 博尔赫斯,贝尔(E.T. Bell)的《数学人》(*Men of Mathematics*)评论,见《火炉》(*El Hogar*),布宜诺斯艾利斯,1938年7月8日。

㋃ 许莫格:《受祐者安娜·卡塔琳娜·埃梅里希的一生》(*Das Leben Der Gottseligen Anna Katharina Emmerich*),弗莱堡,1867。

㋄ 柏拉图:《斐多篇》(Phaderus),于《对话集》(*The Collected Dialogues*),汉弥尔顿(Edith Hamilton)与卡恩斯(Huntington Cairns)编,普林斯顿,1961。

㋅ 汉斯·恩岑贝尔格:《文盲颂》(In Praise of Illiteracy),于《时代》(*Die Zeit*),汉

㊼ 艾伦·布鲁姆:《封闭的美国心灵》(The Closing of the American Mind),纽约,1987。

㊽ 查尔斯·兰姆(1775—1834),英国散文家及评论家,曾任职东印度公司。后与其姊玛丽合编《莎士比亚故事集》(1807),颇受好评。他以伊利亚(Elia)为笔名发表许多引人深省的小品,后结辑成《伊利亚随笔集》一书。——译注

㊾ 查尔斯·兰姆:《关于书与阅读的超越思考》(Detached Thoughts on Books and Reading),见《伊利亚随笔》(Elia Essays),伦敦,1833。

㊿ 德·萨德(1740—1814),法国作家,本名弗朗索瓦(D. A. François),曾就学巴黎大学,后参军。1772年因残暴色情行为遭判死刑,然他越狱潜逃,后又被逮捕,拘囚于万塞纳及巴士底狱。在此期间他写了《索多玛的120天》(Les 120 Journées de Sodome,约1784)。1790年获释后写了淫荡小说《朱斯蒂娜》(Justine,1791)及《卧房里的哲学》(La Philosophie,1793)。著有长篇小说《美德的厄运》,其作品以性倒错及淫色著称,现今"虐待狂"(sadism)一词即由其姓氏而来。——译注

㉛ 威廉·布莱克(1757—1827),英国浪漫主义前期诗人、版画家及神秘主义者,重要诗作为《天真之歌》(1789)、《经验之歌》(1794)及《耶路撒冷》(Jerusalem,1804—1820)。——译注

㉜ 雷·布拉德伯里(1920—),美国科幻小说家,主要作品有《火星纪年》(The Martian Chronicles)等,其名作《华氏451度》曾被法国导演特吕弗改拍成电影。——译注

㉝ 欧汉·帕慕克:《白色城堡》(The White Castle),霍尔布鲁克(Victoria Holbrook)译,曼彻斯特,1990。

第二章

① 这并不是说,所有的书写都根源于这些苏美尔人的符表。一般认为,中国和中美洲的文字便是独立发展的。见高尔:《书写的历史》(A History of Writing),伦敦,1984。

②《早期的书写系统》(Early Writing Systems),收于《世界考古学》(World Archeology)17/3,泰晤士河畔亨利,1986。美索不达米亚的文字发明可能影响了其他的文字系统:公元前3000年后的埃及文,及公元前3000年左右的印度文。

③ 华兹华斯1819年所写的文字中描写了一种类似的感觉。

④ 西塞罗:《论辩术》(De oratore),第一卷,苏腾与拉克姆(E. W. Sutton & H. Rackham)编,麻省坎布里奇与伦敦,1967,II, 87;357。

⑤ 圣奥古斯丁:《忏悔录》(Confessions),巴黎,1959,X, 34。

⑥ 且努:《12、13 世纪的文法与神学》(Grammaire et théologie au XIIe et XIIIe siècles),巴黎,1935—1936。

⑦ 恩培多克勒(公元前 490—公元前 430),古希腊哲学家、医生、诗人,主张物活论,认为万物皆由火、水、土、气四元素所构成,而其动力是爱与憎。爱使元素相结合,憎则令其分离。——译注

⑧ 恩培多克勒:断简,84DK,引自帕达伊(Ruth Padei)《出入心灵:希腊悲剧自我的形象》(In and Out of the Mind: Greek Images of the Tragic Self),普林斯顿,1992。

⑨ 伊壁鸠鲁:《给希罗多德的信》(Letter to Herodotus),见第欧根尼·拉尔修(Diogenes Laertius)《名哲言行录》(Lives of Eminent Philosophers,10),引文见林德贝尔格(David C. Lindberg),《中世纪光学史研究》(Studies in the History of Medieval Optics),伦敦,1983。

⑩ 同上书。

⑪ 关于此一复杂名词,见帕达伊《出入心灵》一书中透彻的解说。

⑫ 亚里士多德:《论灵魂》(De anima),黑特(W.S.Hett)编,麻省坎布里奇与伦敦,1934。

⑬ 引自西瑞斯:《中世纪与文艺复兴早期的医学》(Medieval & Early Renaissance Medicine),芝加哥与伦敦,1990。

⑭ 圣奥古斯丁:《忏悔录》,X,8—11。

⑮ 西瑞斯:《中世纪与文艺复兴早期的医学》。

⑯ 肯尼斯·凯勒与卡洛·佩德列第合编:《达芬奇:温莎皇后陛下收藏品中的解剖研究集成》(Leonardo da Vinci: Corpus of the Anatomical Studies in the Collection of Her Majesty the Queen at Windsor Castle),第三卷,1978—1980。

⑰ 巴士拉,在现今之伊拉克,为一港市。——译注

⑱ 法蒂玛(约公元 605—633),穆罕默德之幼女,第四任穆斯林哈里发阿里之妻,由此而有了法蒂玛人,亦即激进的什叶派。法蒂玛人统治了整个埃及和北非(公元 909—1171),势力还扩展至叙利亚和巴勒斯坦。——译注

⑲ 阿伯特·胡蓝尼:《阿拉伯民族史》(A History of the Arab Peoples),剑桥,1991。

⑳ 约翰纳斯·培德森:《阿拉伯书》(The Arabic Book),杰弗里·弗伦奇(Geoffrey French)译,普林斯顿,1984。

㉑ 撒狄克·阿萨德:《哈基姆·比·阿慕尔阿拉的统治》(The Reign of al-Hakim bi Amr Allah),伦敦,1974。

㉒ 这些相当细致的说明见撒雷·贝沙拉·欧玛的《伊本·海什木的光学:一个实

㉓ 大卫·林登柏格：《从爱尔金狄到开普勒的视觉理论》(*Theories of Vision from al-Kindi to Kepler*)，牛津，1976。

㉔ 埃弥尔·查尔斯：《罗杰·培根：其人、其作及未刊著作中的理论》(*Roger Bacon, sa vie, ses ouvrages, ses doctrines d'après des textes inedits*)，巴黎，1861。

㉕ 达克斯：《论左脑伤害与思考符号遗忘的必然关系》(Lesions de la moitié gauche de l'encéphale coincidant avec l'oubli des signes de la pensée)，《医学与外科周报》(*Gazette hebdomadaire de médicine et de chirurgie*)2(1865)，及布洛卡：《语言表达能力的胜利》(Sur le siège de la faculté du langage articule)，《人类学学会会讯》(*Bulletin de la Societé d'anthropologie*)，6337-6393(1865)，于安德烈·罗克·勒古(André Roch Lecours)等人，《文盲与脑伤害(3)：单边脑伤害之文盲者言谈及语言失序之研究（初步研究）》(Illiteracy and Brain Damage(3): A Contribution to the Study of Speech and Language Disorders in Illiterates with Unilateral Brain Damage (Initial Testing)，于《精神心理学》(*Neuropsychologia*)26/4，伦敦，1988。

㉖ 安德烈·罗克·勒古：《书写的起源与发展》(The Origins and Evolution of Writing)，见《人脑的源起》(*Origins of the Human Brain*)，剑桥，1993。

㉗ 丹尼尔·斯坦：《婴儿的人际世界：心理分析与发展心理学的观点》(*The Interpersonal World of the Infant: A View from Psychoanalysis and Developmental Psychology*)，伦敦，1985。

㉘ 罗克·勒古等人：《文盲与脑伤害》。

㉙ 斯特勒尔布勒格，英国作家斯威夫特所著的《格列佛游记》中拉普他岛的居民，永远不会死亡，但是年届80时，法律就会宣布其已死亡，从此只得靠政府救济而悲惨地活下去。——译注

㉚ 个人专访安德烈·罗克·勒古，蒙特利尔，1992年11月。

㉛ 埃弥尔·贾瓦尔在《眼科专家年鉴》(*Annales d'oculistique*)中的八篇文章，1878—1879，讨论见科勒(Paul A. Kolers)《阅读》(Reading)，加拿大心理学会会议发表的演讲，多伦多，1971。

㉜ 奥利维·萨克斯：《总裁的演说》(The President's Speech)，《把老婆错认为一顶帽子的男人》(*The Man Who Mistook His Wife for a Hat*)，纽约，1987。

㉝ 莫林·威特洛克：《阅读理解》(Reading Comprehension)，《阅读中的精神心理学与认知过程》(*Neuropsychological and Cognitive Processes in Reading*)，剑桥，1981。

㉞ 参考拉贝格与塞缪尔:《阅读中的自动讯息处理理论》(Toward a Theory of Automatic information Processing in Reading),见《认知心理学》(Cognitive Psychology),6,伦敦,1974。
㉟ 威特洛克:《阅读理解》。
㊱ E. B. 休伊:《阅读的心理学与教育》(The Psychology and Pedagogy of Reading),纽约,1908,引文见科勒的《阅读》。
㊲ 引文见林登柏格的《从肯迪到开普勒的视觉理论》。

第三章

① 圣奥古斯丁:《忏悔录》,V,12。巴黎,1959。
② 圣安布罗斯(339？—397),意大利米兰主教,在职期间全力维护基督教会的权力,其个人在文学及音乐方面造诣颇深,12月7日是他的纪念节日。——译注
③ 丹诺·阿特华特:《安布罗斯》(Ambrose),见《圣贤辞典》(A Dictionary of Saints),伦敦,1965。
④ 艾尔伍德·波斯特:《圣人、符号与象征》(Saints, Signs and Symbols),宾州哈里斯堡,1962。
⑤ 圣奥古斯丁:《忏悔录》,VI,3。
⑥ 1927年,匈牙利学者尤瑟夫·布洛夫在一篇名为 Voces Paginarum(Philologus,82)的文章中试图证明,古代对于默读几乎完全无所知,40年之后,于1968年,柏纳·克诺克斯(在《古代的默读》[Silent Reading in Antiquity],见《希腊、罗马及拜占庭研究》[Greek, Roman and Byzantine Studies],9/4,1968冬季号)中反驳布洛夫说:"古代书籍经常是大声念出,但却没有证据显示,书籍的默读是什么不平凡的事。"然而,克诺克斯所举的几个例子(其中我也引用了几个)我却认为不足以支撑他的论点,而默读似乎是例外的状况,而非常规。
⑦ 克诺克斯:《古代的默读》。
⑧ 普鲁塔克:《论亚历山大的命运》(On the Fortune of Alexander),于《道德论丛》(Moralia)第四卷,残篇340。法兰克·柯尔·巴比特编,(麻省坎布里奇与伦敦,1972):"史上有此一记录,有一次,亚历山大在打开一封他母亲写给他的机密信函的封印,并默读时,海菲斯提翁便静静将他的头靠在亚历山大的头边,和他一起读信。亚历山大不忍阻止他,但取下他的戒指,在海菲斯提翁的唇上封印。"
⑨ 克劳狄乌斯·托勒密:《论标准》(On the Criterion),其讨论见《真理的判准》(The Criterion of Truth),胡比与尼尔编,剑桥,1952。

⑩ 加图(公元前 95—前 46 年),罗马政治家,共和体制的护卫者,协助庞贝对抗恺撒,兵败后自杀。——译注

⑪ 普鲁塔克:《布鲁图斯》(Brutus),V,于《希腊罗马名人传》(The Parallel Lives),培林(B. Perin)编,麻省坎布里奇与伦敦,1970。恺撒似乎应该默读过这张信签。首先,他可能不愿他人偷听到情书的内容;其次,这可能是用来激怒他的敌人加图的计划之一,诱他去怀疑背后另有阴谋——根据普鲁塔克的说法,此计果然奏效。恺撒被迫展示信签,而加图则被耍了。

⑫ 大斋节(Lent),指复活节前为期 40 天的斋戒及忏悔,以纪念耶稣在荒野禁食。——译注

⑬ 耶路撒冷的圣西里尔:《耶路撒冷的圣西里尔作品集》(The Works of Saint Cyril of Jerusalem),第一卷,麦考利与史蒂芬生合译,华盛顿,1968。

⑭ 珀迦马(Pergamum),古希腊城市,在现今土耳其伊兹密尔省。为公元前 3 至 2 世纪希腊化的阿塔鲁斯王朝(Attlids)京城,是当时最重要的艺术及学术中心之一。——译注

⑮ 塞涅卡:《道德书简》(Epistulae Morales),第 56 封信,古梅尔编,麻省坎布里奇与伦敦,1968。

⑯ tolle, lege 的反复似乎未曾出现在我们现今所知的古代儿童文学中。皮埃尔·古塞伊尔(Pierre Courcelle)暗示,这是用于占卜的一种公式,并引马克·狄亚可(Marc le Diacre)的《波菲利的一生》(Life of Porphyrus),指出为占卜的目的而参考《圣经》的做法,由书中一个人物在梦中道出上述公式。见皮埃尔·古塞伊尔《儿童与圣经类型》(L'Enfant et les 'sortes bibliques'),见 Vigiliae Christianae,第七卷,尼米斯,1953。

⑰ 圣奥古斯丁:《忏悔录》,IV,3。

⑱ 圣奥古斯丁:《关于三位一体》(Concerning the Trinity),XV,10:19,于《圣奥古斯丁基本著作》(Basic Writings of Saint Augustine),惠特尼·J. 欧茨(Whitney J. Oates)编,伦敦,1948。

⑲ 马提雅尔(40?—104?),古罗马诗人,生于西班牙,公元 64 年赴罗马。主要作品为《警句诗》(Epigrams)12 卷,共 1500 多首,常为后人引用和模仿,为现代警句诗之鼻祖。——译注

⑳ 马提雅尔:《警句诗》(Epigrams),I.38,波特与瑞特(J.A.Pott & F.A. Wright)译,伦敦,1924。

㉑ 阿拉姆语(Aramaic),属于古代叙利亚和美索不达米亚北部闪族人一支的阿拉姆人(Aramaean)之语言,公元前 9 世纪通行于古叙利亚,后来一度成为西南亚

的通用语言。犹太人文献及早期基督教文学多以此种语言写成。——译注
㉒ 参考昂利·让·马丁:《试说阅读的历史》(Pour une histoire de la lecture),《法国书史评论》(Revue française d'histoire du livre)46,巴黎,1977。根据马丁,苏美尔语(而非阿拉姆语)及希伯来语中没有一个意为"阅读"的特定动词。
㉓ 阿拔斯王朝(Abbassids),哈里发帝国的一个王朝。公元749年取代倭米亚王朝,定都巴格达,直至1258年被蒙古人所灭。早期阿拔斯王朝的权势在哈伦·拉希德(公元786—809)统治时期达到顶峰。阿拔斯家族是先知穆罕默德的叔父阿拔斯的后裔,因而在虔诚的教徒中享有正统之地位。——译注
㉔ 伊瑟·利希滕斯塔德:《古典阿拉伯文学导读》(Introduction to Classical Arabic Literature),纽约,1974。
㉕ 引自杰拉尔德·布鲁恩:《诠释学的古与今》(Hermeneutics Ancient and Modern),新港与伦敦,1992。
㉖ 朱利安·杰恩斯:《二室制心态解体的意识根源》(The Origin of Consciousness in the Breakdown of the Bicameral Mind),普林斯顿,1976。
㉗ 西塞罗:《图斯库鲁斯谈话录》(Tusculan Disputations),第五谈话录,金(J.E. King)编,麻省坎布里奇与伦敦,1952。
㉘ 蛇梯棋(Snakes and Ladders),一种英国小孩玩的棋戏,棋盘上标有蛇和梯的图案,棋子走到蛇头一格时要退至蛇尾一格,走到梯脚一格时可进跃至梯顶一格,由先抵达终点格者获胜。——译注
㉙ 亚柏汀·高尔:《书写史》(A History of Writing),伦敦,1984。
㉚ 威廉·雪培德·威尔什:《文学奇事手册》(A Handy-Book of Literary Curiosities),费城,1892。
㉛ 多纳图斯,公元4世纪的罗马文法学家、修辞学教师,其所著之《文法的艺术》是中世纪研习拉丁文的标准基本教材,当时Donet或Donat成为任何拉丁文文法或其他基本论文的同义词。他也是拉丁文《圣经》的译者圣杰罗姆的老师。——译注
㉜ 引自帕克(M.B. Parkes):《停顿与效果:西方标点符号史导论》(Pause and Effect: An Introduction to the History of Punctuation in the West),柏克莱与洛杉矶,1993。
㉝ 安色尔字体(uncial),特别指公元4至8世纪希腊文及拉丁文手抄本常使用的一种字体。——译注
㉞ 苏埃托尼乌斯,古罗马传记作家和古物收藏家,曾任皇帝秘书,因卷入宫廷阴谋而去职,尔后致力于写作,其名著为《罗马十二帝王传》(De vita Caesarum)。

——译注

㉟ 苏埃托尼乌斯:《罗马十二帝王传》(*Lives of the Caesars*),洛尔夫(J.C. Rolfe)编,麻省坎布里奇与伦敦,1978。

㊱ 比尔特:《古代生活》(*Aus dem Leben der Antike*),莱比锡,1922。

㊲ 高尔:《书写史》。

㊳ 皮埃尔·利歇:《5世纪末期到11世纪中期基督教西方的学校与教育》(*Les Ecoles et l'enseignement dans l'Occident chrétien de la fin du Ve siècle au milieu du XIe siècle*),巴黎,1979。

㊴ 狄摩西尼(公元前384—公元前322年),古雅典雄辩家、民主派政治家,反对马其顿入侵希腊,发表《斥腓力》等演说,后失败,服毒自杀。——译注

㊵ 帕克:《停顿与效果》。

㊶ 叙利亚的圣以撒:《精神训练的方向》(Directions of Spiritual Training),于《慕善集》(*Early Fathers from the Philokala*),卡德劳波夫斯基(E. Kadloubovsky)与帕马(G.E.H.Palmer)编译,伦敦与波士顿,1954。

㊷ 塞维利亚的伊西多尔(560?—636),西班牙基督教神学家,公元600年左右任塞维利亚大主教,为最后一位西方拉丁教父,也是历史学家、百科全书编纂者,其著作以《语源学》最为突出,此外尚有关于语言学、自然科学、宇宙论和历史的著作。他的《西哥德史》至今仍是研究西哥德史的主要文献之一。——译注

㊸ 塞维利亚的伊西多尔:《名言集》(*Libri sententiae*),III,13:9,引自曼纽埃·狄亚兹(Manuel C. Diaz y Diaz)编《语源学》(*Etimologias*),马德里,1982—1983。

㊹ 塞维利亚的伊西多尔:《语源学》,I,3—1。

㊺ 大卫·德林哲(David Diringer):《手制书》(*The Hand-Produced Book*),伦敦,1953。

㊻ 帕克:《停顿与效果》。

㊼ 卡洛·奇波拉:《西方的识字状况与发展》(*Literacy and Development in the West*),伦敦,1969。

㊽ 引自威廉·瓦腾巴赫:《中世纪的文字》(*Das Schriftwesen im Mittelalter*),莱比锡,1896。

㊾ 艾伦·托马斯:《好书与藏书家》(*Great Books and Book Collectors*),伦敦,1975。

㊿ 圣奥古斯丁:《忏悔录》,VI,3。

(51)《诗篇》,91:6。

(52) 圣奥古斯丁:《忏悔录》,VI,3。

(53) 摩尼教(Manicheism),公元3世纪时由波斯的摩尼所创,其教义为善恶二元论。

——译注

(54) 孟他努教派(Montanists),由 Montanus of Phrygia 所创。——译注

(55) 贝拉基教派(Pelagianism),由生于大不列颠的基督教隐修士贝拉基(Pelagius,360? —420?)所创,强调人性本善及人有自由意志,被斥为异端。教宗英诺森一世(Innocent I)批准对其定罪,处以极刑。——译注

(56) 阿波里拿利教派(Apollinarism),由阿波里拿利(Apollinaris,公元 375 年左右)所创,主张人由肉体、灵魂、精神三者合成:道在基督身上代替了精神,因此只有肉体与灵魂,而不曾接受整个人性。——译注

(57) 阿里乌教派(Arianism),由阿里乌斯(Arius,256? —336)所创,主张耶稣不是神,在耶稣身上显示的道(Logos)是由天父所造,因此耶稣只是高于其他生物的被造物。在 325 年的尼西亚会议上被裁定为异端。——译注

(58) 聂斯脱利教派(Nestorianism),基督教的一个派别,即中国唐朝时的景教,由君士坦丁堡 的牧首聂斯脱利(Nestorius,? —451?)所创,倡导基督的"二性二位"教义,认为基督不仅具有人神二性,而且有二个位格,道只驻在基督其人身上,并未真成为人。于 431 年遭判决为异端,其追随者乃自成聂斯脱利教派。——译注

(59) 优迪克教派(Euthychianism),为公元 4 至 5 世纪时君士坦丁堡修道院长优迪克(Eutyches)所创,主张基督的神人二性在未结合前确实为二性,但结合后就只有神性而无人性,且只有一个神性的本体。——译注

(60) 大卫·克里斯丁—慕瑞:《异教史》(*A History of Heresy*),牛津与纽约,1976。

(61) 罗伯特·摩尔:《流行异教的诞生》(*The Birth of Popular Heresy*),伦敦,1975。

(62) 海可·欧伯曼:《路德:圣魔之间的人》(*Luther: Mensch zwischen Gott und Teufel*),柏林,1982。

(63) 列奥纳德:《新教通史》(*Histoire générale du protestantisme*),第一卷,巴黎,1961—1964。

(64) 帕斯卡尔(1623—1662),法国物理学家、数学家及神学家。发明计算器、气压机及注射器。《给外省人信札》(*Lettres provinciales*)及《沉思录》为其重要神学著作。一般认为,《沉思录》对本世纪的存在主义有很深刻的影响。——译注

(65) 凡·委克·布鲁克:《新英格兰之盛,1815—1865》(*The Flowering of New England, 1815—1865*),纽约,1936。

(66)《奥义书》,梵文著作,印度教经典吠陀的最后部分,写于公元前 800 年至前 400 年期间。其书名原意为"近坐",指由古鲁秘传这些教义。——译注

(67) 爱默生:《社会与孤独》(*Society and Solitude*),麻省坎布里奇,1870。

第四章

① 圣奥古斯丁:《谈灵魂的起源与本质》(Of the Origin and Nature of the Soul),于《圣奥古斯丁基本著作》(Basic Writings of Saint Augustine),惠特尼·欧茨编,伦敦,1948。
② 西塞罗:《论辩术》(De oratore),第一卷,苏腾与拉克姆编,麻省坎布里奇及伦敦,1957,II,86:354。
③ 拉辛(1639—1699),法国戏剧诗人。1664 年开始创作剧本,为诗体戏剧。被认为是悲剧大师。——译注
④ 路易·拉辛:《回忆录——兼谈让·拉辛其人其作的一些特殊性》(Mimoires contenant quelques particularités sur la vie et les ouvrages de Jean Racine),收于让·拉辛《作品全集》(Oeuvres complètes),第一卷,雷蒙·皮卡编,巴黎,1950。
⑤ 柏拉图:《菲德鲁斯篇》,收于《对话全集》(The Collected Dialogues),汉弥尔顿与凯尔恩斯合编,普林斯顿,1961。
⑥ 透特,古埃及神话中之月神,是太阳神雷(Re)的文书,也是知识和艺术的保护神,其形状为鸟头人身或狗头狒狒身。——译注
⑦ 亚眠(Amiens),法国北部城市,为索姆省(Somme)省会,从 16 世纪起即是重要的商贸和制造业中心,其市区之 13 世纪哥特式圣母教堂,为世界性的知名古迹。——译注
⑧ 玛丽·凯鲁瑟:《记忆之书》(The Book of Memory),剑桥,1990。
⑨ 同上书。
⑩ 艾瑞克·透纳:I Libri nell'Atene del V e IV secolo A.C.,于卡伐洛(Guglielmo Cavallo)《古代世界的书、编辑与出版》(Libri, editori e pubblico nel mondo antico),罗马及巴里,1992。
⑪《约翰福音》,第 8 章第 8 节。
⑫ 色诺芬(公元前 435 年—前 354 年),希腊历史学家、作家,也是英勇的军人。与苏格拉底亦师亦友,著有《居鲁士远征记》(Anabasis Kyrou)。——译注
⑬ 凯鲁瑟:《记忆之书》。
⑭ 同上书。
⑮ 阿林纳·吕塞尔:Porneia,巴黎,1983。
⑯ 法兰西斯·叶慈:《记忆的艺术》(The Art of Memory),伦敦,1966。
⑰ 克雷芒五世(约 1260 年—1314 年),法国籍的主教和教宗。1299 年成为波尔多(Bourdeau)大主教,1305 年成为教宗,曾镇压圣殿骑士团,并于 1309 年将教廷所在地迁至亚维侬,此举在意大利造成严重的后果。——译注
⑱ 彼特拉克:《我的秘密》(Secretum meum),II,收于《文集》(Prose),马特洛提等人(Guido Martellotti et al)合编,米兰,1951。

⑲ 维克多利亚·坎恩:《彼特拉克的〈秘密〉一书中读者的比喻》(*The Figure of the Reader in Petrach's Secretum*),收于《彼特拉克:现代批评观》(*Petrarch: Modern Critical Views*),布鲁姆编,纽约及费城,1989。
⑳ 彼特拉克:《家庭》(*Familiares*),2.8.822,引文见前书。
㉑ 引自于贝尔·尼桑:《出版家及其复本》(*L'Editeur et son double.carnets* 1989—1996);阿尔勒,1997 年。

第五章

① 列维-斯特劳斯:《忧郁的热带》(*Tristes Tropiques*),巴黎,1955。
② 雷纳努斯(1485—1547),德国人文主义者、作家和宗教改革运动拥护者。曾费 15 年心血编订塞涅卡(Seneca)、小普林尼(Pliny the Younger)和塔西佗(Tacitus)等古典作者之作品。——译注
③ 赫利孔山(Mount Helicon),希腊神话中司文艺的缪斯女神所居住之地。——译注
④ 都兰:《关于塞莱斯塔街道与房屋的描述与历史文件》(*Casier descriptif et historique des rues & maisons de Sélestat*),1926;《塞莱斯塔图书的友朋会社年鉴》(*Annuaire de la Société des Amis de la Bibliothèque de Siléstat*),塞莱斯塔,1951。
⑤ 引文见自保尔·亚当:《塞莱斯塔中级教育史》(*Histoire de l'enseignement secondaire ā Sélestat*),塞莱斯塔,1969。
⑥ 沃尔姆斯(Worms),德国城市,位于曼海姆西北。公元 436 年遭匈奴人摧毁,史诗《尼布龙根之歌》(*Nibelungenlied*)中的许多传说即由此产生。第二次世界大战时曾遭严重破坏。——译注
⑦ 赫伯特·葛伦德曼:《中世纪大学的起源》(*Vom Ursprung der Universität im Mittelalter*),法兰克福,1957。
⑧ 同上书。
⑨ 德鲁伊教团(Druids),古代活动于高卢、不列颠及爱尔兰之凯尔特人宗教团体,在社会中扮演祭司、仲裁者、教师等角色。其所传教义主要为灵魂不死,人死后灵魂会转世投胎。——译注
⑩ 艾都瓦·费克:《托马斯·普拉特自撰其生》(*La Vie de Thomas Platter écrite par lui-même*)导读,日内瓦,1862。
⑪ 保尔·亚当:《塞莱斯塔的人文主义:学校、人文主义者、图书馆》(*L'Humanisme à Sélestat: L'Ecole, les humanistes, Ia bibliothèque*),塞莱斯塔,1962。

⑫ 托马斯·普拉特:《托马斯·普拉特自撰其生》,艾都瓦·费克译,日内瓦,1862。
⑬ 托拉(Torah),犹太律法,希伯来文意为"教谕"。狭义专指《旧约》前五卷中的律法,据说是上帝授予摩西的。托拉也往往用以指《旧约》的前五卷。由于预言书的重要性和宗教著作日益增加,托拉有时也用来指所有这类著作,当作是神启示的教论和经典。——译注
⑭ 以色瑞尔·亚伯拉罕:《中世纪的犹太人生活》(Jewish Life in the Middle Ages),伦敦,1896。
⑮ 感谢罗伊·波特教授指出这一限制所在。
⑯ 马特欧·帕米耶里:《谈市民生活》(Della vita civile),博洛尼亚,1944。
⑰ 阿尔贝蒂(1404—1472),生于热那亚,是意大利文艺复兴时期最杰出人士之一,身兼艺术家、诗人、音乐家、文艺理论家、建筑师,还从事数学、制图学和密码学研究,著有《论绘画》、《建筑学十书》等。——译注
⑱ 雷翁·巴提斯塔·阿尔贝蒂:《家庭之书》(I Libri della famiglia),罗曼诺与特南第编,都灵,1969。
⑲ 角帖书(hornbook),指印有字母、数字等的纸页,裱在有柄的木板上,上面覆盖透明角片,供儿童认识字母及数字用。——译注
⑳ 昆体良,公元1世纪时的罗马修辞学家兼教师,生于西班牙,后随家人迁至罗马,是小普林尼的老师,所著之《雄辩术原理》一书对17世纪文艺复兴时期的学术、文体及文艺批评影响颇深。——译注
㉑ 图密善(51—96),罗马皇帝,专横暴戾,连年穷兵黩武,对内实行恐怖统治,导致众叛亲离,终被其妻及廷臣谋杀。——译注
㉒ 克里西波斯(约公元前280年至205年),希腊哲学家,斯多噶学派继芝诺(Zeno)之后的领导者,系最早将命题逻辑系统化为智力学科的人物之一。据说著作颇多,但现今只存一些残篇。——译注
㉓ 昆体良:《昆体良的雄辩术原理》(The Institutio Oratoria of Quintilian),巴特勒译,牛津,1920—1922,Ii12。
㉔ 引自皮耶·利西与丹尼埃尔·亚历山大-比东:《中世纪的儿童》(L'enfance au Moyen Age),巴黎国立图书馆展览目录,1994年10月26日到1995年1月15日,巴黎,1995。
㉕ 同上书。
㉖ 且努:《13世纪作为科学的神学》(La Théologie comme science au XIIIe siècle),第三版,巴黎,1969。

㉗ 多明尼克·苏代与真宁·苏代-汤明编：《中世纪伊斯兰与西方的教育》(Medieval Education in Islam and the West)，麻省坎布里奇，1977。

㉘ 波爱修斯(480—524)，古罗马哲学家、政治家和基督教神学家，曾将亚里士多德的著作译成拉丁文，后因通敌罪遭处死刑，在狱中写下以柏拉图思想为立论根据的名著《哲学的慰藉》。其著作展现出古典思想和基督教思想的传承，为中世纪经院哲学之先驱。——译注

㉙ 阿方索十世(1221—1284)，在行政上极为无能，劳民伤财，奖掖文学与学术，有"智者阿方索"之称，编有一部法学的括述之作《七法全书》(Las siete partidas)。——译注

㉚ 阿方索·厄·萨比欧：《七法全书》，拉蒙·门内德兹·丕达尔编，马德里，1955，231 IV。

㉛ 我们有一封大约同一时期所写的信，一位学生要求他母亲不计任何代价，为他买书："我也请保罗去买 Orationes Demosthenis Olynthiacae，装封并寄给我。"见史蒂芬·欧兹门特《三个波罕男孩：成长于现代初期的德国》(Three Behaim Boys: Growing Up in Early Modern Germany)，新港与伦敦，1990。

㉜ 亚当：《塞莱斯塔中级教育史》。

㉝ 雅各布·温非林：《伊西多尼斯》(Isidoneus)，XXI，收于福洛伊德根·雅各布的《温非林的教育学著作》(Jakob Wimphelings pädagogische Schrften)，帕德邦[Paderborn]，1892。

㉞ 伊莎贝尔·苏若：《15世纪末一学子：兼谈塞莱斯塔拉丁文学校关于克拉多·霍夫曼一份未出版的文件》(Un Ecolier de la fin du XVe siècle: A propos d'un cahier inedit de l'école latine de Sélestat sous Crato Hofman)，收于《塞莱斯塔图书的友朋会社年鉴》，塞莱斯塔，1951。

㉟ 雅克·勒·高夫：《中世纪的知识分子》Les Intellectuels au Moyen Age，修订版，巴黎，1985。

㊱ 圭代蒂给马萨里的信，1465年10月25日，收于 La critica del Landino，卡迪尼编，佛罗伦萨，1973。引自安东尼·格拉夫通《书文捍卫者：科学时代的学术传统，1450—1800》(Defenders of the Text: The Traditions of Scholarship in an Age of Science, 1450—1800)，剑桥，1991。

㊲ 温非林：《伊西多尼斯》，XXI。

㊳ 亚当：《塞莱斯塔的人文主义》。

㊴ 同上书。

㊵ 最后,德林根贝格的取向成为主流,16世纪初,出于对宗教改革的反动,拉丁学校的老师排除所有被"怀疑的"异教作家,也就是,未被像奥古斯丁这样的权威所"认可的"作家,而坚持一种严格的天主教教育。

㊶ 雅各布·斯皮格尔:《罗伊麒林的中级教育》(Scholia in Reuchlin Scaenica progymnasmata),收于(G.Knod),《塞莱斯塔的雅各布·斯皮格尔:德国人文主义史研究论文》(Jakob Spiegel aus Schlettstadt: Ein Beitrag zur Geschichte des deutschen Humanismus),斯特拉斯堡,1884。

㊷ 瓦勒里乌斯·马克西姆斯,公元纪元初年之拉丁作者,生平鲜有资料留存,所编纂之《言行纪》(Facta et dicta memorabilia)在中世纪时颇为风行。——译注

㊸ 雅各布·温菲林:《檄文》Ⅳ,收于克诺德(G.Knod)《巴图斯·雷纳努斯的藏书:德国人文主义史研究论文》(Aus der Bibliothek des Beatus Rhenanus: Ein Beitrag zur Geschichte des Humanismus),塞莱斯塔,1889。

㊹ 杰罗米·盖伯维勒,引文见《塞莱斯塔的教员盖伯维勒之记事》(Schlettstadter Chronik des Schulmeisters Hieronymus Gebwiler),艮内编,塞莱斯塔,1890。

㊺ 尼可拉斯·亚当:《学习语言的真正方法》(Vraie manière d'apprendre une langue quelconque),收于《教育学辞典》(Dictionaire pedagogique),巴黎,1787。

㊻ 海伦·凯勒:《我的一生》(The Story of My Life),第三版,伦敦,1903。

㊼ 引自戈德施密特:《中世纪文本及其第一次印刷问世》(Medieval Texts and Their First Appearance in Print),《书目会社报告书》(Biographical Society Transactions),补篇十六,牛津,1943。

㊽ 天主教会到了1758年才解除对哥白尼著作的禁令。

第六章

① 卡夫卡:《短篇小说集》(Erzählungen),法兰克福,1967。

② 参考歌德所说(引自艾科《诠释的极限》[The Limits of Interpretation],布鲁明顿及印第安那波利斯,1990):"象征将经验转化为一种想法,将想法转化为一种意象,于是透过意象表达出来的想法,便一直是活泼而无法掌握的,即使以所有的语言来表达,也还是无以表达的。寓言将经验转化为一种概念,将概念转化为一种意象,但是概念会永远被意象所界定,可以借意象而表达。"

③ 保罗·德·曼:《阅读寓言:卢梭、尼采、里尔克和普鲁斯特的比喻语言》(Allegories of Reading: Figural Language in Rousseau, Nietzsche, Rilke, and Proust),新港,1979。

④ 但丁:《神曲》(Le Opere di Dante. Testo critico della Società Dantescà Itali-

ana),巴比等人编,米兰,1921—1922。
⑤ 恩斯特·帕威尔:《理性的梦魇:卡夫卡的一生》(*The Nightmare of Reason: A Life of Franz Kafka*),纽约,1984。
⑥ 卡夫卡:《给父亲的信》(*Brief an den Vater*),纽约,1953。
⑦ 引文见帕威尔:《理性的梦魇》。
⑧ 古斯塔夫·雅努赫:《与卡夫卡的对话》(*Conversations with Kafka*),里斯译,第二版,纽约,1971。
⑨ 《米德拉西》(*Midrash*),犹太法学博士的《圣经》注释选集,著作年代跨自犹太人在巴比伦被俘虏奴役时期一直到公元1200年为止。——译注
⑩ 马丁·布伯:《哈希丁的故事》(*Tales of the Hasidim*),第二卷,欧加·马克斯译,纽约,1947。
⑪ 马克-阿蓝·夸克宁:《被焚之书:犹太法典的哲学》(*Le Livre brulé: Philosophie du Talmud*),巴黎,1986。
⑫ 哈西德教派(Hasidism),18世纪兴起于波兰的一个犹太教派,坚持禁欲清修及神秘主义教义,反对拉比的权威及犹太教传统仪式,传布颇广,后获得承认为正统教派之一。——译注
⑬ 帕威尔:《理性的梦魇》。
⑭ 雅努赫:《与卡夫卡的对话》。
⑮ 瓦尔特·本雅明:《阐明》(*Illuminations*),哈利·左恩译,纽约,1968。
⑯ 同上书。
⑰ 陀思妥耶夫斯基:《卡拉马佐夫兄弟》(*The Brothers Karamazov*),马卡沙克译,第一卷,伦敦,1958。
⑱ 雅努赫:《与卡夫卡的对话》。
⑲ 李维(公元前59年—公元17年),罗马史家,著有《罗马史》(*History of Rome*)142卷,现完整者仅存35册,书中从罗马建城(公元前753年)开始写起,至公元前9年为止,史料并非大都正确,但其行文风格一直为后世所欣赏。——译注
⑳ 艾科:《诠释的极限》。
㉑ 帕威尔:《理性的梦魇》。
㉒ 雅努赫:《与卡夫卡的对话》。
㉓ 引文见杰姆·肖勒姆:《瓦尔特·本雅明:友谊故事》(*Walter Benjamin: The Story of a Friendship*),哈利·左恩译,纽约,1981。
㉔ 马尔泰·罗贝尔,《印刷的专制》(*La Tyrannie de L'imprimé*),巴黎,1984。
㉕ 博尔赫斯:《卡夫卡及其先驱》(*Kafka y sus precursores*),收于《另一种审判》(*Otras Inquisiciones*),布宜诺斯艾利斯,1952。
㉖ 马尔泰·罗贝尔:《印刷的专制》。

㉗ 纳博科夫:《变形记》(Metamorphosis),收于《文学讲稿》(*Lectures on Literature*),纽约,1980。

㉘ 费尔南多·佩索阿:《尸检描记》,载《费尔南多·佩索阿全集》第三版之《诗歌集》(*Obras Completas de Fernando Pessoa*)第三版,里斯本,1963。

㉙ 帕威尔:《理性的梦魇》。

第七章

① 鲁易吉·塞拉菲尼:《塞拉菲尼古籍抄本》(*Codex Seraphinianus*),卡尔维诺导言,米兰,1981。

② 克里语(Cree),克里人属印第安人的一支,以往分布在加拿大中南部及美国蒙大拿州。——译注

③ 约翰·阿特华特:《企鹅版圣人书》(*The Penguin Book of Saints*),伦敦,1965。

④ 侯伊西:《苦行者尼卢斯之研究》(*Untersuchungen zu Nilus dem Asketem*),收于《文本与研究》(*Texte und Untersuchungen*),卷 XLII,第二册,莱比锡,1917。

⑤ 南·德·提勒蒙:《服务于教会史的备忘录》(*Memoires pour servir à l'histoire ecclèsiastique des six premiers siècles*),卷 XIV,巴黎,1693—1712。

⑥ 撒拉森人(Saracen),古希腊后期及罗马帝国时代叙利亚和阿拉伯沙漠之间诸游牧民族的一支。——译注

⑦《天主教神学辞典》(*Dictionnaire de théologie catholique*),巴黎,1903—1950。

⑧ 圣尼卢斯:《第六十一封信:给奥林皮多洛·艾帕秋》(Epistula LXI: Ad Olympidoro Eparcho),收于 *Patrologia Graeca*,LXXIX,1857—1866。

⑨ 引文见丕博(F. Piper):*Uber den christlichen Biderkreis*,柏林,1852。

⑩ 引文见克劳德·达根斯:《伟大的圣格里高利:基督教文化与经验》(*Saint Grégoire le Grand: Culture et experience chréstienne*),巴黎,1977。

⑪ 阿哈宗教会议(Synod of Arras),第十四章,收于 *Sacrorum Nova et Amplissima Collectio*,曼西(J.D. Mansi)编,巴黎与莱比锡,1901—1927,引文见艾科(Umberto Eco):《托马斯·阿奎那的美学问题》(*Il problema estetico di Tommaso d'Aquino*),米兰,1970。

⑫《出埃及记》,第 20 章第 4 节;《申命记》,第 5 章第 8 节。

⑬《列王纪》,第 1 章第 6—7 节。

⑭ 安德烈·格拉巴尔:《基督教圣像:起源研究》(*Christian Iconography: A Study of Its Origins*),普林斯顿,1968。

⑮《马太福音》,第 1 章第 22 节;亦见《马太福音》,第 2 章第 5 节及 15 节;第 4 章第 14 节;第 8 章第 17 节;第 13 章第 35 节;第 21 章第 4 节;第 27 章第 35 节。

⑯《路加福音》,第 24 章第 44 节。

⑰《圣经用语百科全书》(A Cyclopedic Bible Concordance),牛津,1952。
⑱奥利金(Origen,185?—254?),古代基督教著名希腊教父之一,《圣经》学者,曾编定《六种经文合璧》,主要著作有《基督教原理》《驳塞尔索》等。——译注
⑲德尔图良(160?—220?),迦太基基督教神学家,用拉丁语而非希腊文写作,使拉丁文成为教会语言及西方基督教传播工具,著有《护教篇》、《论基督的肉体复活》等。——译注
⑳尼撒的圣格里高利(330—395),基督教哲学家、神学家、尼撒城主教、反阿利乌派的神学家领袖,系统阐述三位一体教义,将柏拉图主义与基督教思想融成一体。——译注
㉑圣奥古斯丁《出埃及记》73,于《旧约圣经辨》(Quaestiones in Heptateuchum, II, Patrologia Latina, XXXIV, 625 章, 1844—1855)。
㉒该撒利亚的优西比乌斯(260?—340),该撒利亚主教、基督教教会史家、罗马皇帝迫害基督教时下狱,著有《基督教教会史》、《君士坦丁传》、《编年史》等。——译注
㉓麦基洗德,为亚伯拉罕祝福之撒冷王及上帝的祭司,见《圣经·创世记》第14章。——译注
㉔该撒利亚的优西比乌斯:《基督教会证》(Demostratio evanigelium), IV, 15, Patrologia Graeca, XXII, 296 章, 1857—1866。
㉕迦拿(Cana),巴勒斯坦北部古城,相传为耶稣初次显现神迹之处。——译注
㉖参考"所喝的是由于随着他们的灵磐石;那磐石就是基督。"《哥林多前书》,第10章,第4节。
㉗格拉巴尔:《基督教圣像:起源研究》。
㉘尼西亚(Nicaea),小亚细亚西北部古城,公元325年及787年两度在此地举行世界性的基督教主教会议。——译注
㉙引文见丕博:Uber den Christlichen Biderkreis。
㉚艾伦·史蒂芬生:《弥撒书的问题》(The Problem of the Missale Speciale),伦敦,1967。
㉛参考毛鲁斯·贝福(Maurus Berve):《穷人圣经》(Die Armenbible),Beuron,1989。《穷人圣经》(Biblia Pauperum)在海德堡大学图书馆被归类为 Ms. 148。
㉜格哈德·施密特:《14世纪的穷人圣经》(Die Armenbibel des XIV Jahrhunderts),法兰克福,1959。
㉝卡尔·哥特海夫·莱辛:《莱辛的一生》(G.E.Lessings Leben),法兰克福,1793—1795。
㉞莱辛:《希尔绍修道院以往的窗玻璃彩绘》(Ehemalige Fenstergemälde im Kloster Hirschau),收于《沃尔芬布特尔大公图书馆中的历史与文学》(Zur Ge-

schichte und Literatur aus der Herzoglichen Bibliothek zu Wolfenbüttel），Braunschweig，1773。

㉟ 海德:《基督教类型学论文》(Beitrage zur christlichen Typologie),《纪念碑建筑研究中央委员会年鉴》(Jahrbuch der K.K. Central-Comission zur Erforschung der Baudenkmale),卷五,维也纳,1861。

㊱ 麦克卢汉（Marshall McLuhan）:《了解媒体:人类的延伸》(Understanding Media: The Extensions of Man),纽约,1964。

㊲ 弗朗索瓦·维庸:《著作全集》(Oeuvres complètes),雅各布编,巴黎,1854。

㊳ 同前书,《大遗嘱集》(Le Grand Testament)中:"维庸所写的歌谣,依其母亲的请求,向圣母祈祷。"

㊴ 贝福:《穷人圣经》。

㊵ 施密特:《14世纪的穷人圣经》;亦见伊莉莎白·艾森斯坦:《现代欧洲早期的印刷革命》(The Printing Revolution in Early Modern Europe),剑桥,1983。

第八章

① 彼得兔（Peter Rabbits）,1920年哈里逊·凯迪（Harrison Cady）在《纽约论坛报》(New York Tribune)上连载的漫画兔子主角名称。——译注

② 菲利普·福纳:《古巴史及其与美关系》(A History of Cuba and Its Relations with the United States),卷二,纽约,1963。

③ 奥罗拉（Aurora）,罗马神话中之曙光女神。——译注

④ 夏多布里昂（Viscount François-René de Chateaubriand,1768—1848）,法国作家,重要著作有《革命论》、《基督教真谛》等论述,小说《勒内》及自传《墓边回忆录》等。——译注

⑤ 何西·安东尼欧·波图翁杜:《〈奥罗拉〉与古巴报业体系之肇始》('La Aurora' y los comienzos de la prensa y de la organizaciòn en Cuba),哈瓦那,1961。

⑥ 同上书。

⑦ 福纳:《古巴史及其与美关系》。

⑧ 同上书。

⑨ 休·托马斯:《古巴:自由的追寻》(Cuba: the Pursuit of Freedom),伦敦,1971。

⑩ 基韦斯特岛（Key West）,美国佛罗里达州南端佛罗里达群岛最西端岛屿,其港口为美国重要海军基地。——译注

⑪ 格伦·韦斯特福尔:《基韦斯特:美国雪茄城市》(Key West: Cigar City U.S.A.),基韦斯特,1984。

⑫ 曼纽埃·杜勒缶·里欧纳特:Marti, Cayo Hueso y Tampa: La emigración,西恩富戈斯,1905。

⑬ 奥勒利乌斯（121—180），罗马皇帝，曾研习法律及哲学，特别对斯多葛哲学有极大兴趣。在位时长年征战，最后死于前线。《沉思录》是其在军旅中写下的著作。——译注

⑭ 卡特琳·哈尔·普罗比：《玛利欧·桑切斯：基韦斯特记忆的画家》（*Mario Sanchez: Painter of Key West Memories*），基韦斯特，1981。另个人专访，1991年11月20日。

⑮ 林赛：《圣本笃：其人其作》（*St Benedict, His Life and Work*），伦敦，1949。

⑯ 博尔赫斯的短篇《阿莱夫》（The Aleph），收于《阿莱夫》，布宜诺斯艾利斯，1949。这段描述即是出自其中，主要便是在探讨这种宇宙的幻景。

⑰ 可伦巴斯与阿蓝古伦：《圣本笃规章》（*La regla de San Benito*），马德里，1979。

⑱ 托马斯·布朗爵士（1605—1682），英国作家与医生，生于伦敦，后到法、意、荷等国习医，重要著作有《医生的宗教》（*Religio Medici*）等。——译注

⑲ "因此，我由两本书去集结我的三位一体，除了一本是上帝写的书，另一本是他的仆人自然，那普遍而公开、摊开于所有人眼前的手稿。"布朗爵士，《医生的宗教》（*Religio Medici*），1：16，伦敦，1642。

⑳ 《圣本笃规章》（The Rule of S. Benedict），收于《基督教教会文件》（*Documents of the Christian Church*），亨利·贝特森编，牛津，1963。

㉑ 约翰·德·福特在其《哈斯贝里的伍福利克之一生》（*Life of Wulfric of Haselbury*）中，将这种"对寂静的爱"比喻为在《诗篇》第2章第7节中新娘之恳求宁静。收于保林·马他拉索编：《西斯妥教团的世界：12世纪的修道院书写》（*The Cistercian World: Monastic Writings of the Twelfth Century*），伦敦，1993。

㉒ "我告诉你们兄弟，没有任何不幸能打倒我们，只要《圣经》掌握着我们，任何痛苦或令人沮丧的情形，都会化为乌有或得以被忍受。"里沃克斯的阿尔瑞德：《慈悲之镜》（The Mirror of Charity），收于马他拉索编，同上书。

㉓ 塞德立克·皮克福特（Cedric E. Pickford）：《虚构与15世纪的阅读大众》（*Fiction and the Reading Public in the Fifteenth Century*），收于《曼彻斯特约翰瑞蓝大学图书馆馆刊》（*Bulletin of the John Rylands University Library of Manchester*），卷45II，曼彻斯特，1963年3月。

㉔ 加斯通·帕里斯：《中世纪的法国文学》（*La Litterature française au Moyen Age*，巴黎，1890）。

㉕ 引文见厄本·提格那·霍尔姆斯：《12世纪的日常生活》（*Daily Living in the Twelfth Century*），威斯康星，麦迪逊，1952。

㉖ 小普林尼：《书信》（*Lettres I-IX*）吉耶明 编，共三卷，IX：巴黎，1927—1928，36。

㉗ 理查德（J. M. Richard）：《马奥伯爵夫人》（*Mahaut, comtesse d'Artois et de*

Bourgogne》），巴黎，1887。

㉘ 依莉斯·卡亭·奥里戈：《普拉多的商人》(*The Merchant of Prato*: *Francesco di Marco Datini*)，纽约，1957。

㉙ 艾曼纽·勒·洛伊·拉杜里：《蒙泰洛：1294—1324 年的法国外省乡村》(*Montaillou*: *Village occitan de 1294 ā 1324*)，巴黎，1978。

㉚ 圣烛节（Candlemas），2 月 2 日。——译注

㉛ 马德连那·基耶编：《纺纱杆福音》(*Les Évangiles des quenouilles*)，蒙特利尔，1985。卷线杆，纺纱时缠住毛线或麻线的杆子，象征女性。在英语中，"家庭中的纺线杆"意指"女系"。

㉜ 塞万提斯：《堂吉诃德》，I：34，马德里，1605。

㉝ 十四章之前，吉河德先生自己就责备桑丘，说他的故事"老是断断续续，一大堆枝节话，"而未按照孜孜不倦的骑士专家所要求的直线叙事法。桑丘的辩解是，"我住的那个地方的人就是这么说故事的，我不知道有其他说故事的方法，阁下您如果要求我采取其他的方式也是不公平的。"同上书，1：20。

㉞ 威廉·钱伯斯：《罗伯特·钱伯斯回忆录》(*Memoir of Robert Chambers with Autobiographic Reminiscences*)，第十版，爱丁堡，1880。这一精彩的片段是安大略美术馆的图书管理员赖利·法福指给我看的。

㉟ 同上书。

㊱ 让·皮耶·平尼斯：《从文化震惊到人种灭绝：17 到 19 世纪书在法国外省乡村的渗透》(Du choc culturel ā l'ethnocide: La Pénétration du livre dans les campagnes languedociennes du xvii au xix siècles)，收于《民俗风》(*Folklore*) 44/3（1981)，引文见马丁·里昂《书的胜利》(*Le Triomphe du livre*)，巴黎，1987。

㊲ 哈丽特·马蒂诺（1802—1876），英国多产女作家，著有政治、社会、经济、历史等方面的著作多种，也有小说创作，主要作品有《政治经济学解说》(*Illustrations of Political Economy*)、《美国社会》(*Society in America*) 等。——译注

㊳ 引文见爱美·克鲁斯：《19 世纪早期的英国人与书》(*The Englishman and His Books in the Early Nineteenth Century*)，伦敦，1930。

㊴ 保罗·斯卡龙（1610—1660），法国作家。——译注

㊵ 狄德罗：《给女儿安洁莉卡的信》(Lettre a sa fille Angélique)，1781 年 7 月 28 日，收于《文学、哲学与批评的通信》(*Correspondance litteraire，philosophique et critique*)，XV：253—54，慕里斯·图诺编，福邦克译，巴黎，1877—1982。

㊶ 班尼托·裴瑞兹·加尔多斯：《欧当尼尔》(O'Donnell)，收于《国家插曲》(*Episodios Nacionales*，*Obras Completas*)，马德里，1952。

㊷ 威廉·柯珀（1731—1800），英国诗人及书信作家，一生饱受精神病之苦，多次自杀未遂。——译注

㊸ 骚塞（1774—1843），英国诗人及历史学家。1813 年受封为桂冠诗人。——

译注

㊹ 瓦尔特·司各特爵士（1771—1832），苏格兰诗人及小说家，著名诗作有《玛密恩》（Marmion）、《湖上夫人》（the Lady of the Lake）等，小说有《撒克逊劫后英雄传》（Ivanhoe）等。——译注

㊺ 让利斯伯爵夫人（1746—1830），法国女作家，生于破落贵族家庭，16岁嫁给让利斯伯爵。著有故事集《城堡之夜》（Veillées du château），及小说《小移民》（Les Petits Emigrés）、《克莱尔蒙小姐》（Mademoiselle de Clermont）。——译注

㊻ 夏洛特·列诺克斯（1727?—1804），可能出生于美国，长大后移居伦敦，曾当过演员，后专注于写作。《女吉诃德》描写一名深受罗曼史小说影响的女主角阿萝贝拉的种种际遇。——译注

㊼ 简·奥斯汀：《书信集》（Letters），查普曼编，伦敦，1952。

㊽ 路易斯（1775—1818），英国小说家、演员与诗人。因哥特式小说《僧人》而闻名，有"僧人路易斯"（Monk Lewis）之称号。——译注

㊾ 狄德罗：《画论》（Essais sur la peinture），吉塔·美编，巴黎，1984。

第九章

① 大卫·德林哲：《手制书》（The Hand-Produced Book），伦敦，1953。
② 老普林尼：《自然史》（Naturalis Historia），钟斯编，麻省坎布里奇与伦敦，1968，XIII，11。
③ 最早的希腊文全抄本是公元3世纪写在犊皮纸上的《伊利亚特》（Iliad），米兰，安布罗斯图书馆。
④ 普莱姆，希腊神话中特洛亚战争时的特洛亚城国王。——译注
⑤ 马提雅尔：《箴言》（Epigrammata），XIV:184，收于《作品集》（Works），共二卷，凯尔编，麻省坎布里奇与伦敦，1919—1920。
⑥ 弗朗索瓦一世：《弗朗索瓦一世给教皇的信》（Lettes de François I au Pope），巴黎，1527。
⑦ 约翰·鲍威尔：《关于书的手册》（A Handy-Book about Books），伦敦，1870。
⑧ 引文见吉欧·哈分·普特南：《中世纪的书及做书人》（Books and Their Makers during the Middle Ages），卷一，纽约，1896—1897。
⑨ 简尼特·巴克豪斯：《祈祷书》（Books of Hours），伦敦，1985。
⑩ 约翰·哈山：《祈祷书及其主人》（Books of Hours and Their Owners），伦敦，1977。
⑪ 现存法国奥索的西慕（Sémur-en-Auxois）市立图书馆。

⑫ 约翰尼斯·杜福特:《桑克特·加蓝基金会图书馆:历史、巴洛厅、手稿》(*Stiftsbibliothek Sankt Gallen*:*Geschichte*,*Barocksaal*,*Manuskripte*),圣加尔,1990。应答歌唱集录于 *Antiphonarium of ficii* 古抄本 541(羊皮纸,618 页),瑞士圣加尔,阿比图书馆(Abbey Library)。

⑬ 基耶斯:《咖啡桌书的操作手册:文艺复兴时的机械书》(Engineering Manuals of Coffee-Table Books: The Machine Books of the Renaissance),收于《婉唱》(*Descant*) 13,多伦多,1975 年冬。

⑭ 富兰克林(Benjamin Franklin):《富兰克林自传》(*The Autobiography of B. F.*),纽约,1818。

⑮ 伊莉莎白·艾森斯坦:《现代欧洲早期的印刷革命》(*The Printing Revolution in Early Modern Europe*),剑桥,1983。

⑯ 维克多·休德尔:《约翰·谷登堡》(*Johann Gutenberg*),法兰克福,1963。

⑰ 引文见盖·贝希特:《谷登堡与印刷术的发明》(*Gutenberg et linvention de l'imprimerie*),巴黎,1992。

⑱ 纽约苏富比的书与手稿部门主管保罗·尼德姆认为,对于谷登堡的大众,另外两项重要的反应是,惊异于以冶金技术去制造字母的新方法,而不是用羽毛或芦草,也惊异于这种"神圣的艺术"是来自落后野蛮的日耳曼,而非博学多识的意大利。保罗·尼德姆《谷登堡的发明作为一种神圣的礼物》(Haec sancta ars: Gutenberg's Invention As a Divine Gift),《哥罗里耶社团报》(*Gazette of the Grolier Club*),42 期,1990,纽约,1991。

⑲ 斯文·达尔:《书的历史》(*Historia del libro*),阿伯特·阿代尔译,默顿修订,马德里,1972。

⑳ 康拉德·哈伯乐:《摇篮本研究》(*The Study of Incunabula*),伦敦,1953。

㉑ 华伦·察贝尔:《印刷字简史》(*A Short History of the Printed Word*),纽约,1970。

㉒ 斯文·比克特:《谷登堡挽歌:电子时代里阅读的命运》(*The Gutenberg Elegies: The Fate of Reading in an Electronic Age*),波士顿与伦敦,1994。

㉓ 目录:《公元 3 到 16 世纪梵蒂冈教皇图书馆的圣书、手稿诠释及版本》(*Il Libro della Bibbia*, *Esposizione di manoscritti e di edizioni a stampa della Biblioteca Apostolica Vaticana dal Secolo III al Secolo XVI*),梵蒂冈,1972。

㉔ 艾伦·托马斯:《好书与藏书者》(*Great Books and Book Collectors*),伦敦,1975。

㉕ 路西安·费弗尔与昂利-让·马丁:《书的幽灵》(*L'Apparition du livre*),巴

黎,1958。

㉖ 玛莉诺·左奇为《马努提乌斯和威尼斯：1494—1515 年》（Aldo Manuzio e l'ambiente veneziano 1494—1515）所写的导言,马里诺与左奇编,威尼斯, 1994。亦见马丁·罗瑞《马努提乌斯的世界》（The World of Aldus Manutius）,牛津,1979。

㉗ 安东尼·格拉夫顿:《赫姆斯神秘的死亡与女卜者西比尔》(The Strange Deaths of Hermes and the Sibyls),收于《捍卫书文者:科学时代的学术传统,1450—1800》(Defenders of the Text: the Traditions of Scholarship in an Age of Scince, 1450—1800),剑桥,1991。

㉘《威尼斯妓女价目表》（Tarifa delle puttan di Venezia）,威尼斯,1535。

㉙ 引文见艾伦·托马斯:《精致书》（Fine Books）,伦敦,1967。

㉚ 爱思唯尔家族,其创办人是路易·爱思唯尔（1546—1617）,起初在莱顿经营书店和装订厂,后来发展为大出版家,在其子波那文杜里·爱思唯尔（1583—1652 年）继承后更形壮大。其所出版的书籍现被收藏家视为珍品。——译注

㉛ 艾森斯坦:《现代欧洲早期的印刷革命》。

㉜ 费弗尔与马丁:《书的幽灵》。

㉝ 威廉·申斯通:《女校女教师》（The Schoolmistress）,伦敦,1742。

㉞ 展览《进入非洲之心》（Into the Heart of Africa）,多伦多皇家安大略博物馆（Royal Ontario Museum, Toronto）,1992。

㉟ 莎士比亚:《冬天的故事》（The Winter's Tale）,第四幕,第四景。

㊱ 这个字显然来自工匠或贩售这些书的"小贩"（chapman）,chapel 是一个集合名词,指属于某特定印刷房的工匠。见约翰·费勒编《书史字典》（A Dictionary of Book History）,纽约,1986。

㊲ 约翰·阿什顿:《18 世纪的廉价小说》（Chap-books of the Eighteenth Century）,伦敦,1882。

㊳ 菲利普·道马·斯坦霍普,第四任切斯特伯爵,1748 年 2 月 22 日的信:《给儿子菲利普·斯坦霍普之信,兼谈一些其他的问题》（Letters to His Son, Philip Stanhope, Together with Several Other Pieces on Various Subjects）,伦敦, 1774。

㊴ 约翰·萨瑟兰:《生产模式》（Modes of Production）,于《泰晤士报文学增刊》(The Timer Literary Supplement),伦敦,1993 年 11 月 19 日。

㊵ 汉斯·斯莫勒:《平装本革命》(The Paperback Revolution),《朗文出版社 250

周年(1724—1974)社庆出版史论文集》(*Essays in the History of Publishing in Celebration of the 250th Anniversary of the House of Longman 1724—1974*),阿撒·比格斯编,伦敦,1974。

㊶ 芬尼(pfennig),德国货币单位,为马克的百分之一。——译注

㊷ 同上书。

㊸ 安德烈·莫洛阿(1885—1967),法国小说家及传记作家,著有小说《布兰勃上校的沉默》(*Les Silences du colonel Bramble*)及传记《雪莱传》、《伏尔泰传》、《普鲁斯特传》等。——译注

㊹ 多萝西·塞耶斯(1893—1957),英国女作家,牛津大学毕业,以写侦探小说闻名,主要作品有《谋杀必须宣扬》(*Murder Must Advertise*)、《九个裁缝》(*The Nine Tailors*)等。——译注

㊺ 莫普戈:《艾伦·兰恩,企鹅王》(*Allen Lane, King Penguin*),伦敦,1979。

㊻ 引文见斯莫勒:《平装本革命》。

㊼ 图库曼(Tucumàn),阿根廷西北部城市。——译注

㊽ 库克群岛(Cook Islands),在南太平洋,1888年成为英国保护地,1901年改为新西兰属地,1965年宣布实施完全的内部自治。——译注

㊾ 伊索克拉底(公元前436—前338),雅典雄辩家,其演说常反映当时重大政治及社会问题,并在政治著作上强力呼吁希腊统一,雅典遭马其顿国王腓力浦二世攻陷后,绝食而亡。——译注

㊿ 安东尼·米尔斯:《撒哈拉中的企鹅》(*A Penguin in the Sahara*),收于《皇家安大略博物馆人类学通讯》(*Archeological Newsletter of the Royal Ontario Museum*),II:37,多伦多,1990年3月。

第十章

① 科莱特:《克劳汀的家》(*La Maison de Claudine*),巴黎,1922。

② 克劳德与凡桑内特·皮舒瓦(及阿蓝·布吕内):《科莱特文集》(*Album Colette*),巴黎,1984。

③ 科莱特:《克劳汀的家》。

④ 同上书。

⑤ 同上书。

⑥ 科莱特(1873—1954),法国女作家,生于图尔(Tours)东北方的圣索沃尔昂皮赛。离婚后曾在舞厅表演舞蹈和笑剧,后决心专事写作。作品曾多次获奖,是传奇性人物。——译注

⑦ 丰特弗洛修道院,法文原名 Fontevrault-l'Abbaye,在法国图尔西南方。——

译注

⑧ 阿基坦的艾莉诺王后,法文名 Aliénor d'Aquitaine,1122—1204,法国国王路易七世的王后,离婚后成为英王亨利二世的王后,后来因支持诸子反叛而被囚。卒于法国丰特弗洛修道院。——译注

⑨ 杰弗里斯(1848—1887),英国小说家、散文家,善写景抒情,农家出身。——译注

⑩ 奥登:《给拜伦爵士的信》(Letter to Lord Byron),收于《长诗全集》(Collected Longer Poems),伦敦,1968。

⑪ 布瓦洛(1636—1711),法国诗人、文学理论家,作品主要为《讽刺诗》,及用诗体写成的文学理论代表作《诗艺》,后者被认为是古典主义文学理论的经典。——译注

⑫ 安德烈·纪德:《刚果之旅》(Voyage au Congo),巴黎,1927。

⑬ 米什莱(1798—1874),法国作家及历史学家,著有《法国大革命史》(Histoire de la Révolution française)等书。——译注

⑭ 科莱特:《克劳汀在学校》(Claudine à l'Ecole),巴黎,1900。

⑮ 引文见杰拉尔德·多纳德森:《书:其创造者、朋友、敌人眼中,它的历史、艺术、权力、荣耀、恶名与受苦》(Books: Their History, Art, Power, Glory, Infamy and Suffering According to Their Creators, Friends and Enemies),纽约,1981。

⑯ 艾伦·西利托(1928—2010),英国小说家及诗人,以小说处女作《周末夜与周日早晨》(Saturday Night and Sunday Morning)闻名一时。——译注

⑰ 《书签》(Bookmarks),弗里德里·拉菲尔编辑与导读,伦敦,1975。

⑱ 莫里斯·金恩:《中世纪后期的英国社会:1348—1500》(English Society in the later Middle Ages, 1348—1500),伦敦,1990。

⑲ 引文见小乌邦·福尔摩斯:《12世纪的日常生活》(Daily Living in the Twelfth Century),威斯康星州麦迪逊,1952。

⑳ 亨利·米勒:《我生命中的书》(The Books in My Life),纽约,1952。

㉑ 马塞尔·普鲁斯特:《斯旺之路》(Du Côté de chez Swann),巴黎,1913。

㉒ 欧玛尔·海亚姆(1048?—1122?),波斯诗人、天文学家、数学家,曾参与修订穆斯林历法(1079)。其诗作以四行诗闻名,郭沫若曾从英译本转译其四行诗集《鲁拜集》(Ruby)。——译注

㉓ 斯达尔夫人(1766—1817),原名 Germaine Necker,法国女作家、文艺理论家,广交文坛名流的沙龙主人,其沙龙在法国大革命前后是当时巴黎的政治辩论中心。著有《论德国》(De l'Allemagne,1810)、长篇小说《黛尔菲娜》(Delphine,1802)和广受喜爱的浪漫小说《高丽娜》(Corrine,1807)等。——译注

㉔ 圣伯夫:《批评与文学图像》(Critiques et portraits littéraires),巴黎,1836—1839。

㉕ 引文见怀特：《雪莱的一生》(Life of Percy Bysshe Shelley)，共两卷，伦敦，1947。

㉖ 玛格丽特·杜拉斯：《文学杂志》(Le Magazine littéraire)访谈，158期，巴黎，1980年3月。

㉗ 马塞尔·普鲁斯特：《阅读之日》(Journées de lecture)，阿蓝·科侯编，巴黎，1993。

㉘ 马塞尔·普鲁斯特：《重拾的时光》(Le Temps retrouvé)，巴黎，1927。

㉙ 乔叟：《序言》，《伯爵夫人之书》(The Book of the Duchesse)，44—45，收于《乔叟作品全集》(Chaucer: Complete Works)，瓦特·斯基特编，牛津，1973。

㉚ 约瑟夫·斯科夫列克基：《自由阅读的乐趣》(The Pleasures of the Freedom to Read)，见 Anteus，59期，摩洛哥丹吉尔［Tangier］、伦敦及纽约，1987年，秋季号。

㉛ 安妮·狄拉德，美国作家。——译注

㉜ 安妮·狄拉德：《美国童年》(An American Childhood)，纽约，1987。

㉝ 何立斯·巴克：《古代世界的家具》(Furniture in the Ancient World)，伦敦，1966。

㉞ 杰若米·卡尔科皮诺：《帝国极盛时期罗马的日常生活》(La Vie quotidienne à Rome à l'apogée de l'empire)，巴黎，1939。

㉟ 佩特罗尼乌斯（ —66），古罗马作家，其《萨蒂利孔》是欧洲第一部喜剧式传奇小说，描写当时罗马社会的享乐生活和习俗，现仅存部分残篇。——译注

㊱ 佩托罗尼乌斯：《萨蒂利孔》(The Satyricon)，艾罗史密斯译，安阿堡，1959。

㊲ 《拜占庭之书与学者》(Byzantine Books and Bookmen)，华盛顿，1975。

㊳ 巴斯卡·迪比：《卧房民族志》(Ethnologie de la chambre à coucher)，巴黎，1987。

㊴ C.格雷与M.格雷，《床》(The Bed)，费城，1946。

㊵ 金恩：《中世纪后期的英国社会：1348—1500》。

㊶ 马格丽特·韦德·拉巴居：《小小喇叭声：中世纪生活中的女人》(A Small Sound of the Trumpet: Women in Medieval Life)，伦敦，1986。

㊷ 艾琳·哈利斯：《上床睡觉》(Going to Bed)，伦敦，1981。

㊸ 艾克：《中国家饰》(Chinese Domestic Furniture)，伦敦，1963。

㊹ 萨耶：《基督教文明礼节的规范》(Les Règles de la bienséance de la civilité chrétienne)，巴黎，1703。

㊺ 斯威夫特：《指示仆从》(Directions to Servants)，都柏林，1746。

㊻ 凡·委克·布鲁克斯：《新英格兰之盛，1815—1865》(The Flowering of New England)，纽约，1963。

㊼ 库尔坦：《法国国民礼节仪新论》(Nouveau Traité de la civilité qui se pratique *en France parmi les honnestes gens*)，巴黎，1672。

㊽ 英国家具工匠多玛斯·奇彭代尔(1718？—1779)所设计之家具，以优美的外廓和华丽的装饰为特点。——译注

㊾ 哈维斯夫人：《持家之道》(*The Art of Housekeeping*)，伦敦，1889，引文见阿萨·布利格斯《维多利亚诸事》(*Victorian Things*)，芝加哥，1988。

㊿ 雷·亨特：《男人、女人与书：小品文、散文及批评传记选集》(*Men, Women and Books: A Selection of Sketches, Essays, and Critical Memoirs*)，伦敦，1891。

(51) 辛西娅·欧济克：《(再)为伊迪斯·华顿正言》(Justice (Again) to Edith Wharton)，收于《艺术与热情》(*Art & Ardor*)，纽约，1983。

(52) 刘易斯：《伊迪斯·华顿传》(*Edith Wharton: A Biography*)，纽约，1975，引文见前引书。

(53) 科莱特：《给玛格丽特·蒙瑞诺的信》(*Lettres à Marguerite Moreno*)，巴黎，1959。

(54) 皮舒瓦：《科莱特文集》。

(55) 吉尔曼·鲍蒙与安德烈·帕黎诺：《科莱特自语》(*Colette par ellemême*)，巴黎，1960。

第十一章

① 惠特曼：《自我之歌》(Song of Myself)，于《草叶集》(*Leaves of Grass*)，1856，见《诗全集》(*The Complete Poems*)，墨非编，伦敦，1975。

② 阿德莱德 (Adelaide)，澳大利亚东南部港市。——译注

③ 同上书。

④ 惠特曼：《自我之歌》，《草叶集》，1860，同上书。

⑤ 歌德：《公开信》(Sendschreiben)，引文见库尔提乌斯 (E.R. Curtius)《欧洲文学与拉丁中世纪》(*Europäische Literatur und lateinisches Mittelalter*)，伯尔尼[Berne]，1948。

⑥ 惠特曼：《莎士比亚-培根组合》(Shakespeare-Bacon's Cipher)，于《草叶集》，1892，见《诗全集》。

⑦ 庞德：《人物》(*Personae*)，纽约，1926。

⑧ 惠特曼：《题铭》(Inscriptions)，于《草叶集》，1881，见《诗全集》。

⑨ 教友派，乔治·福克斯所创之基督教派，主张绝对和平主义，因其创始人嘱咐信徒闻主之语时要战栗，故有 Quaker (战栗教徒)之称号，但教友派信徒本身不用此称呼。——译注

⑩ 引文见菲利普·卡劳：《惠特曼：由正午到星夜》(*Walt Whitman: Fram Noon to Starry Night*)，伦敦，1992。

⑪ 詹姆斯·费尼莫·库柏 (1789 — 1851)，美国小说家，以边疆及海上冒险小说

为特色，代表作有《探路人》（*The Pathfinder*）等。——译注
⑫ 奥西安，传说中公元 3 世纪时的爱尔兰英雄和吟游诗人。——译注
⑬ 惠特曼：《回顾来时路》（*A Backward Glance Over Travelled Roads*），《11 月的树枝》（*November Boughs*），1888，见《诗全集》。
⑭ 惠特曼：《自我之歌》，《草叶集》，1856，同前书。
⑮ 同前书。
⑯ 引文见托马斯·布拉舍，《〈布鲁克林每日鹰报〉编辑惠特曼》（*Whitman As Editor of the "Brooklyn Daily Eagle"*），底特律，1970。
⑰ 引文见威廉·哈连·哈尔：《哈瑞斯：人民之声》（*Horace Greeley, Voice of the People*），波士顿，1942。
⑱ 引文见蓝道·史都华：《纳撒尼尔·霍桑》（*Nathaniel Hawthorne*），纽约，1948。
⑲ 帕拉斯，即智慧女神雅典娜，也称为帕拉斯·雅典娜。——译注
⑳ 引文见亚瑟·布朗：《玛格丽特·富勒》（*Margaret Fuller*），纽约，1951。
㉑ 惠特曼：《我的金丝雀》（*My Canary Bird*），于《11 月的树枝》，见《诗全集》。
㉒ 汉斯·布鲁门贝格：《与观众的分裂》（*Schiffbruch mit Zuschauer*），法兰克福，1979。
㉓ 福雷·路易斯·格拉那达：《信仰象征导论》（*Introducción al símbolo de la fé*），萨拉曼加，1583。
㉔ 托马斯·布朗爵士：《医生的宗教》，I:16，凯恩斯爵士编，伦敦，1928。
㉕ 乔治·桑塔亚纳：《存有之域》（*Realms of Being*），卷二，纽约，1940。
㉖ 引文见亨利·德·卢巴克：《奥古斯丁主义与当代神学》（*Augustinisme et théologie moderne*）（巴黎），在《道德剧目》（*Repertorium morale*）一书中，贝苏伊尔引申说："圣子基督的形象是一种写在处女肌肤上的书……由圣父安排，写在受孕的母亲身上，由诞生的宣示而阐明，由……所更正，在鞭身过程中擦拭，以伤痕为标点符号，由祭坛上的十字架所装饰，由涌出的血来证明，在复活中结合，并在升天时获得检证。"引文见杰西·盖尔里希《中世纪书的观念：语言理论、神话及虚构》（*The Idea of the Book in the Middle Ages: Language Theory, Mythology, and Fiction*），绮色佳及伦敦，1985。
㉗ 莎士比亚：《麦克白》，第一幕，第五景。
㉘ 亨利·金：《永别独一无二、难以忘怀的友人》（*An Exequy to His Matchlesse Never to Be Forgotten Friend*），收于《巴洛克诗》（*Baroque Poetry*），希尔与卡拉其欧洛-特雷欧编，伦敦，1975。
㉙ 富兰克林：《富兰克林文集》（*The Papers of Benjamin Franklin*），拉巴瑞（Leonard W.Labaree）编，新港，1959。
㉚ 培根：《论研究》（*Of Studies*），收于《论文或咨询》（*The Essayes or Counsels*），伦

敦,1625。
㉛ 乔依·罗森柏格:《耶利米与以西结》(Jeremiah and Ezekiel),收于《圣经文学导引》(The Literary Guide to the Bible),亚特(Robert Alter)与柯莫多(Frank Kermode)编,麻省坎布里奇,1987。
㉜《以西结书》,第2章,第9—10节。
㉝《启示录》,第10章,第9—11节。
㉞ 伊丽莎白一世,《奉献之书:伊丽莎白王后陛下所著》(A Book of Devotions: Composed by Her Majesty Elizabeth R.),亚当·富克斯(Adam Fox)编,伦敦,1970。
㉟ 威廉·康格里夫:《为爱而爱》(Love for Love),第一幕,第一景,收于《作品全集》(The Complete Works),共四卷,桑马斯(Montague Summers)编,牛津,1923。
㊱ 詹姆斯·鲍斯韦尔:《约翰逊传》(The Life of Samuel Johnson),韦恩编,伦敦,1973。
㊲ 惠特曼:《勿关上你的门》(Shut Not Your Doors),见《草叶集》,1867,于《诗全集》。

第十二章

① 琼·欧兹:《巴比伦》(Babylon),伦敦,1986。
② 亚述(Assyria),原是地名,在上美索不达米亚底格里斯河畔,此地后来扩张成一个大帝国,公元前9至8世纪为其巅峰期,版图西起地中海东岸,东至今之伊朗。公元前612年遭米堤人及巴比伦人所灭。——译注
③ 尼布甲尼撒(约公元前630—前562),巴比伦最著名的国王,在位时将版图扩张至地中海,是巴比伦文明的巅峰时期。——译注
④ 乔治·卢克斯:《古代伊拉克》(Ancient Iraq),伦敦,1964。
⑤ 同上书。
⑥ 沙玛什(Shamash),巴比伦和亚述神话中的太阳神,象征正义。——译注
⑦ 马克·琼斯编:《伪?欺骗的艺术》(Fake? The Art of Deception),伯克利及洛杉矶,1990。
⑧ 艾伦·托马斯:《伟大的书籍与藏书者》(Great Books and Book Collectors),伦敦,1975。
⑨ 吾珥(Ur),古美索不达米亚南部苏美地区的重要城市,其遗址在幼发拉底河西岸约16公里处。——译注
⑩ 马里(Mari),叙利亚古城。——译注
⑪ 培洛:《马里的考古任务》(Mission archéologique à Mari),巴黎,1958—1959。
⑫ 卡德:《最古老学校的师生》(Teachers and Students in the Oldest Schools),伦

敦,1956。
⑬ 沃克:《楔形文字》(Cuneiform),伦敦,1987。
⑭ 同上书。
⑮ 威廉·哈洛与狄克:《伊娜娇声的发扬》(The Exaltation of Inanna),新港,1968。
⑯ 《书写的诞生》(Naissance de l'écriture),展览目录,巴黎国家图书馆,1982。
⑰ 利希特罕:《古埃及文学》(Ancient Egyptian Literature),卷一,伯克利,1937—1976。
⑱ 德里达:《书写学》(De la grammatologie),巴黎,1976。
⑲ 罗兰·巴特:《写者与被写者》(Ecrivains et écrivants),收于《批评文集》(Essais critiques),巴黎,1971。
⑳ 圣奥古斯丁:《忏悔录》(Confessions),XIII,29,巴黎,1959。
㉑ 伊特鲁里亚（Etruria）,是意大利中西部古国。——译注
㉒ 理查德·威尔伯:《致埃特鲁斯坎诗人》(To the Etruscan Poets),于《测心者》(The Mind Reader),纽约,1988;及《新诗与集诗》(New and Collected Poems),伦敦,1975。

第十三章

① 昆图斯·柯逊吾斯·鲁弗斯（Quintus Curtius Rufus）:《亚历山大的历史》(The History of Alexander),雅德利（John Yardley）编,伦敦,4.8-6。
② 米南德:《六五七句》(Sententiae 657),于《作品集》(Works),阿尔诺特（W.G. Arnott）编,麻省坎布里奇与伦敦,1969。
③ 罗斯托夫采夫:《公元前3世纪埃及的一个大阶级》(A Large Estate in Egypt in the Third Century B.C.),麦迪逊,1922,引文见哈利斯:《古代的识字状况》(Ancient Literacy),麻省坎布里奇,1989。
④ P.Col.Zen.3.4 plus P.Cair. Zen.4.59687, in Harris ibid.
⑤ 我为这样的事实而感到骄傲,直到我们的时代,世上仅有这座城市建立了图书馆,这就是布宜诺斯艾利斯。1580年,在拉普拉塔河岸首次尝试建立图书馆失败后,第二座城市又拔地而起。阿德兰塔多·佩德罗·门多萨的藏书成了这座城市的首家图书馆。那些识字的船员（包括圣特蕾莎的弟弟罗德里戈·德·胡马达）都可以在南十字星座下阅读伊拉斯谟和维吉尔的作品。见恩里克·德·甘地亚为鲁伊·迪亚兹·德·古斯曼的《阿根廷》撰写的导言。布宜诺斯艾利斯,1990。
⑥ 普鲁塔克:《亚历山大的一生》(Life of Alexander),收于《希腊罗马名人传》(The Parallel Lives),培林（B.Perrin）编,麻省坎布里奇与伦敦,1970。
⑦ 同上书。

⑧ 瑙克拉提斯的阿特纳奥斯（Athenaeus of Naucratis，公元200年左右），希腊作家，《硕儒论筵席之艺》（*Deipnosophistai*）一书之作者。——译注
⑨ 阿特纳奥斯：《硕儒论筵席之艺》，卷一，引于康弗拉（Luciano Canfora），《消失的图书馆》，西西里岛巴勒莫，1987。
⑩ 康弗拉，同上书。
⑪ 安东尼·霍布森：《大图书馆》（*Great Libraries*），伦敦，1970。霍布森在1968年注解道，大英博物馆图书馆每年的进书量是128706册。
⑫ 霍华德·帕森斯：《亚历山大图书馆：希腊化世界的荣耀》（*The Alexandrian Library: Glory of the Hellenic World*），纽约，1967。
⑬ 奥森尼乌斯：《小品》（*Opuscules*），113，引文见卡伐洛（Guglielmo Cavallo,）Libro e pubblico alla fine del mondo antico, in *Libri, editori e pubblico nel mondo antico*，罗马，1992。
⑭ 卡图卢斯（公元前84？—公元前54），生于维罗纳（Verona），罗马抒情诗人，其25首献给情人蕾丝比亚（Lesbia）的从热爱到幻灭的爱情诗特别有名，作品对文艺复兴之后的欧洲抒情诗有重要的影响。——译注
⑮ 詹姆斯·汤普森：《古代图书馆》（*Ancient Libraries*），康涅狄格州汉登，1940。
⑯ 福瑞瑟：《托勒密的亚历山大城》（*Ptolemaic Alexandria*），牛津，1972。
⑰ 大卫·德林哲：《字母：人类历史的关键》（*The Alphabet: A Key to the History of Mankind*），共二卷，伦敦，1968。
⑱ 克利斯蒂安·雅各：《亚历山大的雷昂》（*La Leçon d'Alexandrie*），见《它者》（*Autrement*），第121期，巴黎，1993。
⑲ 普罗提诺（205—270），罗马哲学家，新柏拉图学派创始者，提出"流溢说"，对早期基督教神学影响甚深。——译注
⑳ 帕斯颇·阿发尼克：《圣奥古斯丁的智识发展》（*L'Evolution intellectuelle de Saint Augustin*），图尔，1918。
㉑ 西都尼乌斯（大约430—480），著名高卢诗人及主教。——译注
㉒ 西都尼乌斯（Sidonius）：《书信集》，II:9.4，引文见卡伐洛：《古代世界的书与出版》（*Libro e pubblico alla fine del mondo antico*）。
㉓ 爱德华·布朗：《波斯文学史》（*A Literary History of Persia*），共四卷，伦敦，1902—1924。
㉔ 阿兰·贝松：《中古的分类与编目：12—15世纪法国的书目分类法》（*Medieval Classification and Cataloquing: Classification Practices and Cataloguing Methods in France from the 12th to 15th Centuries*），Biggleswade, Beds.1980。
㉕ 同上书。
㉖ 马蒂阿努斯·卡佩拉，迦太基人，拉丁作家，著有《论墨丘利与费罗罗吉雅之婚姻》（*De nuptiis Mercurii et Philologiae*），中世纪人认为此书是阐述七艺的权

㉗ 大约 15 世纪之后，美国图书馆学家杜威（Melvil Dewey）以三种方法扩大分类数目，将所有的知识分为 10 组，每一组给予 100 个数目，而每一本书皆可借此归类。

㉘ 格拉提安（Gratian，359—383），西罗马皇帝，功在保卫高卢；信奉基督教，将异教胜利女神像从元老院撤离；后遭暗杀而死。——译注

㉙ 朗巴德（1100—1160），意大利神学家，巴黎主教，编纂标准神学教材《教父名言集》4 卷。——译注

㉚ 提图斯·布克哈特：《西班牙摩尔人文化》(*Die maurische Kultur in Sponien*)，慕尼黑，1970。

㉛ 阿维罗伊（1126—1198），伊斯兰哲学家，将伊斯兰传统哲学与希腊哲学融合，也是亚里士多德著作之知名编注者。——译注

㉜ 阿维森纳（Avicenna，980—1037），波斯人，阿拉伯文本名为 Ibn Sina，著名伊斯兰哲学家、医学家，著有《治疗论》、《医典》等书。曾任几代苏丹的御医，并担任过高级官员。他的哲学是以经新柏拉图主义改造过的亚里士多德主义为核心；他的医学理论影响欧洲及中东的医学甚为深远。——译注

㉝ 约翰尼斯·佩德森：《阿拉伯书》(*The Arabic Book*)，弗伦奇（Geoffrey French）译，普林斯顿，1984。佩德森注解道，马蒙不是第一个建立翻译图书馆的人，伍玛雅德（Umayyad）哈里发的儿子 Khalid ibn Yazid ibn Mu'awiya，据说是他的先驱。

㉞ 逊尼派（Sunni），伊斯兰教之正统派，占教徒五分之四，与什叶派对立。——译注

㉟ 乔纳森·博基：《中世纪开罗的知识传播：伊斯兰教育社会史》(*The Transmission of Knowledge in Medieval Cairo: A Social History of Islamic Education*)，普林斯顿，1992。

㊱ 布克哈特：《西班牙摩尔人文化》。

㊲ 霍布森：《大图书馆》。

㊳ 科莱特：《我的学徒生涯》(*Mes apprentissages*)，巴黎，1936。

㊴ "可敬的比德"（Venerable Bede），圣比德（672—735）之称号，英国神学家、历史学家，其最重要著作为《英格兰人教会史》(*Historia Ecclesiastica Gentis Anglorum*)。——译注

㊵ 塔西佗（Cornelius Tacitus，约 56—120），罗马帝国高级官员，以历史著作垂名。其思路清晰，拉丁文生动、有力。著作有《历史》（断代史）、《编年史》，皆仅存残篇。——译注

㊶ 博尔赫斯：《巴别塔的图书馆》(*La Bihlioteca de Babel*)，收于《虚构》(*Ficciones*)，布宜诺斯艾利斯，1944。

第十四章

① 库密（Cumae），古希腊在意大利最早的殖民地，建立于公元前 750 年左右，在现今的那不勒斯附近建立。公元前 700 年至公元前 500 年之间为其繁荣时期。——译注

② 凯姆（Cyme），在小亚细亚希腊殖民地伊奥利亚（Aeolis）的一个小城，据说是库密的希腊殖民者的原乡之一，库密之名即由凯姆而来。——译注

③ 弗里吉亚（Phrygia），小亚细亚中西部古国，希腊传说中设计出难解之结的戈尔迪（Gordius）与点物成金的米达斯（Midas）皆为其国王。公元前 6 世纪亡于吕底亚王国（Lydia）之手。——译注

④ 萨摩斯岛（Samos），在爱琴海东部，今属希腊。——译注

⑤ 提伯（Tibur），罗马东北方约 28 公里处之小镇，许多罗马权贵在此拥有别墅，包括卡图卢斯、皇帝奥古斯都（Augustus）、贺拉斯（Horace）等，最有名的是皇帝哈德良（Hadrian）的行宫。——译注

⑥ 米歇·雷蒙安：《樊尚·博韦百科全书式的作品》（L'Oeuvre encyclopédique de Vincent de Beauvais），收于甘地亚克（Maurice de Gandillac）等人编的《中世纪的博识思想家》（La Pensée Encyclopédique au Moyen Age），巴黎，1966。

⑦ 《瓦卢斯帕》（Voluspa），锡格杜·诺德（Sigurdur Nordal）编，欧莫·维尔兹（Ommo Wilts）译，牛津，1980。

⑧ 维吉尔（Virgil）：《埃涅阿斯纪》（Aeneid），费尔克劳夫（H.R. Fairclough）编，麻省坎布里奇及伦敦，VI，页 48—49。

⑨ 佩特罗尼乌斯（Petronius）：《萨蒂利孔》（Satyricon），黑瑟汀（M. Heseltine）编，麻省坎布里奇及伦敦，1967，xv.：页 48。

⑩ 盖琉斯：《阿提卡之夜》（Noctes Atticae），罗尔夫编，麻省坎布里奇及伦敦，1952。

⑪ 蒂索诺斯，特洛伊创建人劳默顿之子，与曙光女神（Eos）相爱，曙光女神为他向宙斯取得永远不死之许诺，但却忘了替他求取永远年轻之保证，终于日见衰老，最后化为蝉。——译注

⑫ 包萨尼亚斯：《希腊描绘》（Description of Greece），琼斯（W.H.S. Jones）编，麻省坎布里奇及伦敦，1948，x.12—1；欧里庇得斯（Euripides）《拉米亚》（Lamia）序曲，A. S. 韦编，麻省坎布里奇及伦敦，1965。

⑬ 爱奥尼亚（Ionia），小亚细亚西岸中部一带的古称，公元前 11 世纪希腊爱奥尼亚人移居于此，因而得名，为古希腊商业及文化重镇，希腊哲学与科学的发源

地。——译注

⑭ 见《希腊神话》(The Greek Myths),伦敦,1955,ii. 132.5,格雷福斯注解道,"Erytheia,也作 Erythrea 或 Erythria 的位置有所争议"。根据格雷福斯的说法,可能是海上的一个岛,或远在路西塔利亚(Lusitania)的海岸,或许是里昂之岛的另名,最早的城市加德(Gades)建立于此。

⑮ 包萨尼亚斯,《希腊描绘》,X.:12.4—8。

⑯ 尼科美底亚(Nicomedia),在今黑海西南岸地带,古代比希尼亚王国(Bithynia)京城,后来成为罗马帝国的比希尼亚省省会。公元 284—316 年罗马皇帝戴克里先在位时,为增强东线的防卫而成为帝国的东都。——译注

⑰ 戴克里先(245—316),罗马帝国皇帝,出身贫民,后从军,成为皇帝后展现其行政才能,将帝国行政区予以细分,并整顿税制和币制。公元 286 年,戴克里先将帝国分成两部分,由自己管辖东半部,设都于尼科美底亚。他的著名事例还包括对基督徒之迫害。——译注

⑱ 奥勒留:《奥古斯都历史文献集》(Scriptores Historiae Augustae),25,4—6,引文见福格森(John Ferguson)《古典世界的乌托邦》(Utopias of the Classical World),伦敦,1975。

⑲ 优西比乌斯(Eusebius Pamphilis):《教会史:受祐的君士坦丁大帝的一生,四卷》(Ecclesiastical History: The Life of the Blessed Emperor Constantin, in Four Books),伦敦,1845,第十八章。

⑳ 福格森:《古典世界的乌托邦》。

㉑ 贝尔纳·波特(Bernard Botte):《圣诞节与主显日的起源》(Les Origines de la Noël et de l'Epiphanie),巴黎,1932。虽然在《主教书》(Liber pontificalis)中有此一说,是教皇特勒佛鲁斯(Pope Telesphorus)于公元 127 年和 136 年之间于罗马首先引入圣诞节,但首次提到 12 月 25 日为基督诞生日则是在 Deposito martyrum of the Philocalian Calendar of 354。

㉒ 米兰勒令,见亨利·贝腾森编:《基督教会文件》(Documents of the Christian Church),牛津,1943。

㉓ 希帕蒂雅,住在亚历山大,希腊数学家及新柏拉图主义哲学家,为数学家及天文学家狄翁的女儿。——译注

㉔ 英国小说家查尔斯·金斯利把这位新柏拉图主义的哲学家当作其现已被遗忘的小说《希帕蒂雅,或戴着旧面孔的新敌人》(Hypatia, or New Foes with an Old Face)的女主人翁,伦敦,1853。

㉕ 雅克·拉卡里埃:《魔性的人》(Les Hommes ivres de Dieu),巴黎,1975。
㉖ 鲍尔:《圣约翰尼斯·克里索斯托及其时代》(Der heilige Johannes Chrysostomus und seine Zeit),共二册,法兰克福,1929—1930。
㉗ 萨珊王朝(Sassanian),强盛一时的波斯王朝,公元224(或226)年推翻帕提亚帝国(Parthian Empire)而建立。版图西起美索不达米亚,东至印度河流域,成为罗马帝国在东方的最强大对手。亡于公元651年。——译注
㉘ 帕提亚人,又称安息人。——译注
㉙ 加思·福登:《从帝国到联邦:古代后期一神教的影响》(Empire to Commonwealth: Consequences of Monotheism in Late Antiquity),普林斯顿,1993。亦见季耶(Jacques Giès)与柯恩(Monique Cohen),《菩萨之地:丝路上十个世纪的艺术》(Sérinde, Terre de Bouddha. Dix siècles d'art sur la Route de la Soie),大皇宫展览目录,巴黎,1996。
㉚ 丹尼耶卢(J. Daniélou)与马鲁(H.I. Marrou):《基督教的世纪》(The Christian Centuries),卷一,伦敦,1964。
㉛ 安提阿(Antioch),古叙利亚首都,现为土耳其南部的城市,为基督教早期重要根据地,公元538年毁于波斯人入侵。——译注
㉜ 优西比乌斯:《教会史》。
㉝ 西塞罗:《神谕》(De Divinatione),福尔克纳(W.A. Falconer)编,麻省坎布里奇及伦敦,1972,II.54。
㉞ 圣奥古斯丁:《上帝之城》(The City of God),卷六,格林编,伦敦及麻省坎布里奇,1963。
㉟ 拉昂(Laon),法国城镇,在巴黎东北方。——译注
㊱ 吕西安·布洛舍(Lucien Broche):《拉昂大教堂》(La Cathédrale de Laon),巴黎,1926。
㊲ 维吉尔:《牧歌第四首》(Eclogue IV),引文见优西比乌斯《教会史》。
㊳ 琐罗亚斯德教(Zoroastrianism),古波斯宗教,即中国所称的"祆教",由琐罗亚斯德(Zoroaster,公元前628年?—前551年?)所创。琐罗亚斯德据传20岁即弃俗世隐修,后对波斯的多神教进行改革,自创教派。——译注
㊴ 撒门·拉什迪:《绿野仙踪》(The Wizard of Oz),英国电影研究所电影经典,伦敦,1992。
㊵ 安妮塔·德赛:《荒野地一只读书的老鼠》(A Reading Rat on the Moors),见《苏活广场》(Soho Square),iii. 阿尔维托·曼古埃尔编,伦敦,1990。

㊶ 兰埔里迪欧斯（Aelius Lampridius）：*Vita Severi Alexandri*，4.6，14.5，引文见威尔金森（L.P. Wilkinson）《罗马经验》（*The Roman Experience*），伦敦，1975。

㊷ 参考哈尔逊·罗恩：《维吉尔占卜》（*The Sortes Vergilianae*），见《经典周刊》（*The Classical Weekly*）21/24，纽约，1928年4月30日。罗恩引德·昆西（De Quincey）的话，传统认为维吉尔外祖父的名字是 Magus。德·昆西说，那不勒斯人将这名字误以为是一种行业，并认为维吉尔"指示根据继承的权利而进入他老祖父可怕的魔力和知识之中，他运用两者历经几世纪而未受责难，同时也是为了信仰者的利益而做。"托马斯·德·昆西《作品选集》（*Collected Writings*），伦敦，1896，III.251—269。

㊸ 斯巴提安努斯（Aelius Spartianus）：《哈德良生平》（*Vita Hadriani*），2.8，见《奥古斯都历史文献集》（*Scriptores Historiae Augustae*），引文见罗恩：《维吉尔占卜》。不只维吉尔曾如此被人征询过意见，西塞罗还说过一位占卜师格拉库斯（Tiberius Sempronius Gracchus），他在公元前162年"曾造成某位执政官的下台，这位执政官在几年前获选时他还是主席，辞退是因为一次预言的错误，他是在'看书时'发现这个错误的"。

㊹ 威廉·哈里斯：《古代识字状况》（*Ancient Literacy*），剑桥，1989。

㊺ "你们中间不可有人使儿女经火，也不可有占卜的、观兆的、用法术的、行邪术的、用迷术的、交鬼的、行巫术的、过阴的。凡行这些事的，都为耶和华所憎恶。"《申命记》（*Deuteronomy*），18章，2—12节。

㊻ 加斯帕·波伊塞：《几种主要预言种类的预言或评论》（*Les Devins ou Commentaire des principales sortes de devinations*），谷拉（Simon Goulard）（?）译，法国桑斯［Sens］［?］，1434。

㊼ 拉伯雷：《庞大固埃第三书》（*Le Tiers Livre de Pantagruel*），页10—12。

㊽ 曼纽埃·慕依卡·赖聂兹：《波马佐》（*Bomarzo*），布宜诺斯艾利斯，1979，第二章。

㊾ 威廉·唐·马格瑞：《牛津饱蠹楼图书馆年鉴：1598—1867年》（*Annals of the Bodleian Library，AD.1598-AD.1867*），伦敦，1868。

㊿ 笛福：《鲁宾逊漂流记》（*The Life and Strange Surprizing Adventures of Robinson Crusoe, of York, Mariner*），克罗利（J.D. Crowley）编，伦敦及牛津，1976。

㈤ 托马斯·哈代：《远离尘嚣》（*Far from the Madding Crowd*），伦敦，1874。

㈥ 斯蒂文生（与劳埃德·奥斯本［Lloyd Osbourne]）：《退潮》（*The Ebb Tide*），伦

敦,1894。

第十五章

① 安德烈·柯特兹:《谈阅读》(On Reading),纽约,1971。
② 高乃依(1606—1684),法国剧作家,法国古典主义悲剧奠基人,擅长运用戏剧场面揭示人物内心冲突,其剧作有四大悲剧《熙德》、《贺拉斯》、《西拿》、《波里耶克特》等30余部。——译注
③ 科克多(1889—1963),法国诗人、画家、小说家及剧作家,作品有诗集《好望角》、小说《小捣蛋》、剧本《爆炸装置》等。——译注
④ 克罗宁(1896—1981),英国医生作家,作品颇受欢迎,著有长篇小说《帽商的城堡》、《群星俯视》、《城堡》等。——译注
⑤ 迈克尔·欧梅特:《美国国立博物馆书目》(The Smithsonian Book of Books),华盛顿,1992。
⑥ 贝弗利·史密斯:《1990年代的家》(Homes of the 1990s to stress substance),见《全球与通邮》(The Globe and Mail),多伦多,1990年1月13日。
⑦ 安德鲁·马汀达尔:《12到15世纪的哥特式艺术》(Gothic Art from the Twelfth to Fifteenth Centuries),伦敦,1967。
⑧ 引文见雷欧·路易:《基督教艺术中的圣像艺术》(Iconographie de l'art chretien),卷二,巴黎,1957。
⑨ 《莱茵与西法伦地区的玛利亚像》(Marienbild in Rheinland und Westfalen),展览目录,埃森(Essen)胡格堡(Villa Hugel),1968。
⑩ 乔治·福格森:《基督教艺术中的符号与象征》(Signs and Symbols in Christian Art),牛津,1954。
⑪ 《艺术中的圣母》(De Madonna in de Kunst),展览目录,安特卫普,1954。
⑫ 《失落的圣经书与被遗忘的伊甸园书》(The Lost Books of the Bible and the Forgotten Books of Eden),法兰克·克莱恩导读,纽约,1974。
⑬ 《雅各福音书》(Protoevangelion),ibid.,ix,1—9。
⑭ 井边的玛利亚和织布机旁的玛利亚,是早期基督教艺术的"天使报喜图"中最常见的意象,特别是第五世纪以降的拜占庭式的描绘。在此之前,天使报喜的描绘不常见而且刻板。对玛利亚及天使现存最早的描绘比马蒂尼的"天使报喜图"早10个世纪。此画是画在罗马郊外圣普利希拉地下墓穴污秽的墙壁上,画中的玛利亚为坐姿,形容无特色,正聆听一位站立的男子说话,一个没有翅膀、未戴冠的天使。
⑮ 《约翰福音》,第1章第14节。
⑯ 罗宾·连·福克斯:《异教徒与基督徒》(Pagans and Christians),纽约,1986。

⑰ 拉比,指犹太教负责执行教规、律法并主持宗教仪式的人员或犹太会众的领袖。
——译注
⑱《阿贝拉尔的书信集》(The Letters of Peter Abelard),贝蒂·瑞迪斯编,伦敦,1974。
⑲ 宾根的希尔加德:Opera omnia,收于 Patrologia Latina,卷 72,巴黎,1844—1855。
⑳ 引文见卡洛·欧克斯:《上帝的性别之外:朝向一个新的意识——超越母权统治与父权统治》(Behind the Sex of God: Toward a New Consciousness — Transcending Matriarchy and Patriarchy),波士顿,1977。
㉑ 圣贝纳迪诺:Prediche volgari,收于克雷通·吉伯特(Creighton E. Gilbert)《意大利艺术,1400—1500 年:来源及文献》(Italian Art, 1400 — 1500: Sources and Documents),伊凡斯顿,1980。
㉒ 维克多·谷桑编:《阿伯拉尔全集》(Petri Abaelardi Opera),共二卷。
㉓ 5 世纪之后,改变并不多,在 1884 年,牛津大学提议招收女性时,学者伯根针对此的讲道可以为证:"您们没有一个人能发慷慨和热忱之心,告诉(女性),在男人的立场上而言,她们将无可避免变成什么样令人讨厌的动物吗? 如果她们为了'荣誉'要成功地与男人竞争,你就必须将古代经典作家的作品毫无保留地放到他们手中——换句话说,必须让他们接触到希腊、罗马文学中猥亵的部分。您们真的希望如此吗?……我将对另一性说一段简短的训谕,以结束这个主题。……上帝将您们造得次于我们,而到时间的终了您都将永远是次等的。"引文见扬·莫里斯编《牛津文件》(The Oxford Book of Oxford),牛津,1978。
㉔ 哈克森:《中世纪的女性》(Women in the Middle Ages),纽约,1976。
㉕ 玛格丽特·韦德·拉巴区:《小小喇叭声:中世纪的女性生活》(A Small Sound of the Trumpet: Women in Medieval Life),伦敦,1985。
㉖ 简内特·巴克豪斯:《祈祷书》(Books of Hours),伦敦,1985。
㉗ 保罗·阿赫泰麦尔:《哈泼圣经字典》(Harper's Bible Dictionary),旧金山,1985。
㉘《以赛亚书》,第 7 章,第 14 节。
㉙ 安娜·詹姆森:《圣母的传奇》(Legends of the Madonna),波士顿及纽约,1898。
㉚《箴言》第 9 章第 1 节及第 3—5 节。
㉛ 卢布林(Lublin),在今波兰东部。——译注
㉜ 马丁·布伯:《哈西德派的故事》(Erzählungen der Chassidim),柏林,1947。
㉝ 斯宾塞:《智者之钟》(L'Horloge de Sapience),布鲁塞尔,皇家图书馆[Bibliothēgue Royale],Ms.IV:111,收于《缮写房》(Scriptorium),1963,XVII。
㉞ 荣格:《回答约伯》(Answer to Job),于《心理学与宗教,西方与东方》(Psychology and Religion, West and East),纽约,1960。

㉟ 梅林·斯通:《天堂文件:女性仪式的压抑》(The Paradise Papers: The Suppression of Women's Rites),纽约,1976。

㊱ 卡洛琳·沃克·拜努:《耶稣母亲:中古盛期精神性的研究》(Jesus As Mother: Studies in the Spirituality of the Middle Ages),伯克利及伦敦,1982。

㊲ 圣格雷瓜尔·德·图尔:《法王历史》(L'Histoire des Rois Francs),罗依编,奥尔巴赫撰序,巴黎,1990。

㊳ 海因兹·卡伦与西利尔·曼戈:《圣索菲亚大教堂》(Hagia Sophia),柏林,1967。

㊴ 1992年卡拉玛左会议发表的一篇未出版的论文《14世纪的一般读者》(The Fourteenth-Century Common Reader),提到14世纪祈祷书中阅读的玛利亚的形象,作者丹尼尔·威利曼指出:"祈祷书可说体现女性对上帝之书及学识的挪用。"

㊵ 费迪南多·博洛尼亚:《阿西西的马蒂尼》(Gli affreschi di Simone Martini ad Assisi),米兰,1965。

㊶ 乔凡尼·帕加格尼尼:《西蒙尼·马蒂尼》(Simone Martini),米兰,1957。

㊷ 科林·德·科得:《圣母与圣婴由天使加冕,1490—1510》(Virgin and Child Crowned by Angels, 1490—1510),于芝加哥艺术研究院;匿名的《草皮斜坡上的圣母》(Madonna auf der Rasenbank),上莱茵,约1470—1481,于弗莱堡奥古斯丁那博物馆;及其他。

㊸ 普鲁塔克:《亚历山大的命运》(On the Fortune of Alexander),327:4,于《道德论丛》(Moralia)卷四,法兰克·科乐·巴比特编。亦见普鲁塔克《亚历山大的一生》,VIII及XXVI,于《希腊罗马名人传》,培林编。

㊹ 第二幕,第二景。乔治·斯坦纳曾认为,此书是Florio的蒙田《随笔》(Essais)译本(《莎士比亚中的书世界》(Le trope du livre-monde dans Shakespeare),1995年3月23日巴黎国立图书馆会议。

㊺ 塞万提斯:《堂吉诃德》,I:6。

㊻ 马丁·伯曼:《希特勒桌边谈话》,休·特莱佛-罗珀(Hugh Trevor-Roper)导读,伦敦,1953。

第十六章

① 基罗加(1878—1937),乌拉圭作家。——译注
② 托马斯·海格:《古代小说》(The Novel in Antiquity),英文版,伯克利及洛杉矶,1983。
③ 柏拉图:《法律篇》(Laws),VII,804,伯里编,麻省坎布里奇及伦敦,1949。
④ 威廉·哈里斯:《古代识字状况》(Ancient Literacy),麻省坎布里奇,1989。

⑤ 同上书。
⑥ 李登:《古希腊小说集》(Collected Ancient Greek Novels)。
⑦ 鲁宜兹·蒙特罗:《阿弗罗狄西亚斯的诞生年表批注》(Una observación para la cronología de Caritón de Afrodisias),见《古典研究》(Estudios Clásicos)24,马德里,1980。
⑧ 耶稣的圣特蕾莎:《生命之书》(libro de la Vida),见《著作全集》(Obras Completa),II:1,Biblioteca de Autores Cristianos,马德里,1967。
⑨ 凯特·福林特:《女性读者,1837—1914 年》(The Woman Reader, 1837 — 1914),牛津,1993。
⑩ 伊凡·莫里斯:《光源氏的世界:日本古代的宫廷生活》(The World of the Shining Prince:Court Life in Ancient Japan),牛津,1964。
⑪ "紫式部时代大部分的女性都是在田里勤奋操劳,被他们的男人严酷使唤,年纪轻轻就生育频繁,而且大多早逝,从未有机会想及物质独立或文化享受之事,除了暗中盼望赏月的可能。"同上书。
⑫ 同上书。
⑬ 引文见前书。
⑭ 本雅明:《打开我的图书馆》,收于《阐明》(Illuminations),哈利·左恩(Harry Zohn)译,纽约,1968。
⑮ 清少纳言(966/967—1013?),日本女诗人,是一位才华横溢、学问渊博的女官。诗人清原元辅之女,991 年到定子皇后身边供职。是年她开始写《枕草子》,一直写到 1000 年,书中的一部分是生动的感想回忆,一部分阐发了她的见解。
——译注
⑯ 伊凡·莫里斯,导读,清少纳言《枕草子》(The Pillow Book of Sei Shonagon),牛津及伦敦,1967。
⑰ 引文见伊凡·莫里斯:《光源氏的世界》。
⑱ 见菅原孝标女:《更级日记》,伊凡·莫里斯编,伦敦,1971 年。
⑲ 清少纳言:《枕草子》,伊凡·莫里斯译,牛津及伦敦,1967。
⑳ 引文见伊凡·莫里斯:《光源氏的世界》。
㉑ 玛利亚娜·阿尔科福拉多:《一位葡萄牙修女的书简》,里斯本,1669 年。
㉒ 乔治·艾略特:《女性小说家所写的笨小说》(Silly Novels by Lady Novelists),见《批评选集》(Selected Critical Writings),罗丝玛利·阿什顿编,牛津,1992。
㉓ 罗丝·亨普尔:《平安时代的日本:艺术与文化》(Japan zur Heian-Zeit:Kunst und Kultur),弗莱堡,1983。
㉔ 卡洛琳·海布隆:《书写一个女性的生命》(Writing a Woman's Life),纽约,1989。
㉕ 埃德蒙·怀特:《法伯同性恋短篇故事书》(The Faber Book of Gay Short Sto-

ries),伦敦,1991。
㉖ 王尔德:《不可儿戏》(The Importance of Being Earnest),第二幕,见《王尔德作品集》(The Works of Oscar Wilde),梅恩编。

第十七章

① 本雅明:《巴黎,19世纪的首都》(Paris, Capital of the Nineteenth Century),见《反思集》(Reflections),彼得·得梅兹;埃德蒙·杰夫寇特,纽约,1978。
② 夏多布里昂:《墓边回忆录》(Memoires d'outre-tombe),巴黎,1849—1850。
③ 让·维亚多:《稀有书与爱书者的实践》(Livres rares et pratiques bibliophiliques),于《法文版本历史》(Histoire de l'édition française),卷二,巴黎,1984。
④ 迈克尔·欧梅特:《美国国立博物馆书目》。
⑤ 哈芬·普特南:《中世纪书及书的制造者》,卷一,纽约,1896—1897。
⑥ 同上书。
⑦ 李伯瑞特:《革命期间的法国图书馆》(Les Bibliothèques françaises pendant la Révolution),巴黎,1970。
⑧ 国家图书馆:《日常生活中的书》(Le Livre dans la vie quotidienne),巴黎,1975。
⑨ 西蒙·巴莱依:《由创立到1800年的国家图书馆》(La Bibliothèque Nationale des origines à 1800),日内瓦,1988。
⑩ 烧炭党人(Carbonari):指19世纪初,意大利倡导自由、爱国思想的秘密团体烧炭党的成员。他们的活动为意大利统一(1861年)的复兴运动铺平了道路。——译注
⑪ 马德莱娜·斯特恩·斯坦与雷翁那·罗斯滕伯格:《"雅贼"研究》(A Study in 'Bibliokleptomania'),见《书人周刊》(Bookman's Weekly),67期,纽约,1981年6月20日。
⑫ 引文见蒙比:《伯爵与小偷:阿什伯纳姆公爵与利百里伯爵》(The Earl and the Thief: Lord Ashburnham and Count Libri),见《哈佛文学通讯》(Harvard Literary Bulletin),卷十七,麻省坎布里奇,1969。
⑬ 格德翁·塔勒芒·德雷奥(Gédéon Tallement des Réaux):《史话》(Historiettes),巴黎,1834。
⑭ 阿贝特·西姆:《业余者与偷书者》(Amateurs et Voleurs de Livres),巴黎,1903。
⑮ 同上书。
⑯ 李欧波德·德利斯勒:《利百里与巴鲁瓦收藏中之手稿》(Les Manuscrits des Fonds Libri et Barrois),巴黎,1888。

⑰ 普鲁斯特:《愉悦与游戏》(Les Plaisirs et les jours),巴黎,1896。
⑱ 蒙比:《伯爵与小偷》。
⑲ 菲利普·维基尔:《1830—1848年7月专政期间的巴黎》(Paris pendant la monarchie de juillet 1830—1848),收于《巴黎新史学》(Nouvelle Histoire de Paris),巴黎,1991。
⑳ 让·佛洛依斯提耶:《普罗斯波·梅里美,1803年—1870年》(Prosper Mérimée 1803—1870),巴黎,1982。
㉑ 普罗斯波·梅里美:《书信集》,巴图里耶编辑、注释,卷五:1847—1849,巴黎,1946。
㉒ 普罗斯波·梅里美:《利百里先生的审判》(Le Procès de M.Libri),见《两个世界的回顾》(Revue des Deux Mondes),巴黎,1852年4月15日。
㉓ 德利斯勒:《利百里与巴鲁瓦收藏中之手稿》。
㉔ 阿贝特·散:《业余者与偷书者》。
㉕ 劳伦斯·汤普森:《"雅贼"注》(Notes on Bibliokleptomania),见《纽约公共图书馆通讯》(The Bulletin of the New York Public Library),纽约,1944年9月。
㉖ 圣帕科米乌斯(290—346),埃及人,古代基督教集体隐修制创始人,他订立的隐修规则是现存最早的一部。他原是罗马帝国皇帝君士坦丁的北非军团士兵,在军中接触到基督教科普特派信徒。314年脱离军队在家乡底比斯附近隐居。——译注
㉗ 鲁道夫·布赫纳:《书与人》(Bücher und Menschen),柏林,1976。
㉘ 劳伦斯·汤普森:《"雅贼"注》。
㉙ 阿贝特·散:《业余者与偷书者》。
㉚ 查尔斯·兰姆:《伊里亚随笔》(Essays of Elia),第二辑,伦敦,1833。

第十八章

① 小普林尼:《书信集》,I—IX,基耶曼编,共三卷,巴黎,1927—1928,VI:17。
② 即使奥古斯都王也以"善意与耐心"接近这些读物:苏维托尼乌斯,"奥古斯都",89:3,于《罗马十二帝王传》(Lives of the Twelve Caesars),罗夫(J.C.Rolfe)编,麻省坎布里奇及伦敦,1948。
③ 小普林尼:《书信集》,I—IX,V:12,VII:17。
④ 同上书,I:13。
⑤ 同上书,VIII:12。
⑥ 尤维纳利斯,VII:39—47,见《尤维纳利斯与柏修斯:作品集》(Juvenal and Persius:Works),兰姆赛编,麻省坎布里奇及伦敦,1952。
⑦ 小普林尼:《书信集》I—IX,I.13。

⑧ 同上书,IX.3。
⑨ 同上书,IX.23。
⑩ 贺拉斯:《给奥古斯都的信》(A Letter to Augustus),见《古典文学批评》(Classical Literary Criticism),罗素与温特巴顿编,牛津,1989。
⑪ 马提雅尔:《警句集》(Epigrammota),III:44,于作品全集,克尔编,麻省坎布里奇及伦敦,1919—1920。
⑫ 小普里尼:《书信集》,I—IX,I:13
⑬ 同上书,IX:3。
⑭ 同上书,IX:23。
⑮ 同上书,IX:11。
⑯ 同上书,VI:21。
⑰ 诗人路易斯·麦克尼斯回忆道,某次读诗之后,"一位迷惑地站在一边的演员惊讶地对他说:'托马斯先生,您有一段暂停了50秒之久呢!'狄伦发火,一副受伤害的样子(这件事他很在行),'我会卖力念快一点,'他傲慢地说。"约翰·巴里曼:《几个夏天之后:回忆狄伦·托马斯》(After Many A Summer: Memories of Dylan Thomas),见《泰晤士报文学增刊》(The Times Literary Supplement),伦敦,1993年9月3日。
⑱ 埃里克·奥尔巴赫:《拉丁古代后期与中古时期的文学语言与大众》(Literatursprache und Publikum in der lateinischen Spatantike und im Mittelalter),伯尔尼,1958。
⑲ 但丁:《俗语论》(De vulgare eloquentia),维托利欧·科乐提编译,米兰,1991。
⑳ 奎多·诺维洛·达·波连塔,意大利权贵家族之后,著名的艺术赞助人,但丁晚年被放逐时(1318—1321)曾被他收留过。——译注
㉑ 让·德·茹安维尔:《圣路易的一生》(Histoire de Saint Louis),科贝特编,巴黎,1977。
㉒ 威廉·尼尔森:《从"主公请听"到"亲爱的读者"》(From 'Listen Lordings' to 'Dear Reader'),于《多伦多大学季刊》(University of Toronto Quarterly),47/2,1976—1977,冬季号。
㉓ 费南多·罗哈斯:《塞莱斯蒂娜:卡利斯多与梅利比亚的悲喜剧》(La Celestina: Tragicomedia de Calisto y Melibea),塞维林编,马德里,1969。
㉔ 玛利亚·罗莎·利得·马基:《塞莱斯蒂娜的艺术原创性》(La originalidad artística de la Celestina),布宜诺斯艾利斯,1967。
㉕ 阿里奥斯托(1474—1533),意大利诗人,曾攻读法律。诗作极多,代表作为4800余行的长篇传奇叙事诗《疯狂的奥兰多》(Orlando furioso)。——译注
㉖ 鲁道维科·阿里奥斯托:《全集》(Tutte le opere),恺撒·塞格雷,米兰,1964,1:XXXV,引文见尼尔森,《从"主公请听"到"亲爱的读者"》。

㉗ 露斯·克罗斯比:《乔叟与口述传统》(Chaucer and the Custom of Oral Delivery),见《奇观:中世纪研究期刊》(Speculum: A Journal of Medieval Studies),13,麻省坎布里奇及伦敦,1938。

㉘ 引文见帕克:《停顿与效果:西方标点符号史》(Pause and Effect: An Introduction to the History of Punctuation in the West),伯克利及洛杉矶,1993。

㉙ 托马斯·洛夫·皮科克(1785—1866),英国诗人及小说家,为诗人雪莱密友。他的一些小说号称"讨论小说"(discussion novel),内容几乎全是对话,鲜少情节。代表作有传奇讽刺小说《险峻府宅》(Headlong Hall)、《梦魇修道院》(Nightmare Abbey)等。——译注

㉚ 托马斯·洛夫·皮科克:《梦魇修道院》,伦敦,1818。

㉛ 塞缪尔·巴特勒:《塞缪尔·巴特勒札记》(The Notebooks of Samuel Butler),亨利·费斯丁·琼斯(Henry Festing Jones)编,伦敦,1921。

㉜ 福邦:《狄德罗》(Diderot),伦敦 1992。

㉝ 彼得·阿克洛依德:《狄更斯》(Dickens),伦敦,1991。

㉞ 保罗·特纳:《丁尼生》(Tennyson),伦敦,1976。

㉟ 查尔斯·桑德斯:《卡莱尔与丁尼生》(Carlyle and Tennyson),PMLA 76,1961年3月,伦敦。

㊱ 拉尔夫·威尔森·雷德:《丁尼生的〈莫德〉:传记的诞生》(Tennyson's Maud: The Biographical Genesis),伯克利及洛杉矶,1963。

㊲ 但特·盖博瑞尔·罗塞蒂(1828—1882),英国画家、诗人。拉斐尔前派兄弟会(Pre-Raphaelite Brotherhood)创立者之一,倡议恢复文艺复兴前的艺术风格。诗作包括《民谣与十四行诗》(Ballads and Sonnets)、《生命之屋》(The House of Life)等。——译注

㊳ 查尔斯·丁尼生:《阿尔弗雷德·丁尼生》(Alfred Tennyson),伦敦,1950。

㊴ 爱默生:《热带随笔》(The Topical Notebooks),波斯科编,纽约及伦敦,1993。

㊵ 凯文·杰克森:《彼得·阿克洛依德在维克多利亚及阿伯特博物馆的演说"伦敦的名士及伦敦人的空想"评论》,见《独立报》(The Independent),伦敦,1993年12月9日。

㊶ 阿克洛依德:《狄更斯》。

㊷ 理查德·艾尔曼:《詹姆斯·乔伊斯》(James Joyce),修订版,伦敦,1982。

㊸ 阿隆索(1898—1990),西班牙语言学家、诗人,最有名的诗作为《愤怒的孩子们》(Hijos de la Ira)。——译注

㊹ 达马索·阿隆索:《会议》(Las conferencias),见《小岛》75,1952年3月15日。

㊺ 斯蒂芬·古尔德:《熊猫的拇指》(The Panda's Thumb),纽约,1989。

第十九章

① 里尔克给咪咪·罗曼雷尼的信,1911年5月11日,收于《书信集1907—1914》,法兰克福,1933。

② 路易丝·拉贝:《诗全集》(Oeuvres poétiques),莎本提尔(Françoise Charpentier),巴黎,1983。

③ 布克哈特:《在某个书商处的一个午后》(Ein Vormittag beim Buchhandler),巴塞尔[Basel],1944。

④ 拉辛的诗,仅为《诗篇》第36首后半部的翻译,如此开始:"伟大的上帝,看着天空由无中成形。"

⑤ 引文见多纳德·普拉特(Donald Prater):《铃铃的玻璃:里尔克的一生》(A Ringing Glass: The Life of Rainer Maria Rilke),牛津,1986。

⑥ 阿塔·林德·库克:《路易丝·拉贝的十四行诗》(Sonnets of Louise Labé),多伦多,1950。

⑦ 路易丝·拉贝:《诗全集》。

⑧ 里尔克:《纳喀索斯》(Narcissus),《作品全集》(Sämtliche Werke),里尔克档案处编,法兰克福,1955—1957。

⑨ 引文见普拉特(Donald Prater):《铃铃的玻璃》。

⑩ 娜塔莉·泽蒙·戴维斯:《人文出版社的世界:里昂》(Le Monde de l'imprimerie humaniste: Lyon),见《法文版历史》(Histoire de l'édition française),巴黎,1982。

⑪ 乔治·斯坦纳:《巴别塔之后》(After Babel),牛津,1973。

⑫ 保罗·德·曼:《阅读寓言:卢梭、尼采、里尔克及普鲁斯特的比喻语言》,新港及伦敦,1979。

⑬ 勒斯科姆:《彼得·阿伯尔学派:经院哲学时期早期阿伯拉尔思想的影响》(The School of Peter Abelard: The Influence of Abelard's Thought in the Early Scholastic Period),剑桥,1969。

⑭ 《七十子希腊文本圣经》(Septuagint),现存《圣经·旧约》最古老的希腊文译本,据传是由72名犹太学者共同翻译而成,从公元前3世纪左右开始进行,工作时间长达百年。——译注

⑮ 引文见欧加·欧培佛:《钦定本圣经译者》(The King James Bible Translators),北卡罗来纳杰斐逊城,1982。

⑯ 同上书。

⑰ 引文见上书。

⑱ 同上书。

⑲ "香膏"(balm),汉译《圣经》此处为"乳香"。——译注

⑳ 拉迪亚德·吉卜林:《圣经之证》(Proofs of Holy Writ),《拉迪亚德·吉卜林全

集》(The Complete Works of Rudyard Kipling),未编册,卷三十,Sussex 版,伦敦,1939。

㉑ 亚历山大·冯·洪堡:《谈人类语言建构的差异性及其对人类精神发展的影响》(Über die Verschiedenheit des menschlichen Sprachbaues und ihren Einfluβ auf die geistige Entwicklung des Menschengeschlechts),引文见艾科,La Ricerca della Lingua Perfetta,罗马及巴里[Bari],1993。

㉒ 德·曼:《阅读寓言》。

第二十章

① 鲍斯韦尔:《约翰逊传》(The Life of Samuel Johnson),韦恩编,伦敦,1973。
② 麦考莱(T.B.Macaulay):《英国史》(The History of England),共五卷,伦敦,1849—1861。
③ 然而,大部分的人民仍视查理为一位有用的国王,他们相信他的小恶弥补了他其他较大的恶行。约翰·奥伯利说到有一个叫亚瑞斯·伊凡斯的人,"他的鼻子长了蕈状物,并说他获得启示说只有国王的手治得了他;于是在国王第一次进入圣詹姆斯公园时,他亲吻了国王的手,然后用国王的手摩擦他的鼻子;此举惹恼了国王,却治好了他的毛病。"约翰·奥伯利:《杂文集》(Miscellanies),见《三卷散文集》,布坎南-布朗编,牛津,1972。
④ 安东尼亚·弗雷泽:《忠诚的查理:查理二世及复辟时期》(Royal Charles:Charles II and the Restoration),伦敦,1979。
⑤ 科尼利厄斯:《当我清楚读出我的题目:南北战争前南方的识字情况、奴隶制度和宗教》(When I Can Read My Title Clear:Literacy, Slavery, and Religion in the Antebellum South),南卡罗莱纳州哥伦比亚城,1991。
⑥ 引文见前书。
⑦ 同上。
⑧ 同上。
⑨ 同上。
⑩ 弗雷德里克·道格拉斯:《弗雷德里克·道格拉斯的生活与时代》(The Life and Times of Frederick Douglass),康涅狄格州,哈特福德,1881。
⑪ 引文见科尼利厄斯:《当我清楚读出我的题目》。
⑫ 彼得·汉德克:《加斯帕》(Kaspar),法兰克福,1967。
⑬ 伏尔泰:《关于阅读的可怕危害》(De l'Horrible Danger de la Lecture),于《回忆录》(Mémoires, Suivis de Mélanges divers et precédés de 'Voltaire Démiurge' par Paul Souday),巴黎,1927。
⑭ 普罗泰戈拉(公元前490?—421?),古希腊哲学家,最早、也是最有名的诡辩派

哲人之一,其名著为《论真理》及《论神祇》,现仅存后书之片段。据说他因遭控以不信神之罪,著作被焚毁,并被驱离雅典。——译注

⑮ 歌德:《诗与真》(Dichtung und Wahrheit),斯图加特,1986,IV:I。
⑯ 霍斯菲尔德(Margaret Horsfield):关于"理念"的"燃烧之书"('The Burning Books' on 'Ideas'),CBC多伦多广播电台,1990年4月23日。
⑰ 引文见布劳恩与利奇:《安东尼·科姆斯托克:国王的巡员》(Anthony Comstock: Roundsman of the Lord),纽约,1927。
⑱ 查尔斯·加劳德·川布:《安东尼·科姆斯托克:战士》(Anthony Comstock, Fighter),纽约,1913。
⑲ 引文见布劳恩与利奇:《安东尼·科姆斯托克:国王的巡员》。
⑳ 同上。
㉑ 同上。
㉒ 同上。
㉓ 门肯(H. L. Mencken):《清教作为一种文学力量》(Puritanism as a Literary Force),于《序言书》(A Book of Prefaces),纽约,1917。
㉔ 雅克·达尔:《吹蜡烛》(En Mouchant la chandelle)导言,巴黎,1986。
㉕ 见古斯塔夫·福楼拜:《包法利夫人》第二部,第7节,巴黎,1857。
㉖ 埃德蒙·戈斯:《父与子》(Father and Son),伦敦,1907。
㉗ 同上书。
㉘ 琼恩·狄费多:《约翰尼不应该读的东西:美国教科书的检禁》(What Johnny Shouldn't Read: Textbook Censorship in America),新港及伦敦,1992。
㉙ 引自伦敦《泰晤士报》,1978年1月4日,重刊于尼克·凯斯妥(Nick Caistor)为《农卡·玛斯:阿根廷失踪人口国家委员会报告书》(Nunca Más: A Report by Argentina's National Commission On Disapeared People)所写的前言,伦敦,1986。
㉚ 见《农卡·玛斯》。

第二十一章

① 圣露西(?—304),基督教童贞女,因拒绝异教徒求婚而被残酷迫害基督教徒的罗马皇帝处死。——译注
② 特雷弗-罗珀:《钝视中的世界》(The World through Blunted Sight),伦敦,1988。
③ 佩皮斯(1633—1703),英国日记作家,曾任海军大臣,以所写日记闻名于世,日记用密码写成,记述了王政复辟、鼠疫的恐怖和伦敦大火等。直到1825年才被译解出版。——译注

④ 克维多-比列加斯(1580—1645),西班牙讽刺作家、诗人、小说家,著作极多,为西班牙文学史上重要人物之一。——译注
⑤ 爱德华·李尔(1812—1888),英国艺术家及作家,以写打油诗闻名。——译注
⑥ 博尔赫斯: Poema de los dones,收于 El Hacedor,布宜诺斯艾利斯,1960。
⑦ 皇家安大略博物馆:《中世纪之书》(Books of the Middle Ages),多伦多,1950。
⑧ 特雷弗-罗珀:《钝视中的世界》。
⑨ 老普林尼:《自然史》(Natural History),艾希霍兹编,麻省坎布里奇及伦敦,1972,卷三十七:16。
⑩ 布吉瓦:《我们祖先的眼镜》(Les Bésicles de nos ancêtres),巴黎,1923 年(布吉瓦没有写出月日,年份亦错误)。亦见爱德华·罗森:《眼镜的发明》(The Invention of Eye-glasses),见《医学与相关科学史期刊》(The Journal of the History of Medicine and Allied Sciences) 11,1956。
⑪ 雷狄: Lettera sopra l'invenzi one degli occhiali di nazo,佛罗伦萨,1648。
⑫ 罗森:《眼镜的发明》。
⑬ 吉卜林:《阿拉之眼》(The Eye of Allah),《借与贷》(Debits and Credits),伦敦,1926。
⑭ 罗杰·培根:《作品集》(Opus maius),杰贝编,伦敦,1752。
⑮ 笛卡尔:《论情感》(Traité des passions),巴黎,1649。
⑯ 普雷:《眼镜史图集》(Atlas on the History of Spectacles),卷二,哥底斯堡,1980。
⑰ 休·欧尔:《古代早期眼镜史图鉴》(An Illusrtrated History of Early Antique Spectacles),肯特,1985。
⑱ 库尔提乌斯,引自梅瑟施密特《宗教学档案》(Archiv für Religionswissenschaft),柏林,1931,提到埃特鲁斯坎人仍然将他们的神描绘为书写者或读者。
⑲ 查尔斯·施密特:《阿尔萨斯的文学史》(Histoire litteraire de l'Alsace),斯特拉斯堡,1879。
⑳ 塞巴斯提安·布兰特:《愚人船》(Das Narrenschiff),查恩可编,莱比锡,1854。
㉑ 凯塞贝格: Nauicula siue speculum fatuorum,斯特拉斯堡,1510。
㉒ 塞涅卡:《谈平静》(De tranquillitate),于《道德论集》(Moral Essays),古梅尔,麻省坎布里奇及伦敦,1955。
㉓ 同上书。
㉔ 约翰·多恩:《狂喜》(The Extasie),《英诗全集》(The Complete English Poems),派翠德斯编,纽约,1985。
㉕ 热拉尔·德·奈瓦尔:《西尔维,回忆瓦卢瓦》,见《幻景》,巴黎,1854。

㉖ 托马斯·卡莱尔：《文人英雄》(The Hero As Man of Letters)，见《文选》(Selected Writings)，薛尔史东(Alan Shelston)编，伦敦，1971。
㉗ 豪尔赫·曼里克："Coplas a la muerte de su padre"，见《诗集》(Poesías)，贝内尔卡里亚编，马德里，1952。
㉘ 桃乐西·派克(1893—1967)，美国作家与评论家，著作包括短篇小说、讽刺诗、专栏评论文章等，笔调尖酸火辣。——译注
㉙ 见安东尼奥·何塞·达·席尔瓦：《大手大脚的小精灵的伎俩》(Obras do diabinho da mao furada)，里斯本，1744。
㉚ 见罗杰·罗森布拉特："布尔布特回忆录"《时代》周刊1997年8月18日。
㉛ 塞涅卡：《论幸福生活》(De vita beata)，见《道德论集》。
㉜ 约翰·凯里：《知识分子与大众：文人的傲慢与偏见，1880—1939》(The Intellectuals and the Masses: Pride and Prejudice among the Literary Intelligentsia, 1880—1939)，伦敦，1992。
㉝ 马修·阿诺德：《文化与无政府状态》(Culture and Anarchy)，伦敦，1932。公正而言，阿诺德的论点仍继续着："但我们都赞成，根据朝向完美进步的法则去造成所有事物的转变。"
㉞ 赫胥黎：《谈历史的魅力》(On the Charms of History)，于《夜乐》(Music at Night)，伦敦，1931。
㉟ 托马斯·哈代，写于1887年，引文见凯里《知识分子与大众：文人的傲慢与偏见(1880—1939)》。
㊱ 弗洛伊德：《作家与白日梦》(Writers and Day-Dreaming)，于《艺术与文学》(Art and Literature)，塘鹅版《弗洛伊德全集》，卷十四，斯特莱奇译，伦敦，1985。
㊲ 即使堂吉诃德也未完全迷失于虚构之中。他和桑丘骑上木马，相信它就是飞马克拉维雷诺，而天真的桑丘还想拿掉盖在他眼睛上的手帕以便看看他们是否真的在天上飞、接近太阳，但堂吉诃德制止了他。虚构被平凡的证据所摧毁。《堂吉诃德》，II，41。科尔律治正确地指出，"暂时停止不信"必须是自愿的，自愿之外便是疯狂。
㊳ 丽贝卡·韦斯特：《奇怪的必然性》(The Strange Necessity)，见《丽贝卡·韦斯特——纪念》(Rebecca West—A Celebration)，纽约，1978。

第二十二章

① 海明威：《乞力马扎罗山之雪》(The Snows of Kilimanjaro)，见《乞力马扎罗山之雪及其他短篇小说》(The Snows of Kilimanjaro and Other Stories)，纽约，1927。

② 里尔克:《马尔泰手记》(*Die Aufzeichnungen des Malte laurids Brigge*),埃里希·海勒编,法兰克福,1986。

③ 理查德·德·伯里:《爱书者》(*The Philobiblon*),恩斯特·托马斯编译,伦敦,1888。

④ 维吉尼亚·伍尔芙:《如何读一本书?》(*How Should One Read a Book?*),见《普通读者》(*The Common Reader*),第二辑,伦敦,1932。

⑤ 杰若提乌斯:《梅拉尼亚·珍妮欧的一生》(*Vita Melaniae janioris*),伊丽莎白·克拉克编译,纽约及多伦多,1984。

⑥ 乔纳森·罗斯:《重读英文通俗读本:序一个听众史》(Rereading the English Common Reader: A Preface to a History of Audiences),见《观念史杂志》(*Journal of the History of Ideas*),1992。

⑦ 罗伯特·欧文:《天方夜谭:指南》(*The Arabian Nights: A Companion*),伦敦,1994。

⑧ 塞万提斯:《堂吉诃德》,共两卷,布宜诺斯艾利斯,1969。

⑨ 普鲁斯特:《长日阅读》(*Journées de lecture*),阿兰·科侯,巴黎,1993。

⑩ 米歇尔·布托:《变》(*La Modification*),巴黎,1957。

⑪ 沃尔夫冈·凯塞尔:《语言的艺术作品》(*Das Sprachliche Kunstwerk*),莱比锡,1948。

⑫ 托马斯·波依勒:《汉普斯特裁缝的黑猪:在维多利亚感性的表面之下》(*Black Swine in the Sewers of Hampstead: Beneath the Surface of Victorian Sensationalism*),纽约,1989。

⑬ 特奥克里托斯(公元前310?—前250?),古希腊诗人,为田园诗的创始者,其作品对维吉尔及后来的欧洲诗人影响甚大。——译注

⑭ 詹巴提斯塔·马里诺(1569—1625),意大利诗人,为刻意雕琢的"马里诺诗派"之创始者,主要作品有 45000 行的长诗《阿多尼斯》、抒情诗集《七弦琴》等。——译注

⑮ 锡德尼(1554—1586),英国诗人、军人及政治家,战死于沙场。其重要作品包括罗曼史《阿卡迪亚》(*The Arcadia*)、十四行组诗《爱星者和星星》(*Astrophil and Stella*)及文学理论《诗辩》(*An Apologie for Poetry*)等。——译注

⑯ 弗莱彻(1579—1625),英国剧作家,写了 57 部剧本,但大多为合著,其中以与鲍蒙特合写者最有名,包括悲喜剧《菲拉斯特》(*Philaster*)及悲剧《少女之悲剧》(*The Maid's Tragedt*)等。——译注

⑰ 约翰·曼德维尔爵士,14 世纪英国作家,主要著作为《约翰·曼德维尔爵士航海及旅行记》,内容材料多取自百科全书及其他人的游记。——译注

⑱ 简·奥斯汀:《诺桑觉修道院》(*Northanger Abbey*),伦敦,1818,XXV。

⑲ 格雷厄姆·巴佛:《罗伯特·路易·斯蒂文生的一生》(*The Life of Robert Lou-*

is Stevenson），共二卷，伦敦，1901。
⑳ "如此，但或许是不当的，"斯特拉斯堡教授西蒙·沃提尔在一篇书评中如此说道。"可能比较会想到《沙赫尔亚王症候群》（King Shahryar Syndrome），或者，根据美国小说家约翰·巴思的说法，如果我们注意到天方夜谭的另一个听众，她的妹妹当雅莎德的话，就是《当雅莎德症候群》。"
㉑ 保罗·德·科克(1793—1871)，法国小说家及剧作家，小说以描述巴黎生活为主，略带色情。——译注
㉒ 约翰·威尔斯：《拙语：伦敦图书馆论述史》（Rude Words: A Discursive History of the London Library），伦敦，1991。
㉓ 马克-阿兰·夸克宁：《书疗：阅读就是治疗》（Bibliothérapie: Lire, c'est guérir），巴黎，1994。
㉔ 罗伯特·库弗：《书的终结》（The End of Books），见《纽约时报》（The New York Times），1992年6月21日。

索 引

本索引页码为原书页码,参见本书边码

abbreviations 缩写 77
Abelard, Peter 彼得·阿伯拉尔 217—218, 270
Adam, Nicolas: *A Trustworthy Method of Learning Any Language Whatsoever*, 尼古拉斯·亚当《学习任何语言的可信赖方法》 79
Ahmad ibn Jafar 艾哈迈德·伊本贾法尔 33
à Kempis, Thomas *see* Kempis, Thomas à
Albert the Great 大阿尔伯特 197
Alberti, Leon Battista 列翁·巴蒂斯塔·阿尔贝蒂 72
Aldus Manutius *see* Manutius, Aldus
Alembert, Jean Le Rond d' *see* Diderot, Denis
Alexander the Great 亚历山大大帝 178, 187, 207, 222
Alexandre de Villedieu: *Doctrinale puerorum*, 亚历山大·德·维尔迪厄:《学童教育》 76, 78
Alexandria: library 亚历山大图书馆 61, 92, 126, 188—192, 309;地图 186;～建立 187—188
Alfonso el Sabio, King of Spain 西班牙国王阿方索十世 74
Alfred the Great, King of the West Saxons 西萨克逊王阿尔弗雷德 74
al-Ghazali, Abu Hamid Muhammad 安萨里 46
al-Hakam, Umayyad Caliph 哈克汗二世 196
al-Hakim, Fatimid Caliph 政教领袖哈基姆 32
al-Haytham, al-Hasan ibn (Alhazen) 伊本·海什木 32—36, 38—39, 197;《光学》 33
allegory 寓言 85—87
Allingham, William 威廉·阿林厄姆 256
al-Ma'mun, Caliph 哈里发马蒙 196
Alonso, Dámaso 达玛索·阿隆索 258

alphabetical order 按字母编目 192—193

Alypius 阿里皮乌斯 44

Ambrose, St. Bishop of Milan 米兰主教圣安布罗斯 41—43, 42, 45, 50, 53, 56, 99

Amundsen, Roald 阿蒙森 318

Andorran, Guillaume 纪尧姆·盎多杭 117

Anne, St. 圣安妮 72, 72, 157—158

Anne of Brittany 布列塔尼的安娜 130

Anne, Queen of Richard II 安妮,理查二世的王后 253

anthologies 选编 313

antiphonaries 应答歌唱集 130, 130

Antyllus 安提勒斯 60

Apollinaris, Sidonius see Sidonius, Gaius Sollius Apollinaris

Apollonius (Egyptian finance minister) 阿波罗尼乌斯(埃及财政大臣) 188

Apollonius of Rhodes 罗德的阿波罗尼乌斯 190—191

Aquinas, St. Thomas 圣托马斯·阿奎那 28, 61—62, 87, 106, 197, 217, 296

Arabian Nights, The 《天方夜谭》 314

Ardashir, Sassanian King 萨珊国王阿达夏 207

Argentina: repression in 阿根廷的镇压 289

Ariosto, Lodovico 阿里奥斯托 252

Aristophanes: *The Knights* 阿里斯托芬:《骑士》 43

Aristophanes of Byzantium 拜占庭的阿里斯托芬 48

Aristotle 亚里士多德 74;阅读 2, 3, 60;~论感官和内脏 29—30, 32—33;~和海什木 38;奥古斯丁论~ 41, 192;论字母 45;影响经院哲学 74;论教育的成果 79;藏书 189;分类 195;阿拉伯研究 196;罗杰·培根论~ 197;阿伯拉尔论~ 270;~和眼镜 296;动物篇 30

Arnold, Matthew 马修·阿诺德 302

Arras, Synod of (1025) 阿哈宗教会议(1025) 97

Ashburnham, Bertram Ashburnham, 4th Earl of 阿什伯纳姆伯爵 242—243

Ashur, Assyria 亚述,叙利亚 126

Ashurbanipal, Assyrian King 亚述巴尼拔国王 43

Athenaeus of Naucratis 瑙克拉提斯的阿特纳奥斯 188

Auden, W.H. 奥登 151

Audubon, John James: *Birds of America* 约翰·詹姆斯·欧督彭:《美国鸟类》 147

Augustine, St.: on reading silently and aloud 圣奥古斯丁:论默读与朗读 23, 44—45, 47—51, 53;~论视觉 28;~论记忆 29;阅读 40;41;~论安布罗斯 42, 50, 53, 56—57;彼特拉克读~ 55, 62—63;~论天使与上帝 169;~

索引 395

论圣经 184；论经典 192；樊尚·德博韦读～ 201；～和女卜者 206；～和眼镜 296；小梅拉妮亚 312；《忏悔录》 42—44,55—56；《基督教教义》 192

Augustus Caesar, Roman Emperor 罗马皇帝奥古斯都·恺撒 283

Aurelius, Marcus, Roman Emperor 罗马皇帝奥勒利乌斯 202

Aurora, La（Cuban periodical）《奥罗拉》（古巴期刊） 110—112

Ausonius, Decimus Magnus: *Opuscules* 奥索尼乌斯：《小品》 190

Austen, Jane 简·奥斯汀 122—123；《诺桑觉修道院》 123,316—317

authors: identification of 作者：～的角色 182—183；被阅读 247—253, *254*, 255—259, *256*

Averroës 阿维罗伊 196

Avicenna 阿维森纳 196—197

Babel, Tower of 巴别塔 177

Babylon 巴比伦 177—178

Bacon, Francis 弗兰西斯·培根 171

Bacon, Roger 罗杰·培根 34,196—197, *196*, 293

Balbiani, Valentina 瓦伦蒂娜·巴尔比安尼 *2*, 3

Bancroft, Richard, Archbishop of Canterbury 坎特伯雷大主教班克罗夫特 271—273

Barrois, Joseph 约瑟夫·巴鲁瓦 242

Barthes, Roland 罗兰·巴特 184

Beaune, Hospice de 博纳救济院 *212*, 213

Beauvais, Vincent de: *Speculum majus* 樊尚·德博韦：《大宝鉴》 201

Becker, Mary Lamberton 玛丽·兰柏顿·贝克 13

Bede, Venerable 可敬的比德 198

beds and bedrooms: for reading 用于阅读的床和卧室 153—161

Belgium: Royal Library 比利时皇家图书馆 198

Belshazzar, King of Babylon 巴比伦王伯沙撒 178

Benedict XIV, Pope 教宗本笃十四 243

Benedict of Nursia, St. 努西亚的圣本笃 15, 114—116, *114*, 120

Benengeli, Cide Hamete 班耐杰里 314

Benjamin, Walter 本雅明 11, 91—92, 231, 238

Bergson, Henri 柏格森 316

Bernard of Clairvaux, St. 圣伯尔纳 216

Bernardine of Siena, St. 锡耶纳的圣伯纳丁 217—219

Bertran de Born, Lord of Hautefort 奥泰福尔爵爷,贝尔特兰德·波恩 116

Bertrand, Éloise 爱洛漪丝·贝特朗 315

Berve, Maurus 毛鲁斯·贝福 107

Bible, Holy: translations 圣经翻译, 69, 270—276, *274*；犹太经典 89—90；圣经中的图像 97—99, *100*,

101—105, *102*；精神承续 99；穷人圣经 *102*, 101—104, 107；印刷 133—134

bindings 装订 140

Birkerts, Sven: *Gutenberg Elegies* 斯文·比克特：《谷登堡挽歌》 135

Black, Leonard 莱奥纳德·布莱克 280

Blake, William 威廉·布莱克 23

Blanche of Lancaster 兰开斯特的布朗什 252

Blessington, Marguerite, Countess of 贝莱辛顿女伯爵 256

Bloom, Allan 艾伦·布鲁姆 22

Blumenberg, Hans 汉斯·布卢门贝格 168

Blyton, Enid 艾尼德·布莱顿 10, 13

Boccaccio, Giovanni 薄伽丘 286；《论名媛》 206

Boethius: *De consolatione philosophiae* 波爱修斯：《哲学的慰藉》 74

Boilas, Eustathius 布瓦拉斯 155

books: arrangement of 书的整理 20—21；～和记忆 59—61；划重点 60—61；学校里的～ 75—76；～的保存 128—129；～的插图 129—130；～的印刷 133—135, 137—138；小书与珍本书 144—147, *145*, *146*；作为装饰的～ 214；偷～ 241—245；禁书和焚书 281, *282*, 283—289, *283*

Books of Hours 祈祷书 129—130

Booksellers' Association (British) 书商协会（英国） 140

Borch, Gerard ter 杰拉尔·特·鲍赫 5

Borges, Jorge Luis 路易·豪尔赫·博尔赫斯 5；～论坎普滕的托马斯 14；作者为～朗读 16—20；～谈对书的需求 21；～论数学史 22；～读卡夫卡 93；～论宇宙图书馆 198—199；目盲 292；迷宫 214

Boswell, James 詹姆斯·鲍斯韦尔 173

Bourges, Clémence de 克蕾蒙丝·德·布尔热 265

Bradbury, Ray: *Fahrenheit 451* 布拉德伯里：《华氏451度》 23, 65

braille 布莱叶 79

brain: and learning speech and reading 大脑：和学习言语及阅读 35, 37—38, *38*, 46

Brant, Sebastian 塞巴斯蒂安·布兰特 290；《愚人船》 296—297, *298*, 299—300

Brecht, Bertolt 布莱希特 93

Broca, Paul 保罗·布罗卡 35

Brod, Max 马克斯·布洛德 89, 91—92

Brontë, Emily: *Wuthering Heights* 艾米莉·勃朗特：《呼啸山庄》 208

Broughton, Hugh 休·布劳顿 271

Browne, Sir Thomas, 114; *Religio Medici* 托马斯·布朗爵士：《医生的宗教》 169

Browning, Robert 罗伯特·勃朗宁 258

Buddha 佛陀 60

Buenos Aires 布宜诺斯艾利斯 15—16, 192, 198, 225

Bunyan, John: *Pilgrim's Progress*

索引　397

约翰·班扬：《天路历程》　14
Burckhardt, Carl Jacob　卡尔·雅各·布克哈特　263, 275
Bury, Richard de, Bishop of Durham: *Philobiblon*　达勒姆主教理查德·德·伯里　311
Butler, Samuel　塞缪尔·巴特勒　14, 255
Butor, Michel: *La Modification*　米歇尔·布托：《变》　315
Byzantium see Constantinople

Cairo: Dar al-Ilm　开罗：科学院　32, 34；法蒂玛图书馆　196
Caligula, Roman Emperor　罗马皇帝卡尼古拉　283
calligraphy　书写　78, 135
Callimachus of Cyrene　昔兰尼的卡利马科斯　190—193, *191*
Calvin, Jean　约翰·加尔文　53
Calvino, Italo　意大洛·卡尔维诺　95
Calw, Abbot Johan von　阿博特·约翰·冯·卡尔乌　104
Campbell, George　乔治·坎贝尔　315
Canfora, Luciano　卢奇亚诺·康弗拉　189
Capella, Martianus　卡佩拉　195
Capito, Titinius　提丁纽斯·卡匹托　248
Carden, Sir R.W.　卡登爵士　315
Carey, John　约翰·凯里　301, 302
Carlyle, Jane Welsh　简·威尔什·卡莱尔　256—257, 318
Carlyle, Thomas　托马斯·卡莱尔　301
Carothers, Belle Myers　贝拉·迈尔斯·卡洛特斯　280
Carthage　迦太基　55—56
Casares, Adolfo Bioy　卡萨雷斯　17
cataloguing 191—197; *see also* classification
Catherine, St.　圣凯瑟琳　203
Catherine II (the Great), Empress of Russia　俄罗斯女王叶卡捷琳娜二世　214
Catherine of Aragon, Queen of Henry VIII　阿拉贡的凯瑟琳，亨利八世的王后　272
Catholic Church see Roman Catholic Church
Cato　加图　43
Céleste (Céleste Alabaret, Proust's housekeeper)　塞莱斯特（普鲁斯特的管家）　315
censorship　审查制　21, 283—289, *286*
Cervantes Saavedra, Miguel de　塞万提斯　8；《堂吉诃德》　119, 222—223, 286, 303, 314
Céspedes, Carlos Manuel de　卡洛斯·曼努埃尔·德塞斯佩德斯　112
Challis, John　约翰·查利斯　315—316
Chambers, Robert　罗伯特·钱伯斯　119
Chambers, William　威廉·钱伯斯　119
chap-books　小本书　139
Charlemagne, Emperor　查理大帝

75

Charles I, King of England 英国国王查理一世 210

Charles II, King of England 英国国王查理二世 279—280,284

Charles V, Holy Roman Emperor 神圣罗马皇帝查理五世 52

Chartres Cathedral 夏特尔大教堂 197, *197*

Chasles, Michel 米歇尔·沙勒 243

Chateaubriand, Viscount François-René de 夏多布里昂子爵 238—239

Chaucer, Geoffrey 杰弗里·乔叟 252—253, *254*, 255;《公爵夫人之书》153, 252

Chekhov, Anton 安东·契诃夫 14

Chesterfield, Philip Dormer Stanhope, 4th Earl of 切斯特菲尔德伯爵 140

China: banned books in 中国：禁书 *282*, 283, 287

Christian Church: sects and heresies 基督教会：教派和异教 51—53;圣像崇拜和象征 98—107, *100*, *102*; ~的兴起 202—208;第一本带图的书 296

Christine de Pisan 克丽丝汀·德·皮桑 218

Chrysippus 克里西波斯 73

Cicero 西塞罗 28, 41, 47—49, 57, 61—62, 206, 296;《致友人书简》136

Clark, Edward 爱德华·克拉克 165

Clark, James B. 詹姆斯·克拉克 165

classification of books 图书的分类 191, 193—194, 199

Clement IV, Pope 教宗克雷芒四世 34, 197

Clement V, Pope 教宗克雷芒五世 62

Clergue, Pierre 皮埃尔·克列格 117

Clovis, Frankish Emperor 法兰克皇帝克洛维 221

codex: as form 48, 126—128

Codex Aureus《奥里斯抄本》243

Codex Seraphinianus《塞拉菲尼抄本》94, 95

Colette 科莱特 148, 150—151, 160—161, *161*, 198

Colines, Simon de 西蒙·德·科林斯 138

Collins, Wilkie: *The Frozen Deep* (with Dickens) 韦基·柯林斯:《冰冻之海》(与狄更斯合作) 255

colophons 书的末页 182—183

Comesaña, Eduardo 爱德华多·科姆萨纳 5

Comstock, Anthony 安东尼·坎斯托克 284—287, *285*

concordia discordantium 异中求同 73

Confucius 孔子 287

Congreve, William: *Love for Love* 威廉·康格里夫:《为爱而爱》172

Constantine V, Byzantine Emperor 拜占庭皇帝君士坦丁五世 98

Constantine the Great, Roman Emperor 罗马皇帝君士坦丁大帝 41,

202—211

Constantinople：falls 君士坦丁堡：衰落（1453） 135；～建立 202；基督教在～ 204；索菲亚大教堂 221

Constantius, Roman Emperor 罗马皇帝君士坦提乌斯 204

Coover, Robert 罗伯特·库弗 318—319

Copernicus, Nicolaus: *De revolutionibus orbium coelestium* 哥白尼：《论天体运动》 82

Cortázar, Julio: *Hopscotch* 尤利欧·考塔札：《跳房子》 318

Cory, William 威廉·科里 191

Courtin, Antoine de: *New Treatise of Civility* 安托万·德·库尔坦：《法国国民礼仪新论》 159

Cousin, Gilbert 吉尔贝尔·库桑 4

Coverdale, Miles 迈尔斯·科弗戴尔 272

Cranach, Lucas, the Elder 老卢卡斯·克拉纳赫 52

Cratippus; *Everything Thucydides Left Unsaid* 克拉提帕斯：《修昔底德不语》 189

Cromwell, Thomas 托马斯·克伦威尔 272

Cuba and Cubans 古巴和古巴人 110—115

Cumae 库密 201

cuneiform writing 楔形文字 181

Curtis, Tony 托尼·寇提斯 301

Curtius, E. R.: *European Literature and the Latin Middle Ages*, E. R. 库尔提乌斯：《欧洲文学与拉丁中世纪》 168

Cyril of Jerusalem, St. 耶路撒冷的圣西里尔 43

Cyrillus, Patriarch 西里鲁斯 203

Daily Eagle (newspaper) 《每日鹰报》 167

Dakhleh Oasis, Sahara 撒哈拉沙漠达赫拉绿洲 146, 147

Damasus I, Pope 教宗达马苏斯一世 192

Dante Alighieri 但丁 23, 62, 86, 87, 90, 210—211, 251

Darwin, Erasmus 伊拉斯谟斯·达尔文 318

Davies, Robertson 罗伯逊·戴维斯 250

Dax, Michel 迈克尔·达克斯 35

Delessert, Edouard 爱德华·德莱塞尔 242

Delisle, Léopold 德利斯勒 243

Della Scala, Can Grande (Francesco Scaliger) 坎格兰德一世 86

Delphinus, Petrus: *Epistolae*, 佩特鲁斯·德尔菲纳斯：《书信集》 239

de Man, Paul *see* Man, Paul de

Demetrius of Phalerum 法勒伦的德米特里乌斯 188

Demosthenes 狄摩西尼 49, 250

Derrida, Jacques 雅克·德里达 183

Desai, Anita 安妮塔·德赛 208

Descartes, René 勒内·笛卡尔 294

Descola, Philippe 菲利浦·德斯寇拉 7

Dickens, Catherine 凯瑟琳·狄更斯

256

Dickens, Charles 查尔斯·狄更斯 4，4，255—258，256

Dickinson, Emily 艾米莉·狄更生 310

dictatorships: ban books 禁书 283

Diderot, Denis 丹尼斯·狄德罗 121，123；百科全书 271

Diderot, Nanette 南妮特·狄德罗 121

Dillard, Annie 安妮·迪亚尔 154

divination 占卜 209—211

Dominic, St. 圣多米尼克 2，3

Domitian, Roman Emperor 罗马皇帝图密善 72

Donatus, Aelius 多纳图斯 48，70；《文法的艺术》76，78

Donne, John 约翰·多恩 300

Doré, Gustave 古斯塔夫·多雷 140—141

Dormition (Death of the Virgin) 《圣母之死图》 295，295

Dostoevsky, Fedor: *The Brothers Karamazov* 陀思妥耶夫斯基：《卡拉玛佐夫兄弟》 92

Douglass, Frederick 弗里德里克·道格拉斯 280

Dowdy, Doc Daniel 道克·丹尼尔·杜迪 280

Dringenberg, Louis 路易·德林根贝格 78，83

Duccio de Buoninsegna 杜契奥·迪·博尼塞尼亚 221

Dudu (Sumerian scribe) 都都（苏美尔抄写员） 176

Duras, Marguerite 玛格丽特·杜拉斯 152

Dürer, Albrecht 阿尔布雷希特·丢勒 297

Dutton, Geoffrey: *Walt Whitman* 杜顿：《沃尔特·惠特曼》 165

Eakins, Thomas 托马斯·伊金斯 163

Eco, Umberto 翁贝托·艾科 93；《玫瑰的名字》 244

Edward III, King of England 英国国王爱德华三世 152

Egypt 32；see also Cairo

Eleanor of Aquitaine, Queen of Henry II 阿基坦的艾莉诺，亨利二世的王后 150，*150*

Eliot George 乔治·艾略特 233，235

Eliot, T.S. T.S.艾略特 250

Elizabeth I, Queen 伊丽莎白女王一世 171

Elzevir (Dutch printers) 爱思唯尔（荷兰印刷商） 138，140

Emerson, Ralph Waldo 拉尔夫·沃尔多·爱默生 53，257

Emmerich, Anna Katharina 安娜·卡塔琳娜·埃梅里希 22

Empedocles 恩培多克勒 28

Enclosed Flower Garden (miniature book) 《与世隔绝的花园》（小书） 147

English language 英国语言 253；圣经翻译 270—275，*274*

Enheduanna, Princess of Akkad 阿卡德公主安海度亚娜 182

Enzensberger, Hans Magnus 恩岑斯

伯格 22

Epicurus 伊壁鸠鲁 28—29,32

Erasmus, Desiderius 伊拉斯谟 2, 3, 68, 270

Erythrea: Sybil 厄立特里亚:女卜者 202, 206

Estienne, Robert 罗贝尔·埃蒂安 138

Etruscan writing 埃特鲁斯坎文 184

Euclid 欧几里得 28—29,32

Euripides: *Hippolytus* 欧里庇得斯:《希波里托斯》 43

Eusebius of Caesarea 该撒利亚的优西比乌斯 99

Évangiles des quenouilles 《纺纱杆福音》 117, *118*

Eyck, H. & J. van 凡·爱克兄弟 99

eye *see* sight; spectacles

Ezekiel the priest 祭司以西结 171

Falkland, Lucius Cary, 2nd Viscount, 卢修斯·卡里·福克兰子爵二世 210

Federal Writers' Project (USA) 联邦作家计划 280

Filla, Emil 艾米尔·费拉 92

Fleck, Tam 谭·弗列克 120

Flint, Kate 凯特·弗林特 228

Foligno, Gentile da 真蒂莱·达·福利尼奥 29

formats 开本 127

Fournival, Richard de 里夏尔·德·富尼瓦尔 59—62, 193—195, *193*

France: private libraries and collectors 法国:私人图书馆和藏书家 239—241

Francesca *see* Paolo and Francesca

François I, King of France 法国国王弗朗索瓦一世 34, 127

Franklin, Benjamin 本杰明·富兰克林 132, 170

Frederick I (Barbarossa), Holy Roman Emperor 神圣罗马皇帝腓特烈一世 69

Frederick II, Holy Roman Emperor 神圣罗马皇帝腓特烈二世 52

French Revolution 法国大革命 238

Freud, Sigmund 西格蒙德·弗洛伊德 303

Froissart, Jean: *Méliador* 让·博华萨:《梅利亚多尔》 252

Frye, Northrop 诺思罗普·弗莱 23

Fuller, Margaret 玛格丽特·富勒 167, *167*

Galen 盖伦 29—32, 36

Gallus, Cornelius 伽卢斯 283

Garbo, Greta 葛丽泰·嘉宝 310

García Márquez, Gabriel 加西亚·马尔克斯 317

Geiler von Kaysersberg, Johann 约翰·盖勒·冯·凯塞贝格 297, 299—301

Geniza (collection) 秘库 313

Gerontius 杰若提乌斯 312

Gide, André 安德烈·纪德 151

Giordano da Rivalto 吉奥达诺·达·里瓦尔托 293

Giotto: *Annunciation* 乔托:《天使报

喜图》 219，*219*

Gisenheim, Guillaume 纪尧姆·吉森埃姆 68，79，81—82

Glyn, Elinor 艾莉诺·格林 92

Goebbels, Paul Joseph 保罗·约瑟夫·戈培尔 284

Goethe, J.W.von 歌德 164，283

Golding, William 威廉·戈尔丁 258

Gonzaga, Isabella 伊莎贝拉·贡扎加 252

Gosse, Sir Edmund 埃德蒙·戈斯爵士 163，288

Gould, Stephen Jay 斯蒂芬·珍·古尔德 258

Grafton, Anthony 安东尼·格拉夫顿 137

Granada, Fray Luis de 福雷·路易斯·德·格拉那达 169

Gregory I (the Great), St. Pope 教宗格里高利 97，*130*，131

Gregory of Nyssa, St. 尼撒的圣格里高利 99

Griffo, Francesco 弗兰契斯科·格里弗 137

Grosseteste, Robert, Bishop of Lincoln 罗伯特·格罗斯泰斯特, 林肯主教 293

Gryphius, Andreas 格吕菲乌斯 138

Guérin, Maurice de 莫里斯·德·介朗 264

Guidetti, Lorenzo 洛伦佐·圭代蒂 77

Guillaume of Aquitaine 阿基坦的纪尧姆 116

Guizot, François Pierre Guillaume 基佐 242

Gulliver, Lemuel (Swift's fictional character) 格列佛（斯威夫特虚构的人物） 36

Gutenberg, Johann 约翰·谷登堡 80，133—135，*134*，138

Gutenberg, Project 谷登堡计划 61

Hadrian, Roman Emperor 罗马皇帝哈德良 209

Haggadah《哈加达》 98

Hammurabi, King of Babylon 巴比伦王汉谟拉比 177

Hanani (Talmudic scholar) 哈那尼（《塔木德》学者） 8

Hanbal, Ahmad ibn Muhammad ibn 艾哈迈德·伊本·罕百里 46

Handke, Peter 彼得·汉德克 281

Hardy, Thomas 托马斯·哈代 302

Harris, William V. 威廉·哈里斯 226

Harun al-Rashid, Caliph 哈伦·拉希德 196

Hathaway, Anne 安妮·哈瑟维 157

Haweis, Mrs: *The Art of Housekeeping* 哈维斯夫人:《持家之道》 159

Hawkins County, Tennessee 田纳西州霍金斯县 288

Hawthorne, Nathaniel 纳撒尼尔·霍桑 167

Haynes, William 威廉·海因斯 285

Hebel, Johann Peter 约翰·彼得·

黑贝尔 275

Hegel, Georg Wilhelm Friedrich 黑格尔 316

Heidelberg: Biblia Pauperum 海德堡:《穷人圣经》102, 103

Heilbrun, Carolyn, G. 卡洛琳·G.海尔布伦 234

Heine, Maurice 莫里斯·海涅 23

Helena, St. 圣海伦娜 202

Heloise 爱洛漪丝 217

Helst, Bartholomeus van der 赫尔斯特 144, 145

Hemingway, Ernest: 'The Snows of Kilimanjaro' 海明威:《乞力马扎罗的雪》309

Henry III, King of England 英国国王亨利三世 70

Henry VIII, King of England 英国国王亨利八世 271—272

Heraclitus of Halicarnassus 哈利卡纳瑟斯的赫拉克利图斯 191

heretics (Christian) 异教徒(基督教) 51—53

Hermannus Alemannus 赫尔曼努斯·阿勒曼努斯 195

Hermes Trismegistus 《密术》 311

Herodotus 希罗多德 251

Hildegarde of Bingen 宾根的希尔德加德 217—218

Hillman, James 詹姆斯·希尔曼 11

Hilton, Joanna 琼娜·希尔顿 157

Hitler, Adolf 阿道夫·希特勒 223

Hofman, Crato 克拉托·霍夫曼 78—83

Holbein, Ambrosius 安布罗修斯·霍尔拜因 76

Holland House, London 伦敦荷兰屋 304—305

Homer: works burned 荷马著作被毁 283;《伊利亚特》127, 222

hornbooks 角帖书 138—139, *139*

Hoshaiah (Talmudic scholar) 何西阿(《塔木德》学者) 8

Hoym, Charles Henri, Count d' 霍伊姆伯爵 239

Huey, E.B. E.B.休伊 39

Hugh of St. Victor 圣维克托的胡戈 193

Hugo de St. Cher, Cardinal 圣谢尔主教雨果 294, *294*

Humboldt, Alexander von 亚历山大·洪堡 276

Hunt, Leigh 莱·亨特 160

Huxley, Aldous 阿尔道斯·赫胥黎 302

Hyde, Douglas 道格拉斯·海德 315

Hypatia 希帕蒂雅 203

hypertexts 超文本 318—319

iconoclasm 圣像 98

Igmil-Sin (scribal teacher) 伊格米尔-锡恩(抄写教师) 181

incunabula 摇篮本 134—135

Index Librorum Prohibitorum (Roman Catholic Index of Forbidden Books) 《禁书索引》287, *287*

Innes, John 约翰·英尼斯 223

Innocent II, Pope 教宗英诺森二世 217

Inquisition, Holy 神圣会议 287
Isaac of Syria, St. 叙利亚的圣以撒 49
Isidore of Seville: *Etymologies* 塞维利亚的伊西多尔:《语源学》 49, 81
Ismael, Abdul Kassem Grand Vizier of Persia 波斯首相阿卜杜·凯桑·伊斯马尔 193
Isocrates 伊索克拉底 147
italic type 斜体 137

Jacob, Christian 克里斯蒂安·雅各 192
James I, King of England (James VI of Scotland): and Bible translation 英国国王詹姆斯一世(苏格兰詹姆斯六世):~和圣经翻译 270—276, 274
James the Lesser: *Protoevangelion* 《雅各福音书》 216
Janouch, Gustav 雅努赫 93
Japan 日本 228—235
Javal, Émile 埃米尔·雅瓦尔 37
Jaynes, Julian 朱利安·杰恩斯 46
Jefferson, Thomas 托马斯·杰斐逊 159
Jerome, St. 圣杰罗姆 2, 3, 49, 270
Jerusalem: Jewish Library 耶路撒冷:犹太图书馆 283
Jesuits (Society of Jesus) 耶稣会 198
Jesus Christ 耶稣基督 2, 3, 60, 72, 100, 100
Jews: in Holy Roman Empire 神圣罗马帝国的犹太人 87—89;阅读圣经 89;艺术的表现 97—98, 98
joglars (public entertainers) 吟游诗人 116
John, St. 圣约翰 171, *172*, 178
John Chrysostom, St. 圣约翰·克里索斯顿 96, 204
John of Gorce 哥尔斯的约翰 196
Johnson, Samuel 塞缪尔·约翰逊 173, *173*, 267, 279
Johnson, Thomas 托马斯·约翰逊 281
Joinville, Jean de: *Life of St. Louis* 让·德·茹安维尔:《圣路易的一生》 252
Joseph II, Emperor of Austria 奥地利皇帝:约瑟夫二世 87
Joseph, Rabbi Akiba ben 阿吉巴·本·约瑟夫拉比 270
Joyce, James 詹姆斯·乔伊斯 14, 19;《尤利西斯》 318
Julian of Norwich 诺里奇的朱利安 218
Jung, Carl Gustav 卡尔·古斯塔夫·荣格 220
Justina, Empress of Theodosius I 狄奥多西一世皇后查士丁娜 42
Justinian, Roman Emperor 罗马皇帝查士丁尼 221

Kafka, Franz 弗兰茨·卡夫卡 84, 85, 88—89, 91—93
Kandel, Jorg, of Biberach 比伯拉赫的约尔格·坎德尔 106
Kayser, Wolfgang: *Das Sprachliche Kunstwerk* 凯塞尔:《语言的艺术作品》 315

Keller, Helen 海伦·凯勒 79, 80
Kempis, Thomas à 托马斯（坎普滕的） 14—15, 151
Kertész, André 安德烈·柯特兹 213—214
Key West, Florida 弗罗里达，基韦斯特岛 112
Keynes, Sir Geoffrey 杰弗里·凯因斯爵士 23
Kincaid, Jamaica 牙买加·金凯德 15
King, Henry 亨利·金 170
Kipling, Rudyard 鲁德雅德·吉卜林 16—19, 273, 293
Klostermann (Russian binder) 克洛斯特曼 214
Kock, Paul de 保尔·德·科克 318
Koldewey, Robert 罗伯特·利尔德韦 177
Koran 《可兰经》 46
Krantz, Judith 朱迪丝·克兰茨 92

Labé, Louise 路易丝·拉贝 261—262, 264—270, *264*, 276
Lactantius 拉克坦提乌斯 201
La Fontaine, Jean de 拉封丹 275
Láinez, Manuel Mujica: *Bomarzo* 赖聂兹：《波马佐》 209—210
Lamb, Charles 查尔斯·兰姆 22, 244
Lancaster, Joseph 约瑟夫·兰开斯特 165
Lane, Allen 艾伦·兰恩 143—144

language: learning of 语言，~学习 35—36; 俗语 251; 原始的语言 276; see also individual languages
La Salle, Jean Baptiste de, St. 拉萨尔 159
Latin language 拉丁语 251
La Tour Landry, Geoffroy, Chevalier de 拉·图尔·兰德瑞爵士 73
Lebach, Lily 莉莉·列巴赫 15—16
Lecours, André Roch 安德烈·罗克·勒古尔 35—37
lectores (public readers) 讲师 111—114, *112*, *113*
Lenoir, Alexandre 亚历山大·勒努瓦 238
Leo III, Byzantine Emperor 拜占庭皇帝列奥三世 98
Leonardo da Vinci 列奥纳多·达芬奇 31—32, *31*, 34
Le Puy Cathedral, France 法国勒皮伊大教堂 193
Lessing, Gottfried Ephraim 莱辛 103—104, *104*
Lester, Richard 理查德·莱斯特 131
Lévi-Strauss, Claude 列维-斯特劳斯 67
libraries: private 图书馆，私人~ 140—141, 237, 239; 公共~ 141; 卡利马科斯编排体系 192; ~的构造 192—193, 198—199; see also Alexandria
Libri, Count Guglielmo 利百里伯爵 *236*, 240—243, 245
Licinius, Roman Emperor 罗马皇帝

利西尼乌斯 202—203
Limited Editions Club, New York 纽约限量版俱乐部 145
literacy 读写能力 8, 116, 279—281
literal meanings 字面意义 86—87
Livy 李维 283
Locher, Jacques 雅克·洛歇 296
Lombard, Peter 彼得·朗巴德 195
London Library 伦敦图书馆 318
Long Island Patriot（newspaper）《长岛爱国者》(报纸) 166
Long Islander（newspaper）《长岛人》(报纸) 167
Louis XI, King of France 法国国王路易十一 105
Lovecraft, Howard Phillips 洛夫克拉夫特 18
Lucy, St. 圣露西 291
Lukács, György 格奥尔格·卢卡奇 93
Luther, Martin 马丁·路德 52—53, 52, 69, 279
Lycias 利西亚斯 58, 86

Macaulay, Thomas Babington, Baron 托马斯·巴宾顿·麦考莱男爵 279
McLuhan, Marshall 马歇尔·麦克卢汉 104
Macready, William Charles 马克雷迪 256
Madden, Sir Frederic 梅登爵士 241
Mahaut, Countess of Artois 阿图瓦的马奥伯爵夫人 117

Man, Paul de 保尔·德·曼 86, 269, 276
Mandeville, Sir John 约翰·曼德维尔爵士 316
Manicheanism 摩尼教徒 204
Manishtushu, King of Akkad 阿卡德国王玛尼什图苏 180
Mann, Thomas: *Lotte in Weimar* 托马斯·曼:《绿蒂在魏玛》 20
Manrique, Jorge 豪尔赫·曼里克 301
Manutius, Aldus 阿尔杜斯·马努提乌斯 124, 136—138, 140
Marie de France 玛丽·德·法兰西 218
Marillier（engraver） 马里耶(版画家) 109
Martial 马提雅尔 45, 127, 249
Martineau, Harriet: *Autobiographical Memoir* 哈丽特·马蒂诺:《自传回忆》 121
Martínez Estrada, Ezequiel 艾斯特拉达 19—20
Martínez, Saturnino 萨图尼诺·马丁内兹 110—111
Martini, Simone: *Annunciation*（painting） 西蒙尼·马蒂尼:《天使报喜图》(画) 215—219, 221—222
Martorell, Joan: *Tirant lo Blanc* 裘安·马托瑞尔:《射靶》 222
Mary I (Tudor), Queen of England 英国女王玛丽一世(都铎) 132
Mary Magdalene 玛丽·马格德林 4, 4
Mary, Virgin: teaches Christ to read 圣母玛利亚教基督阅读 72, 72;

~的诞生 157—158, *158*; 天使报喜图 215—219, *215*, *219*, 221; 阅读和理智力量 217—222, *220*; 圣母逝世 295, *295*

Masson, Paul 保罗·马松 198

Master of Jean Rolin 让·罗兰大师 220

Mautner, Fritz 弗里茨·莫特纳 88

Maxentius, Roman Emperor 罗马皇帝马辛提乌斯 203

May, Karl 卡尔·迈 223

Mazzei, Ser Lapo 拉波·马泽伊 117

Melania the Younger 小梅拉妮亚 312

Melfi, Constitutions of (1231) 《梅尔菲宪章》(1231) 52

memory 记忆 56—65

Menander 米南德 188

Mencken, H.L. H.L.门肯 287

Mérimée, Prosper 梅里美 242

Merlin, Jacques-Simon 雅克—西蒙·梅兰 240

Mesopotamia: tablets and writing 美索不达米亚:刻字板和书写 125—126, 178—184

metaphors 隐喻 168, 170—171

Meynell, Sir Francis 弗兰西斯·梅内尔爵士 137

Michael Scot 迈克尔·斯科特 195

Michelangelo Buonarroti 米开朗琪罗 206

Michelino, Domenico di 多梅尼科·迪米凯利诺 87

Midrash 《米德拉西》 89

Milan: Biblioteca Ambrosiana 米兰:安布罗斯图书馆 43—44; ~敕令(313), 203—204, 207—208

Miller, Henry 亨利·米勒 152

Mitsuyoshi, Tosa 土佐光吉 229

memonics see memory

Modena, Tommaso da see Tommaso da Modena

Molière, Jean Baptiste Poquelin 莫里哀 255

monasteries: reading in 在修道院阅读 114—116, 123

Monroe, Marilyn 玛丽莲·梦露 301

Montaigne, Michel de 蒙田 11

Montaillou 蒙泰洛 117

Montchenu, Jean de 让·德·蒙舍尼 144

Moorhouse, William Sefton 莫尔豪斯 14

Moronobu, Hishikawa 菱川师宣 225

Morris, William 威廉·莫里斯 140

Moses the lawgiver 立法者摩西 60, 71, 89, 99—100

"Mother of Michitsuna": *The Journal of Summer's End* "藤原道纲母":《蜻蛉日记》 234

Murasaki, Lady 紫式部 23;《源氏物语》 *229*, 230—235

Museum of French Monuments 法国纪念物博物馆 238

Nabokov, Vladimir 纳博科夫 93

Napoleon I (Bonaparte), Emperor of France 法国国王拿破仑一世(波拿巴) 238

Nazis: burn books 纳粹: 焚书 283—284, 283
Nebuchadnezzar, King of Babylon 巴比伦王尼布甲尼撒 177—178
Neleus of Scepsis 斯开普斯的尼留斯 189
Nelson, Ted 特德·奈尔逊 318
Nero, Roman Emperor 罗马皇帝: 尼禄 293
neurolinguistics 神经语言学 35—37
New York World 《纽约世界报》 287
Nicaea: Church Councils: 1st 尼西亚第一次教会大会 (325) 205, 207—208; 第七次大会 (787) 101
Nietzsche, Friedrich 弗里德里希·尼采 277
Nilus of Ancyra, St. 安卡拉的圣尼卢斯 96—98, 101
Nisaba (Mesopotamian goddess) 美索不达米亚女神妮莎巴 180
Novare, Philippe de 菲利浦·德·诺瓦尔 73

Olympidorus, Bishop 奥林匹多罗斯主教 97
Omar Khayyam 欧玛尔·海亚姆 152
Onganía, General Juan Carlos 翁加尼亚将军 20
Origen 奥利金 99
Orléans, Charles, Prince d' 奥尔良公爵查理一世 252
Orwell, George 乔治·奥威尔 144
Ovid 奥维德 283
Oxford Text Archive 牛津典籍档案馆 61
Ozick, Cynthia 辛西娅·奥齐克 160

Pa'amon ve-Rimmon (Kabbalistic text) 《帕阿蒙·维-里蒙》(犹太教神哲学书) 9
Pachomius (Coptic monk) 帕科米乌斯 (科普特派修士) 243
Palgrave, Francis Turner: *Golden Treasury* 帕尔格雷夫: 《英诗金库集》 313
Pall Mall Gazette 《帕尔默尔报》 312
Pamuk, Orhan: *The White Castle* 欧翰·帕穆克: 《白色城堡》 23
Paolo and Francesca 保罗和弗兰契斯卡 3
paper: development of 纸的发展 126
papyrus 莎草纸 126
paragraphs 笔画 50
parchment 羊皮纸 126
Paris: Bibliothèque Nationale 巴黎国家图书馆 198; 巴黎大会 (829) 209
Parker, Dorothy 桃乐西·派克 301
Pascal, Blaise 帕斯卡尔 310; 《沉思录》 53
Pauker, Hans 汉斯·鲍克 284
Paul, St.: admires Virgil 圣保罗: 崇拜维吉尔 211; 论智慧 221—222; 《使徒书》 44—45, 48
Paulinus, Valerius 保林努斯 249
Pawel, Ernst 恩斯特·帕威尔 93
Peacock, Thomas Love: *Nightmare*

Abbey 托马斯·洛夫·皮科克：《梦魇修道院》 255

Penguin Books 企鹅丛书 143—144,*144*

Pérez Galdós,Benito 加尔多斯 121

Pergamum 珀迦马 126

Perrin,Ennemond 翁雷蒙·佩兰 267

Persky,Stan 斯坦·珀斯基 10

Peter Pictor 彼得·皮克特 116

Peter the Spaniard: *Handbook of Logic* 西班牙人彼得：《逻辑手册》 76

Petrarch,Francesco 彼特拉克 55—56,62,*62*,64;《名人》 63;《我的秘密》 55,62

Petronius: *Satyricon* 佩特罗尼乌斯：《萨蒂利孔》 155

Peucer,Gaspar 珀塞尔 209

Phaedrus 菲德鲁斯 58—59,86

Philip II,King of Macedon 马其顿国王菲利浦二世 188

Philippe Auguste,King of France 法国国王菲利浦·奥古斯特 70

Phillatius 菲拉提乌斯 48

Philo of Alexandria 亚历山大的斐洛 99

Piccolomini,Enea Silvio (Pope Pius II) 皮科罗米尼（教宗庇护二世） 133

Pickering,William 威廉·皮克林 140

Pico della Mirandola,Giovanni 米兰多拉 136

Pinochet,General Augusto 皮诺切特 286

Pius II,Pope *see* Piccolomini,Enea Silvio

Plantin,Christophe 普朗汀 138

Plath,Sylvia 西尔维亚·普拉斯 310

Plato 柏拉图 10,60,86,226,288,316;《对话集》 53

Platter,Thomas 托马斯·普拉特 70

Playfair Book of Hours 《普雷菲尔祈祷书》 157,*158*

Pliny the Elder 老普林尼 126,247,293

Pliny the Younger 小普林尼 23,117,*246*,247—251,255,259

Plotinus 普罗提诺 192

Plutarch 普鲁塔克 43

Polenta,Guido Novello da 圭多·诺维洛·达·波连塔 251

Polignac,Jeanne,Princess of 波利尼亚克公主 160

Pollak,Oskar 奥斯卡·波拉克 93

Pollio,Gaius Asinius 波里欧 206

Polychronicon 《史综》 253

Pound,Ezra 埃兹拉·庞德 164

Practical Magazine 《实用杂志》 *112*,113

Prescott,Clifford 克里福德·普雷斯科特 144

Prierias,Silvester 西尔维斯特 53

printing:invention and development 印刷术：发明和发展 133—135,137—138

prophecies 先知 209—211

Protagoras 普罗泰戈拉斯 283

Protestantism 新教 53

Proust,Marcel 普鲁斯特 152—

153,161,242,314
Ptolemy I, Pharaoh 托勒密一世 126,188
Ptolemy II, Pharaoh 托勒密二世 189,297
Ptolemy, Claudius: *On the Criterion* 托勒密:《论标准》 43
Ptolemy (the cosmographer) 托勒密（天文学家） 33—34;《天文学大成》 82
Publishers' Association (British) 出版家协会（英） 140
punctuation: development of 标点的发展 48—50,77

Quintilian: *Institutio oratoria* 昆体良:《雄辩术原理》 72

Rabelais, François 拉伯雷 209
Racine, Jean 拉辛 57
Rainolds, John 约翰·雷诺德 270
Ramelli, Agostino 拉梅里 131
Rashi *see* Yitzhak, Rabbi, Shlomo
reading: learning 阅读:学习 5—6,8,67,71—82,279—281;性质 9—16;～的行为 27—28,36—39,45—47,64;默读和朗读 42—44,46—51,48,56;公开朗读 47,111—117, *112, 113, 118,* 119—123,247—253, *254,* 255—259, *256;*～和记忆 57—58,60—61,63—65;做笔记 60—64;书桌及其改进 130,131—132, *132;*作为隐喻的～ 168—173;限制和禁止～ 281, *282,283*—289;智性 295—301,304—306; *see also* books

Reclam Publishers, Leipzig 莱比锡,雷克兰出版社 142
Restitutus, Claudius 克劳迪乌斯·雷斯提图图斯 247
Reynolds, Sir Joshua 乔舒亚·雷诺兹爵士 172
Rhenanus, Beatus 比亚图斯·雷纳努斯 66,68—70,77,79—83, *81*
Ricci, Franco Maria 弗兰科·马利亚·里奇 95
Richard II, King of England 英国国王理查二世 253, *254*
Rilke, Rainer Maria 里尔克 *260,* 261—266,275—276,311
Robert, Marthe 马尔泰·罗贝尔 93
Rodin, Auguste 奥古斯特·罗丹 261
Rogers, Bruce 布鲁斯·罗杰斯 145
Rojas, Fernando de: *La Celestina* 费尔南多·罗哈斯:《塞莱斯蒂娜》 252
Rolin, Jean *see* Master of Jean Rolin
Roman Catholic Church 罗马天主教会 287
romances 传奇故事 226—228
Rome: St. Sabina church 罗马:圣撒比纳教堂 100—101, *100*
Ronsard, Pierre de 皮埃尔·德·龙沙 267
Rose, Jonathan 乔纳森·罗斯 313
Rossetti, Dante Gabriel 丹特·盖布瑞尔·罗塞蒂 257
Rousseau, Jean-Jacques 让-雅克·卢梭 255,313

rubrics　红色　50
Rufus, Quintus Curtius　鲁弗斯　187
Ruiz, Juan: *Libro de buen amor*　胡安·鲁伊斯:《好好地爱》　316
Rushdie, Salman, 208, 223; *The Satanic Verses*, 萨尔曼·拉什迪:《撒旦的诗篇》　223

Sacks, Oliver　奥立佛·沙克斯　37
Sade, Donatien Alphonse François, Marquis de　萨德侯爵　23
'Sahara Penguin'　"撒哈拉企鹅"木版书　147
St. Gall Abbey　圣高尔修道院　130
Sainte-Beuve, Charles Augustin　圣伯夫　21, 152, 301
Salvino degli Armati　萨尔维诺·德利·阿尔马蒂　293
Sánchez, Mario　马里奥·桑切斯　113—114
Santayana, George　乔治·桑塔亚纳　169
Sargon I, King of Akkad　阿卡德国王萨尔贡一世　182
Sarraute, Nathalie　纳塔莉·萨洛特　250
Sartre, Jean-Paul　让—保尔·萨特　10
Scaliger, Francesco *see* Della Scala, Can Grande
scholasticism　经院哲学　73—75, 77, 82
schools　学校　74, 75—77, 75, 76
Scipio Aemilianus Africanus　小西庇阿　55
Scot, Michael *see* Michael Scot

scribes: working methods　抄写员的工作方式　50—51;～在美索不达米亚　176, 179—184;爱尔兰　181;文字体系的方向　47—48;词句的划分　49
scrolls　卷轴　48, 48, 127—128, 128
Sefer Yezirah　《创世之书》　8
Sefirot　数字　9
Sei Shonagon: *Pillow Book*　清少纳言:《枕草子》　231—235
Sélestat, France　法国塞莱斯塔　67—71, 73, 76—81, 83
Semprún, Jorge　豪尔赫·桑普伦　20
Seneca　塞涅卡　44, 299—301
Serafini, Luigi　鲁易吉·塞拉菲尼　95—96, 101
Servius Marius Honoratus　瑟维鄂斯　48
seven liberal arts　七艺　197
Sforza, Francesco Maria, Duke of Milan　米兰公爵弗兰契斯科·马利亚·斯福尔扎　129, *129*
Sforza, Gian Galeazzo, Duke of Milan　米兰公爵斯福尔扎　129
Shakespeare, William: works on disk　电子版莎士比亚全集　61, *61*;～遗赠的床　157;《麦克白》, 169
Shelley, Percy Bysshe　珀西·比希·雪莱　152
Shenstone, William: *The Schoolmistress*　威廉·申斯通:《学校女教师》139
Shi Huang-ti, Emperor of China　中国皇帝, 始皇帝　*282*, 283
Sidonius, Gaius Sollius Apollinaris,

Bishop of Auvergne 奥弗涅主教西都尼乌斯 128—129,192,251
sight(sense) 视觉(感觉) 28—35,291—295;see also spectacles
Sillitoe,Alan 艾伦·西利托 152
Skvorecky,Josef 约瑟夫·斯科夫列克基 154
slaves:literacy 奴隶:读写能力 279—281
Smith,Henry Walton & Anna 亨利·沃尔顿和安娜·史密斯 141
Smith,W.H. & Son W.H.史密斯父子 141—142,142
Society of Authors(Britain) 作家协会(英国) 140
Society for the Suppression of Vice,New York 纽约恶习防范协会 284—285
Socrates 苏格拉底 54;~论书籍是学习的障碍 22;~和菲德鲁斯 58—59;~和文本 59—60;~论知识与阅读 86,302
Some Like It Hot(film) 《热情如火》(电影) 301
Sordello(troubadour) 索戴罗 116
South Carolina 南卡罗莱纳 280
Spartianus,Aelius 爱利乌斯·斯巴提阿努斯 209
spectacles(eyeglasses) 眼镜 291—297,294,295,298,300—302,306
speech:learning of 学习讲座 35,37
spelling 拼写 77
Spina(monk) 斯比纳(僧侣) 293
Spinoza,Baruch,Tractatus Theologico-Politicus 斯宾诺莎:《神学政治论》14

Steiner,George 乔治·斯坦纳 267
Stendhal(Marie-Henri Beyle) 司汤达 317
Sterne,Laurence:Tristram Shandy 劳伦斯·斯特恩:《特里斯特拉姆·项狄》 318
Stevenson,Robert Louis 斯蒂文生 11,13,19,317;《退潮》 210;《新天方夜谭》 17
Stories Old and New(Chinese) 《古今小说》(中国) 287
Strabo 斯特拉博 188—189
students:medieval status 学生:中世纪的情形 70—71,74—77
subject cataloguing 编目 193—194,196
Suetonius 苏埃托尼乌斯 48,249
Suso,Henri:L'Orloge de Sapience 亨利·苏索:《智慧漏斗》 220,220
sybils 占卜者 201—202,205—206,206
symbols 象征 86,98

Tabennisi monastery,Egypt 埃及底比斯修道院 243
tablets 刻字板 125,128,178—182,183
Tacitus 塔西佗 199
Talmud,The 塔木德 89—90
Tarquinius Superbus,King of Rome 罗马国王塔奎尼乌斯·苏帕布斯 201—202
Tauchnitz,Christian Bernhard 陶赫尼茨 142
Tell Brak,Syria 叙利亚的特尔·布拉克 27,27

Tennyson, Alfred, 1st Baron: *Maud* 丁尼生:《莫德》 256—257
Teresa, St. 圣特蕾莎 226
Terry, Ellen 艾伦·特里 315
Tertullian 德尔图良 99
Theocritus: *Idylls* 特奥克里特斯:《田园诗》 316
Theodosius I (the Great), Byzantine Emperor 拜占庭皇帝狄奥多西一世 42, 96
Theodulus (son of St. Nilus) 狄奥达勒斯(圣尼勒斯之子) 96
Theophilus, Byzantine Emperor 拜占庭皇帝狄奥菲勒斯 98
Theophilus, Patriarch of Alexandria 狄奥菲鲁斯主教 203
Theophrastus 狄奥弗拉斯托斯 188—189
Thomas, Alan G. 艾伦·G.托马斯 135
Thomas, Dylan 狄伦·托马斯 250
Thompson, Lawrence S. S.劳伦斯·汤姆森 243
Three Musketeers, The (1974 film) 《三个火枪手》(电影,1974) 131
Thucydides 修昔底德 189—190
Toleranzpatent (Imperial edict, 1782) 信仰自由敕令 87
Tommaso da Modena 托马索·达·摩德纳 294, 294
Torah 《托拉》 89
tortoise carapace 龟甲 7
Toulmouche, Auguste 奥古斯特·图尔蒙谢 227
Tournes, Jean de 让·德-图尔纳 265, 267

Trajan, Roman Emperor 罗马皇帝图拉真 209
translation 翻译 261—277
Trevisa, John of 特雷威萨的约翰 253
Trevor-Roper, Patrick 帕特里克·特罗弗-罗珀 292
Tripitaka Koreana 《大藏经》 4
troubadours 行吟诗人 116
Tyndale, William 威廉·廷戴尔 69, 272

Ukiyo Hyakunin Onna 《浮世百人女》 225
Ulster, Elizabeth, Countess of 乌尔斯特的伯爵夫人 252
Unamuno, Miguel de 乌纳穆诺 8
United States of America: censorship in 美国的审查制度 284—287, 285, 286
Universal-Bibliothek 万有文库 142—143

Valéry, Paul 保尔·瓦雷里 92
Van der Weyden, Rogier *see* Weyden, Rogier van der
Van Eyck, H. & J. *see* Eyck, H. & J. van
Vega, *Garcilaso de la* 维加 266—267
Venice 威尼斯 135—136
Versailles 凡尔赛 159
Verus, Lucius Aurelius, Roman Emperor 罗马皇帝卢西乌斯·奥勒利乌斯·维鲁斯 202
Videla, General Jorge Rafael

豪尔赫·拉斐尔·维德拉将军 288—289
Vienna:Neuberg Monastery 维也纳:新堡修道院 295,*295*
Vigil,Constancio C. 维吉尔 225
Villon,François 弗朗索瓦·维庸 105,252
Virgil 维吉尔 2,3,21,192,206—211,283
vision *see* sight; spectacles
Voltaire,François Marie Arouet de 伏尔泰 283
Vrain-Lucas(forger; real name, Lucas Vrain-Denis) 弗兰·卢卡斯(作伪者,真名卢卡斯·弗兰-丹尼斯) 243

Wagner,Richard 理查德·瓦格纳 223
Waley,Arthur 阿瑟·韦利 231
Walton,Izaak 伊萨克·沃尔顿 4
Waugh,Evelyn 伊夫林·沃 19
West, Dame Rebecca 戴姆·丽贝卡·韦斯特 303
Westhus,Jean de 让·德·韦斯蒂 78
Weyden, Rogier van der: *Virgin and Child* 罗杰·丹·德·威登:《圣母玛利亚和圣婴》 222
Wharton,Edith 伊迪丝·华顿 160
White,Edmund 埃德蒙·怀特 234
Whitman,Walt 沃尔特·惠特曼 *162*,163—169,173
Wilbur,Richard 理查德·威尔伯 185

Wilde,Oscar 奥斯卡·王尔德 167,286,321;《不可儿戏》 235
Wilkins,John 约翰·威尔金斯 18
Wimpfeling,Jakob 雅各·温菲林 77
Wisdom,Lady 智慧女士 219—221
Wittrock,Merlin C. C.莫林·威特洛克 38—39
women: as teachers of reading 女性:作为阅读的老师 72;学习阅读 73;为～朗读 117—119,*118*,121;妇女教育 217—218;品德 217—218;适于～的书 226—230,*227*,233—235;日本的～ 228—235,*229*; *see also* Mary,Virgin
Woolf,Virginia 维吉尼亚·伍尔芙 10,311
writing 写作 8,71,178—182
Wycliffe,John 约翰·威克利夫 270

Xenophon 色诺芬 60

Yitzhak,Rabbi Levi,of Berdichev 贝尔迪切夫的列维·伊兹乔克拉比 90
Yitzhak,Rabbi Shlomo (Rashi) 什罗摩·伊撒克拉比 90
Yorio,Father Orlando Virgilio 约里奥神父 289

Zimri-Lim,King of Mari 马里国王秦里-林姆 181
Zoroaster 琐罗亚斯德 207

图书在版编目(CIP)数据

阅读史/(加拿大)阿尔维托·曼古埃尔著;吴昌杰译.—北京:商务印书馆,2002(2022.9重印)
ISBN 978-7-100-03446-3

Ⅰ.①阅… Ⅱ.①曼…②吴… Ⅲ.①读书活动—作用—社会发展②读书方法—研究 Ⅳ.①G792

中国版本图书馆 CIP 数据核字(2002)第 004958 号

权利保留,侵权必究。

阅 读 史
〔加拿大〕阿尔维托·曼古埃尔 著
吴 昌 杰 译

商 务 印 书 馆 出 版
(北京王府井大街36号 邮政编码100710)
商 务 印 书 馆 发 行
北 京 新 华 印 刷 有 限 公 司 印 刷
ISBN 978-7-100-03446-3

2002年5月第1版 开本710×1000 1/16
2022年9月北京第7次印刷 印张 26½
定价:120.00元